한국목간학회총서 15

木簡과 文字 연구

15

| 한국목간학회 엮음 |

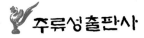 주류성출판사

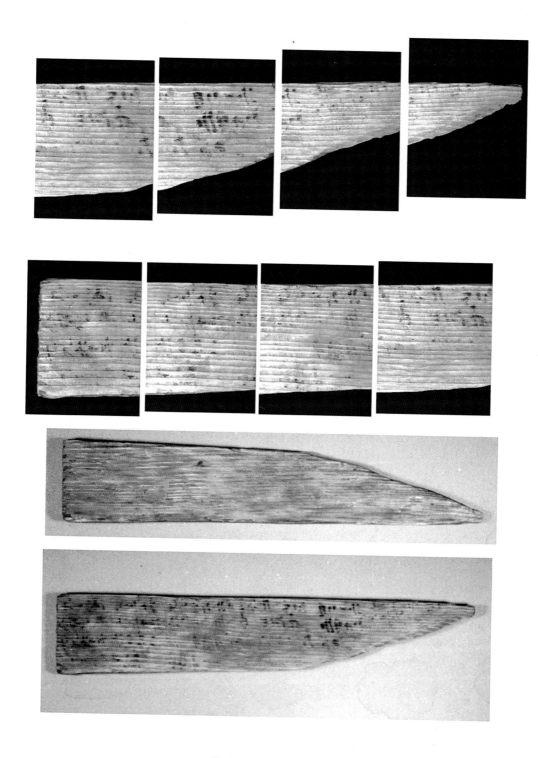

쌍북리 328-2번지 유적 목간C

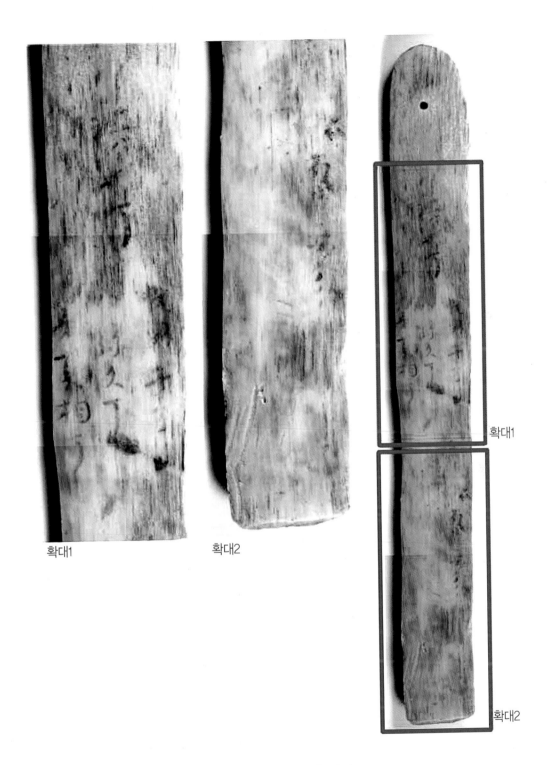

확대1

확대2

확대1

확대2

쌍북리 201-4번지 유적 출토 목간1

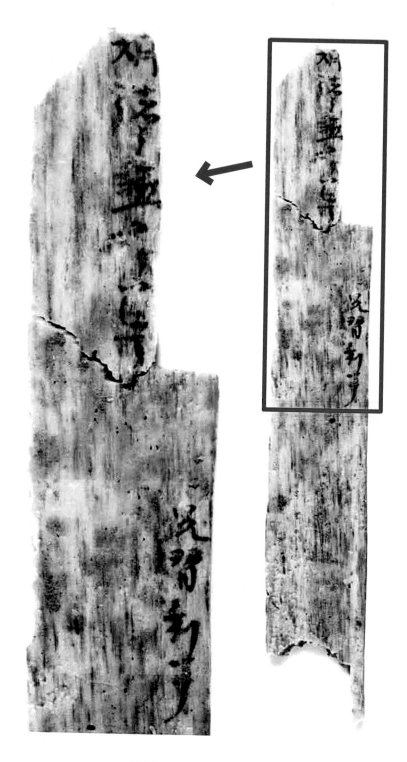

쌍북리 201-4번지 유적 출토 목간2

울진 성류굴 암각 명문

| 필사2-2 | 필사2-3 | 필사3-5 |

원본소장처 : 화엄사
* 위 자료는 "신라 사경에 대한 학제적 연구"팀(연구책임자 정재영)에서 2011년 1월 25일에 촬영한 것이다. 자료 조사에 적극 협조해 주신 화엄사 측에 감사의 말씀을 올린다.

화엄사 서오층석탑 발견 무구정광다라니

9번 목간 앞면   9번 목간 뒷면

平安京의 左京九条 三坊十町 출토 '客作児' 목간

병신(丙申)년 신년휘호
(경부 송종관, 2016. 1. 16. 제23회 정기발표장에서)

木蘭과 文字

第16號

| 차 례 |

논/문

집안고구려비에 보이는 '守墓人 買賣 禁止' 규정 검토

최일례[*]

〈국문초록〉

집안고구려비에는 왕릉의 수묘인 매매 금지가 기록되어 있다. 수묘인은 왕릉을 보호, 관리하고 四時祭祀에 종사하는 업무를 담당한다. 先王들은 국내성 遠近의 舊民으로만 수묘하도록 하였다. 그로인해 舊民 수묘인의 羸劣 현상이 심각하였다. 이를 염려하여 광개토왕이 손수 약취한 新來韓穢로 수묘인을 삼도록 하였다.

그러나 장수왕은 이들이 法則을 모를 것을 염려하여 舊民과 新來韓穢를 1:2의 비율로 수묘인을 구성하였다. 왕릉 수묘와 관련한 법칙이라는 측면에서 四時祭祀의 禮制를 고려하였다. 또한 新來韓穢가 모르는 법칙이 국내성 遠近에서 차출되었던 舊民만이 보유하였던 어떤 것이라는 점에서 고구려의 묘제적 전통과 연결될 가능성이 높을 것으로 예상하였다.

고구려의 전통적인 묘제인 적석총은 대체적으로 환인, 집안 그리고 압록강 지역에 집중되어 있다. 적석총은 확대된 고구려의 전 세력권에서 확인되지 않는 고구려 원주민의 묘제이다. 적석총 최상층 부분에서 기둥구멍과 기와가 발견되었다. 기와는 佛舍, 神廟, 王宮, 官府와 같은 특별한 위상을 갖는 건물에만 사용하던 재료이다. 기와가 적석총의 묘상에서 발견된 흔적은 묘상건축물을 건조할 수 있는 계층이 지극히 제한적인 소수였음을 나타낸다. 그들은 바로 왕, 왕족 그리고 유력세력가로 한정되는 소수이다. 집안

---

*   전남대학교

고구려비에 보이는 富足之者 역시 유력세력가의 일부라고 여겨진다.

그렇지만 수묘인의 부족에서 야기된 왕릉 수묘인의 매매는 결과적으로 왕실에서의 수묘인 사용에 대한 선점과 독점을 요구하게 되었다. 그로인해 兩碑에서는 수묘인의 매매를 금지하고 富足之者 역시 매입할 수 없다고 반복하여 경고하였다. 궁극적으로 수묘인 매매 금지는 이전보다 강화된 왕권을 반영한다고 이해할 수 있다.

▶ 핵심어: 고구려, 수묘인, 수묘제도, 광개토왕, 집안고구려비

I. 머리말

2012년 7월 중국에서 발견된 집안고구려비는 10행 218자에 이르는 명문이 새겨져 있다. 비의 앞면에는 10행으로 구성된 명문이 있는데, 1~9행은 각 22자씩 기록되어 있으며 10행은 앞 행들과는 달리 20자가 기록되어 있다.[1] 비의 뒷면에는 어떤 흔적이 보이지만 그 내용은 확인할 수 없다. 烟戶頭의 이름이 새겨졌고 의도적으로 훼손되었을 가능성이 제기되었다.[2] 그러나 정확한 명문을 파악하기는 쉽지 않다. 비의 일부가 파손되었지만 전체적인 형태는 圭首形에 해당한다.

집안고구려비는 고구려의 수묘제도와 관련하여 특히 수묘인 매매 금지와 관련한 내용을 담고 있다. 비의 판독은 아직까지 논란의 여지가 있지만 그 주요한 내용은 고구려의 시조 인식, 수묘제도 등과 관련한 여러 정보를 제공한다. 비의 건립 목적은 몇 가지 측면에서 접근할 수 있을 듯하다. 먼저 墓上立碑하여 왕릉의 수묘가 잘 유지되기를 의도했다. 그러한 방편으로 烟戶頭의 이름을 새겨둠으로써 수묘인의 사적인

---

1) 집안고구려비의 판독과 관련하여 중국의 공식적인 발표는 集安文物局에서 1차로 140字를 판독(集安文物局, 2013, 「吉林集安新見高句麗石碑」, 『中國文物報』(2013.1.4)) 이후 集安博物館에서 공식적인 발굴 보고서 형식으로 156字를 판독(集安市博物館, 2013, 『集安高句麗碑』, 吉林大學出版社)하여 발표하였다. 국내 학계에서도 여러차례 판독회와 발표회를 걸쳐 추가적인 판독, 추독을 제시하였다.

여호규, 2013a, 「신발견 집안고구려비의 현황과 비문 검토」, 『한국고대사학회 검토 회의자료』(2013.1.29).

여호규, 2013b, 「集安高句麗碑의 구성과 내용 검토」, 『한국고대사학회 제131회 발표문』(2013.4.15).

여호규, 2013c, 「신발견 〈集安高句麗碑〉의 구성과 내용 고찰」, 『韓國古代史硏究』 70.

윤용구, 2013a, 「신발견 '集安 高句麗碑'의 현상과 판독」, 『한국고대사학회 검토회의 자료』(2013.1.29).

윤용구, 2013b, 「集安 高句麗碑의 判讀과 釋文」, 『한국고대사학회 제131회 발표문』(2013.4.15).

윤용구, 2013c, 「集安高句麗碑의 拓本과 判讀」, 『韓國古代史硏究』 70.

이외 여러 연구자들의 집안고구려비의 판독 및 검토에 대한 회의 보고는 『韓國古代史硏究』 70호에 정리되어 있다(정동민, 2013, 「한국고대사학회 〈集安高句麗碑〉 판독회 결과」, 『韓國古代史硏究』 70, pp.409-417 참조). 본 연구자는 집안고구려비의 실물 자료와 탁본 자료 등을 실견하지 못한 상태이므로 그간 국내 학계에서 발표한 판독문과 연구자료 등을 기초 자료로 활용하였다.

2) 張福有가 뒷면 중간 행에서 '□□國烟□守墓烟戶合卄家石工四烟戶頭六人', 좌측 하단에서 '國六人' 등을 판독하였다. 張福有b, 2013, 「集安麻線高句麗碑探綜」, 『社會科學戰線』 2013年 第5期. 비의 뒷면에 의도적으로 훼손한 흔적이 있다고 보았다.

매매를 금지하였다. 아울러 수묘제도의 안전과 유지를 위해 수묘인 매매를 금지하는 슈을 선포하였다.

이렇듯 비의 건립은 몇 가지의 목적을 동시에 담고 있다. 그런 점에서 비의 성격을 어느 하나로 규정하기는 쉽지 않을 듯하다. 다만 비의 건립이 무엇보다 왕릉의 보존과 왕릉에서의 四時祭祀[3]가 잘 이루어지기를 기원하였다는 점을 주목하였다. 그리고 왕릉 수묘제도의 정착을 위해 수묘인의 매매를 금지하였다. 아마도 수묘인의 확보 및 관리가 중요한 문제로 부상했던 것과 연관이 있을 것이다. 그러한 이면에는 수묘인에 대한 매매가 그것도 왕릉의 수묘인마저도 매매되었던 특별한 상황이 반영되어 있다고 보여진다.

그런데 수묘인 매매 금지는 비단 집안고구려비에만 있는 것은 아니다. 광개토왕비에도 수묘인 매매 금지가 새겨져 있다. 집안고구려비에는 왕릉 수묘인 買賣 현상과 관련하여 '富足之者'라는 이들을 지칭하였다. 이는 광개토왕비에서도 마찬가지이다. 富足之者는 어떤 영문인지 왕릉의 수묘인마저도 매매하였고 그로인해 兩碑에 수묘인 買賣를 금하는 주체로서 경고하고 있다. 아마도 兩碑가 건립되던 당시 왕릉 수묘인에 대한 매매 현상이 자행되었고, 그와 관련하여 富足之者가 연관되었던 듯하다.

수묘인 매매 금지와 관련한 지금까지의 연구는 많은 부분에서 비의 성격과 연관지어 설명하였다. 반면 수묘인의 매매가 어떤 현상에서 기인하여 발생하게 되었는지, 집안고구려비와 광개토왕비에서 수묘인의 매매를 금지하면서 지목하고 있는 富足之者가 누구인지에 대해서는 그다지 관심을 두지 않았다. 兩碑에서 왕릉의 수묘인 매매를 금지하면서 富足之者를 언급한 것은 특별한 이유가 있을 것으로 본다. 어떻게 이들은 왕릉 수묘인의 매매에 연루되어 있는지 또 어떻게 왕릉의 수묘인마저도 매매하였는지에 대한 검토가 요구된다.

집안고구려비에 드러난 수묘인 매매 금지의 검토를 위해 먼저 수묘인 매매 금지 기록을 살피는 것에서 논의를 출발하겠다. 이후 수묘인 매매가 성행하였던 배경이 무엇인지에 대한 여러 가능성을 탐색해 보겠다. 그러한 탐색의 과정을 통해 수묘인 매매 금지의 경고 대상으로 언급된 富足之者가 어떻게 수묘인 매매와 연관이 있는지 설명을 시도하겠다. 이를 통해 집안고구려비가 건립되던 시기 수묘인 매매를 금지하였던 현실적인 배경에 접근하겠다. 수묘인 매매 금지가 광개토왕비에도 있으므로 부분적으로 兩碑의 비교, 검토를 병행하겠다. 요컨대 본 논문은 집안고구려비에 새겨진 왕릉 수묘인 매매 금지를 매개로 당대 고구려의 정치, 사회, 문화상에 접근하는 방법론으로 삼고자 한다.

II. 수묘인 買賣 금지 기록

집안고구려비에는 왕릉 수묘인의 매매를 금지한다는 조항이 있다. 수묘인 매매 금지 조항은 또한 광개

---

3) '四時祭祀'라는 표현은 관용적 표현으로 실제로는 春夏秋冬 외에도 다양한 시기에 제사가 거행되었을 가능성을 고려하기도 한다. 공석구, 2013, 「『集安高句麗碑』의 발견과 내용에 대한 考察」, 『高句麗渤海研究』 45, pp.44-45. 여호규, 2013c, 앞의 논문, pp.89-90. 다만 본 연구에서는 四時祭祀가 주기적으로 거행되는 墓祭祀라는 점을 중심으로 논의를 진행하고자 한다.

토왕비에도 있다. 건립 시기를 달리하였을 兩碑에 수묘인 매매 금지 규정이 여전히 명문화되어 있는 것이다. 아마도 兩碑가 건립되기 이전 수묘인에 대한 매매가 자행되었고 근절되지 않았던 것에서 기인했을 가능성이 크다. 그만큼 兩碑가 건립되던 시기 고구려에서는 수묘인 매매가 성행하였고 왕릉 수묘인을 매매할 정도로 당대 수묘인에 대한 관리가 철저하지 않았을 것으로 짐작된다.

그러면 먼저 집안고구려비의 명문을 제시하고 그에 대한 내용을 먼저 살펴보겠다.[4]

---

4) 아래는 집안고구려비의 판독 및 내용과 관련하여 참고한 자료이다.

集安文物局과 集安市博物館의 자료는 주1에 제시되어 있다.

耿鐵華, 2013a, 「集安高句麗碑考釋」, 『通化師範學院學報』(人文社會科學) 2013年 第2期: 耿鐵華, 2013b, 「集安新出土高句麗碑的重要價値」, 『東北史地』 2013年 第3期: 耿鐵華, 2013c, 「중국 지안에서 출토된 고구려비의 진위(眞僞) 문제」, 『韓國古代史研究』 70: 耿鐵華·董峰, 2013, 「新发现的集安高句丽碑初步研究」, 『社會科學戰線』 2013年 第5期: 高光儀, 2013, 「신발견 〈集安高句麗碑〉의 형태와 書體」, 『高句麗渤海研究』 45: 공석구, 2013, 앞의 논문: 금경숙, 2013, 「새로 발견된 '지안고구려비'에 관한 몇 가지 고찰」, 『동북아역사문제』 71: 김현숙, 2013, 「지안고구려비의 건립시기와 성격」, 『동북아역사문제』 71: 徐建新, 2013, 「中國新出"集安高句麗碑"試析」, 『東北史地』 2013年 第3期: 孫仁杰, 2013a, 「集安高句麗碑文識讀」, 『東北史地』 2013年 第3期: 孫仁杰, 2013b, 「집안비의 판독과 문자비교」, 『韓國古代史研究』 70. 여호규, 2013a, 앞의 자료: 여호규, 2013b, 앞의 자료: 여호규, 2013c, 앞의 논문: 魏存成, 2013, 「關于新出集安高句麗碑文的幾点思考」, 『東北史地』 2013年 第3期. 윤용구, 2013a, 앞의 자료: 윤용구, 2013b, 앞의 자료: 윤용구, 2013c, 앞의 논문: 이성제, 2013, 「〈集安 高句麗碑〉로 본 守墓制」, 『韓國古代史研究』 70: 이용현, 2013, 「신발견 고구려비와 광개토왕비의 비교」, 『신발견 고구려비의 예비적 검토』: 임기환, 2014, 「집안고구려비와 광개토왕비를 통해본 고구려 守墓制의 변천」, 『韓國史學報』 54: 林澐, 2013, 「集安麻線高句麗碑小識」, 『東北史地』 2013年 第3期: 張福有, 2013a, 「集安麻線高句麗碑碑文補釋與識讀解析」, 『東北史地』 2013年 第3期: 張福有, 2013b, 앞의 논문: 정동민, 2013, 앞의 논문: 정호섭, 2013, 「集安 高句麗碑의 性格과 주변의 高句麗 古墳」, 『韓國古代史研究』 70: 조법종, 2013, 「집안 고구려비의 특성과 수묘제」, 『신발견고구려비의 예비적 검토』: 홍승우, 2013, 「〈集安高句麗碑〉에 나타난 高句麗 律令의 형식과 守墓制」, 『韓國古代史研究』 72.

<표 1> 집안고구려비 판독문

X	IX	VIII	VII	VI	V	IV	III	II	I	
賣	守	[先]	(丁)^5)	□	[不]	[戶]	■	[天]	■	1
如^6)	墓	[王]	□	□	[令]	守^7)	■	[帝]	■	2
若^8)	之	[墓]	□	□	□	□	■	[之]	■	3
違	民	[上]	(丁,癸,好)^9)	(巡)^10)	□	□	□	子	■	4
令	不	立	(太,卯)^11)	[世]^12)	□	烟	各^13)	河	世	5
者	得	碑	(聖,太,歲)^14)	[室]^15)	(唯,王)^16)	戶	墓^17)	伯	必	6
後	擅	銘	(王,刊)^18)	追	國^19)	[贏]^20)	烟	之	授	7
世^21)	[買]^22)	其	(日,因,石)^23)	述	岡	[劣]^24)	戶	孫	天	8
[繼]^25)	更	烟	自	先	上	[甚]^26)	以	神	道	9
嗣	相	戶	戊	聖	太	[衰]^27)	(此,安)^28)	靈	自	10
[之]^29)	轉[擅]^30)	頭	(子,午,申)^31)	功	王	(富,當)^32)	河	祐	承	11
[者]^33)	賣	廿	定	勳	(號,國)^34)	(足,買)^35)	流	護	元	12
看	雖	人	律	弥	[平]^36)	(者,擅,家)^37)	四	蔽	王	13
其	富	名	教	高	(安)^38)	轉	時	蔭	始	14
碑	足	[宣]^39)	(言,遺,內)^40)	(悠,休)^41)	(太)^42)	賣	祭	開	祖	15
文	之	示	發	烈	王	□	祀	國	鄒	16
与	者	後	令	繼	神	□	然	辟	牟	17
其	亦	世	其	古	亡^43)	守	而^44)	土	王	18
罪	不	自	修	人	乘^45)	墓	世^46)	繼	之	19
過	得	今	復	之	(興,興)^47)	者	脩^48)	胤	創	20
	其	以	各	慷	東	以	長	相	基	21
	買	後	於	慨	西	銘	烟	承	也	22

■ : 破損字   □ : 不明字   ( ) : 論難字   [ ] : 推讀字

앞의 집안고구려비의 판독은 中國文物局의 140字 판독안[49]과 集安市博物館의 156字 판독안[50]을 바탕으로 이후 몇 차례 한국고대사학회의 판독회에서 논의된 내용들을 참고하여 정리한 것이다. 판독안에 대해 다양한 의견이 제기되었는데, 그와 관련한 내용은 각주에 간략하게 소개하였다. 필자가 집안고구려비와 그 탁본을 직접 살피지 못한 상태에서 나름의 판독안을 제시한 것에는 일정한 무리가 있다. 그러나 수묘인 매매 금지와 그에 대한 발령의 경위를 파악하기 위한 전단계로서 부득이하게 전체 글의 내용과 전후의 문구를 중심으로 몇 개의 글자를 추독하는 방식을 취하여 판독안을 제시하였음을 밝힌다.

---

5) 여호규는 '丁'으로 판독하였다.

6) 張福有는 '向', 여호규는 '因', 윤용구는 '其'로 판독하였다.

7) 張福有는 '亦', 여호규는 '守'로 판독하였다.

8) 張福有와 한국고대사학회 2013년 3월 9일 판독회(이후 3월 9일 판독회로 명칭)에서는 '若'으로 판독하였다. 뒤에 수묘인 매매 금지에 대한 違令者의 처벌이 나온 것으로 보아 '若'이 더 타당해 보인다.

9) 孫仁杰·張福有는 '丁', 林澐은 '癸', 윤용구는 '好'로 판독하였다.

10) 林澐·張福有는 '巡'으로 판독하였다.

11) 孫仁杰·林澐·張福有는 '卯', 윤용구는 '太'로 판독하였다.

12) 林澐·張福有는 '故', 여호규는 '世'로 판독하였다. 글자의 자형이 크게 차이가 난다.

13) 徐建新·孫仁杰·林澐·張福有는 '各', 3월 9일 판독회에서는 '宏'으로 판독하였다. 그러나 뒤의 문장과의 호응을 살필 때, '各'으로 판독하는 것이 더 타당해 보인다.

14) 孫仁杰·林澐·張福有는 '歲', 윤용구는 '聖', 3월 9일 판독회에서는 '太'로 판독하였다.

15) 徐建新·孫仁杰·林澐·張福有는 '國', 여호규, 윤용구는 '室'로 판독하였다.

16) 耿鐵華는 '唯', 윤용구는 '王', 3월 9일 판독회에서는 '主'로 판독하였다.

17) 徐建新·孫仁杰·林澐·張福有는 '家', 여호규는 '墓', 윤용구는 '定'으로 판독하였다.

18) 孫仁杰·林澐·張福有는 '刊', 여호규·윤용구는 '王'으로 판독하였다.

19) 孫仁杰·張福有·여호규는 '國'으로 판독하였다.

20) 張福有는 '爲', 여호규는 '贏'로 판독하였다.

21) 3월 9일 판독회에서는 '立' 또는 '王'으로 보는 안이 제기되었다.

22) 張福有·徐建新·여호규는 '買'로 판독하였다.

23) 徐建新·孫仁杰·林澐·張福有는 '石', 여호규·윤용구는 '日', 3월9일 판독회는 '因'으로 판독하였다.

24) 孫仁杰은 '規', 張福有는 '禁', 여호규는 '劣'로 판독하였다.

25) 耿鐵華·孫仁杰·張福有는 '繼'로 판독하였다.

26) 孫仁杰은 '禁', 張福有는 '舊', 여호규는 '甚'으로 판독하였다.

27) 孫仁杰은 '有', 張福有는 '民', 여호규는 '宾'로 판독하였다.

28) 耿鐵華·孫仁杰·林澐·張福有는 '此'로, 여호규는 '鹽水'의 의미로 사용되었을 가능성을 제기하였다. 윤용구는 '安'으로 판독하였다. 集安市博物館의 보고서에는 '此'로 판독되어 있다. 集安市博物館, 2013, 앞의 책, p.11. 그러나 한국고대사학회의 2013년 6월 1일 판독회에서는 내용상 이견이 많아 난독자로 처리하였다.

29) 耿鐵華는 '并', 徐建新·孫仁杰·張福有는 '之', 윤용구는 '守'로 판독하였다.

30) 徐建新·張福有·3월 9일 판독회에서는 '擅'으로 판독하였다.

31) 耿鐵華·徐建新·林澐·張福有는 '申', 孫仁杰·여호규는 '子', 윤용구는 '午'로 판독하였다.

32) 여호규는 '當', 3월 9일 판독회에서는 '露'로 판독하였다.

33) 耿鐵華는 '罰', 孫仁杰·張福有는 '者', 윤용구는 '墓'로 판독하였다.

34) 耿鐵華·윤용구는 '國', 孫仁杰·張福有는 '虢'로 판독하였다.

Ⅱ행 1-4자는 시조 주몽의 신성한 왕통을 나타내는 용어라는 점에서 뒤이어 등장하는 '河伯之孫'과 대구를 이루는 '天帝之子'가 적합해 보인다. 물론 모두루묘지에 보이는 '日月之子'도 같은 의미라는 점에서 가능한 조합이다. 그렇지만 고구려의 왕실에서 공식적으로 천명하였던 광개토왕비의 표현에 의거하여 天帝之子로 추독하였다. Ⅳ행 7-10자는 '贏劣甚衰'로 추독하였다. Ⅲ행 5-22자에 각 묘의 연호들이 河流에서 四時祭祀를 수행하는 등 오래도록 왕릉의 수묘가 잘 되기를 기원하고 있다. 이어 Ⅳ행에는 수묘인연호에서 어떤 문제가 발생하였음을 나타낸다. 거기에 14-15자에는 轉賣 문제까지 언급하고 있다. 열거한 내용들로 인해 비에 수묘자의 이름을 새겨서 □□할 수 없도록 하였다는 표현이 예상된다. 비슷한 구조를 보이는 광개토왕비의 내용을 참고하면 수묘인의 贏劣 현상과 연관되었을 것으로 착안하였다. 그래서 Ⅳ행 7-10자는 '贏劣甚衰'로 추독하였다. Ⅴ행 1-2자는 Ⅳ행에서 수묘자가 贏劣되고 매매되는 문제점이 발생하자 수묘자의 이름을 새겨 어떤 효과를 보고자 했다는 것에서 '不令'으로 추독하였다. 이는 광개토왕비에서 언급한 先王의 묘상에 비를 세우지 않아서 수묘인에게 差錯이 발생했고 그에 대한 방지를 위해 비를 세워 '不令差錯'케 한 것에서 착안하였다. Ⅷ행 1-4자는 각 先王의 묘에 비를 세워 그 수묘인연호를 수복한다는 의미로 보았을 때, '先王墓上'[51]으로 추독해도 무리가 없어 보인다. 이외에도 특정한 표현으로 Ⅳ행 1자는 앞의 烟자와 호응하여 '戶'로 추독한 방식을 사용하였다.

집안고구려비의 내용은 크게 두 주제로 나누어 볼 수 있을 듯하다. 하나는 고구려의 신성한 왕통을 소개하는 머리글 정도로 보이는데, Ⅰ-Ⅱ행의 내용이 이에 해당한다. 또 하나는 고구려 왕릉의 수묘제도에 대한 내용으로 Ⅲ-Ⅹ행에 기술되어 있다. 왕릉의 수묘제도에 대해서는 다시 내용별로 세분해 볼 수 있는데, 수묘제 시행, 수묘제의 문제점 발생, 규제 조치 발령, 수묘비 건립, 수묘인 매매 금지와 위령자에 대

---

35) 張福有는 '庶', 여호규는 '買', 3월 9일 판독회에서는 '衰'로 판독하였다.

36) 孫仁杰·張福有는 '平', 林澐은 '乎'로 판독하였다.

37) 孫仁杰은 '者', 張福有는 '擅', 윤용구는 '家'로 판독하였다.

38) 孫仁杰·張福有는 '安'으로 판독하였다.

39) 張福有는 '宣', 여호규는 '垂', 3월9일 판독회에서는 '銘'으로 판독하였다. 문맥상 왕의 '敎'를 널리 펴서 후세에 보인다'는 의미에서 '宣'으로 추독하는 것에 무리가 없어 보인다.

40) 耿鐵華는 '遺', 孫仁杰·張福有는 '言', 徐建新·여호규·윤용구는 '內'로 판독하였다.

41) 林澐·張福有는 '然'로 판독하였다.

42) 孫仁杰·林澐·張福有는 '太'로 판독하였다.

43) 孫仁杰은 '武', 3월 9일 판독회에서는 '亡'으로 판독하였다.

44) 孫仁杰·林澐·張福有는 '萬'으로 판독하였다.

45) 孫仁杰·張福有·여호규는 '乘', 林澐은 '車', 3월 9일 판독회에서는 '求' 혹은 '喪'으로 판독하였다.

46) 孫仁杰·林澐·張福有는 '世'로 판독하였다.

47) 徐建新은 '與', 3월 9일 판독회에서는 '興'으로 판독하였다.

48) 徐建新·孫仁杰·林澐·張福有는 '悠'로 여호규는 '脩'로 판독하였다.

49) 中國文物局, 2013, 『中國文物報』(1月 4日字 第2版).

50) 集安市博物館, 2013, 앞의 책, p.11.

51) 耿鐵華·孫仁杰·張福有는 '先王墓上'으로 추독하였는데 그 의견에 따른다.

한 처벌 등의 내용이다. 고구려의 수묘제도와 관련한 내용은 광개토왕비에서도 발견된다는 점에서 兩碑를 비교하여 살펴보겠다.

〈표 2〉 집안고구려비와 광개토왕비의 수묘제도 명문 비교[52]

구분		집안고구려비	광개토왕비(4면)
1	수묘제도 운영상의 문제점과 조치	□□□□各墓烟戶 以◎河流 四時祭祀 然而世悠長 烟[戶]守□□ 烟戶[贏劣甚衰] 當買□轉賣數 □守墓者以銘[不令]□□□ (Ⅲ행1자-Ⅴ행5자 전후)	國岡上廣開土境好太王存時教言 祖王先王但教取遠近舊民守墓洒掃 吾慮舊民轉當贏劣 若吾萬年之後安守墓者 但取吾躬巡所略來韓穢令備洒掃 言教如此 是以如教令取韓穢二百廿家 慮其不知法則 復取舊民一百十家合新舊守墓戶國烟卅看烟三百都合三百卅家 自上祖先王以來 墓上不安石碑致使守墓人烟戶差錯 唯國岡上廣開土境好太王盡爲祖先王墓上立碑 銘其烟戶不令差錯
2	제사시설의 망실과 고인에 대한 추숭	□□□△ 國岡上太王 □□□△王神亡 乘[輿/興]東西□□□△世室 追述先聖功勳 彌高△烈 継高人之慷慨 (Ⅴ행6자 전후-Ⅵ행20자)	
3	수묘제도의 정비와 위령자 처벌 규정	丁□□ 好太聖王日 自戊子定律教(內,言) 發令 更脩復 各於[先王墓上] 立碑 銘其烟戶頭廿人名 垂示後世 自今以後 守墓之民不得擅買更相轉賣 雖富足之者 亦不得其買賣 因若違令者 後世継嗣◎◎ 看其碑文与其罪過 (Ⅶ행 1자-Ⅹ행20자)	又制 守墓人 自今以後 不得更相轉賣 雖有富足之者 亦不得擅買 其有違令 賣者刑之 買人制令守墓之

〈예시〉 ◎: 난독자, [ ]: 추독자

〈표 2〉에 제시한 兩碑의 수묘제도와 관련한 내용은 크게 3개의 주제로 나누어 보았다. 첫째는 고구려의 수묘제도와 그 운영상의 문제점에 대한 조치이다. 고구려에는 수묘제도가 있어 수묘인을 두고 왕릉을 관리하였다. 집안고구려비의 명문에는 '각 묘의 守墓人烟戶가 河流□□[53] 四時祭祀 하였다'[54]고 한다. '그

---

52) 여호규는 집안고구려비의 수묘제도와 관련한 내용을 크게 1)왕릉 수묘제 시행과 변천 2)律의 제정과 令의 발포로 구분하였다. 다시 1)을 ①수묘제 시행, 왕릉제사 ②수묘제 문란, 수묘자에 대한 조치 ③제사시설 망실, 제사시설 作興으로 세분하였다. 2)를 ①律 제정, 令 발포 ②수묘비 건립 ③수묘연호 매매금지 및 처벌 규정으로 세분하였다. 여호규, 2013c, 앞의 논문, pp.75-78 참조. 본 발표문의 〈표 2〉를 구성하는데 많은 참고가 되었다.

53) 공석구는 河流를 수묘인의 거주지로 파악하였다. 공석구, 2013, 앞의 논문, pp.47-48.

54) 마선구의 물을 이용하여 제사지냈던 상황과 연결되는 문장 구조로 보았다. 여호규, 2013c, 앞의 논문, p.91. 徐建新, 2013, 앞의 논문, pp.27-28. 姜辰垣, 2014, 「고구려 墓祭의 전통과 그 배경 -「집안고구려비문」의 이해를 덧붙여」, 『震檀學報』 122,

런데 시간이 오래 지나자 연호들이 지치고 약해져 매우 감소하였으며 매매 현상이 발생하였다. 그러자 비에 수묘자를 새김으로써 □□하게 했다'는 내용이다. 광개토왕비에도 遠近의 舊民을 취하여 수묘하고 洒掃의 임무를 수행하였음을 살필 수 있다. 그리고 수묘제도를 운영하는 과정에서 先王의 묘에 석비를 세우지 않아 수묘인으로 하여금 差錯하게 하였다고 하는데, 광개토왕이 묘상에 비를 세워 그 연호들이 差錯하지 않도록 했다고 한다. 兩碑의 내용을 통해 수묘인의 임무가 기본적으로 왕릉의 수묘와 洒掃 그리고 四時祭祀를 담당하였음을 알 수 있다. 무엇보다 광개토왕대에 처음으로 先王의 묘에 비를 세웠다는 사실을 확인하였다.

두 번째는 제사시설의 망실과 고인에 대한 추숭에 대한 내용이다. 특히 이 부분에 대해서는 판독에 대한 이견이 분분한 상태라서 정확한 내용을 파악하기는 쉽지 않다. 그런데 Ⅴ행 7-11자는 國岡上太王으로 고국원왕에 해당한다. 이는 모두루묘지에도 '□岡上聖太王'이라는 왕명이 나오는데 고국원왕으로 비정되는 것에 의거하였다. 이후 12-15자에 대해서는 명확한 판독이 어려운 상태이고, 16-22자는 '王神亡乘[輿/興]東西'로 판독하였다. 이 중 19자는 '乘, 求, 喪, 車' 등으로 의견이 분분하다. 다만 19-20자를 乘輿로 판독할 경우 '가마를 타고 동서로 왔다 갔다'로 해석된다. 고국원왕 12년(342) 11월에 모용황이 침입하여 와서 미천왕의 무덤을 파헤쳐 그 시신을 발굴하여 싣고 燕으로 갔던[55] 상황과 흡사하다고 보았다. 고국원왕대 모용황의 침입으로 미천왕릉이 발굴되어 그 시신이 수레를 타고 東[고구려]과 西[燕]를 오가던 상황에 대한 불편함을 담고 있을 가능성을 고려해 보았다. 다음해 2월 고국원왕의 아우를 보내 자신을 신하로 일컬으면서 들어가 조알하게 하고 진귀한 물품 1천여 가지를 바치고서야 미천왕의 시신을 돌려받아 올 수 있었다.[56] 그러한 맥락에서 다음 이어지는 Ⅵ행 7-22자는 그와는 상반되는 내용으로서 '先代의 성스러움과 공훈이 두루 미치고 높으며, 그러므로 古人의 굳센 의지를 계승한다'는 의미로 대구를 이룰 것으로 짐작한다. 古人에 대한 추숭은 이후 고인의 묘역에 대한 정비와 복구의 당위성을 불러일으키게 한다.

그런데 北魏 司馬芮墓誌에 보이는 자형으로 보았을 때 '興'자의 예서체 중에는 '同'자획의 상단에 '丿'을 부가한 사례가 다수 확인된다고 한다. 더군다나 江拓과 비석 관찰을 통해 상단의 점은 흠집으로 확인되었다고 한다.[57] 그렇지만 탁본상으로는 확인하기가 쉽지 않고 輿와 興에 대한 이견이 팽배하므로 최종적인 판단은 보류한다. 19-20자의 경우는 이후의 추가적인 판독을 기대하면서 현재로서는 그 가능성의 하나만을 제시하는 차원에서 마무리짓고자 한다.

세 번째는 수묘제도의 정비와 違令者에 대한 처벌 규정이다. Ⅶ행 1-3자는 '丁□□'에 4-20자는 '好太聖王이 말하기를 戊□에 律을 제정하고 敎를 발하여 그를 修復하게 하였다'는 내용이다. 여기에서 戊□는

p.14.

55) 『삼국사기』 18 고구려본기6 고국원왕 12년, "十一月…皝從之 發美川王廟 載其尸 收其府庫累世之寶 虜男女五萬餘口 燒其宮室 毁丸都城而還".

56) 『삼국사기』 18 고구려본기6 고국원왕 13년, "春二月 王遣其弟 稱臣入朝於燕 貢珍異以千數 燕王皝乃還其父尸".

57) 여호규, 2013c, 앞의 논문, p.68.

광개토왕대로 보면 戊申年으로 광개토왕 17년(408)에 해당한다. Ⅶ행 4-8자에 대해서는 이견이 많지만 광개토왕비에서 왕이 처음으로 墓上立碑하였다는 것을 근거로 하면 好太聖王으로 보아도 무리가 없어보인다. 다만 '丁卯歲刊石'이라는 전혀 다른 의미의 판독이 제기되었고, 집안고구려비를 세운 시기와 연관이 깊은 문구라는 점에서 단언하기는 주저된다. 그렇지만 문맥의 흐름상 好太聖王으로 판독하면 왕이 수복한 조치가 바로 Ⅶ행 21자-Ⅹ행 20자의 내용일 가능성이 크다. 즉 각 선왕의 묘에 비를 세우고 그 烟戶頭 20인의 이름을 새겨 이를 후세에 보임으로써 이후로는 수묘인을 함부로 매매하지 못하게 조치하고 있다. 비록 富足之者라도 역시 그들을 매매할 수 없다고 경고한다. '雖'가 역접의 의미이므로, '富足之者 亦不得其買賣'는 '비록 富足之者라도 역시 그들을 매매하여 얻을 수 없다'로 해석된다. 문맥상 富足之者는 수묘인의 매매를 전문적으로 하는 이들은 아니라는 것을 유추할 수 있다.

그런데 수묘인 매매 금지 違令者에 대한 처벌의 대상과 범위가 더 직접적이고 구체적으로 적시된 현상을 살필 수 있다. 처음 집안고구려비에는 단지 烟戶頭[58] 20인의 이름을 새겨 널리 보임으로써 수묘인의 이탈을 막고자 하였다. 烟戶頭를 적어둠으로써 나중에 후손에게 그 죄과를 묻겠다는 상투적인 표현을 사용하였다. 반면 광개토왕비는 '수묘직을 판 사람은 형을 받고, 산 사람은 수묘하도록 하겠다'고 함으로써 違令者 당사자에게 직접적이고 구체적인 처벌을 명시하였다.[59] 실상 후손에게 복을 주겠다는 吉祥語句나 후손에게 죄를 묻겠다는 경고성 문구는 그 대상을 확정하기 힘든 상투적인 표현으로 볼 여지가 크다. 그런 점에서 違令者에게 직접적으로 형을 부가하는 광개토왕비가 더 이후에 건립되었을 가능성이 크다고 판단한다.

이제 수묘인 매매 금지와 그 처벌이 발령된 시기로 논의를 좁혀 보자. 먼저 광개토왕비는 장수왕 2년(414)에 건립되었다. 그리고 집안고구려비는 이보다 더 먼저 건립되었을 것으로 보았다. 앞서 Ⅶ행 4-11자의 광개토왕 재위 '戊□에 律을 제정하고 敎를 발하여 그를 修復하게 하였다'는 것을 매개로 하면 광개토왕 17년(408) 戊申年으로 좁혀 볼 수 있다. 그러나 아직까지도 판독에 대해 논란의 여지가 있다는 점에서 광개토왕 즉위년인 392년에서 장수왕 2년인 414년을 하한으로 설정하는 편이 무방할 듯하다.[60] 그러므로 兩碑에 담긴 수묘인 매매 금지와 그에 대한 처벌은 392년에서 414년까지도 수묘인이 여전히 매매되

---

58) 烟戶頭의 성격에 대해 각 연호의 戶主(여호규, 2013c, 앞의 논문, p.93-94: 김창석 2015, 「고구려 守墓法의 제정 경위와 布告 방식 -신발견 集安高句麗碑의 분석」, 『東方學志』 169, p.89.)라거나 또는 수묘인 관리자로 國烟(耿鐵華·董峰, 2013, 앞의 논문, p.8: 孫仁杰, 2013a, 앞의 논문, p.53: 임운, 2013, 앞의 논문, pp.15-16: 정호섭, 2013, 앞의 논문, p.127), 수묘연호의 관리책임자(張福有, 2013b, 앞의 논문, p.18: 徐建新, 2013, 앞의 논문, p.28) 등의 견해가 있다. 논의의 전개상 본 논문에서는 烟戶頭의 성격과 國烟 看烟의 문제에 대해서는 다루지 못했다. 이와 관련하여서는 후고를 기약해 본다.

59) 김현숙은 수묘인 매매 금지 違令者들에게 광개토왕비는 개인적인 처벌임에 비해 집안고구려비는 후손에게 벌을 주겠다고 한 것을 두고 이는 처벌의 강도가 강화된 것이라고 보고 그런 점에서 집안고구려비가 광개토왕비보다 늦게 건립되었을 것이라고 보았다. 김현숙, 2014, 「광개토왕비, 집안고구려비를 통해 본 고구려의 수묘제 정비」, 『嶺南學』 26, p.19. 그러나 집안고구려비는 막연하게 벌을 주겠다는 것이지만 광개토왕비는 더 직접적이고 구체적인 법의 적용이라는 측면에서 오히려 광개토왕비가 더 늦게 건립되었을 것이라고 본다.

60) 앞으로 비문 판독의 진행 상황에 따라 그 시기에 대해서는 편차가 발생할 수 있다는 점을 밝혀둔다.

고 있던 고구려의 현실을 반영한다. 짧은 기간 왕릉 수묘인의 매매 금지를 반복하여 발령하고 있다는 것은 수묘인에 대한 매매 행위가 상당한 문제로 대두되었을 가능성을 시사한다. 그런 측면에서 다음장에서는 수묘인의 매매가 왜 성행하게 되었을까를 검토하고자 한다.

III. 수묘인 買賣 성행 배경

고구려의 두 번째 수도인 국내성 지역에는 1960년대만 해도 1만 여기 이상의 고구려 고분이 있었다고 한다. 지금은 도시 개발로 인해 많은 고분들이 훼손되거나 소멸되었다고 한다.[61] 중국 측의 보고서에 의하면 현재 집안 일대의 적석총은 약 3,368기가 존재한다고 하는데, 그중 한 변의 길이가 20미터 이상은 75기, 30미터 이상은 16기, 40미터 이상은 4기, 50미터 이상은 7기로 보고되고 있다.[62] 이 중 왕릉급에 해당하는 15-20기 정도를 제외하더라도 한 변이 20미터가 넘는 대형적석총은 1백기가 조금 못되는 수치이다.

앞으로 추가적인 발굴을 통해 적석총의 숫자가 늘어난다고 하더라도 이미 국내성에서 재위하였던 왕의 숫자를 압도하는 수치이다. 물론 이들 대형적석총에는 왕릉이 아니지만 왕실에서 중요한 의미를 갖는 이들의 무덤일 가능성도 배제할 수는 없다. 그러나 현재 국내성 주변에는 산성하고분군, 우산하고분군, 마선고분군, 만보정고분군, 칠성산고분군 등이 포진해 있다. 이렇듯 국내성 주변에 포진해 있는 많은 고분군과 많은 대형적석총들이 모두 왕릉으로 치부되기에는 그 수가 지나치게 많다. 고분 축조에 소요된 비용과 피장자의 사회, 경제적 지위가 비례한다는 견해를 고려하면[63] 대형적석총과 국내성 주변에 산재해 있는 고분군들은 경제, 정치적으로 강한 세력을 형성하고 있던 이들의 존재와도 통하는 부분이다.

그런데 4-5세기 무렵, 고구려에서는 왕릉의 수묘인 매매 금지가 발령되었다. 수묘인 매매의 배경은 특히 두 가지 측면이 고려된다. 하나는 기능적인 측면에서 묘역의 수묘를 위한 수용, 다음은 노동력 징발이라는 측면에서의 수용이다. 기존의 연구는 주로 후자의 귀족세력의 대농장 경영을 위한 노동력 징발을 위주로 설명하였다.[64] 물론 그에 대한 가능성이 전혀 없다고 볼 수는 없다. 그러나 장수왕이 광개토왕의 遺命을 그대로 수용하지 않았던 이유가 新來韓穢가 法則을 모를 것을 염려하였던 점에서 수묘역과 관련한 본래적인 업무에 충당되었다고 보는 편이 자연스럽다. 이러한 업무에는 묘역의 洒掃, 四時祭祀는 물론이고 적석총 축조 및 보수 기술과도 무관하지 않을 가능성이 짙다.

---

61) 고구려연구재단 편, 『위성사진으로 보는 고구려 도성』, p.38.
62) 吉林城文物考古研究所·集安市博物館, 2002, 『通溝 古墳群 -1997年調査測繪報告』.
63) 姜賢淑, 2000, 「石槨積石塚을 통해 본 高句麗 五部」, 『역사문화연구』 12, p.11.
64) 洪承基, 1974, 「1~3世紀의「民」의 存在形態에 대한 一考察 -所謂「下戸」의 實體와 관련하여」, 『歷史學報』 63, pp.30-40. 金賢淑, 1989, 「廣開土王碑를 통해 본 高句麗 守墓人의 社會的 性格」, 『韓國史硏究』 65, pp.9-10. 武田幸男은 국연이 간연을 팔고 그 간연을 富足之者가 사고, 또한 국연 상호 간에 간연을 매매하는 경우도 있었을 것으로 보았다. 武田幸男, 1989, 『高句麗と東アジア』, 岩波書店, pp.36-43.

고구려에서 묘역의 조성과 관리를 중시했음은 王號를 통해서도 짐작할 수 있다. 특히나 국내성에 도읍하던 시기 고구려의 왕호는 葬地名과 같은 사례가 12건에 이른다. 제4대 민중왕,[65] 제5대 모본왕,[66] 제9대 고국천왕,[67] 제10대 산상왕,[68] 제11대 동천왕,[69] 제12대 중천왕,[70] 제13대 서천왕,[71] 제14대 봉상왕,[72] 제15대 미천왕,[73] 제16대 고국원왕,[74] 제17대 소수림왕,[75] 제18대 고국양왕[76]의 왕호는 장지명과 같다. 열거한 장지명 왕호는 모두 광개토왕비가 건립되기 이전의 것들이다. 평양 천도 이후에도 안원왕, 양원왕,[77] 평원왕[78]의 왕호는 장지명에서 유래되었을 것으로 본다.[79]

이렇듯 장지명을 나타내는 고구려의 왕호는 총 20명의 왕 중에서 15건에 해당되며, 고구려 왕호가 장지명을 나타낸다는 대표적인 특징을 드러낸다. 왕호를 사용함에 있어 왕릉의 위치가 주요한 구별점이라는 사실은 아마도 고구려에서 왕릉의 조성과 그에 대한 관리가 상당히 중요한 의미를 가졌던 것에서 기인하였을 개연성이 크다. 마찬가지로 왕릉을 관리하고 제사의 업무를 담당하는 수묘인의 업무가 중시되었던 측면에서 그들에 대한 확보와 선점이 당연히 중요한 사안으로 부상할 수 밖에 없는 이유이다.

그런 측면에서 兩碑가 건립되던 시기를 즈음하여 수묘인의 선점과 확보에서 중대한 변수가 발생하였을 가능성을 살필 수 있다. 兩碑에는 누군가를 향해 왕릉의 수묘인을 매매하지 말라고 강한 경고를 발령하고 있다. 수묘인 매매 금지령의 발령과 違令者에 대한 처벌 규정은 당대 고구려에서 수묘인에 대한 매매가 자행되지 않은 상황에서는 힘주어 경고할 이유가 없다. 게다가 건립의 시기를 달리하는 兩碑에 거

---

65) 『삼국사기』 14 고구려본기2 민중왕 4년, "夏四月 王田於閔中原 秋七月 又田 見石窟 顧謂左右曰 吾死必葬於此 不須更作陵墓". 5년, "王薨 王后及羣臣重違遺命 乃葬於石窟 號爲閔中王".

66) 『삼국사기』 14 고구려본기2 모본왕 6년, "遂葬於慕本原 號爲慕本王".

67) 『삼국사기』 16 고구려본기4 고국천왕 19년, "夏五月 王薨 葬于故國川原 號爲故國川王".

68) 『삼국사기』 16 고구려본기4 산상왕 31년, "夏五月 王薨 葬於山上陵 號爲山上王".

69) 『삼국사기』 17 고구려본기5 동천왕 22년, "秋九月 王薨 葬於柴原 號曰東川王 國人懷其恩德 莫不哀傷 近臣欲自殺以殉者, 嗣王以爲非禮禁之 至葬日 至墓自死者甚多 國人伐柴 以覆其屍 遂名其地曰柴原". 동천왕의 장지에 대해서는 柴原이라는 기록이 보인다. 그렇지만 중천왕의 사례에서 볼 때, 中川原에 장사하여 중천왕이므로 동천왕은 東川原과 연관된 왕호이므로 장지명 시호로 볼 수 있다.

70) 『삼국사기』 17 고구려본기5 중천왕 23년, "冬十月 王薨 葬於中川之原 號曰中川王".

71) 『삼국사기』 17 고구려본기5 서천왕 23년, "王薨 葬於西川之原 號曰西川王".

72) 『삼국사기』 17 고구려본기5 봉상왕 9년, "葬於烽山之原 號曰烽上王". 烽山原과 烽上의 의미가 크게 어긋나지 않으므로 봉상왕의 왕호도 장지명으로 볼 수 있다.

73) 『삼국사기』 17 고구려본기5 미천왕 32년, "春二月 王薨 葬於美川之原 號曰美川王".

74) 『삼국사기』 18 고구려본기6 고국원왕 41년, "冬十月 … 是月二十三日薨 葬于故國之原".

75) 『삼국사기』 18 고구려본기6 소수림왕 14년, "冬十一月 王薨 葬於小獸林 號爲小獸林王".

76) 『삼국사기』 18 고구려본기6 고국양왕 9년, "夏五月 王薨 葬於故國壤 號爲故國壤王".

77) 『삼국사기』 19 고구려본기7 양원왕 원년, "陽原王【或云陽崗上好王】".

78) 『삼국사기』 19 고구려본기7 평원왕 원년, "平原王【或云平崗上好王】".

79) 임기환, 2002, 「고구려 왕호의 변천과 성격」, 『韓國古代史硏究』 28, pp.23-24. 安原王, 陽原王, 平原王의 왕호에 原이라는 지역명이 붙어 있고, 양원왕의 분주 왕호에 陽崗上好王과 평원왕의 분주 왕호에 平崗上好王의 형태는 고국원왕의 國罡上王과 동일한 유형으로 곧 장지에서 유래된 왕호라고 한다.

듭 수묘인의 매매 금지를 발령하였다는 것은 여전히 수묘인의 매매가 근절되지 않았던 것과 무관하지 않을 가능성이 크다. 또 한편으로는 兩碑가 건립되던 시기 매매를 통한 수묘인의 우선적인 취득을 누군가에게 금지시킴으로써 수묘인을 왕실에 우선적으로 배치하고자 하는 점도 간과할 수 없다. 그러한 측면에서 수묘인 매매 금지는 일정부분 진전된 왕권을 반영한다고 보아도 크게 무리가 없을 듯하다.

특히 수묘인 매매 현상과 관련하여 살필 부분은 수묘인의 贏劣 현상이다. 이에 대해 집안고구려비에는 '烟戶[贏劣甚衰]'라고 추독한 부분이 있다. 해당 부분의 판독에 어려움이 있어 단정하기는 조심스럽다. 다만 명문의 앞 행에서 왕릉에서의 四時祭祀 등이 오래도록 유지되기를 바랬지만 수묘인에게 어떤 문제가 발생하였고 거기에 轉賣의 내용까지 더해졌다는 것을 볼 수 있다. 그래서 수묘자의 이름을 새겨 무엇인가를 못하게 하겠다는 내용으로 보았을 때, 수묘인의 매매 이전에 수묘인의 贏劣 현상이 발생하였을 가능성을 예상한다. 물론 추독한 해당 내용으로는 烟戶의 출신 지역이라든지 贏劣의 구체적인 원인까지는 알 수 없다. 반면 광개토왕비에는 '祖王先王但教取遠近舊民守墓洒掃吾慮舊民轉當贏劣'이라는 기록을 보인다. 즉 '祖王先王이 遠近의 舊民으로만 수묘하고 洒掃하게 하였기에 나는 舊民이 贏劣하게 될까 두렵다'는 내용이다. 이를 통해 수묘인의 차출 지역이 수도 국내성을 중심으로 遠近에 위치하고 있었음을 예상할 수 있다. 비문에는 단순히 遠近이라고만 표현하였다. 그러나 거리의 멀고 가까움은 어떤 기준점을 필요로 하고 그런 측면에서 비문이 새겨진 장소 특히 도읍지를 기준으로 하였을 가능성이 유력하다. 그런 점에서 단순히 遠近의 舊民이라는 표현 속에서 국내성을 기준으로 하는 거리감을 나타낼 것으로 판단하였다. 실제 그 거리가 어디까지인지에 대해서는 분명하지 않다. 遠近의 舊民은 광개토왕이 새롭게 수묘역을 삼고자 했던 新來韓穢에 대비하여 舊民으로 지칭하고 있다.[80]

그러므로 수묘인의 贏劣 현상은 兩碑가 건립되기 이전 시기를 중심으로 그 원인을 살필 필요가 있다. 수묘인의 贏劣이 미래에 대한 예상이라면 이렇듯 수묘인의 매매를 금지하는 조치를 서둘러 집안고구려비는 물론이고 광개토왕비까지 반복하여 발령하지는 않았을 것이다. 게다가 왕릉의 洒掃가 수묘인의 중요 임무라면 구태여 해당 집단의 贏劣을 걱정할 필요가 없다. 그러므로 수묘인의 贏劣에 대한 염려는 '守墓' 업무와 연관하여 살펴야 할 듯하다. 贏劣이 '수적으로 감소하고 세력이 약화되었다'는 의미임을 상기해본다. 그렇다면 수묘인의 贏劣은 근본적으로 수묘인의 감소에서 초래되었을 것이라는 점에서 遠近 지역 舊民의 감소와 그 원인에 대한 검토가 필요하다. 遠近 지역 舊民의 인원 감소는 먼저 전쟁으로 인한 사망, 포획, 그리고 기근이나 자연재해로 인한 인구 감소의 가능성이 고려된다. 전쟁으로 인한 遠近 지역의 인구 감소는 무엇보다도 고국원왕 12년(342) 慕容皝의 침공으로 인한 남녀 5만의 유출을 거론하지 않을 수 없다.

---

80) 新來韓穢에 대비하여 舊民을 지칭한 것은 곧 수묘인 제도의 변화를 의미한다. 그런데 집안고구려비에서는 이에 대한 언급이 없다. 이는 집안고구려비의 수묘인 매매 금지 발령이 효과를 거두지 못하자 광개토왕비에서 새롭게 舊民을 대신하여 新來韓穢 즉 新民으로 수묘역을 삼고자 했을 것이라는 점에서 집안고구려비가 광개토왕비보다 우선하여 건립되었다는 유용한 증거라고 본다.

모용황은 5만 5천의 군사로 고구려를 침공하였다. 이에 고국원왕은 5만이 넘는 군사로 대적하였지만 실패하여 斷熊谷으로 도망하였다. 전쟁에서 이긴 모용황은 미천왕릉을 발굴하여 그 시신을 싣고, 창고에 있는 누대의 보물을 거두어 갔다. 거기에 王母 周氏, 왕비 그리고 남녀 5만을 사로잡아 갔다. 가는 길에 모용황은 국내성을 불사르고 환도성마저 허물어뜨리는 등 고구려에 막대한 손실을 끼쳤다. 모용황에 의해 남녀 5만이 포로로 잡혀간 상황은 국내성 주변의 인구 감소는 물론이고 인근에서 수묘역에 종사하던 이들의 감소가 예상된다. 그러한 상태에서 遠近의 舊民에게만 부가된 수묘역은 舊民의 贏劣을 더욱 부채질할 수 밖에 없었을 것이다.

더군다나 국내성 주변에는 왕릉급으로 추정되는 대형적석총을 제외하고도 대규모 무덤군이 밀집해 있다. 이들 무덤의 피장자에 대해서는 그 실체를 확인할 방법이 요원하다. 그렇지만 정성스럽게 돌을 쌓아 주변의 무덤군과 떼를 이루고 있는 것을 보면 무덤을 조성하였던 이들의 정치, 경제적 기반 역시 상당한 수준일 것이라는 것을 짐작할 수 있다. 이렇듯 遠近의 수묘인을 국내성 주변을 중심으로 파악할 때, 舊民의 贏劣은 이민족의 침입으로 인한 국내성의 함락이라든지 포로의 발생이라는 측면과 직접적인 연관을 갖는 사안이다. 국내성 인근의 인구가 급격히 감소한 상황에서도 수묘에 대한 수요가 여전하였다면 수묘인의 부족이 초래되지 않을 수가 없다.

바로 그러한 시대적 상황이 예상되는 가운데 兩碑에서는 수묘인의 贏劣을 염려한 광개토왕의 고민을 읽어낼 수 있다. 그러한 염려 속에서 광개토왕은 왕릉의 수묘를 위해 자신이 손수 약취한 新來韓穢를 데려다 수묘인으로 삼으라고 명하였다. 그러나 장수왕은 광개토왕의 遺命을 따르지 않았다. 장수왕의 염려는 현실적인 측면에서 새롭게 수묘역을 담당할 新來韓穢가 法則을 모른다는 점이다. 그래서 新來韓穢 220가를 선발하고 여기에 舊民 110가를 추가하여 330가로 수묘인을 구성하였다.

장수왕이 염려한 法則의 내용에 대해서는 구체적으로 언급되지 않았다. 왕릉 수묘와 관련한 法則이라는 측면에서 제사의 禮制를 우선 언급하지 않을 수 없다. 그러나 舊民과 新來韓穢의 비율이 1:2라는 점은 생각보다 고도의 기술을 요하는 부분이었을 가능성이 크다. 반면 差錯의 가능성은 일단 배제하였다. 광개토왕비에서 선조왕들의 묘상에 비를 세워 수묘인의 差錯을 막았다는 것에서 그에 대한 염려는 미미하다고 여겨지기 때문이다. 그렇지만 묘역의 조성과 관련하여 계단식적석총 축조 기술은 장수왕이 염려한 '不知法則'의 혐의가 가장 짙다. 이는 고구려 墓制의 전통과 연결된다.

고구려 초기의 전형적인 묘제인 석곽적석총의 분포 지역은 환인 지역과 집안 지역 그리고 압록강을 중심으로 하는 지역에 집중되어 나타난다고 한다.[81] 고분의 경우 전통성이 강하여 해당 사회에 특별한 사유가 발생하지 않는다면 쉽게 변하지 않는 경향을 띤다. 석곽적석총의 등장 시기를 보여주는 편년자료는 충분하지 않지만, 석곽적석총은 확대된 고구려의 전 세력권에서 확인되지 않는다는 점에서 고구려 원주민의 묘제라고 보고 있다.[82] 석곽적석총은 평면형과 층단 형성 여부에 따라 무기단, 기단, 계단식 석곽적

---

81) 姜賢淑, 2000, 앞의 논문, p.8.
82) 姜賢淑, 2000, 위의 논문, p.28.

석총으로 발전해간다.

연구에 의하면 기원전후한 시기 늦어도 1세기 후반 무기단과 기단의 외형상의 분화가 있었고, 3세기 후엽이 되면 무기단, 기단, 계단으로 외형상의 위계분화가 심화되었을 것으로 추정하였다. 석곽적석총이 중심이 되었던 4세기 이전, 고구려 사회는 석곽적석총 집단 간 무덤 규모나 고분의 군집에서 우열의 차이가 보이지만 특정 지역을 중심으로 우세집단이 형성되지는 못하였다. 점차적으로 석곽적석총이 정형성을 띠어가면서 한곳으로 집중되는 양상을 보이는데, 그중 군집의 규모가 가장 큰 집안현 통구 고분군이 석곽적석총 분포의 중심지가 된다고 한다.[83]

더군다나 기단식적석총의 가장 발전된 양식인 계단식적석총은 兩碑가 건립되기 바로 이전인 4세기에 집중적으로 나타나고 있다고 한다. 특히나 이들 기단식적석총은 무기단단계에서 계단식단계로 넘어가는 3세기 후반경에 이르면 평면 방형의 정형성을 띠면서 석곽적석총이 전 지역에서 통일된 양상을 보인다고 한다. 이는 무기단 석곽적석총 단계에서 보여주었던 집단간 차이가 차츰 줄어들고 집안 통구를 중심으로 제 집단의 결속이 강화된 것으로 해석하는데, 즉 고구려 초기의 5부가 통합되어 중앙권력을 형성하는 과정을 살필 수 있는 부분으로 설명하였다.[84]

이러한 연구를 통해 고구려의 수묘인 매매가 발생할 수 밖에 없는 구조적인 현상에 접근해 보았다. 먼저 집안고구려비가 건립되기 이전인 4세기, 고구려의 墓制는 계단식 석곽적석총의 단계이다. 물론 시기를 일률적으로 규정하기는 힘들다는 점에서 몇몇 발전된 양식을 보이는 것도 있을 것이라는 점을 인정해야 할 것이다. 그러므로 고구려 묘제의 시기적인 구분은 대체적인 경향을 고려하기 위한 지침으로 활용하고자 한다. 더군다나 이러한 墓制는 확장된 고구려의 영역에서는 찾아보기 힘든 墓制라는 점에서 해당 지역의 주민들을 대상으로 그 축조 기술이 전해지고 있음을 유추할 수 있다. 다음으로 계단식 석곽적석총이 통일된 양상을 보인다는 점에서 무덤의 축조가 왕릉만을 대상으로 하지 않는다는 사실을 유추할 수 있다. 이는 富足之者로 일컬어지는 세력가들도 왕릉과 동일한 형식의 무덤을 사용한다는 점에서 같은 목적의 수요를 유발시킬 수 밖에 없는 사안이다.[85]

그런데 국내성 원근에 거주하고 있던 고구려 원주민 계통의 계단식적석총 축조 기술을 보유한 이들이 고국원왕대 대거 모용황의 포로가 되어 고구려에서 이탈하였다고 가정해 보자. 그럼에도 왕릉을 비롯한 부유한 세력가들의 무덤은 여전하다. 무덤 축조의 기술을 보유한 이들은 이미 수적으로 열세에 처해있음에도 불구하고 기존과 같은 정도로 무덤을 축조해야 하는 상황이 반복되었을 것이다. 게다가 미천왕릉을 발굴하여 시신을 탈취하였던 사건에서 상당수의 무덤이 발굴되었을 가능성도 고려된다. 무덤의 축조와 보수가 필요한 상태이다. 富足之者 역시 조상 묘역을 보수하고 축조하면서 수묘인에 대한 수요가 급증하

---

83) 姜賢淑, 2000, 위의 논문.

84) 姜賢淑, 2000, 위의 논문, p.28.

85) 무덤의 형식은 같지만 규모면에서는 왕릉과 세력가들의 무덤에는 일정한 차이가 있을 가능성이 있다. 그러나 무덤의 축조 기술에 대한 수요라는 측면에서 무덤의 크기는 논의로 한다.

였을 것이다. 결국 수묘인의 부족 현상으로 왕릉의 수묘인이 매매되었고 이는 정치적인 문제로 대두되었을 것으로 짐작한다.

왕릉 수묘인의 부족 현상을 해결하기 위한 방편으로 고국원왕대 이후 여러차례 遠近의 舊民을 취하여 왕릉의 수묘인으로 삼았지만 그다지 실효를 거두지 못하였을 가능성이 크다. 그에 대한 답은 광개토왕비에 있다. 광개토왕비에는 祖王先王이 遠近의 舊民만을 취하여 수묘하게 함으로써 그들이 羸劣하였다고 한다. 고국원왕대 5만의 국내성 인근의 인구가 유출된 상황에서 수묘를 위해 거듭 징발되자 자연스레 국내성 遠近의 舊民의 쇠퇴가 가속화 되었을 것으로 예상한다. 여기에 富足之者가 왕릉의 수묘인을 멋대로 사들이자 광개토왕은 수묘인 매매 금지령을 발령하고 그에 대한 처벌을 명시하였다. 수묘인에 대한 배타적인 권리를 천명했다는 점에서 금지령의 발령은 광개토왕대 강화된 왕권의 위상과도 통하는 부분으로 여겨진다.

IV. 수묘인 擅買 개입 세력

집안고구려비와 광개토왕비가 건립되던 당시 고구려에서는 왕릉 수묘인에 대한 매매 현상이 있었다. 그러므로 집안고구려비에서는 '비록 富足之者라도 역시 그를 買賣하여 얻을 수 없다[雖富足之者 亦不得其買賣]'라고 했던 것이다. 그리고 광개토왕비에서는 '비록 富足之者라고 하더라도 역시 함부로 살(買) 수 없다[雖有富足之者 亦不得擅買]'고 명시하였다. 兩碑에서 수묘인의 매매를 금지하면서 富足之者를 언급한 대목은 비슷한 문장 구조를 보이지만 그 내용은 결코 같지 않다는 것을 확인할 수 있다.

富足之者는 수묘인과의 관계에 있어서 집안고구려비에서는 수요와 공급의 주체로 이해되지만 광개토왕비에서는 수요의 주체로 한정된다. 이는 기본적으로 富足之者가 전문적으로 수묘인의 매매에 개입된 세력이 아니라는 것을 지시한다. 그렇다면 수묘인을 필요로 하여 심지어는 왕이 율령을 제정하면서까지 수묘인의 매매를 금지하게 했던 富足之者는 도대체 어떤 세력이고 계층인지 의문스럽다. 결코 범상한 계층이 아니라는 사실은 이미 집안고구려비와 광개토왕비에 특별히 富足之者를 언급하면서 수묘인 매매의 금지령이 발령된 것에서도 짐작할 수 있다.

'富'의 사전적인 의미는 '재산이 많고 넉넉하다, 성대하다, 나이가 젊다, 복을 내려주다' 등의 의미가 지배적이다.[86] 대체적으로 재물이 많고 풍부한 것을 빗대어 이르는 말로 보아도 크게 무리가 없어 보인다. 그리고 '足'의 사전적인 의미에도 '넉넉하다, 부유하다, 분수에 만족하다, 충분하다, 많다[87]' 등이 지배적이다. 그러므로 '富足之者'의 사전적인 의미는 기본적으로 '재물이 많아 풍족한 사람' 정도로 정리할 수 있을 듯하다. 재물이 많고 풍족한 富足之者가 왜 하필이면 왕릉의 수묘를 담당하는 이들을 매매한 것일까.

---

86) 大漢韓辭典編纂室 編, 『大漢韓辭典』, 敎學社, p.854 참조.
87) 大漢韓辭典編纂室 編, 위의 책, p.3178 참조.

富足之者가 수묘인의 매매를 업으로 삼는 것이 아니라는 점에서 수묘인의 본래적 업무를 필요로 하는 수요자의 입장으로 보는 것이 자연스럽다. 그러한 필요가 결과적으로 왕릉의 수묘인마저도 매입하게 되었을 개연성이 크다. 집안고구려비와 광개토왕비를 통해 수묘인의 역할이 四時祭祀와 묘역의 관리임을 확인하였다. 그러므로 富足之者가 수묘인을 매매하였던 것은 자신들 조상 묘역을 수묘하기 위한 목적과 밀접한 관계가 있을 것이다. 묘역 관리, 묘역에서의 제사[墓祭祀]는 모두 상장례와 연관된 행위이다. 고구려의 당대 상장례 풍속과 관련되었을 소지가 크다. 그런 점에서 고구려의 상장례와 이를 대하는 당대 고구려인의 심성 파악이 필요할 듯하다.

다음은 고구려의 상장례와 그 풍속을 전하는 중국 측 기록이다.

A. "便稍營送終之具 金銀財幣盡於厚葬 積石爲封 亦種松柏". (『後漢書』 85 동이열전75 고구려)

B. "男女已嫁娶 便稍作送終之衣 厚葬 金銀財幣 盡於送死 積石爲封 列種松柏". (『三國志』 30 위서 30 오환선비동이전30 고구려)

C. "父母及夫喪 其服制同於華夏 兄弟則限以三月". (『周書』 49 이역열전41 고려)

D. "已嫁娶便稍作送終之衣 其死葬 有椁無棺 好厚葬 金銀財幣盡於送死 積石爲封 列植松柏". (『南史 79 이맥열전69 고구려』)

E. "死者 殯在屋內 經三年 擇吉日而葬 居父母及夫喪 服皆三年 兄弟三月 初終哭泣 葬則鼓舞作樂以送之 埋訖 取死者生時服玩 車馬置墓側 會葬者爭取而去". (『北史』 94 열전82 고구려)

F. "死者殯於屋內 經三年 擇吉日而葬 居父母及夫之喪 服皆三年 兄弟三月 初終哭泣 葬則鼓舞作樂以送之 埋訖 悉取死者生時服玩車馬 置於墓側 會葬者爭取而去". (『隋書』 81 열전46 고구려)

G. "服父母喪三年 兄弟踰月除". (『新唐書』 220 동이열전145 고구려)

위에 언급한 자료는 크게 두 종류로 분류할 수 있을 듯하다. 하나는 더 이른 시기의 고구려 고유의 장례풍속에 더 가까운 내용을 전하는 계통이고 다른 하나는 더 늦은 시기로 제도적인 측면에서 상복제도 등과 관련한 내용 계통이다. 먼저 고구려의 고유한 장례풍속에 더 가깝다고 보여지는 것으로 『후한서』, 『삼국지』, 『남사』가 전하는 내용이다. 이들 사서에 의하면 결혼 후에 곧장 壽衣 등과 같은 장례에 쓸 물건들을 조금씩 준비하였다가 장례가 발생하면 厚葬하는데 금은재물을 다 쓰는 풍습이 있었고, 돌을 쌓아 적석총을 만들어 시신을 안치하였으며 그 주변에는 소나무와 잣나무를 심었다고 한다. 여기에 『남사』에는 장사지내는데 椁은 쓰지만 棺은 쓰지 않는다는 정보가 추가되어 있다.

다음은 더 늦은 시기의 장례풍속으로서 제도적인 측면에서 상복제도 등과 관련한 내용 계통이다. 『주서』, 『북사』, 『수서』, 『신당서』의 내용이 여기에 해당한다. 이들 사서는 부모형제와 남편의 장례에서 상복을 얼마나 입을 것인가에 대한 규정이 담겨있다. 『주서』, 『북사』, 『수서』, 『신당서』에는 모두 부모와 남편의 장례에는 3년간 상복을 입는 반면 형제의 경우에는 3개월간 상복을 입는다고 한다. 여기에 『북사』, 『수서』에는 죽은 자의 시체를 집에 두고 삼년이 지나 좋은 날을 받아 장례하며, 처음에는 哭과 泣을 하지만 장사지낼 때에는 북치고 춤추면서 죽은 자를 보낸다고 한다. 또 매장이 끝나면 죽은 자가 생전에 썼던 의복, 노리개, 수레, 말을 모두 거두어 무덤 옆에 두면 장례에 참석했던 사람들이 모두 가져간다는 내용이 추가되어 있다.

위의 자료에서 고구려의 장례풍속에 변화가 발견된다. 『삼국지』 계통의 자료를 수용하고 있는 『후한서』와 『남사』에서는 고구려의 장례풍속을 다루면서 厚葬의 풍속과 적석총의 축조를 소개하였다. 반면 『주서』 이후의 자료인 『북사』, 『수서』, 『신당서』에서는 가족내에서의 상복제도와 관련한 규정을 기본으로 三年喪의 정보를 전해준다. 『북사』, 『수서』에는 죽은 자의 시체를 집에 두고 삼년이 지나 좋은 날을 받아 장례하는 殯禮儀式을 소개하였다. 아울러 장례의 절차를 설명하는 과정에서 '埋訖'이라는 표현을 사용하고 있는데, 시신의 매장 방식에 변화가 있었을 가능성을 보여준다.

적석총을 축조하던 당시의 장례에서는 죽은자를 위한 적석총의 축조와 묘역을 조성하는데 금은재화를 소비했다면 이후 시신을 묻는 단계에서는 죽은자의 물건을 장례에 참여한 이들에게 분배하는 모습을 볼 수 있다. 이전의 厚葬의 개념이 적석총을 축조하면서 재화를 소모하는 것을 설명하는 용어였다면 이후에는 장례에 참여한 이들에게 재화를 분배하던 방식으로 변화하였던 듯하다. 그런한 판단에는 죽은자가 생시에 사용했던 의복, 노리개, 수레, 말 등의 기물이 일반적인 피지배 民들이 장례에서 준비하여 소진하기에는 현실적으로 어려운 기물이라는 것에 기반한다. 그런 측면에서 이전의 적석총 축조 단계에서 사용하던 금은재화를 장례에 참석한 친족간에 나누는 것으로 변화되었을 것이라는 점에서 厚葬의 풍습이 소멸했다고 보기는 주저된다.

고구려의 수묘제도와 관련하여 적석총의 축조와 厚葬의 풍습은 당대 고구려인의 장례풍속과 관련하여 시사하는 바가 크다. 고구려 전기의 전형적인 묘제인 적석총[88]의 최상층 부분에서 기둥구멍과 기와가 발견되었다.[89] 묘상건축물이 조영되었을 가능성을 시사하는 부분이다. 특히 『구당서』의 기록에 의하면 고구

---

88) 정찬영, 1973, 「기원4세기까지의 고구려묘제에 관한 연구」, 『고고민속론문집』 5.

李殿福, 1980, 「集安高句麗墓研究」, 『考古學報』 1980年 2期.

田村晃一, 1990, 「高句麗の積石塚」, 『東北アジアの考古學』, 六興出版.

89) 『集安縣鄕土志』(1915년 간행)의 지리부분 중 「將軍墳」에 대한 설명으로 "碑之東二里 全用大石切成… 極上一層 四面石條 均有柱眼 其下敗瓦堆積"에서 최상층에 기둥구멍의 존재와 기와의 존재를 언급하고 있다. 이는 묘상에 建築物이 조영되어 있었음을 보여주고 있다. 關野貞은 將軍塚 7층에 만들어진 작은 구멍들을 난간용 구멍으로 추정하였다. 李殿福은 정상부에 어떤 建築物이 있었을 것으로 보았다. 李亨求는 난간의 존재와 함께 享堂의 존재를 상정하였다. 난간의 존재는 장군총 근처에서 28㎝ 크기의 쇠사슬 22마디가 발견되어 확인되고 있다(吉林省考古研究室 集安縣博物館, 1984, 「集安高句麗考古的新收穫」, 『文物』 第1期 ; 崔武藏 譯, 1985, 「高句麗·渤海文化」, 集文堂, p.168).

關野貞, 1914, 「滿洲集安縣及び平壤附近に於ける高句麗時代遺蹟」, 『考古學雜誌』 5卷 3.

李殿福, 1980, 앞의 책.

려에서 기와는 대체적으로 佛舍, 神廟, 王宮, 官府[90]와 같은 특별한 위상을 갖는 건물에만 사용하던 재료이다. 이렇듯 특별한 건물에만 사용하던 기와가 적석총의 묘상에서 발견된다는 점에서 어떤 시설물이 있었을 가능성을 부정하기 어려울 듯하다.[91]

적석총 상부의 묘상건축물의 용도에 대해서는 빗물이 새는 것을 막기 위한 시설,[92] 매장 후에 적석총 상부에서 행해진 葬法,[93] 寢,[94] 享堂,[95] 기념비적인 건조물 등의 다양한 견해가 제기되었다. 묘상건축물의 성격에 대한 논란이 분분하지만 아마도 어떤 의례나 제의와 관련한 공간이었을 것으로 추정한다. 이미 적석총이 상당한 정치, 경제적인 위상을 가진 계층에서 축조할 수 있는 묘제라는 점을 언급하였다. 더군다나 적석총 상부에 특별한 건물에만 사용하였던 기와의 흔적은 묘상건축물을 건조할 수 있는 계층이 지극히 제한적인 소수였음을 지시한다. 분명 왕, 왕족 그리고 유력세력가들로 한정할 수 있을 것이다. 바로 그 유력세력가들의 일부를 집안고구려비에서는 富足之者[96]로 지칭하였던 것으로 판단한다. 김석형은 富足之者의 의미를 더 한정하여 당시 고구려의 수도나 그 근방에 거주하는 귀족을 지칭하는 것으로 보았다.[97] 이는 앞서 국내성 원근의 주민을 선발하여 수묘인을 삼았던 선왕들의 조치나 통구고분군을 중심으로 중앙권력을 형성해 나간다[98]는 점에서 시사하는 바가 크다.

적석총 묘제에서 또 하나 특기할 요소는 祭臺의 존재이다. 임강묘, 태왕릉, 우산하묘 992호의 祭臺로 추정되는 유구에서 희생물의 흔적이 확인되는데 墓祭祀와 연관이 있어 보인다.[99] 즉 祭臺는 적석총을 축조한 이후 제사의식이 이루어졌을 가능성을 시사한다. 墓祭祀는 四時祭祀가 언급된 것으로 보았을 때 정기적으로 이루어졌을 것으로 본다. 墓祭祀는 왕이 시행하는 시조묘 제사, 태후묘 제사의 사례에서도 확인된다. 墓祭祀는 종묘제사와는 별도로 묘역에서 행해진 제사의례라는 점에서 묘역을 관리할 수묘인 등의 역할을 필요로 한다. 게다가 墓祭祀는 왕릉뿐만 아니라 유력세력들의 경우에도 행해졌다.

---

90) 『구당서』 동이열전 고구려, "其所居必依山谷 皆以茅草葺舍 唯佛寺神廟註 及王宮官府乃用瓦".

91) 국내성 일대의 고분 가운데 묘상건축물이 있었을 것으로 추정되는 무덤은 마선구 626호묘, 마선구 2100호묘, 마선구 2378호묘, 마선구 2381호묘, 산성하 36호묘, 서대묘, 우산하 992호묘, 우산하 2110호묘, 임강묘, 장군총, 천추묘, 칠성산 871호묘, 칠성산 211호분, 태왕릉 등이다. 관련 내용은 정호섭, 2008, 「고구려 적석총 단계의 祭儀 양상」, 『先史와 古代』 29, pp.195-196 참조.

92) 耿鐵華, 1993, 「高句麗積石墓葬具硏究」, 『高句麗硏究文集』, p.121.

93) 강현숙, 2006, 「중국 길림성 집안지역 고구려 왕릉의 구조에 대하여」, 『韓國古代史硏究』 41, p.32.

94) 조법종, 1995, 「광개토왕릉비문에 나타난 수묘제연구」, 『韓國古代史硏究』 8: 2006, 『고조선·고구려사연구』, 신서원: 2007, 「고구려 초기도읍과 비류국성 연구」, 『白山學報』 77, pp.151-152 주 46.
정호섭, 2008, 앞의 논문, p.199.

95) 李亨求, 1982, 「高句麗의 享堂制度硏究」, 『東方學志』 32.

96) 김창석은 富足之者를 『삼국지』 고구려전에 나오는 大家, 坐食者와 같은 부류의 존재로 보았다. 김창석, 2015, 앞의 논문, p.92. 富足之者를 유력세력의 일종으로 본다는 점에 동의한다.

97) 金錫亨, 1974, 「三國時代の良人農民」, 『古代朝鮮の基本問題』, 學生社, p.96.

98) 姜賢淑, 2000, 앞의 논문, p.28.

99) 제대로 추정되는 유규가 발견된 고분은 마선구 626호묘, 칠성산 871호묘, 우산하 2110호묘, 칠성산 211호묘, 임강묘, 서대묘, 우산하 992호묘, 태왕릉, 장군총 등이다. 관련 내용은 정호섭, 2008, 앞의 논문, pp.199-205 참조.

마침 『三國史記』에는 유리왕대 괴유의 묘에 관사를 두어 계절마다 제사를 지내게 했다거나[100] 신대왕대 명림답부가 죽자 수묘인 20家를 주었다[101]는 기록이 있다. 언급한 사례를 통해 유력세력들의 수묘제의 일단을 짐작해 볼 수 있다. 게다가 『三國志』 고구려전에는 3세기에도 여전히 前왕실세력인 消奴部가 독자적인 종묘를 설치하여 두고 자신들의 조상에 대한 제의를 지내고 있었던 정황을 전해준다.[102] 소노부의 종묘 제사는 아울러 왕실과는 구별되는 세력가들의 조상 묘역에 대한 수묘제도의 가능성마저 엿보게 한다.[103]

이렇듯 고구려에서의 적석총 축조와 관리 그리고 묘역에서의 반복적인 四時祭祀의 시행 등은 수묘인의 수요를 지속적으로 유발시켰을 것이다. 적석총 축조가 왕릉에만 한정된 것이 아니었다는 측면에서 이는 정치, 경제적인 기반을 보유한 유력세력가들에게도 마찬가지로 행해지는 상장례와 관련한 풍속이다. 수묘제는 무덤을 보호하고 제사를 지내는 중요한 제도이다. 무덤은 죽은 사람의 주거 공간이며 마찬가지로 자신이 사후 거처할 공간이다. 그러므로 후손들은 무덤을 보호하고 주기적으로 제사하면서 조상을 숭배하고 또한 자신의 사후를 미리 준비하였던 것이다. 이렇듯 죽어서도 현세와 같은 삶이 계속 이어진다는 사후관념[繼世思想]은 수묘제도가 유지될 수 있었던 배경으로 작동하였을 것이다.

그런데 돌연 광개토왕은 율령을 제정하고 敎를 내려 왕릉의 수묘인에 대한 매매를 금지하였다. 그에 대한 내용이 바로 집안고구려비에 새겨져 있다. 또한 국내성 遠近에 거주하는 舊民 수묘인들의 쇠퇴를 염려하여 新來韓穢로 왕릉의 수묘를 담당하게 하였다. 그러나 장수왕은 新來韓穢가 法則을 모를 것을 염려하여 舊民 110가와 新來韓穢 220가로 구성한 새로운 수묘인 조직을 구성하였다. 이러한 배려에는 국내성 遠近에 거주하면서 고구려의 독특한 묘제적 전통을 유지하여 오던 舊民의 적석총 축조 기술을 新來韓穢가 모르기에 선택하였을 가능성이 농후하다. 새롭게 수묘인 조직을 구성한 장수왕은 거듭 수묘인 매매 금지를 발하였다. 이는 왕릉의 수묘인을 함부로 사들이던 富足之者에 대한 경고이면서 또 한편으로는 강화된 고구려 왕실의 위상을 드러내는 조치였을 것으로 판단한다.

수묘인이 특권을 갖는 계층이라거나 누구나가 선호하는 업무라면 구태여 매매 행위의 처벌에 수묘인을 매입한 자에게 수묘하게 할 것이라는 경고를 할 리 만무하다. 게다가 매입한 자들은 富足之者라는 유력세력이라는 점에서 수묘법 위반에 대한 집행의 실효성에서도 의문이 제기될 소지가 있다. 그러나 대신 수묘역을 담당하게 한다는 것은 강력한 처벌이라는 점을 강조하는데 그 목적이 있다는 점에서 당장 그가

---

100) 『삼국사기』 14 고구려본기2 대무신왕 5년, "冬十月 怪由卒 初疾革 王親臨存問 怪由言 臣北溟微賤之人 屢蒙厚恩 雖死猶生 不敢忘言 王善其言 又以有大功勞 葬於北溟山陽 命有司以時祀之".

101) 『삼국사기』 16 고구려본기4 신대왕 15년, "秋九月 國相答夫卒 年百十三歲 王自臨慟 罷朝七日 乃以禮葬於質山 置守墓二十家".

102) 『삼국지』 30 위서 30 오환선비동이전30 고구려, "涓奴部本國主 今雖不爲王 適統大人 得稱古雛加 亦得立宗廟 祠靈星社稷".

103) 수묘제와 수묘인의 존재는 고구려뿐만 아니라 다른 나라에서도 찾아볼 수 있다. 특히 신라에서는 수묘인을 守陵人으로 지칭하고 있다.

『삼국사기』 43 열전43 김유신전 하, "大曆十四年(779) 己未 … 夏四月 旋風坌起 自庾信墓至始祖大王之陵 塵霧暗冥 不辨人物 守陵人 聞其中若有哭泣悲嘆之聲".

전문적인 장인으로서의 자격을 꼭 가져야 하는 것은 아니다. 오히려 왕릉의 수묘인을 사들임으로써 받게 될 수 있는 신분상의 하락이라든가 그로 인한 불이익을 감수하지 않으려면 왕릉의 수묘인을 매매하지 말라는 강한 경고가 주요한 목적일 것이다. 이는 수묘인의 거래를 막음으로써 왕릉의 수묘가 잘 이루어지도록 하려는 당대 고구려의 왕실 존숭 의식이 강하게 작용하고 있음을 염두에 두어야 할 것이다.

V. 맺음말

지금까지 고구려의 수묘제도와 관련하여 2012년 7월 중국에서 발견된 집안고구려비의 명문을 중심으로 살펴보았다. 집안고구려비의 내용은 크게 두 주제로 나누어 보았는데, 고구려의 신성한 왕통에 대한 소개와 그러한 왕통을 이어받은 신성한 왕들의 사후 무덤에 대한 관리 즉 수묘제도에 대한 내용이 그것이다. 본 논문은 그중 왕릉의 수묘제도와 관련하여 특히 수묘인 매매 금지를 중심으로 논의를 진행하였다. 수묘인 매매 금지가 광개토왕비에도 보이므로 兩碑를 비교하여 검토하였다. 지금까지 살펴본 내용을 정리해보면 다음과 같다.

먼저 왕릉의 수묘인 매매 금지가 발령된 시기를 포착하기 위해 집안고구려비의 건립 시기를 살폈다. 비의 Ⅶ행 4-11자의 광개토왕 재위 '戊□에 律을 제정하고 敎를 발하여 그를 修復하게 하였다'는 것을 매개로 광개토왕 17년(408) 戊申年으로 건립 시기를 좁혀 보았다. 그러나 아직 판독에 이견이 많으므로 광개토왕의 재위 기간으로 설정하였다. 광개토왕비가 장수왕 2년(414)에 건립되었다는 대체적인 견해를 참고하여 수묘인 매매 금지에 대한 발령은 광개토왕 즉위년인 392년에서 장수왕 2년인 414년을 하한으로 설정하였다. 짧은 기간 왕릉 수묘인 매매 금지가 兩碑에 반복적으로 나타나는 것에서 왕릉의 수묘인 매매가 사회, 정치적으로 상당한 문제로 대두되었음을 추지하여 보았다.

수묘인은 왕릉을 보호, 관리하고 四時祭祀에 종사하는 업무를 담당한다. 광개토왕비에는 先王들이 왕릉의 수묘인을 遠近의 舊民으로 삼았다고 한다. 즉 제한된 지역에서 수묘인이 차출되었음을 알 수 있다. 그러므로 수묘인의 嬴劣은 전쟁 등으로 인한 수묘인의 감소에서 기인하였을 가능성이 높을 것으로 파악하였다. 그와 관련하여 고국원왕대 慕容皝의 침입으로 국내성이 불타고 환도성마저 파괴되었으며 인근의 남녀 5만이 끌려갔던 역사적 사건을 고려하였다. 국내성 주변의 인구 감소는 물론이고 인근에서 수묘역에 종사하던 이들의 감소가 예상된다. 그러한 상황에서도 遠近의 舊民들이 여전히 수묘인으로 차출되었다면 舊民의 嬴劣은 자명할 듯하다.

광개토왕은 先王들이 遠近의 舊民으로 수묘하도록 하여 수묘인의 嬴劣이 초래되었기에 손수 약취한 新來韓穢로 수묘인을 삼도록 하였다. 그러나 장수왕은 新來韓穢가 법칙을 모를까 염려하여 舊民과 新來韓穢를 1(110가):2(220가)의 비율로 수묘인을 구성하였다. 왕릉 수묘와 관련한 법칙이라는 측면에서 일차적으로 四時祭祀의 禮制를 고려하였다. 광개토왕비에 왕릉에 비를 세워[墓上立碑] 수묘인의 差錯을 막았다고 하므로 差錯에 대한 염려는 미미하다고 판단하였다. 그 법칙은 新來韓穢가 모르는 국내성 遠近의

舊民이 보유하였던 어떤 것이었다는 점에서 고구려의 묘제적 전통과 연결될 가능성이 높을 것으로 예상하였다.

고구려의 전통적인 묘제인 적석총은 대체적으로 환인, 집안 그리고 압록강을 중심으로 하는 지역에 집중되어 나타난다. 한 사회의 고분 양식은 전통성이 강한 문화적 전통으로 특히나 적석총은 확대된 고구려의 전 세력권에서 확인되지 않는 고구려 원주민의 묘제라고 한다. 고구려의 두 번째 수도인 국내성 지역에는 산성하고분군, 우산하고분군, 마선고분군, 만보정고분군, 칠성산고분군 등이 포진해 있다. 게다가 현재 확인된 적석총으로 한 변의 길이가 20미터 이상인 것이 1백여 기가 존재한다. 왕릉급에 해당하는 15-20기 정도를 제외하더라도 상당히 많은 대형급적석총이 분포한다. 물론 국내성 주변의 대형적석총의 피장자를 확인할 방법은 요원하다. 그렇지만 고분 축조에 소요된 비용과 피장자의 사회, 경제적 지위가 비례한다는 점에서 국내성 주변에 산재한 고분군들과 대형적석총의 존재는 경제, 정치적으로 강한 세력을 형성하고 있던 이들의 존재와 통하는 부분이다. 그러므로 先王들이 국내성 인근의 舊民만을 대상으로 수묘인을 선발하였던 것에는 적석총 축조와 관련이 깊을 것으로 추정하였다.

그런데 국내성 인근에 거주하고 있던 고구려 원주민 계통의 舊民들이 고국원왕대 모용황의 포로가 되어 燕으로 잡혀갔다. 모용황의 침공 당시 미천왕릉이 발굴되어 시신을 탈취당하였던 상황이고 보면 당시 상당수의 무덤이 발굴되었을 개연성이 크다. 무덤의 축조와 보수가 필요한 상태로 수묘인의 수요가 급증할 수 밖에 없다. 왕릉뿐만 아니라 富足之者 역시 적석총을 사용한다면 수묘인의 부족은 자명하다. 그로 인해 왕릉의 수묘인마저 매매되었고 이는 정치적인 문제로 대두되었을 것으로 이해하였다.

고구려 전기의 전형적인 묘제인 적석총 최상층 부분에서 기둥구멍과 기와가 발견되었다. 묘상건축물이 조영되었을 가능성을 시사하는 부분이다. 佛舍, 神廟, 王宮, 官府와 같은 특별한 위상을 갖는 건물에만 사용하던 재료인 기와가 적석총의 묘상에서 발견된 흔적은 묘상건축물을 건조할 수 있는 계층이 지극히 제한적인 소수였을 것을 의미한다. 왕, 왕족 그리고 유력세력가로 한정하였다. 그리고 바로 그 유력세력가들의 일부를 집안고구려비에서 富足之者로 지칭하였을 것으로 판단하였다.

富足之者는 정치, 경제적인 기반을 보유한 세력가들로 한편에서는 국내성과 그 인근에 거주하는 귀족세력으로 본다. 富足之者는 조상의 무덤으로 적석총을 쌓고 묘역의 관리와 묘역에서의 四時祭祀를 위해 수묘인을 두었다. 아마도 묘역에서의 四時祭祀는 유력세력들의 조상에 대한 존숭의식을 드높이고 구성원간의 결속을 강화하는 기제로 작동하였을 것이다. 그렇지만 수묘인의 부족에서 야기된 왕릉 수묘인의 매매는 결과적으로 왕실에서의 수묘인 사용에 대한 선점과 독점을 요구하게 되었다. 그로인해 兩碑에서는 수묘인의 매매를 금지하고 富足之者가 이에 개입할 수 없도록 반복적으로 경고하였다. 특히 富足之者로 지칭된 유력세력을 향하여 경고하는 수묘인 매매 금지는 이전보다 강화된 왕권을 반영한다고 이해하였다.

투고일: 2016. 5. 1.   심사개시일: 2016. 5. 4.   심사완료일: 2016. 5. 23.

참/고/문/헌

고구려연구재단 편,『위성사진으로 보는 고구려 도성』.

吉林城文物考古硏究所·集安市博物館, 2002,『通溝 古墳群 - 1997年調査測繪報告』.

大漢韓辭典編纂室 編,『大漢韓辭典』, 敎學社.

武田幸男, 1989,『高句麗と東アジア』, 岩波書店.

조법종, 2006,『고조선·고구려사연구』, 신서원.

集安市博物館, 2013,『集安高句麗碑』, 吉林大學出版社.

崔武藏 譯, 1985,『高句麗·渤海文化』, 集文堂.

韓國古代社會硏究所 編, 1992,『譯註 韓國古代金石文』, 駕洛國事蹟開發硏究院.

姜辰垣, 2014,「고구려 墓祭의 전통과 그 배경 -『집안고구려비문』의 이해를 덧붙여」,『震檀學報』 122.

姜賢淑, 2000,「石槨積石塚을 통해 본 高句麗 五部」,『역사문화연구』 12.

강현숙, 2006,「중국 길림성 집안지역 고구려 왕릉의 구조에 대하여」,『韓國古代史硏究』 41.

高光儀, 2013,「신발견〈集安高句麗碑〉의 형태와 書體」,『高句麗渤海硏究』 45.

공석구, 2013,「『集安高句麗碑』의 발견과 내용에 대한 考察」,『高句麗渤海硏究』 45.

금경숙, 2013,「새로 발견된 '지안고구려비'에 관한 몇 가지 고찰」,『동북아역사문제』 71.

金錫亨, 1974,「三國時代の良人農民」,『古代朝鮮の基本問題』, 學生社.

김창석 2015,「고구려 守墓法의 제정 경위와 布告 방식 -신발견 集安高句麗碑의 분석」,『東方學志』 169.

金賢淑, 1989,「廣開土王碑를 통해 본 高句麗 守墓人의 社會的 性格」『韓國史硏究』 65.

김현숙, 2013,「지안고구려비의 건립시기와 성격」,『동북아역사문제』 71.

김현숙, 2014,「광개토왕비, 집안고구려비를 통해 본 고구려의 수묘제 정비」,『嶺南學』 26.

盧泰敦, 1992,「광개토왕릉비」,『譯註 韓國古代金石文 1』, 駕洛國事蹟開發硏究院.

盧泰敦, 1992,「모두루묘지」,『譯註 韓國古代金石文 1』, 駕洛國事蹟開發硏究院.

여호규, 2013a,「신발견 집안고구려비의 현황과 비문 검토」,『한국고대사학회 검토 회의자료』(2013.1.29).

여호규, 2013b,「集安高句麗碑의 구성과 내용 검토」,『한국고대사학회 제131회 발표문』(2013.4.15).

여호규, 2013c,「신발견〈集安高句麗碑〉의 구성과 내용 고찰」,『韓國古代史硏究』 70.

윤용구, 2013a,「신발견 '集安 高句麗碑'의 현상과 판독」,『한국고대사학회 검토회의 자료』(2013.1.29).

윤용구, 2013b,「集安 高句麗碑의 判讀과 釋文」,『한국고대사학회 제131회 발표문』(2013.4.15).

윤용구, 2013c,「集安高句麗碑의 拓本과 判讀」,『韓國古代史硏究』 70.

이성제, 2013,「〈集安 高句麗碑〉로 본 守墓制」,『韓國古代史硏究』 70.

이용현, 2013,「신발견 고구려비와 광개토왕비의 비교」,『신발견 고구려비의 예비적 검토』.

李亨求, 1982,「高句麗의 享堂制度硏究」,『東方學志』 32.

임기환, 2002, 「고구려 왕호의 변천과 성격」, 『韓國古代史研究』 28.

임기환, 2014, 「집안고구려비와 광개토왕비를 통해본 고구려 守墓制의 변천」, 『韓國史學報』 54.

정동민, 2013, 「한국고대사학회 〈集安高句麗碑〉 판독회 결과」, 『韓國古代史研究』 70.

정찬영, 1973, 「기원4세기까지의 고구려묘제에 관한 연구」, 『고고민속론문집』 5.

정호섭, 2008, 「고구려 적석총 단계의 祭儀 양상」, 『先史와 古代』 29.

정호섭, 2013, 「集安 高句麗碑의 性格과 주변의 高句麗 古墳」, 『韓國古代史研究』 70.

조법종, 1995, 「광개토왕릉비문에 나타난 수묘제연구」, 『韓國古代史研究』 8.

조법종, 2007, 「고구려 초기도읍과 비류국성 연구」, 『白山學報』 77.

조법종, 2013, 「집안 고구려비의 특성과 수묘제」, 『신발견고구려비의 예비적 검토』.

洪承基, 1974, 「1~3世紀의 「民」의 存在形態에 대한 一考察 −所謂 「下戸」의 實體와 관련하여」, 『歷史學報』 63

홍승우, 2013, 「〈集安高句麗碑〉에 나타난 高句麗 律令의 형식과 守墓制」, 『韓國古代史研究』 72.

耿鐵華, 1993, 「高句麗積石墓葬具研究」, 『高句麗研究文集』.

耿鐵華, 2013a, 「集安高句麗碑考釋」, 『通化師範學院學報』(人文社會科學) 2013年 第2期.

耿鐵華, 2013b, 「集安新出土高句麗碑的重要價值」, 『東北史地』 2013年 第3期.

耿鐵華, 2013c, 「중국 지안에서 출토된 고구려비의 진위(眞僞) 문제」, 『韓國古代史研究』 70.

耿鐵華·董峰, 2013, 「新发现的集安高句丽碑初步研究」, 『社會科學戰線』 2013年 第5期.

關野貞, 1914, 「滿洲集安縣及び平壤附近に於ける高句麗時代遺蹟」, 『考古學雜誌』 5卷 3.

吉林省考古研究室 集安縣博物館, 1984, 「集安高句麗考古的新收穫」, 『文物』 第1期.

徐建新, 2013, 「中國新出"集安高句麗碑"試析」, 『東北史地』 2013年 第3期.

孫仁杰, 2013a, 「集安高句麗碑文識讀」, 『東北史地』 2013年 第3期.

孫仁杰, 2013b, 「집안비의 판독과 문자비교」, 『韓國古代史研究』 70.

魏存成, 2013, 「關于新出集安高句麗碑文的幾点思考」, 『東北史地』 2013年 第3期.

李殿福, 1980, 「集安高句麗墓研究」, 『考古學報』 1980年 2期.

林澐, 2013, 「集安麻線高句麗碑小識」, 『東北史地』 2013年 第3期.

張福有, 2013a, 「集安麻線高句麗碑碑文補釋與識讀解析」, 『東北史地』 2013年 第3期.

張福有, 2013b, 「集安麻線高句麗碑探綜」, 『社會科學戰線』 2013年 第5期.

田村晃一, 1990, 「高句麗の積石塚」, 『東北アジアの考古學』, 六興出版.

集安文物局, 2013, 「吉林集安新見高句麗石碑」, 『中國文物報』(2013.1.4).

集安市博物館, 2013, 『集安高句麗碑』, 吉林大學出版社.

〈Abstract〉

Prohibition against Trade of Royal Tomb Guardians Shown in the Jian Goguryo Stele

Choi, Il-rye

It was recorded in the Jian Goguryo Stele that anyone was unable to trade royal tomb guardians. Royal tomb guardians protected and managed royal tombs and took care of seasonal memorial services(四時祭祀) held at royal tombs. Previous kings allowed Gumin(舊民) living in the neighborhood of Guknaesung(國內城) to guard royal tombs. So Gumin royal tomb guardians became severely declined. King Gwanggaeto who was worried about it ordered newly-occupied Han-Ye(新來韓穢) to guard royal tombs.

However, as King Jangsoo worried that they didn't know law, he decided the ratio of Gumin(舊民) and newly-occupied Han-Ye as royal tomb guardians as 1 to 2. In terms that the law was related with royal tombs guarding, it followed the manners of the seasonal memorial services(四時祭祀). And in that the law newly-occupied Han-Ye didn't know was owned only by Gumin who were from the neighborhood of Guknaesung, it is expected that there is a high possibility that it would be connected with Goguryro's tradition of ancestral rites.

Stone mound tombs, a traditional tomb style of Goguryo, were concentrated on Hwanin(桓因), Jian(集安) and the Yalu River area. Stone mound tombs were a tomb style for native people of Goguryo which was not found in the previous spheres of expanded Goguryo. On the top layer of the stone mound tomb were pillar holes and roof tiles found. A roof tile was only used for buildings with special status such as a temple, a shrine, a royal palace and a government office. That a roof tile was found on the top layer of the stone mound tomb means that classes which were allowed to build roof-tiled buildings were very limited. They are kings, royal families and influential forces. A wealthy man(富足之者) who was recorded in the Jian Goguryo Stele was also considered as part of the influential forces.

However, trade of the royal tomb guardians due to their lack resulted in preemption and monopoly of royal families in the use of tomb guardians. So the stele gave repetitive warnings to prohibit trade of royal tomb guardians even between wealthy men. Ultimately, it can be understood that prohibition against trade of royal tomb guardians reflected more enhanced regal power than before.

▶ Key words: Goguryo, Guardians of the Tombs, System for Guarding Royal Tombs, King Gwang-
gaeto, Jian Goguryo Stele

廣開土王碑와 長壽王

주보돈[*]

I. 문제의 제기

II. 立碑의 시점

III. 장수왕의 입장과 의지

IV. 장수왕의 治積과 向方

V. 마무리

〈국문초록〉

광개토왕비는 고구려 관련 문헌 사료가 그리 풍부하지 못한 실정에 견주어 거기에는 비교적 많은 분량의 정보가 함축되어 있어 많은 연구자들의 주목을 받았다. 게다가 2012년 여름 뒷날 集安高句麗碑(이하 집안비로 약칭함)는 광개토왕비의 축소판이라 단정해도 무방할 정도로 비문의 구조나 내용은 매우 유사하다. 하지만 집안비는 마모가 매우 심하며, 집안비를 보유한 중국 측이 비문을 직접 조사하지 못하게 하여 연구가 더디게 진행되고 있다.

그러나 광개토왕비와 유사하다는 점에서 연구자들에게 새로운 시각을 제시했다고 생각된다. 광개토왕비문의 문단 구조를 새롭게 이해해 보려 한 시도가 바로 그것이다. 지금까지는 비문의 내용만으로 문단을 구분하려고 해 무조건 3단락으로 구성되었다고 단정하는 것이 일반적 경향이었다. 그렇지만 이는 처음부터 비문 작성자가 가진 원래의 의도는 전혀 배려하려 하지 않았다는 점이 연구상 근본적 한계를 지닌 접근이다. 그런 의미에서 광개토왕비문을 크게 2단락으로 구분한 새로운 견해는 방법상의 참신성에서 크게 주목해 볼 만한 대상이라 하겠다. 비문 전체의 맥락을 제대로 파악하기 위해서는 원작성자의 입장을 무엇보다도 먼저 염두에 두어야 함이 일차적인 관건이며, 가장 기본적 접근 방법이다. 그럼에도 기왕

---

* 경북대학교 사학과

에 그러하지를 못하였던 점은 이제라도 깊이 숙고해 보아야 할 대목이다.

▶ 핵심어: 광개토왕비, 집안고구려비, 장수왕

I. 문제의 제기

돌이켜보면 한국고대사의 특정 분야 가운데 연구자들 사이에서 오래도록 가장 깊은 관심을 끌어온 대상으로서 광개토왕비문을 손꼽아도 좋을 듯 싶다. 고구려 관련 문헌 사료가 그리 풍부하지 못한 실정에 견주어 거기에는 비교적 많은 분량의 정보가 함축되어 있는 까닭이다. 그 동안 고구려사 연구가 광개토왕대에 집중되다시피 한 것도 바로그 때문이었다. 연구가 매우 많이 이루어진 만큼이나 적지 않은 부분이 또 논란의 대상으로 부각됨으로써 풀리지 않은 채 지금껏 수수께끼로 남겨진 것 또한 상당하다. 아무리 집어넣고 싶은 내용이 풍부하더라도 공간의 제약으로 말미암아 작성 당초부터 어쩔 수 없이 극히 한정된 사항만을 압축적으로 표현할 수밖에 없는 비문의 특성으로부터 기인한 점이 작지 않을 것 같다.

그런데 2012년 여름 어쩌면 장차 광개토왕비 가운데 풀기 어려웠던 여러 숙제들을 말끔히 해결해줄지도 모를 새로운 비가 발견됨으로써 크게 관심을 끌었다. 뒷날 集安高句麗碑(이하 집안비로 약칭함)로 명명된 이 비는 그 존재가 알려지자마자 마치 광개토왕비와 관련한 논쟁을 일거에 불식시켜줄 듯이 잔뜩 기대되었다. 언뜻 보아도 느낄 수 있는 것처럼 광개토왕비의 축소판이라 단정해도 무방할 정도로 두 비문의 구조나 내용은 매우 유사한 면모를 지녔기 때문이다.

그러나 집안비는 마모가 매우 심한 편이며, 특히 핵심적인 부분에서는 유독 판독 곤란한 곳이 많아 애초의 기대치에는 턱없이 미치지 못하였다. 그 동안 진행된 연구 성과를[1] 일별하면 오히려 논란만을 더욱 가중시킨 측면도 없지가 않다. 집안비의 立碑 시점이 광개토왕비를 기준으로 삼았을 때 앞뒤 어느 쪽이냐를 비롯해 양자가 어떤 상관성이 있는가 등등 가장 기본적 문제조차 확연히 규명되지 못한 실정이다. 아직 원래의 상태에서 한걸음도 더 나아가지 못하였다고 진단해도 지나치지 않을 듯 싶다. 현재 집비를 보유한 중국 측이 비문을 직접 조사하는 길을 원천적으로 차단하고 있는 점도 연구의 진전을 힘들게 만드는 요인의 하나로 손꼽을 수 있다. 장차 어떤 특단의 조치가 마련되지 않는다면 더 이상 사료로서의 활용은 벌써부터 한계를 드러내고 있다는 느낌이다. 사실 집안비의 출현은 평소 광개토왕비문에 깊은 관심을 두어온 연구자들로 하여금 그 자체를 새롭게 점검해 볼 수 있게 하는 주요 계기가 되었다는 점에서 차라리 더 큰 의의가 찾아진다.

그러나 광개토왕비와 관련해서는 워낙 많은 연구 성과가 나와 있는 까닭에 신진 연구자들이 나름의 참신한 견해를 내어놓기란 쉽지가 않다. 반면, 선행의 연구자들은 거의 대부분 자신이 내세웠던 기존 견해

---

1) 집안비를 둘러싼 동향에 대해서는 강진원, 2013, 「신발견 〈集安高句麗碑〉의 판독과 연구 현황」, 『木簡과 文字』 11 참조.

를 굳게 지키려는 데에만 급급해 한 치도 더 나아가지 못한 채 계속 그 주변 언저리에서만 맴도는 것이 현황이 아닌가 싶다.

사실 새로운 자료가 출현한다면 그로부터 어떤 정보를 읽어내기에 앞서 기왕의 입장을 반성적(혹은 修正的) 차원에서 냉정하게 되돌아봄이 갖추어야 할 기본적 자세와 순서이다. 그럼에도 그와 같은 입장에서 접근한 사례는 과문한 탓인지 거의 접하지를 못하였다. 대부분 自說을 보강하는 입장에서만 新出 자료를 다룸이 일반적 경향으로 굳어져 있다. 이것이 알게 모르게 집안비의 연구를 가로막는 또 다른 요인으로 작용한 셈이었다. 필자가 이미 지적한 바와 같이 그와 비슷한 사례는 백제사와 신라사 분야에서도 찾아진다.[2] 그런 양상이 한국고대사 분야 전반에 걸쳐 마냥 되풀이되는 듯한 느낌이 들어 무척 아쉬움이 남는 대목이다.

그런 정황 속에서 각별히 주목해볼 돋보이는 성과가 찾아진다. 광개토왕비문의 문단 구조를 새롭게 이해해 보려 한 시도이다.[3] 44행으로 이루어진 광개토왕비문의 전체를 크게 3단락으로 나누어보는 기왕의 통설과는 달리 새롭게 2단락으로 나누어 보았다는 점에서 그러하다. 그 근거로서는 문단을 銘辭(其辭) 부분에서 의도적으로 줄을 바꾸어 띄어 썼다는 점, 그 이후의 전부가 마치 한 묶음인 듯이 나타내기 위해 맨 마지막에 종결사 '之'를 의도적으로 사용해서 마무리하고 있는 점 등이 제시되고 있다. 비문의 내용과 해석의 옳고 그름은 여하하든 문단을 그처럼 구분하려는 시도 자체는 비문에 즉한 방법이어서 올바른 접근으로 여겨진다. 지금껏 얼핏 비문의 내용만으로 문단을 구분하려는 타성에 젖은 나머지 무조건 3단락으로 구성되었다고 단정함이 일반적 경향이었다. 처음부터 비문 작성자가 가진 원래의 의도는 전혀 배려하려 하지 않았다는 점이 연구상 근본적 한계를 지닌 접근이었다. 그런 의미에서 광개토왕비문을 크게 2단락으로 구분한 새로운 견해는 방법상의 참신성에서 크게 주목해 볼 만한 대상이라 하겠다. 어쩌면 새로운 집안비 출현 사건을 계기로 해서 나온 커다란 성과의 하나로 손꼽아도 무방하지 않을까 싶다.

광개토왕비문 내에서는 撰者나 書者 등과 관련한 어떤 片鱗도 찾아지지 않는다. 그렇지만 그들도 비문을 작성할 때에는 내부적으로 이미 결정된 어떤 사항에 대해 자신의 생각을 문단 작성에 의도적으로 드러내려 하였을 법하다. 그것은 공간이 남아 있음에도 줄 바꾸기를 시도한 점, 비문의 마지막을 끝맺음하면서 그대로 두어도 무방하였지만 굳이 종결사인 之를 일부러 넣어서 마무리하려 한 점 등이 그와 같은 찬자의 어떤 의도성을 엿보게 하는 대목이다. 당시 비문 찬자의 그런 생각을 간파해 내었다는 점에서 2단락설은 일단 긍정적으로 평가해도 좋을 듯하다. 비문을 2단락, 혹은 3단락으로 보느냐에 따라 비문 전반에 대한 이해도 저절로 달라지게 마련이다. 이처럼 비문의 전체 맥락을 새롭게 점검해 볼 수 있는 길을 텄다는 측면에서 2단락설은 충분히 음미해볼 주장이라 하겠다.

---

2) 朱甫暾, 2014, 「백제사 관련 신출토 자료의 음미」, 『한국 고대사 연구의 방법과 시각』(노태돈교수 정년기념논총), 사계절; 2010, 「浦項 中城里新羅碑에 대한 研究 展望」, 『韓國古代史研究』 59.
3) 余昊奎, 2014, 「廣開土王陵碑의 문장구성과 서사구조」, 『嶺南學』 25. 물론 띄어쓰기의 중요성에 대한 지적은 이보다 앞서 행해진 적이 있다(이성시, 2008, 「광개토대왕비의 건립목적에 관한 시론」, 『韓國古代史研究』 50). 여호규는 이를 이어받아 여러 각도에서 구체적으로 입증한 셈이었다.

이상과 같이 비문 전체의 맥락을 제대로 파악하기 위해서는 원작성자의 입장을 무엇보다도 먼저 염두에 두어야 함이 일차적인 관건이며, 가장 기본적 접근 방법이다. 그럼에도 기왕에 그러하지를 못하였던 점은 이제라도 깊이 숙고해 보아야 할 대목이다. 광개토왕비문의 구조를 막연한 선입견에 입각해 3단락이라고 당연시해 버림으로써 적지 않은 정보를 놓쳤거나 곡해하였을 가능성이 없지 않았을 터이기 때문이다. 그와 관련해 실제로 비문을 꼼꼼하게 들여다보고 치밀하게 분석하지 않았거나 다양한 각도에서 검토하지 못함으로써 그냥 스쳐버린 대목이 적지 않았음도 문제점으로 지적할 수 있다. 그와 관련해서는 다음의 몇몇 의심스런 사례를 들 수가 있을 것 같다.

첫째, 광개토왕비가 건립된 시점의 문제이다. 그 동안 비의 건립 시점을 무조건 414년이라 단정하고서 이를 거의 의심 없이 받아들여 왔다. 그러나 관련 문장을 전후맥락이 닿게 엄밀히 음미하면 그렇지 않다는 사실이 곧바로 드러난다. 이 점은 너무나도 안이하게 지나쳐 버리고 만 잘못으로 지적할 수 있다. 만일 그러하다면 광개토왕비 건립의 계기뿐만 아니라 415년에 만들어져 신라 왕도였던 경주 壺衧塚에서 출토된 호우의 명문에 대한 새로운 이해가 가능해질지도 모른다.

둘째, 광개토왕비문에서 백제를 군이 百殘이라 부른 사실에 대한 의문이다. 백잔은 널리 알려져 있듯이 광개토왕의 할아버지 故國原王(331-371)이 백제 近肖古王(346-371)에 의해 피살된 뒤 그를 최대의 主敵으로 여긴 고구려가 복수하려는 감정을 강하게 移入시킨 蔑稱으로서 낮추어 부른 국명이라 이해함이 일반적이다. 그런데 비문에는 정작 396년 광개토왕이 5만의 병력을 동원, 親征해 漢江을 건너 그 왕도인 漢城을 함락시켰을 때 항복해온 阿莘王(392-405)의 요구를 받아들임으로써 두 나라 사이에는 화의가 봄눈 녹듯 너무도 쉽게 성립되었다. 광개토왕 이전부터 백제를 백잔이라 불러 줄곧 강한 적개심을 보여 왔다면 그처럼 쉬운 화의의 성립은 실상과는 그리 잘 어울리지가 않아 이해하기 곤란한 대목이다. 長壽王(414-492)이 475년 한성을 공략해 蓋鹵王을 사로잡아 목을 벤 일대사건과 오히려 잘 들어맞는 표현이다. 이 점은 어쩌면 광개토왕비문을 새롭게 풀어갈 실마리가 될지도 모른다.

셋째, 그와 관련하지만 기왕에 비문의 내용이 장수왕의 입장에서 쓰였다는 사실을 충분히 고려하지 못한 점이다. 비문을 작성한 주체는 어디까지나 광개토왕이 아니라 장수왕이었다. 광개토왕은 비문의 서술 대상으로서 객체적 존재일 따름이었다. 따라서 광개토왕비문에는 당연하게도 장수왕의 입장이나 정책 방향이 강하게 스며들어 갔으므로 이를 기준으로 해서 읽어내어야만 올바른 정보를 확보할 수가 있겠다. 그럼에도 오로지 광개토왕의 입장만 염두에 둔 접근은 앞서 비문의 구조에 대해 작성자의 입장을 전혀 고려하지 않았음을 지적한 사실과 맥락을 같이 한다. 물론 기왕에 장수왕의 입장을 염두에 넣은 견해가 전혀 없지는 않았으며,[4] 심지어는 長壽王碑라고 부르자는 논자도[5] 있기도 하다. 그렇지만 광개토왕의 입장에서 접근하는 자세가 널리 일반화됨으로써 그 동안 장수왕의 입장이 별로 두드러지지 못하였음이 실상이었다. 장수왕대와 관련한 금석문 자료가 적지 않음에도 그 연구가 상대적으로 미흡한 사실은 그를

---

4) 金賢淑, 1989, 「廣開土王碑를 통해본 高句麗守墓人의 社會的 性格」, 『韓國史研究』 65.

5) 金台植, 2012, 「廣開土王碑, 父王의 運柩 앞에서 靑年王이 보낸 경고」, 『韓國古代史探究』 10.

뚜렷이 입증해 주는 점이다.

돌이켜보면 광개토왕비문에 대해서는 엄청나다고 표현해도 지나치지 않을 정도로 많은 관심을 쏟아왔음에도 불구하고 이처럼 아직껏 검토를 기다리는 빈 구석이 적지 않게 남아 있다. 이는 쉽사리 선입견에 빠져버린 나머지 비문의 세밀한 부분에 이르기까지 꼼꼼하게 따져보지 못한 방법론에서 빚어진 결과라 여겨진다. 아래에서는 앞서 제시한 몇몇 문제를 다루면서 그런 측면을 구체적으로 확인해 보고자 한다.

II. 立碑의 시점

1. 기존 이해의 문제

광개토왕비의 입비 시점을 흔히 414년 9월 29일이라 간주하고 있음은 다 아는 바와 같다. 비가 발견된 이후 지금껏 막연한 선입견에 따라 당연한 사실로서 받아들여져 그에 대해 의문을 제기한 사례는 단 한 건도 찾아지지가 않는다. 이는 너무나도 이상하게 여겨지는 대목이다. 관련 기사에 대해 약간만이라도 관심을 기울여 들여다보았다면 그것이 잘못임은 단번에 드러났을 터이기 때문이다. 그를 점검해보기 위해 일단 비문으로부터 관련 기사를 적출하여 제시하면 다음과 같다.

A)㉠昊天不弔 卅有九宴駕棄國 以甲寅年九月廿九日乙酉遷就山陵 ㉡於是立碑 銘記勳績 以
示後世焉(제1면 5행과 6행)

이 기사는 광개토왕이 사망한 뒤 일정한 시간이 경과하고서 비를 세우게 되는 모습을 간략하게 기술한 장면이다. 비문 전체를 크게 두 개의 단락으로 나누었을 때 첫째 단락의 마지막에 해당하는 부분이다. 바로 앞까지는 고구려의 건국 신화 및 시조 鄒牟로부터 2대 瑠璃王(儒留王)을 거쳐 3대 大朱留王(大武神王)에 이르기까지의 대강을 비롯해 광개토왕의 즉위 및 당대의 外征과 內治 전반이 종합적으로 기술되어 있다. 바로 그에 뒤이어진 위의 기사는 광개토왕의 죽음과 그 이후의 처리 사항 일체를 지극히 압축적으로 묘사한 부분이다.

위의 기사는 일단 내용 및 문장 구조상 크게 ㉠과 ㉡의 두 부분으로 나누어 이해함이 적절하다. ㉠은 18세에 즉위하였던 광개토왕이 39세에 사망하였는데 갑인년, 즉 414년 9월 29일에 이르러서 (그 시신을) 山陵으로 옮긴 사실을 기록한 부분이다. '以'란 단어를 사용해 앞과 뒤 사실이 서로 인과관계에 있음을 나타내는 수법이다. ㉡의 경우도 그에 대비하면 역시 마찬가지의 문장 작성법에 입각해 있다.

일단 ㉠에서 광개토왕의 사망을 '宴駕'와 '棄國'이란 단어를 조합해 사용하고 있는 점이 주목된다. '宴駕'는 임금의 죽음을 뜻하는 '晏駕'의 잘못이거나 혹은 비슷한 표현이겠다. '棄國'은 글자 그대로 '나라를 버렸다'는 사망의 뜻이다. 일단 '晏駕'라고만 표현하여도 사망 사실이 충분히 전달될 터인데도 굳이 그렇게 덧붙여 나타낸 것은 바로 앞의 부분에 열거된 업적인 '(상략)庶寧其業 國富民殷 五穀豊熟'과 직결시키기 위한 것일 듯 싶다. 광개토왕의 사망이 국왕이란 개인 생명체의 단순한 죽음을 뛰어넘어 고구려의 국가적 차원과 연관된 문제라는 인식을 드러낸 敍法으로 보인다. 광개토왕의 죽음을 고구려의 국가적 차원에서 고려한 장수왕의 생각이 강하게 스며들어간 표현이라 풀이된다.

그런데 광개토왕이 죽은 연월일을 따로 명시하지 않았던 점은 비문의 성격을 이해하는 데에 간과할 수 없는 매우 중요한 요소이다. 비문에 父나 祖父 등 광개토왕의 직계 조상이 보이지 않는 사실과 함께 비의 성격을 단순히 陵碑라고 규정짓기를 주저하게 만드는 결정적 사항이기 때문이다. 여하튼 비문이 광개토왕의 사망 사실에 초점을 맞추고 있지 않음은 명백하다. 대신 주목되는 것은 '以'로 시작하는 종속 문장에 보이는 연월일이다. 앞의 행위에 대한 결과로서 핵심적 내용이 담긴 것으로 풀이되기 때문이다. 거기에는 갑인년 9월 29일이란 연월일이 구체적으로 명시되어 있는데, 이를 일반적으로 비를 세운 날이라 판단하고 있다. 그러나 문장 구성상으로는 비를 세운 시점을 가리키는 것이 아니다. 山陵, 즉 광개토왕의 무덤을 완성해서 시신을 그 쪽으로 옮긴 때임을 명시적으로 나타내었을 따름이다. 이로 보면 비문에서는 산릉으로 옮긴 사실을 매우 중시하였으며 그에 초점을 맞추었음이 분명하다.

사망 후 한 동안 광개토왕 시신의 향방이 어떠하였는지를 잘 알 수는 없지만 일정 기간 빈소를 따로 마련하여 거기에 안치해 두었다가 갑인년 9월 29일에 이르러서 무덤에 매장하는 절차를 밟은 사실을 확인할 수 있다. 시신을 산릉으로 옮겼다는 것은 그 직전에 무덤 조성 작업을 일단 마무리했음을 뜻하는 사실이다. 이런 사정을 통해 고구려의 장례 절차의 대강을 유추해낼 수가 있는 것이다. 장례 절차는 적어도 두 단계를 거쳐서 진행되었음이 분명하다. 먼저 殯殿을 설치해 시신을 거기에 안치해 두고 일정한 기간 제사를 지내는 단계, 그 기간 동안에는 무덤을 만들고 완성함으로써 시신을 그곳으로 옮겨 마무리하는 다음의 단계이다. 각각의 진행 과정에서 殯斂의례나 葬途의례를 치렀다고 유추해낼 수가 있다. 두 기간 사이가 얼마였던지는 비문상에 드러나 있지가 않다.

그런데 다행스럽게도 『隋書』나 『北史』 高句麗傳에는 사람이 죽으면 실내에서 빈소를 두고 3년이 지난 뒤 길일(吉日)을 선택하여 장사를 치른 사실이 기록되어 있으므로 일단 그를 이해하는 데 크게 참고가 된다. 다만, 이 3년상은 꼭 滿3년을 가리키는 것이 아닌 듯하다. 유교식의 喪葬禮가 확립된 중국이나 武寧王陵 誌石의 출토로 명백해진 백제의 사례를 참고하면 3년상은 대체로 27개월이었으리라 추정되고 있다. 小獸林王(371-384) 이후 율령 반포를 기화로 유교문화를 본격적으로 수용한 고구려도 사정이 비슷하였다고 상정해도 크게 무리하지는 않을 듯 싶다. 실제로 광개토왕의 사망 시점이 412년임은 일단 그를 방증해 준다.

다만, 『삼국사기』 고구려본기에는 광개토왕의 사망 시점을 413년 10월로 기록하고 있음은 그런 추측을 빗나가게 하는 요소이어서 약간 혼란스럽다. 그러나 『삼국사기』의 기년을 광개토왕비와 대조할 때 1년의 차이가 벌어짐은 이미 밝혀져 있는 바와 같다. 이에 의거해 역시 광개토왕의 사망 연도를 조정하면 412년이 되므로 이 문제는 어느 정도 해소된다. 그래도 광개토왕의 실제 사망 시점은 그대로 412년 10월이므로 매장하기까지는 만 2년이 채 되지 않는다. 그렇다면 여전히 3년상의 문제는 말끔하게 정돈되지 못하는 한계가 뒤따른다. 이로 이루어볼 때 당시에는 아직 27개월인 3년상의 관행이 제대로 정착되지 못하였거나 아니면 고구려본기의 10월이란 기록에 어떤 문제점이 내재되었을 가능성 둘 중의 어느 쪽이라 보아야 한다. 현재로서는 더 이상 추적이 곤란한 실정이다.

다만, 앞서 일체의 장례 절차를 마무리고 한참 지난 뒤 작성된 것은 분명하지만 3년상의 내용이 어디까지였을까를 고려하면 약간 달리 해석될 여지도 있다. 어쩌면 『삼국사기』 고구려본기에 보이는 412년(수정연대) 10월의 사망한 시점을 그대로 받아들이면서 3년상을 27개월이라고 환산한다면 계산상 415년 1월 무렵이 될 여지도 있다. 말하자면 3년상은 시신을 이장한 뒤 능묘를 완성하고 묘전의례도 모두 치루고 뒤이어서 진행된 일체의 追善의례까지 끝낸 시기를 포함하면 그럴 가능성도 충분히 상정된다. 그럴 때 414년 9월 29일이란 신위를 모신 廟로부터 시신을 안치하는 墓로 이장한 한정된 시점만을 가리키고 이후 계속 진행된 일체의 장의 행위 기간을 포함하면 3년상을 상정할 수가 있는 것이다. 거기에는 입비의 행위도 당연히 포함되는 것이겠다.

이상과 같이 보면 갑인년, 즉 414년 9월 29일은 어디까지나 광개토왕릉의 외형을 모두 완성하고 난 뒤 시신을 옮긴 날을 명시적으로 기록한 시점이다. 비문상에서는 사망 연월일이 전혀 드러나 있지가 않는데, 그것을 의도적으로 명시하지 않았던 것이다. 비문은 사망이 아니라 산릉으로 이장한 사실 자체에 초점을 두고서 이를 매우 중시하는 입장에서 작성되었음을 뜻하는 것이다. 아마도 이후 진행된 墓前의례는 이 시점을 기준으로 해서 이루어졌을 가능성을 시사하여 준다.

그런데 ⓒ에서는 산릉으로 옮긴 일을 모두 마치고 난 뒤 입비하고서 광개토왕의 훈적을 기록함으로써 후세에 드러내어 보이려 한 사실이 보인다. 이에 따르면 입비의 시점은 적어도 산릉으로 옮기고 난 뒤에 이루어진 일이었음이 확실하다. 무덤을 조성하는 사정이나 시신을 옮긴 과정 및 그 절차는 명시되지 않았지만 적어도 414년 9월 29일은 산릉을 모두 완성하고서 묘전 장송의례를 전부 마친 시점을 가리킨다. 장례와 관련한 절차 일체를 모두 끝낸 뒤에서야 비를 세울 수 있었음은 의심할 바 없으므로 그 날을 결코 입비의 날로 단정할 수는 없는 일이겠다. 엄밀히 말한다면 이 날은 어디까지나 입비가 가능한 최고의 상한 시점에 불과할 따름이다. 그러므로 입비는 그 이후의 어느 시점에 이루어진 일이라 설정함이 순조롭겠다. 기왕에 아무 근거도 없이 막연히 시신을 옮긴 날을 입비의 시점으로 간주하는 잘못을 범하였던 것이다. 따라서 입비 시점은 달리 추구되어야 마땅한 일이다.

비문 자체만을 근거로 삼아서는 입비의 시점을 더 이상 적확하게 꼬집어낼 길이 없다. 그렇다면 입비의 시점은 다른 방법을 동원해 추적해야겠다. 앞서 비문을 통해 적어도 2단계의 장례 절차를 상정하였지만 이는 사망하고 무덤에 시신을 안치하기까지의 과정에 국한된 일이다. 일반적으로는 빈렴, 장송 및 매장을 완료한 뒤의 墓前의례까지 3단계가 기본적 장송의례로서 진행되었다.[6] 이 절차를 모두 마친 뒤 다시 여러 追善의례가 추가되었다. 고구려의 경우에도 정식의 장송 절차 이외에도 陪塚을 비롯한 祭臺 설치 및 樹木 심기, 守墓人 배정 등의 단계를 따로 거쳤다고 한다.[7] 비의 건립도 그런 추선 작업의 일환으

---

6) 권오영, 2000, 「한국 고대의 喪葬儀禮」, 『韓國古代史研究』 20.

7) 정호섭, 2011, 『고구려 고분의 조영과 제의』, 서경문화사.

로서 당연히 상정할 수 있겠지만 무덤을 치장하기 위한 작업이 진행되고 있을 때보다도 그것조차 모두 끝낸 뒤 최후의 대단원으로서 입비 행위가 진행된 것으로 봄이 순리일 듯 싶다. 비문 자체에 수묘가 주요 내용으로 실려 있음은 그를 뚜렷이 증명해 주는 사실이다. 무덤이 완성되지 않았음에도 수묘인과 관련된 내용이 먼저 확정되었다고 보는 것은 순리에 어긋난다.

여하튼 이로 보면 매장 이전은 물론이고 매장한 직후 및 그 뒤 장례를 최종적으로 마무리하기까지 여러 단계의 장의 절차를 거쳤음을 비문을 통해 추리해낼 수가 있는 것이다. 그런 의미에서 守墓와 관련한 내용까지 실려 있는 입비 행위는 장의 관련 일체를 마무리한 뒤 최후의 정리 작업으로서 이루어진 일이라 하여도 무방하겠다. 그러므로 입비의 시점은 414년 9월 29일을 기준으로 그 이후 한참 지난 어느 시점으로 잡아야 마땅하다. 그것은 입비 과정 자체를 통해서도 입증되는 사실이다.[8]

2. 입비 시점

비문을 작성하고 비를 세우는 데에 상당한 기간이 소요되었을 것임은 두 말할 나위가 없는 일이다. 시신을 옮긴 뒤 수묘인을 확정하며 무덤 조영과 관련한 일체의 행위도 마무리한 뒤 비로소 비문 찬자나 서자의 선정 및 비문에 들어갈 내용을 비롯한 문장 작성과 관련한 사항, 비석에 사용될 재료를 구하며 옮기고 새기는 행위, 입비 등 일련의 과정을 추진해 나가는 데에는 적지 않은 시간이 걸렸을 터이다. 그런데 지금까지 무덤 조성 및 입비 행위 일체를 하나로 묶어 너무나도 쉽사리 단정해 버리고 말았다. 그리하여 시신을 옮겨 무덤을 완성한 날을 곧바로 입비의 시점으로 간주하였던 것이다.

그런데 입비의 시점과 관련하여 주목해 볼 대상은 1946년 경주의 壺衦塚에서 출토된 청동제의 壺衦란 그릇이다. 그 밑바닥에는 다음과 같은 십여 자에 달하는 흥미로운 명문이 보이기 때문이다.

B)乙卯年國岡上廣開土地好太王壺衦十

이 명문은 5세기에 신라와 고구려의 관계를 여실히 증명해 주는 物證으로서 크게 주목을 받아왔거니와 서체가 광개토왕비와 동일한 점이 각별히 주목된다. 당시 그런 서체가 널리 유행한 데서 말미암은 것인지 혹은 書者가 동일한 데서 비롯한 것인지는 가늠하기가 곤란한 일이지만 일단 양자가 비슷한 시기에 작성되었을 것임을 추정 가능하게 하는 근거의 하나이다. 첫머리에 乙卯라는 간지를 통해서도 그 점은 증명된다.

이 을묘가 서체는 물론 당시 신라와 고구려의 관계로 미루어볼 때 415년임은 의심의 여지가 없는 사실

---

8) 비슷한 모습은 德興里壁畵古墳의 주인공인 幽州刺史 鎭의 묘지에서도 확인된다. 여기에도 진의 사망 시점의 나이만 77세라 하였을 뿐이며 묵서 묘지에 제시된 영락 18년(408) 이하 구체적으로 제시된 연월일은 무덤을 만들고 시신을 옮긴 바로 그 시점이다. 이 점은 바로 얼마 뒤인 광개토왕비 작성을 생각하는 데 참고가 된다. 한편 백제 武零王陵 지석에서는 사망 시점과 함께 무덤에 이상하는 시점이 명시되어 있다. 반면 武寧王의 王妃 지석의 경우에는 사망한 年月만 보이고 정작 年月日을 구체적으로 명시한 것은 '改葬還大墓'라고 한 매장의 시점이다.

이다. 이를 1주갑 즉 60년 내려서 475년, 혹은 535년으로 보는 견해가[9] 있기도 하지만 이는 명문 자체의 내용은 물론 고구려와 신라의 관계 등 당시의 제반 사정을 염두에 두지 않은 채 단지 호우총 관련 고분의 편년이란 고고학적 해석에 입각한 것일 뿐이므로 방법론상 명백한 잘못이다. 억지로 만들어낸 호우총의 연대관에다 억지로 끼워 맞추어서 명문을 해석할 것이 아니라 명문을 기준으로 해서 호우총의 절대연대를 설정함이 오히려 올바른 접근이기 때문이다. 물론 415년은 어디까지나 호우총 조영의 절대 연대 상한을 가리키는 데에 지나지 않을 뿐이다.

그런데 호우가 만들어진 시점이 415년이란 사실은 눈길을 끈다. 415년은 무덤을 완성한 바로 이듬해이기 때문이다. 그래서 지금까지 입비 연대를 무조건 414년이라 설정한 바탕 위에 그 일주년(朞日)을 기념하여 만든 것으로 이해하기도 하였다. 그러나 그를 기준으로 1주년, 1주기를 설정하는 것은 그리 만족스런 추정이 되지 못한다. 아무리 국왕이라도 이장(移葬) 1주년을 지나 그를 기리기 위해 기념품으로 제작해 널리 배포한다는 것은 달리 유례가 없어 설득력을 얻기가 어렵기 때문이다. 앞서 언급한 것처럼 입비 자체를 414년으로 설정한 데에 기반하여 거꾸로 추산해 내려진 결론에 불과하다. 차라리 광개토왕비가 세워지던 바로 그 해에 동시에 제작해 배포한 것으로 봄이 어떨까 싶다. 광개토왕의 훈적을 기리고 과시하기 위해 비를 세우면서 함께 기념하는 물품으로 제작해 배포하였다고 해석함이 한결 순조롭지 않을까 싶다. 달리 말하면 415년은 광개토왕비를 세우면서 동시에 옮기기 쉬운 기념품을 제작해 배포함으로써 그 훈적을 널리 과시하기 위한 목적에서 취해진 조치가 아니었을까 한다.

청동제 호우의 위쪽이 아닌 밑바닥에 글자를 새긴 것은 이를 놓고 觀賞하는 용도라기보다는 멀리까지 움직임을 예상하고서 만들었음을 암시한다. 그런 뜻에서 호우는 널리 배포하기 위한 목적에서 제작한 것이었다고 할 수가 있는 것이다. 호우에는 #와 十이라는 두 개의 분명하지 않은 부호 혹은 글자가 보여 흥미를 끈 바가 있는데, 특히 十이 열 번째의 것임을 가리키는 것인지 어떤지를 가늠하기는 어렵지만 동일한 것이 다수 제작되어 유포되었을 공산이 크다. 그것이 여럿을 함께 만들 수 있는 鑄造 물품이라는 데서 특히 그러하다. 비문과 함께 제작된 사실을 고려하여 대상을 이해해볼 필요가 있다.

비문에 그려진 훈적이 대체로 국내의 용도라고 한다면 '광개토지호태왕'이란 새로운 시호를 새긴 호우는 널리 그 威武가 직접 미치고 있는 四海 즉 고구려의 천하 전체 지역인 소위 '廣開土地'에까지 과시하려는 용도로 제작한 것이 아닐까 싶다. 따라서 그를 받았던 주요한 대상은 곧 비문에서 屬民으로 설정된 지역이었을 것 같다. 비문의 속민으로 인식된 신라에서 출토된 사실에서 그렇게 유추할 수 있는 근거이다.

요컨대 광개토왕비와 호우는 동시에 제작된 것으로서 안팎으로 그 업적이 천하 사방에 온통 퍼져나가 영속되기를 염원한 데에 목적을 둔 것이었다. 이를 장수왕의 입장에서 본다면 단지 광개토왕의 업적을 기리는 데에만 그치지 않고 그를 이은 자신이 천하 사방을 직접 굳게 지켜내겠다는 의지의 표명이었다. 앞서 광개토왕이 '棄國'함으로 말미암아 실현하지 못하고 남은 부분은 장수왕 자신이 앞으로 철저히 실천해

---

9) 국립중앙박물관, 2006, 『호우총 은령총』(발굴 60주년 기념심포지엄 자료집); 김창호, 「壺杅塚에서 출토된 호우 명문과 호우총의 연대에 대하여」, 『科技考古研究』 13, 2007.

나가겠다는 다짐이고 선언이었다. 그 구체저구 내용이 바로 광개토왕의 바람이면서 동시에 자신에게 주어진 사명이란 내용을 담고 있는 '(상략)庶寧其業 國富民殷 五穀豐熟'이었다. 그런 점에서 비의 건립이나 호우의 제작은 곧 광개토왕시대를 마감하면서 새로운 장수왕 자신의 시대가 출범함을 선언한 것이기도 하다고 풀이된다. 광개토왕비문을 장수왕의 입장에서 읽어내어야 하는 근거의 하나도 바로 여기에 있다.

III. 장수왕의 입장과 의지

이처럼 광개토왕비는 장수왕의 강력한 의지가 담긴 비로서 그 속에는 장차 제시된 내용을 실현해 나가겠다는 지향을 내재한 것이기도 하다. 그런 추정을 좀 더 뚜렷하게 보여주는 것이 비문의 두 단락 가운데 둘째 단락의 銘辭 부분이다.[10] 거기에는 장수왕이 강한 의지나 앞으로 추진할 정책의 방향이 담겨져 있으므로 이를 좀 더 구체적으로 들여다볼 필요가 있겠다.

> C)㉠國罡上廣開土境好太王存時敎言 祖王先王但敎取遠近舊民守墓洒掃 吾慮舊民轉當羸劣
> 若吾萬年之後安守墓者 但取吾躬巡所略來韓穢令備洒掃 ㉡-a 言敎如此 是以敎令取韓穢
> 二百卄家 慮其不知法則 復取舊民一百十家 合新舊守墓戶國烟卅看烟三百都合三百卅家
> ㉡-b 自上祖先王以來墓上不安石碑致使守墓人戶差錯 唯國罡上廣開土境好太王盡爲祖先
> 王 墓上立碑銘其烟戶不令差錯 ㉢又制 守墓人自今以後不得更相轉賣 雖有富足之者亦不得
> 擅買 其有違令 賣者刑之 買人制令守墓之(4면 5행에서 9행)

이 구절은 광개토왕비의 마지막 부분으로서 근자에 많은 논란의 대상이 되어온 이른바 守墓烟戶條이다. 광개토왕비의 성격을 수묘비라고 일컬을 정도로 큰 비중을 차지하고 있는 내용이 담겨져 있다. 사실 비문 전체를 두 단락으로 이해하면 그 둘째 단락에 해당하는 뒤의 銘辭 부분은 다시 크게 두 개의 문단으로 나뉜다. 앞서 소개한 A)의 ㉡於是立碑 銘記勳績 以示後世焉에서 드러나듯이 그 이하 전부를 하나의 단락으로 본다면 사실상 비를 세운 목적은 훈적을 드러내기 위한 것이었음이 확실하다. 그 훈적은 문장 구조상으로 보아 다시 두 내용으로 이루어졌음이 드러난다. 하나는 武勳이며, 다른 하나는 그와 표리일체의 관계에 있던 수묘제로서 바로 위의 기사이다.

무훈은 광개토왕 일대를 통해 활발하게 추진된 정복 전쟁에서 거둔 승리를 연대기적으로 정리한 내용이다. 광개토왕에게 사후 그런 시호가 부여된 것도 이 무훈을 크게 의식한 것이었다. 거기에 실린 내용이 당대에 치른 전투의 전부이냐 아니면 일부분이냐를 놓고 견해 차이를 보이지만『삼국사기』고구려본기와

---

10) 일반적으로 墓誌는 誌와 銘의 두 부분으로 구성되었는데 비중은 후자에 두어지고 있다. 형식상으로 보면 광개토왕비문도 그런 구조를 하고 있는 셈이다.

대비할 때 後燕 방면 전투가 전부 빠져 있는 점을 고려하면 전체 사실을 기술한 것은 아니라고 여겨진다.[11] 오로지 戰勝한 사실만을 선택적으로 기술하였으며 그 가운데 유독 백제 방면에 비중이 크게 쏠리고 있는 점도 각별히 유의해볼 대상이다. 이는 후술하듯이 광개토왕 사후 守墓를 전부 자신이 확보한 韓穢(穢) 종족으로 충당하라는 유언을 남긴 사실과도 무관하지 않을 듯 싶다. 무훈과 수묘를 하나로 묶어서 이해할 수 있는 근거는 바로 여기에 있다. 말하자면 비문은 단순히 광개토왕의 무훈만을 강조해 내세우기 위한 것도 아니었고 그 가운데 수묘와 연관되는 부분을 선택해서 그것이 외정과 내치가 표리일체를 이루도록 하는 방향에서 정리한 것이었다. 따라서 광개토왕비는 무덤 조성을 전부 완료한 뒤 세운 훈적비이지만 그 구체적 내용은 무훈과 수묘 두 부분으로 구성되었다고 함이 정당한 이해라 하겠다.

그런데 수묘와 관련한 내용을 정리한 위의 기사에서 주목되는 사실은 거기에 장수왕의 뜻이 강하게 깃들어 있다는 점이다. 기실 비문 전체가 광개토왕과 관련된 일이기는 하지만 실상은 그의 본래 의지와는 달리 장수왕의 의도가 깊숙이 스며들어가 있는 것이다. 그런 점에서 보면 둘째 단락의 전반부인 무훈 기사도 마찬가지라 풀이된다. 물론 그것을 수묘와 연관시키면 당연히 광개토왕의 뜻과 일정 부분 연결되어 있을 터이지만 적어도 외형적으로는 장수왕의 생각에 따라서 결정되었던 내용이다. 그에 견주면 수묘인과 관련한 부분만은 약간 다른 면모를 보인다. 여기에는 광개토왕과 장수왕의 의지가 함께 들어가서 미묘한 대비를 이루고 있기 때문이다. 그 점은 C)를 구체적으로 살피면 뚜렷이 드러난다.

사료 C)는 내용상 다시 크게 세 개의 작은 문단으로 구분된다. ㉠은 광개토왕 생존 시의 敎言(遺言)을 직접화법으로 옮겨 적은 내용이다. 그러므로 당연히 광개토왕의 뜻이 그대로 담겨져 있는 셈이다. 자신이 재위할 때까지는 전통적 관습에 따라 원근의 舊民만을 수묘에 충당하였으나 이제 구민이 열악해져 먼 훗날까지를 기약할 수가 없게 된 마당이었으므로 차후는 새로운 新來韓穢, 즉 전부 신민으로 교체해서 개편하라는 내용이다. 여기에서는 수묘가 열악(羸劣)한 상태에 빠지게 된 원인은 구체적으로 드러나 있지가 않고 단지 그 개편의 방안만이 제시되어 있을 따름이다.

㉡은 그와는 달리 장수왕이 광개토왕의 교언을 받아들여 실행으로 옮긴 내용이다. 다만, 거기에는 광개토왕의 뜻이 반영되기는 하였지만 사실상 장수왕이 내용을 수정해서 집행하고 있음을 보인다. 이는 실제로는 새로운 수묘제 실행이 장수왕의 의지에 의한 것이었음을 명시적으로 나타내고 있는 셈이다. 수묘제의 전반적 정비는 광개토왕의 유언을 계기로 시작한 것이기는 하나 장수왕이 장례 절차 일체를 마무리하면서 당시의 현실 상황을 고려해 나름대로 고쳐서 실행에 옮긴 것이었다.

㉢은 制의 내용이다. 이 制는 내용상 국왕의 단순한 일시적 지시나 명령을 뛰어넘어 그를 매개로 해서 법제화된 법령의 구체적 條文이다. 작성 시점이 광개토왕비와 차이가 나는 집안비에도 용어상의 약간 出入이 있기는 하나 거의 유사한 내용이 보임은 그를 방증해 주기에 충분하다. 이 制를 발령한 주체가 장수왕인지 광개토왕인지가 분명하지 않은 모호한 모습으로[12] 처리된 사실도 그를 방증한다. 광개토왕대에

11) 朱甫暾, 2006, 「高句麗 南進의 性格과 그 影響 —廣開土王 南征의 實相과 그 意義—」, 『大丘史學』 82.

12) ㉢에서 '自今以後'라 하여 특정 시점이 보이지만 이는 교령을 반포한 시점일 수도 있고 비문을 작성한 현시점일 수도 있으므

이미 그런 내용이 敎令의 형태로 공포되었고 이어서 율령의 한 조문으로 정착한 것인지 아니면 장수왕이 광개토왕의 교령을 이어받아 율령 조항으로 완전하게 정리해 넣은 것인지는 불분명하다. ⓒ의 연장선상에서 결론을 내린다면 오히려 후자 쪽이 적절한 듯 싶다. 광개토왕의 의지나 생각과 장수왕의 그것이 일치해 그대로 이어서 시행되었음을 보여 주기 때문이다.

이상과 같이 보면 비문의 수묘제에는 광개토왕의 생각이 당연히 들어간 것이기는 하지만 그 자체는 장수왕의 강력한 의지에 입각한 것이었다.[13] 그런 측면에서 그와 직결된 무훈도 장수왕의 선택에 따른 것이라 해야 하겠다. 광개토왕 당대에 치른 전투 가운데 특별히 한예와 관련 있는 백제와의 전투를 집중적으로 다룬 것은 바로 그 때문이었다. 무훈의 대상이 된 지역이 수묘인 차출 지역과 상당 부분 일치하는 것은 그를 방증해 주는 사실이다. 그러므로 한예가 아닌 대상이 일부 보인다고 해서 그를 쉬이 부정하는 것은 적절하지 못하다. 양자가 완전하게 합치되지 않는 것은 오히려 다른 각도에서 새로이 검토해 보아야 할 대상이지 전체를 마냥 부정할 일은 아니라 하겠다. 그런 측면에서 광개토왕비는 수묘제에 상당한 무게를 둔 성격의 비라고 추정할 수가 있는 것이다.

그런데 광개토왕이 수묘제 정비에 깊은 관심을 처음 보였던 것은 그 자신의 죽음에 직면해서가 아니라 이미 생존해 있을 당시였다. 그것은 위의 사료C) 속에 드러나 있다. 그 점과 관련해서는 특히 ⓒ-b가 주목해 볼 대상이다. 앞서 언급하였듯이 광개토왕이 당대에 수묘제를 어떻게 정리하였던 것인지에 대한 내용은 그리 선명하지가 않다. 과연 광개토왕 자신은 수묘제를 어떻게 정비하려고 시도하였을까.

C)에는 수묘에 대한 전반적 내용이 압축적으로 정리되어 있다. 광개토왕에 앞서 그 祖王, 先王(祖先王)[14]들은 원근의 舊民들을 차출해 수묘를 담당케 하였다. 그러다가 자신의 父王인 故國壤王의 장례를 치르고 수묘인을 차출하는 과정에서 너무나도 열악한 상태에 빠진 점을 확인하고 기존의 체제로는 더 이상 장래를 보장하기 어렵겠다고 절감하게 된 것이었다. 그는 그렇게 된 직접적 요인이 매매에 있다고 진단하였다.

그런데 그처럼 수묘인 매매가 일어나게 된 것은 差錯이 생겼기 때문이었다. ⓒ-b에 의하면 광개토왕은 다시는 그런 차착이 되풀이되지 않도록 祖先王의 능묘에다 처음으로 비를 세우고 연호들을 새기는 조치를 취하였다. 이로 보면 일단 광개토왕이 시행한 일이란 수묘와 관련해 기존 구민 대상으로 한 수묘제를 재정리함으로써 더 이상은 차착이 일어나지 않도록 비를 세우도록 해서 관리한 일이었다.[15] 말하자면 일단 구민 중심으로 정리하고 차착 방지를 위해서 처음으로 입비한 조치였다.

로 어느 왕인지 불분명하다.

13) 김현숙, 앞의 논문.

14) 같은 비문 내에서 양자를 함께 사용하므로 동일하였음은 분명하다. 다만, 先王을 따로 구분하려는 것은 유난히 눈에 띄는 점이다. 광개토왕에게 선왕, 즉 아버지는 故國壤王이다. 고국양왕이 유독 강조되고 있는 것은 당연히 자신의 아버지이기 때문이겠으나 광개토왕의 수묘제 문제에 대한 깊은 관심은 그 왕릉을 조영할 때로부터 비롯되었을 것으로 짐작된다. 그래서 굳이 효심에서 선왕을 따로 내세우고 있는 것이다. 그런 정황은 다시 장수왕에게도 마찬가지로 이어졌다.

15) 이성시, 앞의 논문.

이상과 같이 보면 집안비는 일단 광개토왕의 수묘제 정비 과정에서 세워진 것 가운데 하나로 이해하는 편이 현재로서는 가장 적절할 듯 싶다. 집안비의 8행에는 '(상략)立碑銘其烟戶頭卄人名'이라 하여 비를 세운 사실 자체와[16] 함께 20명의 호두를 기록한 사실까지 확인되기 때문이다. 아마도 호두의 명부는 그 뒷면에 작성되어 있었던 듯하다. 따라서 광개토왕의 수묘제 정비는 기존 구민으로 편성된 20호를 하나의 기본 단위로 편제한 연호제를 정비하고 이들이 차착을 일으키지 않도록 이름을 명기한 비를 세운 일이었다. 그에 견주면 장수왕은 후술하듯이 가히 개혁적이라고 표현해도 좋을 정도의 수묘제 체계 전반을 새롭게 재정비하였다.

사실 광개토왕은 재위 중에 자신이 공취한 '신래한예'로서 수묘제를 개편하기 바라는 의견을 사망하기에 앞서 장수왕에게 피력하였다. 수묘연의 대상은 ㉠의 '取吾躬巡所略來韓穢'에서 드러나듯이 자신이 재위할 때 행한 전투에서 확보해 왕도로 '略來'해둔 한예들이었다. 광개토왕은 정복전을 치르면서 확보한 포로들을 왕도에다 사민시켜 새로운 수묘제 시행을 위한 대책을 벌써부터 마련하기 시작한 것으로 짐작된다. 광개토왕은 장수왕을 태자로 책봉한 이후 평소 그를 주지시켰거나, 혹은 임종에 직면해 자신에 데려온 신래한예를 중심으로 수묘제를 정비하도록 유언으로 남겼던 것이다. 다만, 광개토왕은 구민을 아예 신래의 한예로 모두 바꾸되 기존의 관례처럼 20호를 하나의 단위로 삼도록 조치하였다. 이는 집안비는 물론 광개토왕비 자체에서도 뚜렷이 드러나는 사실이다.

그런데 장수왕은 한예를 주된 대상으로 삼도록 한 광개토왕의 지시는 일단 그대로 받아들였지만 수묘의 구성과 조직을 한결 더 보강하는 나름의 몇몇 조치를 감행하였다. 먼저 20호에 10호씩을 덧붙여 하나의 단위를 30호로 편제하였던 것이다. 이는 당연히 장수왕 자신의 판단에 입각한 것이었다. 그렇게 한 이유는 '慮不知法則'이라 하여 수묘인들이 장차 운영의 법칙을 제대로 알지 못한 데서 빚어질 만약의 사태를 우려한 데서 나온 발상이었다. 광개토왕의 기본 기획안을 받아들이면서도 그로부터 한 걸음 더 나아간 보완적 시도였다. 장수왕이 새로운 수묘제를 실시하면서 크게 염두에 둔 것은 광개토왕이 염려한 '若吾萬年之後 安守墓者'였다. 장수왕은 광개토왕의 당부를 충실히 받아들여 이행하면서 영원히 지속될 수 있도록 수묘제의 철저한 조직화를 도모한 것이었다.

장수왕이 광개토왕의 요구를 기본적으로 받아들이면서도 한 걸음 더 나아간 것은 수묘를 국연과 간연으로 나눈 사실에서도 확인된다. 집안비에는 수묘 연호에 대한 아무런 구별이 보이지 않는다. 그런데 광개토왕비에는 수묘 연호를 크게 國烟과 看烟의 두 등급으로 나누었다. 아마도 이는 20호를 하나의 단위로 하였다가 구민 10호를 더하면서 착상한 장수왕의 創案으로 보인다. 수묘 연호 전체를 하나의 등급으로만 설정하지 않고 위계화를 도모한 것이었다. 그렇게 함으로써 상호 간 역할과 책임 소재를 분명히 할 뿐만 아니라 운영상의 체계화를 위한 조치였다. 이는 전적으로 장수왕의 판단에 의한 것이었다.

한편 수묘인의 출신 지역을 광개토왕비에다 구체적으로 명시한 것은 이들을 지방통치와도 연결시키기 위한 의도에서였던 것으로 풀이된다. 아마도 운영해 가는 도중에 문제가 생긴다면 그를 보완해나갈 대비

---

16) 그 비가 바로 집안비임은 재론의 여지가 없다.

책 마련도 필요한 것이었다. 그래서 광개토왕비문에는 그들의 구체적 출신 지역을 銘記해 둠으로써 장차 일어날지도 모를 만약의 사태에 예비하였다. 이 또한 오랜 세월이 지난 뒤 일어날지 모를 차착의 사태를 겨냥한 조치였다. 결원이 생긴다면 그들 원래의 출신 지역을 대상으로 계속 동일하게 부담을 지우려는 생각이었다.

이상과 같은 측면에서 장수왕은 아버지 광개토왕의 의도를 충실히 실천하면서도 오히려 더욱 더 보강하는 입장에서 수묘제의 정비를 실시한 셈이었다. 광개토왕이 염려하였던 것처럼 그야말로 대로 만년 뒤에까지를 예비한 조직화·체계화였다. 전무후무한 엄청난 규모의 비를 세워서 그를 드러내고 동시에 호우를 만들어 속민들에게까지 배포한 것은 곧 자신의 강력한 실행 의지를 나타내어 보이기 의도에서였다. 그것이 곧 단순한 수묘제의 운영에 그친 것이 아니라 광개토왕이 이룩한 업적가 遺志를 이어받아 武威가 영원히 천하에 떨쳐지고 백성이 풍요롭고 國富民殷하며, 오곡이 언제나 풍성한 고구려 국가를 유지해 가겠다는 의지의 표명이었다. 광개토왕비를 세우는 등의 추선의례를 집행하면서 그런 뜻을 천하 안팎으로 내세워 결의를 다짐하는 場으로 활용하였다.

장수왕이 시호제를 바꾼 점도 수묘제의 대대적 개혁과 관련해 주목해볼 대상이다. 직전까지만 하더라도 고구려에서는 시호를 국왕의 葬地를 근거로 제작함이 일반적이었다.[17] 이는 시신이 묻힌 장소를 중시한 시호법이다. 장수왕은 그런 기존 시호 부여 방식을 바꾸려는 시도를 하였다. 그 배경을 분명하게는 알 수가 없으나 비슷한 시호가 매우 많아짐으로써 '萬年之後'를 염두에 둔다면 혼동으로 말미암아 무덤 자체는 물론 수묘인들의 차착이 일어나 혼선이 크게 빚어질지 모른다고 우려하였을 가능성이 크다. 이미 고구려 국가의 중심 묘역인 '國罡'만 하더라도 바로 인접한 곳에 너무 많은 왕릉이 조영된 상태였다. 따라서 시호 자체도 명확하게 구별해 두지 않으면 안 되는 상황에 다다랐던 것이다. 그래서 국왕의 업적이나 특성을 고려한 새로운 형식의 시호제가 필요하였다.

다만, 완전히 새로운 방식을 고집하지 않고 기존의 방식도 받아들이면서 보완하는 일종의 절충적이며 과도기적 방식을 채택한 것이었다. 앞서 수묘제의 시행 방식과 아울러서 그런 측면을 살피면 장수왕은 과감하고 급진적 성향이라기보다는 차라리 온건 합리적이며 철저히 실천하는 치밀한 성격의 소유자라는 느낌이 짙다. 그가 추진한 기본 정책은 곧 광개토왕이 확보한 영토를 지켜 고구려를 영원히 '庶寧其業 國富民殷 五穀豐熟'한 나라로 만드는 것이었다. 그런 의지를 굳게 다짐하고 실현해 옮기려는 각오와 다짐을 만방에 드러내려고 생각한 것이 곧 광개토왕비의 건립과 호우의 제작이었다고 하겠다.

---

17) 고구려의 시호제에 대해서는 임기환, 2002, 「고구려 王號의 변천과 성격」, 『한국고대사연구』 28 참조.

IV. 장수왕의 治積과 向方

장수왕은 광개토왕이 이루어낸 업적을 착실히 이어가면서 내실을 굳게 다지는 방향에 초점을 둔 정책을 추진하였다. 당시 북중국에서 복잡다단하게 전개되던 왕조 교체를 목격하면서 장수왕은 創業보다 守成의 어려움이 어떠한지를 익히 보면서 느끼고 있었던 차였다. 그래서 고구려 왕조를 단단히 수성해 영속시켜 갈 수 있도록 온갖 대책 마련에 부심하였다. 그럴 목적으로 일대에 걸쳐 줄곧 內治에 신경을 크게 기울이는 한편 국제정세를 적절히 활용함으로써 외교적 역량도 유감없이 발휘해 갔다.

아버지 광개토왕비의 건립은 곧 장수왕 자신의 치세가 이제 정식으로 시작되었음을 대내외에 선포한 것이기도 하였다. 이후 장수왕은 무려 79년 동안이나 재위하였다. 이처럼 장기간의 재위는 그야말로 비문에서 선언하고 명시한 내용을 실현에 옮겨 고구려의 지배체제를 반석 위에 올려놓기에 충분한 시간이었다. 427년 유구한 역사도시 平壤으로의 성공적 천도,[18] 이후 高麗로의 국호 개정 등은[19] 그런 실상을 반영해주기에 적절한 實例들이다. 475년의 백제의 왕도 漢城 공략과 영역의 확장, 국제동향의 정확한 파악, 특히 南朝를 적절히 활용한 강적 北魏 대상의 견제 외교 등은 장기간 재위한 장수왕의 노련한 정치적 수완과 역량을 읽어내기에 충분한 증거들이다. 이들을 근거로 삼을 때 장수왕대는 일단 고구려의 최고 전성기를 구가한 시기라 평가하여도 좋겠다.

이처럼 장기간 재위하면서 장수왕은 엄청난 업적을 일구어내었다. 그러나 이는 오히려 그 사후에 예기치 못한 문제를 불러오는 遠因으로 작용하기도 하였다. 그를 뒤이은 손자 文咨王대(492-519)는 아니지만 바로 직후에 왕실 내부에 분란이 발생하면서 지배체제가 무너지는 현상을 극명하게 보이기 시작하였기 때문이다. 장수왕 재위 당시부터 그럴 만한 조짐은 이미 싹트고 있었던 것이다. 아래에서는 거기에 초점을 맞추어 약간의 논의를 진행해 보고자 한다.

1926년 경주에서 뒷날 瑞鳳塚이라고 명명된 적석목곽분이 발굴되었는데, 그로부터 크게 눈여겨볼 만한 부장품 하나가 출토되었다. 십자 모양으로 서로 교차하는 손잡이가 달린 뚜껑과 본체로 이루어진 銀盒이었다. 은합의 안쪽과 바닥에는 명문이 새겨져 있다.

> D)㉠延壽元年太歲在辛三月中太王敎造合杅三斤(바닥)
> ㉡延壽元年太歲在卯三月中太王敎造合杅三斤六兩(안쪽)

본체의 바닥과 뚜껑의 안쪽에 각기 새겨진 두 명문은 양자를 합쳐야만 비로소 하나의 완결된 문장으로 성립된다. 간지인 '辛卯'를 '辛'과 '卯'로 따로 나누어 사용한 특이한 방식을 취하였기 때문이다. 그 점을 제

---

18) 徐永大, 1981, 「高句麗 平壤遷都의 動機」, 『韓國文化』 2 참조.
19) 金鎭熙, 1989, 「高句麗國號表記의 變遷에 關한 考察」(嶺南大 敎育大學院碩士學位論文); 鄭求福, 1992, 「高句麗의 '高麗' 國號에 대한 一考」, 『湖西史學』 19·20.

외하면 두 명문의 내용상 차이라고는 오직 무게가 다르다는 점뿐이다. 그렇게 두 명문을 합쳐야 비로소 하나의 완성된 문장이 되도록 구상한 데에는 和合을 위한 어떤 의도가 깔린 듯하나 그 실상은 잘 알 수 없다.

위의 명문에서 각별히 주목되는 대상은 延壽란 연호이다. 일단 연수의 소속이나 시점을 판별할 수 있게 하는 주된 실마리는 太王이란 왕호이다. 태왕은 고구려는 물론 신라에서도 사용되었지만 양자는 시작 시점에서는 크게 차이를 보인다. 광개토왕비문을 근거로 하면 고구려의 경우 4세기부터임이 확실시되나, 신라에서는 蔚山(蔚州)川前里書石 명문에 의하면 法興王대(514-540), 특히 재위 후반기인 530년대 무렵에 이르러서의 일이다. 이때는 신라에서 서봉총과 같은 적석목곽분의 조영이 거의 끝나가는 시점이었으므로 이 은합 명문의 태왕을 그와 연결시키는 것은 적절치가 못하다. 게다가 당시에는 아직 신라에서 독자적 연호가 사용되기 이전의 일이기도 하다. 그러므로 연수가 신라의 연호일 수는 결코 없는 일이겠다. 그렇다면 태왕의 사용으로 볼 때 이 연호는 고구려의 연호로 봄이 올바른 판단이다. 그릇의 모양이나 '杅'란 용어도 그를 방증해 주는 사실이다. 백제에서 태왕이란 용어의 사용 시점 여하는 잘 모르겠으나 5세기 이후 연호를 사용한 적은 없었으므로 선정 대상에서 당연히 제외된다.

이처럼 태왕이란 왕호로 볼 때 은합의 연수 연호는 고구려의 것으로 볼 수밖에 없다. 고구려에서 제직된 물품이 신라 분묘에서 출토되는 사실이 약간 의아스럽지만 장수왕이 광개토왕을 기리기 위해 만든 호우와 마찬가지로 5세기의 일정 기간 동안 고구려와 신라 두 나라 사이에는 긴밀한 우호관계가 유지되었으므로 그런 실상을 방증하기에 충분한 자료이다. 그러므로 연수를 고구려의 연호라 하여도 하등 이상스럽지가 않은 것이다.

연수가 고구려의 연호라면 구체적 시점이 언제이냐가 문제로 부상된다. 그를 풀어가는 실마리는 일단 '辛卯'란 年干支이다. 적석목곽분의 조영 기간 및 연호 사용의 시점, 그리고 신라와 고구려 두 나라의 관계를 아울러서 고려하면 흔히 지적되고 있는 것처럼 일단 391년, 451년, 511년 셋을 상정할 수 있다.[20] 이 가운데 511년은 서봉총의 조영 연대가 그만큼 뒤떨어진다는 특정한 적석목곽분 編年觀을 근거로 해서 막연하게 제기된 것이지만, 이는 방법론상으로도 물론 부적절하거니와 실제로 그럴 가능성이 거의 없어 보인다. 6세기 초 당시 신라는 고구려와 적대 관계에 놓여 있었기 때문이다. 고구려에서 태왕의 지시로 제작된 은합과 같은 귀중품이 정상적 외교루트를 거쳐 신라로 유입되기는 너무나 곤란한 상황이었다.

단순히 두 나라의 관계만을 놓고 볼 때 391년에는 일말의 가능성이 없지는 않다.[21] 그러나 서봉총의 조영 연대를 함께 고려하면 이는 너무도 이른 시기 설정이다. 게다가 이해는 바로 광개토왕의 즉위년으로서 永樂 원년에 해당하므로 결코 연수 원년이 될 수가 없는 일이다. 따라서 신묘년으로서 연수 연원에 해당하는 시점은 달리 찾아져야 마땅하다. 그렇다면 현재로서는 고구려와 신라 두 나라의 관계나 서봉총

---

20) 강현숙, 2013, 『고구려 고분 연구』, 진인진, pp.144-145에서 서봉총의 편년관을 기준으로 해서 은합이 신라에로의 유입·부장의 과정을 고려해 331년으로 추정하였으나 접근 방법이 잘못되었다.
21) 崔秉鉉, 1992, 『新羅古墳研究』, 일지사.

의 조영 연대를 아울러서 고려하면 연수 원년의 신묘년은 451년으로 보는 것이 가장 적절하다.[22] 그럴 때 은합의 태왕은 저절로 장수왕이 되며 연수는 그가 사용한 연호 가운데 하나로 손꼽을 수 있게 된다. 실제로 연표를 근거로 삼아 신묘년이 고구려 국왕의 즉위년이 아니면서 새로운 연호 사용의 원년으로 설정해도 아무런 무리한 점을 보이지 않는 대상은 오직 장수왕 뿐이다. 서봉총의 축조 연대는 곧 이 은합을 상한선으로 삼아야 한다는 의미가 되므로 신라 적석목곽분의 편년 설정에 주요한 기준점의 하나로 활용할 수 있는 것이다.[23]

고구려에서 연호가 사용된 시점에 대해서 현재로서는 특정할 수 없지만 일단 광개토왕 일대에는 永樂이 있었으므로 이를 下限으로 하는 셈이다. 광개토왕이 스스로 영락대왕이라 부른 것으로 보아 전체 재위 기간에 그를 사용하였음은 거의 확실하다. 장수왕도 즉위하자마자 즉시, 혹은 얼마의 시간이 경과한 뒤(3년의 장례 기간이 끝난 뒤) 새 연호를 사용하였을 터이지만 문헌상으로는 확인되지 않는다. 지금까지 알려진 금석문 상에서는 고구려의 것으로 추정되는 延嘉, 永康, 景, 建興 등과 같은 몇몇 연호가 보이지만[24] 모두 그 시점 설정이 그리 명확하지가 않다.

서봉총 은합의 제작 연대가 451년이라고 할 때 각별히 주목해 볼 사항은 그 해가 연수 원년에 해당한 점, 그것이 문자 그대로 수명을 '늘린다', 혹은 '오래되다'는 뜻을 가진다는 점이다. 일반적으로 1세 1연호를 원칙으로 하되 상황에 따라 달라질 수가 있었으며 그럴 때 어떤 念願을 담은 연호를 선정하였다고 풀이된다.[25] 연호를 처음 창안해 사용한 漢 武帝도 그런 의도 아래 여러 차례 연호를 개정하였으며, 唐 高宗이나 則天武后대에는 1년 사이에도 몇 차례나 고쳐 재위 기간 전체에는 그 수치를 정확하게 헤아리기조차 힘들 정도로 잦았다. 신라의 眞興王대(540-576)만 하더라도 재위 37년 동안 4개의 연호를 사용하였다.[26] 따라서 무려 79년간 재위한 장수왕 당대에 여러 개의 연호 사용이 있었다고 상정해도[27] 하등 이상스러울 바가 없다. 재위 기간이 유난히 길어 어떤 계기나 명분이 주어진다면 당연히 刷新策으로서 연호를 종종 바꾸기도 하였을 터이다.

그런 측면에서 일단 주목해볼 대상은 연수에 내포된 뜻이다. 그 속에는 수명과 연관되는 어떤 바람이 강하게 담겨져 있는 듯하기 때문이다. 연수가 그 자체로서 수명과 깊이 연관된 것임은 확실하다. 그와 같은 뜻을 가진 연호가 왜 하필 451년이란 시점에서 사용되었을까 하는 데에 초점을 맞추어 접근할 필요가

---

22) 金昌鎬, 1985, 「古新羅 瑞鳳家의 年代 問題(Ⅰ)」, 『伽倻通信』 제13·14; 이희준, 1995, 「경주 皇南大塚의 연대」, 『嶺南考古學』 17.

23) 적석목곽분의 편년을 기준으로 서봉총의 연대를 설정하려는 것은 타당한 접근방법이 아니다. 간혹 신라고고학에서는 그런 시도를 보이고 있는데 이는 잘못이다. 다만, 은합은 입수해서 埋納되기까지의 기간을 고려하면 어디까지나 축조의 상한을 가리킬 따름이다.

24) 정운용, 1998, 「金石文에 보이는 高句麗의 年號」, 『한국사학보』 5.

25) 정운용, 위의 논문.

26) 진흥왕 초기에는 어머니 只召부인이 섭정하였으므로 법흥왕의 建元이란 연호를 그대로 이어서 사용하였다. 진흥왕이 親政하면서 사용한 開國부터로 헤아린다면 3개가 된다.

27) 濱田耕策, 2006, 「高句麗長壽王という時代」, 『朝鮮學報』 199·200.

있다. 이 문제를 풀어갈 때 저절로 떠올리게 되는 것은 장수왕의 재위기간 및 연령이다.

장수왕은 『삼국사기』고구려본기에 의하면 79년 동안 재위하였고 사망하였을 때의 연령은 98세였다고 한다.[28] 장수왕은 광개토왕의 元子로서 재위 18년째에 태자로 책봉되었다.[29] 그런데 『삼국사기』의 기년을 광개토왕비문과 대비하면 즉위년이 각각 392년, 391년으로 되어 1년간의 오차가 생겨난다. 일단 이 점은 『삼국사기』 기년에는 약간의 문제가 내재되어 있음을 시사하므로 눈여겨볼 사실이다.

그런데 중국 측 기록에 따르면[30] 장수왕의 연령이 백여세였다고 한다. 아마도 당시로서는 적어도 백세 쯤이나 되는 유별난 나이였으므로 北魏의 조정에까지 널리 알려져 그처럼 특기된 것으로 생각된다. 이는 98세라고 명시된 『삼국사기』의 기록에는 약간의 문제가 있음을 시사한다. 어느 쪽이 옳은 것인지는 단정 하기는 어려우나 이를 풀어내기 위해 약간 다른 각도에서의 접근이 필요하다.

우선 장수왕이 태자로서 책봉된 시점이다. 광개토왕비에 근거해 연대를 수정하면 이는 408년에 해당 한다. 왜 하필 이 시점에서 태자로 책봉하였을까를 고려하면 우선 成年이 되었을 가능성이 크다는 점이 다. 둘째, 광개토왕 자신이 바로 그 나이에 즉위한 사실도 참고 되었을 가능성이다. 이런 논리에 입각하 면 장수왕의 출생 연대는 391년 아니면 392년이 될 수가 있다. 만약 391년이라면 장수왕은 광개토왕 즉위 년인 신묘년에 태어난 셈이 되므로 사망할 시점에는 백세가 넘는다. 392년이라도 기년을 조정한다면 492 년에 사망한 장수왕은 백세가 된다.

이런 논리를 따라가면 451년에 은합이 제작된 배경과 관련해서도 두 가지 가능성이 설정된다. 첫째, 장수왕이 391년에 출생하였다면 그 해는 바로 장수왕의 甲年(回甲)이 되는 시점이다.[31] 그렇다면 은합은 그를 기리는 뜻에서 제작해 유포하였을 가능성이 크다. 이는 같은 장수왕대라도 새로운 시기의 시작을 선언하는 그런 의미이겠다. 신라를 대상으로 삼아 그를 보낸 것도 기존처럼 우호관계를 계속 이어 나가 자는 뜻에서였겠다. 다른 하나는 만약 그 이듬해가 장수왕의 갑년이라면 그렇게 되기를 희구한다는 뜻을 담아서 은합을 제작·배포하였으리라고 풀이된다.

아직 확정할 만한 결정적 근거가 없으므로 장수왕의 출생 연도를 단정할 수는 없겠지만 현재로서는 차 라리 연호 연수를 근거로 하면 거꾸로 391년의 신묘년이 가장 적절할 듯 싶다. 얼마전 태왕릉에서 출토된 청동방울의 제작 연대도 신묘년이었음이 아울러 참고로 된다. 391년의 신묘년은 고구려로서는 대단히 기 념비적인 해였다. 故國壤王이 사망하고 광개토왕이 즉위한 해였을 뿐만 아니라 수묘제에 대한 개편이 처 음으로 논의되기도 하였다. 게다가 『삼국사기』의 기년을 1년씩 조정해 보면[32] 이때 佛法을 崇信하도록 하 였고, 처음으로 國社를 세우고 宗廟를 수리하였다.[33] 그런 일련의 과정 속에서 장수왕이 태어나기까지

---

28) 『三國史記』 18 高句麗本紀 長壽王 79年條.

29) 같은 책, 장수왕 즉위년조.

30) 『魏書』 100, 열전 高句麗.

31) 김창호 앞의 논문(1985) 및 이희준 앞의 논문 참조.

32) 고국양왕은 『삼국사기』에 따르면 392년에 사망하였지만 기년을 조정하면 391년이 된다. 그렇다면 이 해는 광개토왕의 즉위 년이기도 하므로 이때의 일들은 원래 광개토왕의 치적이었으나 고국양왕대로 기록되었을 가능성이 크다.

하였다면 이 신묘년은 엄청나게 큰 의미를 지닌 한 해가 된다. 광개토왕비의 소위 '辛卯年記事'에서처럼 백제 공략의 명분을 굳이 이 해로 잡은 것도 그런 사정과 맥락을 같이한다. 이 신묘년은 고구려인에게는 뇌리와 기억 속에 특별히 깊이 각인된 해였던 것이다. 설사 장수왕이 출생한 바로 그해가 아니어도 장수왕의 재위 기간에 돌아온 60년 뒤의 신묘년은 기념비적 해로 재생되었고 따라서 은합을 제작·배포하는 명분이 된 것이라 하여도 무방하겠다. 여하튼 광개토왕비를 건립하고, 호우와 은합의 제작한 장수왕은 기념품으로 어떤 일을 과시하는 특이한 행태를 보였다. 이는 그의 성격을 그대로 보여 주는 듯하여 대단히 흥미로우므로 충분히 음미해볼 만한 대상이다.[34]

장수왕은 오래도록 재위하고 천수를 누리다가 사망하였다. 이로 말미암아 그의 자식들은 아무도 왕위를 계승하지 못하였다. 그의 재위 기간에 뒤이어 즉위하게 문자왕은 아버지 古鄒大加 助多가 일찍이 사망해 大孫으로서 궁중에서 길러졌다. 「충주(중원)고구려비」에는 태자로서 共과 같은 인물이 年老한 장수왕의 역할을 대행하고 있는 모습이 간취된다. 이들도 모두 장수왕의 재위 기간에 사망하였다. 비문에 보이는 태자가 흔히 지적되고 있는 것처럼 반드시 조다와 동일인이라고 단정할 수는 없다.[35] 그런 측면에서 장수왕대 다수의 태자가 존재하였을 가능성은 충분히 음미해볼 만한 대상이 된다. 이들은 동시에 조다와도 별개의 인물일 여지도 저절로 생겨난다.[36] 만일 그렇다면 장수왕이 장기간 재위하는 동안 여러 태자가 선후하면서, 혹은 동시에 존재하였을 터이나 이들 모두가 장수왕에 앞서 사망하였으므로 왕위 승계 문제는 매우 복잡한 양상을 띠면서 전개되어 갔을 것 같다. 장수왕에게는 그밖에도 다수의 다른 자식들이 있을 수 있고 그들이 왕위계승권을 지녔을 수가 있는 일이겠다. 그들 모두가 장수왕에 앞서 사망하였는지 어떤 지는 단정할 수가 없는 일이지만 그들에게도 각기 자식들이 있었을 공산이 크다. 조다는 물론 공 등도 앞서 사망하였음은 분명하나 이들에게도 자식이 있었을 가능성이 있다. 문자왕을 특별히 大孫이라 부른 것은 그들과 차별짓기 위해서였던 때문으로 보인다.

이로 보면 장수왕이 사망한 뒤 정당한 왕위 승계권을 주장할 수 있는 사람들의 수가 엄청났을 것 같다. 그들 대부분은 이미 장성한 상태였고 따라서 거기에 그들의 外戚들까지 가세하면서 상황이 매우 복잡한 양상으로 전개되어 갔을 공산이 너무나도 커졌다. 장수왕이 오랜 기간 쌓아온 공든 탑이 무너져 내릴지도 모를 형국이었다. 어린 祖孫의 왕위 승계는 언제나 위험 요소를 안고 있는 일이었다. 그보다 行列이 앞서는 삼촌들이 존재하면 특히 그러하다. 신라에서도 下代의 실질적 개창자라 할 元聖王(785-799)의 세 아들이 일찍 사망함으로써 부자승계에 실패하고 손자인 昭聖王(799-780)이 즉위하고 이어 그가 일찍 사망하자 아우 3형제가 조카인 哀莊王(800-809)을 시해하면서 왕위쟁탈전이 전개되어간 사정도 장수왕의 사후 벌어질 일들을 예측하는 데에 크게 참고로 된다.

---

33) 『三國史記』18 高句麗本紀 故國壤王 8年條.

34) 어쩌면 청동방울도 장수왕이 451년 신묘년을 기념해 제작하여 아버지 혹은 할아버지의 묘에 제사한 뒤 그래서 바깥에다가 매납하였을지도 모를 일이다.

35) 백제에서 비록 義慈王대의 일이기는 하지만 복수의 태자가 존재하였음은 다 아는 바와 같다.

36) 그런 측면에서 충주(중원)고구려비는 전면적으로 재검토해볼 여지가 생겨난다.

문자왕의 뒤를 이은 두 아들 安藏王(519-531)과 安原王(531-545)이 잇달아 벌어진 政爭 속에서 사망한 것은 그런 시상을 여실히 보여 준다. 이로써 장수왕이 쌓은 지배체제는 그야말로 '長壽'함으로써 희망과는 반대로 밑바닥으로부터 무너져 내리는 비상적인 위기 정국을 맞아가고 있었던 것이다.

V. 마무리

한국고대사의 연구자들은 관련 사료가 너무도 빈약한 까닭에 언제나 새로운 자료의 출현을 학수고대한다. 그에 부응이라도 하듯 이따금씩 새로운 자료가 출현함으로써 관련 분야의 연구를 크게 진척시키기도 한다. 그러나 그를 다루는 방법과 자세를 점검하면 반성해야 할 측면이 왕왕 발견된다.

자료 자체를 낱낱이 분석해서 철저히 음미하려 하지 않고 오로지 필요한 대상에만 집중함으로써 그냥 지나쳐 버리거나 소홀히 다루는 부분이 적지 않다는 점이다. 그렇게 해서는 정작 놓치는 정보가 적지 않을 것임은 두말할 나위가 없겠다. 한편 새로운 사료에 대해서 기존 선입견에 바탕하거나 아니면 전체적 측면보다는 自說을 보강하려는 방향으로만 살피려는 경향이 짙다는 점이다. 그렇게 접근해서는 아무리 흥미로운 새로운 많은 자료가 출현하더라도 논란만 가중될 뿐 사실을 밝혀내는 데에는 별로 큰 도움이 되지 못하게 된다. 기왕의 설에 집착하기보다는 있는 그대로 바라보는 자세가 절대적으로 긴요하다. 그리고 치밀한 논증에 입각한 신중한 해석보다는 엉성한 논증으로 커다란 주장을 앞세우는 경우가 적지 않다는 점이다. 이는 연구의 진전을 가로막는 장애이므로 주의를 요하는 대목이다.

이상과 같은 측면은 백여년의 연구 역사를 갖고 있는 광개토왕비에서도 찾아졌으니 짧은 연구 연륜을 가진 다른 자료에 대해서는 새삼스레 말할 나위가 없겠다. 전면적인 재점검이 필요한 시점이다. 기왕에 널리 알려져 다루어진 금석문 자료라도 면밀하게 계속 점검하고 곱씹어보는 자세가 필요하다.

투고일: 2016. 5. 5.   심사개시일: 2016. 5. 10.   심사완료일: 2016. 5. 24.

참/고/문/헌

『三國史記』『魏書』

강진원, 2013, 「신발견 〈集安高句麗碑〉의 판독과 연구 현황」, 『木簡과 文字』 11.

강현숙, 2013, 『고구려 고분 연구』, 진인진.

국립중앙박물관, 2006, 『호우총 은령총』(발굴 60주년 기념심포지엄 자료집).

권오영, 2000, 「한국 고대의 喪葬儀禮」, 『韓國古代史研究』 20.

金鎭熙, 1989, 「高句麗國號表記의 變遷에 關한 考察」(嶺南大 敎育大學院碩士學位論文).

김창호, 2007, 「壺杅塚에서 출토된 호우 명문과 호우총의 연대에 대하여」, 『科技考古研究』 13.

金昌鎬, 1985, 「古新羅 瑞鳳家의 年代 問題(Ⅰ)」, 『伽倻通信』 제13·14.

金台植, 2012, 「廣開土王碑, 父王의 運柩 앞에서 靑年王이 보낸 경고」, 『韓國古代史探究』 10.

金賢淑, 1989, 「廣開土王碑를 통해본 高句麗守墓人의 社會的 性格」, 『韓國史研究』 65.

徐永大, 1981, 「高句麗 平壤遷都의 動機」, 『韓國文化』 2.

余昊奎, 2014, 「廣開土王陵碑의 문장구성과 서사구조」, 『嶺南學』 25.

이성시, 2008, 「광개토대왕비의 건립목적에 관한 시론」, 『韓國古代史研究』 50.

이희준, 1995, 「경주 皇南大塚의 연대」, 『嶺南考古學』 17.

임기환, 2002, 「고구려 王號의 변천과 성격」, 『한국고대사연구』 28 참조.

鄭求福, 1992, 「高句麗의 '高麗' 國號에 대한 一考」, 『湖西史學』 19·20.

정운용, 1998, 「金石文에 보이는 高句麗의 年號」, 『한국사학보』 5.

정호섭, 2011, 『고구려 고분의 조영과 제의』, 서경문화사.

朱甫暾, 2010, 「浦項 中城里新羅碑에 대한 研究 展望」, 『韓國古代史研究』 59.

朱甫暾, 2006, 「高句麗 南進의 性格과 그 影響 −廣開土王 南征의 實相과 그 意義−」, 『大丘史學』 82.

朱甫暾, 2014, 「백제사 관련 신출토 자료의 음미」, 『한국 고대사 연구의 방법과 시각』(노태돈교수 정년기념논총), 사계절.

崔秉鉉, 1992, 『新羅古墳研究』, 일지사.

濱田耕策, 2006, 「高句麗長壽王という時代」, 『朝鮮學報』 199·200.

〈日文要約〉

廣開土王碑と長壽王

朱甫暾

　広開土王碑は高句麗関連文献史料があまり豊かではできなかった失政に比べてそこには比較的多くの分量の情報が含まれていて、多くの研究者たちの注目を集めた。さらに、2012年夏、後日集安高句麗碑(以下、集安碑として略称すること)は広開土王碑の縮小版と断定しても過言ではないほど、碑文の構造や内容は非常に類似している。しかし、集安碑は、摩耗が非常に激しく、集安碑を保有した中国側が碑文を直接調査しないようにして研究が遅れている。

　しかし、広開土王碑と類似しているという点で研究者たちに新しい視覚を提示したと考えられる。広開土王碑文の文壇構造を新たに理解してみようとした試みが、まさにそれだ。今までは碑文の内容だけで文壇を区分しようとして無条件3段落から構成されたと断定するのが一般的傾向だった。しかしこれは最初から碑文の作成者が持つ本来の意図は全く配慮しようとしなかったという点が研究上根本的な限界を持ったアクセスである。そのような意味で、広開土王碑文を大きく2段落に区分した新しい見解は方法上の斬新性で大きく注目し、見ごたえのある対象だといえよう。碑文全体の脈絡を十分に把握するためには原作聖者の立場を何よりも先に念頭におかなければ艦が一次的な鍵であり、最も基本的接近方法だ。それでもどうせそんなことができなかった点は今からでも深く熟考すべき部分だ。

▶ キーワード: 廣開土王碑, 集安高句麗碑, 長壽王

고구려 율령의 형식과 제정방식
-〈광개토왕비〉와 〈집안고구려비〉의 사례 분석-

홍승우[*]

> Ⅰ. 머리말
> Ⅱ. 〈집안고구려비〉와 〈광개토왕비〉에 나타난 법제 제정 과정
> Ⅲ. 律의 성격과 '定律'의 의미
> Ⅳ. 令의 제정방식
> Ⅴ. 맺음말

〈국문초록〉

〈집안고구려비〉와 〈광개토왕비〉에는 왕릉 수묘제와 관련한 법제의 제정과 시행 과정에 대한 정보가 실려 있어서, 고구려 율령의 제정방식과 형식에 대한 단서를 찾을 수 있다. 왕릉 수묘와 같이 특정한 사안 내지는 분야에 대하여 왕명인 '敎'로 법령이 발포되는데, 그중에 항구적으로 시행되어야 하는 일부가 내용을 보완하고 문구를 수정하는 등의 과정을 거쳐 율과 영으로 만들어졌다.

율이 기본적인 법제로서의 성격이 강했고, 영은 수시로 발포될 수 있는 시의성이 있어서 어느 정도 차이가 있었던 것으로 보이지만, 모두 특정 사안에 대한 단행법의 성격이 강하고 기본적으로 왕명 '敎'를 근간으로 하고 있었기 때문에, 근본적으로 율과 영에 큰 차별성은 없었다고 여겨진다.

이러한 고구려 율령의 형식과 제정방식은 태시율령 이후 중국 왕조의 율령보다 진한대 율령에 가깝다고 할 수 있다.

▶ 핵심어: 광개토왕비, 집안고구려비, 수묘제, 교, 율령

---

* 명지대 객원교수

I. 머리말

사료의 부족은 한국고대사 연구의 고질적 문제라 할 수 있으며, 한국 고대 율령 연구에서도 큰 한계가 되어왔다.[1] 고구려 역시 小獸林王 3년(373)에 "율령을 처음으로 반포하였다[始頒律令]."는 기사를 통해 율령이 존재했음은 확인할 수 있지만,[2] 그 형식이나 내용을 직접적으로 알 수 있는 자료가 없어 그 실체에 접근하기가 어려웠다. 그나마 〈광개토왕비〉에 왕릉 守墓制 정비와 관련하여 법제의 제정 과정과 내용이 실려 있어, 이를 통해 고구려 율령의 단면을 엿볼 수 있었을 뿐이다. 하지만 〈광개토왕비〉가 유일한 사료라 할 수 있는 왕릉 수묘제 연구와 마찬가지로, 〈광개토왕비〉와 교차 검증 및 참조할 다른 자료가 없었기 때문에 연구자들의 의견이 모아지지 못하는 편이었다.

최근에 새로운 문자 자료들이 속속 발견되면서 한국고대사 연구에 새로운 활력이 되고 있다. 고구려의 경우도 새로이 〈집안고구려비〉가 발견되어 큰 주목을 받았다.[3] 이 비는 새로운 문자자료로, 그 자체로 매우 귀중한 정보들을 담고 있기도 하지만, 이 비에 새겨진 내용이 〈광개토왕비〉에 실려 있는 수묘제 정비과정 및 관련 법제와 연관된 것이어서, 〈광개토왕비〉에 전적으로 의지했던 고구려 수묘제와 율령에 대한 보다 심화된 이해를 가능하게 해주는 자료라 할 수 있다.

필자도 일찍이 관련 내용을 분석하여 고구려 율령의 형식과 수묘제의 변화 과정에 대한 견해를 담은 논문을 발표한 바 있다.[4] 그 논문에서 필자는 중국 율령의 형식에 대한 그간의 통설에 입각할 때, 고구려 율령의 형식이 晉의 泰始律令(286) 이후의 것과 일정한 차이를 보이며, 秦漢代 율령에 가깝다고 주장하였다.

그러나 해당 논문은 〈集安高句麗碑〉 자체에 대한 이해에 우선 집중하여, 고구려 율령의 형식과 성격만을 간단히 언급하는데 그쳤기 때문에, 비문에 보이는 고구려 율령에 대해 충분히 검토했다고 보기 힘들었다. 본고는 기존 논고의 내용을 보완하는 한편, 고구려 율령에 대한 보다 구체적인 양상을 파악하는 것

---

1) 고구려를 포함한 한국 고대 율령에 대한 연구들에 대해서는 홍승우, 2011, 「韓國 古代 律令의 性格」, 서울대박사학위논문 참조.

2) 『三國史記』 卷17, 高句麗本紀6 小獸林王 3年條.

3) 〈집안고구려비〉가 발견된 이래 많은 연구자들이 다양한 성과를 제출하였다. 2013년까지의 연구성과들은 강진원, 2014, 「신발견 〈集安高句麗碑〉의 판독과 연구 현황 −약간의 陋見을 덧붙여−」, 『木簡과 文字』 11에 정리되어 있다. 이후 중국에서 張福有 編, 2014, 『集安麻線高句麗碑』, 文物出版社이 나오고, 국내에서도 다음의 연구성과들이 계속 나왔다. 강현숙, 2014, 「집안 고구려비에 대한 고고학적 추론」, 『고구려발해연구』 50; 기경량, 2014, 「집안고구려비의 성격과 고구려의 수묘제 개편」, 『韓國古代史研究』 76; 金昌錫, 2014, 「5세기 이전 고구려의 王命體系와 집안고구려비의 '敎'·'令'」, 『韓國古代史研究』 75; 김현숙, 2014, 「광개토왕비, 집안고구려비를 통해 본 고구려의 수묘제 정비」, 『嶺南學』 26; 임기환, 2014, 「집안고구려비와 광개토왕비를 통해 본 고구려 守墓制의 변천」, 『한국사학보』 57; 정구복, 2014, 「집안 고구려비」의 진위론」, 『韓國古代史探究』 18; 정현숙, 2014, 「〈集安高句麗碑〉의 서체와 그 영향」, 『서지학연구』 57; 정호섭, 2014, 「광개토왕비와 집안고구려비의 비교 연구」, 『한국사연구』 167; 김창석, 2015, 「고구려 守墓法의 제정 경위와 布告 방식 −신발견 集安高句麗碑의 분석」, 『東方學志』 169; 여호규, 2015, 「集安高句麗碑와 광개토왕릉비 序頭의 단락구성과 서술내용 비교」, 『新羅文化』 45; 전덕재, 2015, 「373년 고구려 율령의 반포 배경과 그 성격」, 『韓國古代史研究』 80.

4) 홍승우, 2013, 「〈集安高句麗碑〉에 나타난 高句麗 律令의 형식과 守墓制」, 『韓國古代史研究』 72.

을 목표로 작성되었는데, 〈집안고구려비〉와 〈광개토왕비〉의 법제 제정 내지는 정비 관련 기사를 분석하여, 고구려 율령의 형식과 제정방식을 추론해 보고자 한다.

다만 필자가 여전히 〈集安高句麗碑〉를 직접 확인하지 못한 관계로 그 판독과 내용 이해에 한계가 있을 수밖에 없어, 본고에서는 최대한 조심스럽게 논의를 진행하고자 한다. 내용은 율령의 형식과 제정방식에 한정하고, 현재 판독이 분명하지 않은 글자를 추독한 후 그 내용에 입각하여 논지를 전개하는 것은 피할 것이다. 또한 추가적인 자료의 발견이나 〈집안고구려비〉에 대한 상세한 분석을 통해 새로운 내용이 밝혀질 경우, 필자의 견해 역시 수정될 수 있다는 점도 미리 밝혀둔다.

II. 〈집안고구려비〉와 〈광개토왕비〉에 나타난 법제 제정 과정

본격적인 논의에 들어가기 전에 〈집안고구려비〉와 〈광개토왕비〉의 관련 부분 기사를 정리해 보자. 먼저 〈집안고구려비〉의 석문과 해석문을 제시하면 다음과 같다.

[A-1] △△△△世 必授天道 自承元王 始祖鄒牟王之創基也 △△△子 河伯之孫 神(靈)(祐)
(護)(假)蔭 開國辟土 継胤相承

[A-2] △△△△ 各△烟戶 以△河流 四時祭祀 然而[世][悠]長 烟[戶]△△△烟戶 △△△△
富足△轉賣△△守墓者 以銘△△△△△△ [國][罡][上]太王 △(平)(安)(太)王 神△△
興東西△△△△△△ 追述先聖功勳 弥高悠烈 継古人之慷慨

[A-3] △△△△△△△△ 自戊△定律 教(內)發令 (更)脩復 各於△△△△立碑 銘其烟戶頭
廿人名 以示後世 (a)自今以後 守墓之民 不得擅[買] 更相(擅)賣 雖富足之者 亦不得
其買賣 △△違令者 後世△嗣△△ 看其碑文 与其罪過

[A-1] △△△△世 필연적으로 하늘의 도가 내려져 스스로 元王을 계승한 시조 추모왕이
나라를 세웠다. (추모왕은)△△[天帝 혹은 日月]의 아들이자 河伯의 (外)孫으로 신
령의 도움과 보호에 힘입어 나라를 열고 영토를 만들었다. 후왕들이 계승하여 이
어져 지금에 이른다.

[A-2] △△△△ 각△ 연호 … △河流 … 四時에 제사를 지내게 하였다. 그러나 세월이 오
래 지나면서 (수묘인) 연호 △△△ 되어 연호 △△△△ 부유한 자들이 守墓者를 轉
賣하는 일도 생겨났다. …를 새겨서 … 國罡上太王, △平安太王의 神△ △興하고
東西에 △△△△△△하여 선성(선왕)들의 공훈이 아주 높고 매우 빛나 고인의 慷
慨를 이었음을 追述하였다.

[A-3] △△△△△△△△ (가)戊△년에 율로 정한 이래로 교를 내려 영을 발하여 다시 수복

하게 하였으니, 각 △△△△에 비를 세우고 그 烟戶頭 20인의 이름을 새겨 후세에 보이게 하였다. ⓐ지금 이후로 수묘에 종사하는 民은 함부로 살 수 없으며, 다시 함부로 팔 수도 없다. 비록 부유한 자라 할지라도 사고 팔 수 없다. 만약 영을 어기는 자가 있으면 후세에 대대로 △△(수묘하게?)하고 그 비문을 보고 罪過를 준다.

위의 〈집안고구려비〉 석문과 해석문은 기본적으로 필자의 지난 논고에 실린 것과 같다.[5] 다만 [A-3]의 ㈎ 부분을 "율을 만든 이래로"에서 "율로 정한 이래로"로 수정하였는데, 이는 율의 제정방식을 염두에 둔 것으로, 자세한 내용은 다음 장에서 서술하겠다.

〈광개토왕비〉의 수묘인연호 관련 부분 석문과 해석문은 다음과 같다.

[B-1] 守墓人烟戶 賣句余民國烟二看烟三 … 百殘南居韓國烟一看烟五 … 細城三家爲看烟
[B-2] 國罡上廣開土境好太王 存時敎言 祖王先王 但敎取遠近舊民 守墓洒掃 吾慮舊民轉當
　　　羸劣 若吾萬年之後 安守墓者 但取吾躬巡所略來韓穢 令備洒掃
[B-3] 言敎如此 ㈏是以如敎 令取韓穢二百卄家 慮其不知法則 復取舊民一百十家 合新舊守
　　　墓戶 國烟卅看烟三百 都合三百卅家
[B-4] 自上祖先王以來 墓上不安石碑 致使守墓人烟戶差錯 唯國罡上廣開土境好太王 盡爲
　　　祖先王 墓上立碑 銘其烟戶 不令差錯
[B-5] 又制 ⓑ守墓人 自今以後 不得更相轉賣 雖有富足之者 亦不得擅買 其有違令 賣者刑
　　　之 買人制令守墓之

[B-1] 守墓人 烟戶. 賣句余 민은 國烟이 2家, 看烟이 3家이다. … 百殘南居韓은 국연이 1家, 간연이 5가이다. … 細城은 3가를 간연으로 한다.
[B-2] 國罡上廣開土境好太王이 살아 계실 때에 '敎'하신 말씀은, "㈐先祖 왕들[祖王先王]께서는 단지 遠近에 사는 舊民들만을 데려다가 무덤을 지키며 소제를 맡도록 敎하셨다. 나는 구민들이 점점 몰락하게 될 것이 염려된다. 만약 내가 죽고 난 다음에는 수묘일에 종사시킬 자들은 내가 몸소 다니며 略取해 온 韓·穢(人)만을 데려다가 무덤을 지키고 청소하게 하라" 이다.
[B-3] 왕의 말씀[言敎]이 이와 같았으므로 ㈑이에 교와 같이 슈하여 韓穢(人) 220家를 데려왔다. 그런데 그들 한인과 예인들이 法則을 잘 모를 것이 염려되어, 다시 舊民 110家를 더 데려왔다. 新舊를 합하여 수묘호는 國烟 30家이고 看烟 300家로서, 도합 330家이다.

---

5) 홍승우, 2013, 앞의 논문. △ 판독 불능자, ( ) 자형으로 추독한 글자, [ ] 문맥으로 추독한 글자.

[B-4] 先祖 왕들[祖先王] 이래로 묘역에 石碑를 세우지 않았기 때문에 수묘인 烟戶들에

　　　혼동이 오게 되었다. 오직 國罡上廣開土境好太王만이 모든 선조 왕들을 위해 묘역

　　　에 비를 세우고 그 연호들을 새겨 기록하여 착오가 없게 하셨다.

[B-5] 또 다음과 같이 制하셨다. ⓑ수묘인은 지금부터 다시 서로 팔지 못한다. 비록 부유

　　　한 자라 하더라도 역시 함부로 사지 못한다. 이 영을 위반하는 자가 있으면, 판 자

　　　에게는 형벌을 주고, 산 자는 守墓를 하게 만든다.

〈광개토왕비〉의 판독문은 『譯註 韓國古代金石文 I』의 것을 그대로 사용했으나,[6] 표점을 생략하고 ⒟
부분의 해석과 관련하여 ⒝부분 띄어쓰기를 '是以如敎令 取'에서 '是以如敎 令取'로 수정하였다. 이는 후
술하는 敎와 令의 관계를 염두에 둔 수정이다. 또 ⒟ 부분의 해석도 약간 수정하였다.

〈집안고구려비〉와 〈광개토왕비〉의 건립 시기 선후 관계에 대해서는 아직 합의를 보지 못하고 있는 편
이기는 하지만, 두 비가 비슷한 시기 수묘제와 관련한 내용으로 하고 있다는 것에는 대부분 동의하고 있
다고 생각된다. 〈광개토왕비〉에 기재되어 있던 고구려 수묘제의 정비과정이 〈집안고구려비〉의 등장으로
보다 분명해졌다고 할 수 있다. 기존에는 〈광개토왕비〉에 나오는 수묘제 정비 내용이 모두 동일 시기의
것이었다고 보았지만, 〈집안고구려비〉의 등장으로 순차적으로 이루어졌으며 아울러 서술이 시간 순서와
일치하지 않음이 밝혀진 것이다. 고구려 수묘제의 정비 과정에 대해서는 지난 논고에서 이미 언급한 바
있어 여기에서 다시 자세히 서술하지는 않겠다. 〈집안고구려비〉와 〈광개토왕비〉의 내용을 종합하여 수
묘제의 시행과정에서 등장한 문제와 그 해결을 위한 법제의 제정 과정을 정리하면 다음과 같다.[7]

　① 수묘인 轉賣 문제([A-2]) 및 혼동 발생
　② 광개토왕대 烟戶頭 20인의 이름을 새긴 비를 건립([A-3], [B-4])
　③ 수묘인 매매 금지 규정 제정([A-3], [B-5])
　③ 광개토왕의 수묘인 차출 지역 변경 敎([B-2])
　④ 장수왕대 새로운 수묘역제 시행([B-1], [B-3])

두 비문은 모두 마지막에 수묘와 관련한 고구려의 법제를 적시하고 있다. 그리고 법제 제정의 경위를
기술하고 있는 공통점이 있다. 두 비 모두 단순히 수묘와 관련한 법제 그 자체만을 적고 있는 것이 아니

---

6) 盧泰敦, 1992, 「廣開土王陵碑」, 『譯註 韓國古代金石文 I』, 駕洛國史蹟開發研究院.

7) 홍승우, 2013, 앞의 논문. 임기환은 ①과 ② 사이에 무엇인가를 새기는 조치를 취했다고 보아 한 단계를 더 상정하고 있고,
또 이외에도 수묘인을 國烟과 看烟으로 구분하는 수묘제 개정이 추가로 있을 것으로 추정하였다(임기환, 2014, 앞의 논문).
가능성이 없지는 않지만 현재 판독이 완전하지 않아 알 수 없는 내용이거나 비문에 직접 나오지 않는 내용이므로 이 글에서
는 고려하지 않겠다.

라, 그것이 만들어진 경위, 곧 배경을 명시하고 있다. 이러한 내용은 당시 고구려에서 수묘 관련 법제의 제정 및 정비를 하게 된 사실을 지금에 전해주는 것이기도 하지만, 당시 고구려 법제, 곧 율령의 제정과정 및 방식, 그리고 그것이 반영되어 있는 율령의 형식을 보여주는 것이기도 하다. 이제 장을 바꾸어 고구려 율령의 형식과 제정방식을 구체적으로 살펴보자.

III. 律의 성격과 '定律'의 의미

〈집안고구려비〉에는 고구려 당대 자료로 '律'이라는 용어가 처음 등장하여 주목을 받았다. 이 '律'이 어떤 성격인지를 먼저 살펴보자. 이 비문의 전체적인 내용은 크게 세 부분으로 나누어지며, 그중 [A-3]에 구체적 법제의 명칭과 그 형식의 단면이 드러나는데, 여기에 고구려 '律'이 등장한다.

이 '律'이 고구려에 '법전' 내지는 '법조문'의 집합체를 나타내는 공식적인 명칭인지, 아니면 '법제'를 지칭하는 일반 명사인지 불분명하다. 그러나 중국에서 戰國時代에 법을 지칭하는 용어로 사용되기 시작하여 이후 법제와 법전을 의미하는 대표 용어로 사용되었던 것을 고려한다면,[8] 고구려 법(전)이 '律'이라는 명칭을 가지고 있었다는 것을 적극적으로 부정할 수는 없다고 판단한다.[9] 현재로서는 유일한 용례여서 조심스럽기는 하지만, 고구려 법전 내지 법편목에 '律'로 불렸던 것이 있었다고 할 수 있다.

이 고구려의 '律'은 어떤 성격일까. 필자는 행정 규정으로서의 성격이 강한 왕릉 수묘제와 관련한 내용의 법이었을 가능성을 염두에 두고, 이 율이 행정법적인 성격을 가진 '슈'과 분리되어 형법적인 성격만으로 특화된 것, 즉 일반적으로 율과 영이 분리되었다고 이해되는 晋 泰始律令(286) 이후의 것으로 볼 수 없음을 이전 논고에서 언급한 바 있다.[10] 이러한 추정을 율의 형식과 제정방식 측면에서 다시 한번 검토해보겠다.

태시율령 이후로 중국 왕조의 율령은 형법전인 '律'과 행정법전적 성격의 '슈'이 분리되는 이원적 법전체계를 가지게 되었고, 아울러 '律典'과 '슈典'은 각각 포괄적이고 체계적인 완성된 법전으로 일시에 편찬된다. 아울러 수찬된 율령전은 수시로 개변되는 일이 없고, 수정이 필요할 경우 기존 율령의 폐지와 전면재편찬이라는 방식을 취하게 된다는 입장이 널리 받아들여지고 있다.[11] 그에 비해 秦漢代 율은 형법적인 성격으로 특화되지도 않았으며, 몇 개의 분야별로 집적었지만 체계적으로 연결된 전체 조문이 일시적으

---

8) 張忠煒, 2012, 『秦漢律令法系研究初編』, 社會科學文獻出版社, pp.125-126.
9) 김창석은 고구려 율령의 영향을 받았던 것으로 추정되는 신라에서 법편목의 명칭이 '~法'이었던 점을 염두에 두고, 〈집안고구려비〉의 '律'이 실제 법전이나 법 편목의 명칭이 아니라 법제를 뜻하는 일반명사이고, 고구려 율령의 실제 명칭은 '法'이었다고 주장하였다(김창석, 2015, 앞의 논문, p.76). 그러나 〈집안고구려비〉 '律'이 일반 명사라고 하더라도 고구려 법제의 명칭이 '律'이 아니었다고 볼 근거는 현재까지 찾기 힘들며, 고구려 당대 금석문에 '律'이 분명히 등장하기 때문에 고구려에 '律'이라는 이름을 가진 법전 내지는 법조문의 존재했다고 보아도 큰 문제는 없을 것 같다.
10) 홍승우, 2013, 앞의 논문, pp.100-104.

로 만들어지기보다 개별적인 조문이 유형에 따라 집적되는 방식이어서, 기본적으로 특정한 사안에 한정하여 만든 單行法令적 성격이 강했다.[12]

〈집안고구려비〉의 율은 포괄적인 법체계나 법전은 아니었던 것 같다.[13] 이 '律'이 포괄적인 법전이라면 '戊△定律'은 '戊△'년에 율전을 새로이 만들었거나, 아니면 율을 전면적으로 改定했다는 의미가 된다. 하지만 고구려에서 소수림왕 3년 율령을 처음으로 반포한 이래 새로운 율령의 반포나 개정 기사가 없고, 율령을 반포한 해로부터 시간적으로 멀리 떨어지지 않았으며, 법체계 전체를 개정할 뚜렷한 배경을 확인할 수 없기 때문에, 포괄적인 법전을 새로이 수찬했거나 개정했을 가능성은 크지 않다.[14]

이 비는 왕릉 수묘와 관련한 문제를 다루고 있기 때문에, 이 '律'도 그 일환으로 보는 것이 합리적이다. 따라서 이 '律'은 포괄적인 법전 내지는 다양한 종류의 법조문의 집합체라기보다 왕릉 수묘라는 특정한 사항에 적용되는 단행법령에 가깝다고 보인다. 설사 고구려의 체계적이고 포괄적인 '律典'이 존재한다고 하더라도, 이 '定律'의 '율'은 그 포괄적인 법전 자체가 아니라 그 안에 포함된 개별 편목 내지는 조문이라고 보는 것이 타당하다.

그런데 이 율은 영과 어떠한 차이가 있을까. 율의 구체적 내용을 알 수 없기에 추론에 머물 수밖에 없지만, 이 비문에서 '定律'한 이후 추가적인 법제의 정비 양상이 율의 개정이나 추보가 아니라 '敎(內)發令'이라는 방법으로 이루어지고 있는 것에 주목할 수 있다. 왕릉 수묘제에 대한 법제의 제정 및 정비 과정은 일단 '律'의 제정이 있었고, 뒤이어 수묘를 안정적으로 수행하기 위한 '敎·令'으로 완성되어 갔던 양상을 도출할 수 있는 것이다. 이러한 양상은 '敎·令'과 '律'이 다루는 분야나 가지는 권위 등에서 본질적인 차이

---

11) 滋賀秀三, 2003, 『中国法制史論集』, 創文社, pp.20-21. 일본 학계에서는 이러한 율령전의 특징은 唐에 이르러 완성되어 律令制를 형성한다고 파악하고 있는데, 이 입장이 널리 받아들여지고 있다. 율령전의 형식이 완성되었던 唐代에 율령의 부분 수정이 이루어졌던 것을 지적하는 경우도 있지만(利光三津, 1973, 『續律令制とその周辺』, 慶応通信社; 岡野誠, 1980, 「唐代における『守法』の一事例」, 『東洋文化』 60; 戴建國, 2010, 『唐宋變革時期的法律與社會』, 上海古籍出版社), 이는 실제 국가적 차원에서 율령전의 부분 수정을 했다고 파악하는 것이 아니라, 실제 법제의 운용과정에서 詔勅과 格 등의 형식으로 변경된 내용을 반영했던 것으로 보는 것이다(정병준 번역, 2015, 「唐代 令文의 部分 修正 및 補充(戴建國, 「令文的局部修正補充」 『唐宋變革時期的法律與社會』, 上海古籍出版社, 2010)」 『韓國古代史探究』 19 참조).

12) 廣瀬薫雄, 2010, 『秦漢律令研究』, 汲古書院 참조.

13) 포괄적 법체계 내지 법전이란 특정한 사안이나 분야에 적용하기 위해 개별적으로 제정·시행되는 '單行法'과 대비되는 개념으로, 제정 당시부터 여러 분야를 망라하는 유기적이고 체계적으로 조직화된 법체계 및 법전을 의미한다. 중국 율령에서 포괄적 법전이란 唐代 율령처럼 서로 유기적으로 연결된 여러 편목과 조문으로 구성된 것을 의미하는데, 이는 특정 시점에 법전 전체가 동시에 편찬되는 형식을 지닌다. 또 처음부터 전체 법전이 하나의 완결된 형식이라고 볼 수 있기 때문에, 부분 수정이나 편목 및 조문의 삽입·삭제가 용이하지 않은 측면이 있다. 따라서 개별적으로 제정·시행되는 단행법들의 집합체로서 다양한 분야를 망라하는 법체계 내지 법전과 외형상 비슷하지만 제정방식과 형식에서 차이가 있다. 포괄적 법전이라 할 수 있는 晉의 '泰始律令'은 태시 4년(268)에 일괄 제정되어 일정 기간 시행된 법전이지만, 漢의 소위 '二年律令'이라 하면 少帝恭 2년(BC186) 당시까지 제정·시행되던 개별 법편목 및 조문의 집합체로서의 의미를 가진다.

14) 새로운 왕의 즉위를 맞이하여 내용에 큰 변화가 없어도 법전의 재편찬이 이루어졌을 가능성은 있다. 하지만 고구려에 그러한 법전 개정이 드물지 않게 일어났다면, 그것이 사료에 전혀 전해지지 않았을 가능성은 크지 않다고 보여 회의적으로 생각한다.

가 없었을 가능성을 보여준다.

결국 〈집안고구려비〉의 '律'은 단행법령적 성격이 강하며, '슈'과 뚜렷이 구분되지 않았을 가능성이 매우 크다고 할 수 있다. 이 율이 왕릉 수묘제를 규정한 법, 곧 후대의 '영'이 다루는 분야를 포괄하고 있음도 아울러 고려한다면, 아직 진 태시율령 이전의, 곧 진한대 율령의 율과 유사한 면모가 많음을 알 수 있다. 물론 〈집안고구려비〉의 율의 구체적 내용을 전혀 확인할 수 없는 현 시점에서는 추론에 그칠 수밖에 없다.

이제 이 추론의 타당성을 검증하기 위해 '律'의 제정방식에 대해 생각해 보자. [A-3]의 '戊△定律'에서 '定律'이라는 표현은 "律을 制定하다"[15]의 의미로 볼 수 있다. 이 율을 고구려 율령 전체나 여러 편목을 망라하는 것으로 보기는 힘들다. 수묘에 관한 율이 만들어졌다는 의미일 텐데, 현재로서 '律'이 어떤 과정을 거쳐 제정되었는지 전혀 알 수 없다. 그러나 비문의 내용을 면밀히 검토한다면, 〈집안고구려비〉의 '定律'의 의미에 대한 단서를 찾을 수 있다.

[A-2]에는 수묘제의 시행과 문제 발생 과정이 적혀있다. 아쉽게도 판독하기 힘든 부분이 많아 정확한 내용을 알기는 힘들지만, 우선 전반부는 수묘인을 두는 제도가 일찍부터 시행되었다가, 부유한 사람이 수묘인을 되파는[轉賣] 현상 등의 문제가 나타났다는 내용이라고 보아도 무리가 없다. [A-3]의 '更脩復'이라는 표현을 볼 때 제대로 기능하지 못하는 지경에 이르렀다고 생각된다.[16]

그런데 이후의 글자들을 확실히 판독할 수 없어 분명하지는 않지만, [A-2] 부분에서 '以銘'이라는 표현이 등장하여 무언가를 새기는 조치가 행한 내용이 실려있다고 볼 여지가 있다. 이를 [A-3]에 나오는 수묘인 연호두 20인의 이름을 새긴 조치를 말하는 것으로 본다면, [A-2]가 전적으로 수묘제의 시행과 문제 발생에 대한 내용만 있었던 것이 아니고, 그 해결책도 같이 포함되었을 가능성도 있다.[17]

그러나 〈광개토왕비〉에 광개토왕 이전에 수묘인을 새긴 비를 왕릉에 세우지 않았다고 나오므로 그렇게 볼 수 없다. 설사 수묘인에 대한 어떠한 정보를 새기는 조치를 취한 것이 맞다고 하더라도, 수묘인 연호두 20인의 이름을 새긴 것과 동일한 조치라고 할 수 없고 이는 [A-3] 이전에 있었던 조치이다.[18] 그리고 이 조치가 수묘제 운영에 나타난 문제를 해결한 것은 아니다. [A-2] 전반부는 수묘제의 내용과 그것

---

15) 여호규, 2013, 「신발견 〈集安高句麗碑〉의 구성과 내용 고찰」, 『韓國古代史研究』 70, p.77.

16) '更脩復'의 대상을 수묘제가 아니라 왕릉 자체로 보는 경우도 있지만(李成制, 2013, 「〈集安 高句麗碑〉로 본 守墓制」, 『韓國古代史研究』 70; 김창석, 2015, 앞의 논문), 뒤이어 수묘인에 대한 내용이 나오므로 '수복'의 대상은 수묘제로 보는 것이 타당할 것이다.

17) 이 부분을 '守墓者以銘'으로 보고 수묘인에 대한 어떤 정보를 새긴 것으로 보는 경우가 많은데, 여기에서 수묘자는 앞에 나오는 '轉賣'의 목적어로 보는 것이 합리적이다(홍승우, 2013, 앞의 논문, p.80 참조). 다만 뒤이어 나오는 문구를 확인할 수 없으므로, 무엇을 새긴 것인지 현재로서는 알 수 없다.

18) 임기환, 2014, 앞의 논문, pp.104-110에서도 이 둘을 별도의 일로 보았다. 한편 임기환과 기경량은 아울러 연호두 20인의 이름을 새긴 광개토왕대의 소위 '墓上立碑'와 〈집안고구려비〉가 별도의 비라고 보았다(기경량, 2014, 앞의 논문). 이 견해들은 수묘제도와 관련 법제의 정비 과정이 두 비문에 모두 명시되어 있지 않다는 주장으로 여겨진다. 하지만 비문에서 언급되지 않은 변화상을 상정하는 것은 어렵다고 생각한다.

이 제대로 작동하지 않게 되었다는 내용이라 보아도 큰 문제가 없다.

[A-2]의 후반부는 판독할 수 없는 글자가 많아 그 내용을 파악하기 어렵지만, 수묘인이나 수묘제 자체가 아니라 종묘제의 정비와 연관된 것으로 추정하는 경우가 많다.[19] 그러나 이 후반부가 종묘에 대한 것이라고 하더라도, 이를 고구려의 국가 제사가 墓祭에서 宗廟로 이행되는 것으로 보는 견해와 연관하여,[20] 수묘인이 수행하는 역할 변화 등 수묘제의 변화를 보여주는 것으로 이해할 수 있으며,[21] 종묘의 훼손 등으로 수묘제가 제대로 기능하지 않는 것을 나타내는 것으로 볼 수 있다.[22]

결국 [A-2] 전체가 수묘제의 내용과 문제 발생으로 인해 그것이 제대로 기능하지 않는 상황이 기재되어 있다고 보아도 무방할 것이다. 그리고 [A-3]은 이를 다시 회복하기 위한 목적을 가지는 조치들을 담고 있다. 〈집안고구려비〉는 전체적으로 수묘제의 시행 배경 및 정비 과정과 연관하여 법제의 마련 과정을 서술하고 있다고 보인다.[23]

그렇다면 [A-3]의 '定律→敎(內)發令'은 수묘제의 '脩復' 과정의 법제 마련 과정을 보여주는 것이 된다. 그리고 그 첫 걸음이 '定律'이었다. 요컨대 '정률'은 수묘제 회복의 가장 바탕이 되는 행위라 볼 수 있겠으며, 수묘에 대한 기본적인 규정이 '律'이라고 여겨진다. '律'의 구체적인 내용을 알 수는 없지만, [A-2]에 나오는 수묘제의 내용이 그 안에 포함되었을 가능성이 매우 높다고 판단된다. 그리고 수묘제 시행의 문제점들에 대한 개별적인 해결책들이 뒤이어 '敎(內)發令'의 형식으로 마련되었을 것이다.

그런데 이 '定律'이 이전에 없던 법제를 새로 만들었다는 의미는 아니라고 보인다. 이때 만들어진 '律'들이 이전에는 시행되지 않았던 내용을 담고 있었다고 보기는 힘들기 때문이다. 이는 『삼국사기』에 나오는 '定律'의 시점인 '戊△' 이전의[24] 고구려 수묘제의 양상이 〈집안고구려비〉의 것과 크게 다르지 않은 것에서 확인할 수 있다. 다음의 기사들을 보자.

---

19) 孔錫龜, 2013, 『集安高句麗碑』의 발견과 내용에 대한 考察」, 『高句麗渤海研究』 45; 여호규, 2013, 앞의 논문; 李成制, 2013, 앞의 논문 등.

20) 강진원, 2015, 「고구려 墓祭의 변화와 그 배경」, 『史學研究』 114.

21) 孔錫龜, 2013, 앞의 논문.

22) 여호규, 2013, 앞의 논문.

23) [A-1]은 수묘제와 직접적인 관련이 없는 내용으로 생각될 수도 있다. 하지만 수묘제는 수묘의 대상을 정하는 것부터 시작된다. 소수림왕대에 주몽을 시조로 하는 고구려 왕계가 성립한 이후(노태돈, 1999, 『고구려사연구』, 사계절, p.91), 이 왕계가 수묘의 대상이 되었을 것이 분명하다. 따라서 [A-1] 부분은 단순히 건국신화를 압축적으로 보여주는 것이 아니라, 신성한 고구려 왕실이 수묘의 대상이라는 것을 알리는 도입부에 해당한다고 볼 수 있다. 이렇게 볼 수 있다면 〈집안고구려비〉는 그 전체가 고구려 수묘제에 한정된 내용을 가지고 있는 것이 된다.

24) '律'이라는 용어가 사용되었다는 점을 고려한다면 처음 율령을 반포했다는 소수림왕 3년(373)년 이후가 분명하고, 여기에 담겨있는 수묘제의 내용이 〈광개토왕비〉 단계 이전의 것이므로 장수왕 3년(414) 이전이 될 수밖에 없다. 그렇다면 소수림왕 8년(378) 戊寅年, 고국양왕 5년(388) 戊子年, 광개토왕 8년(398) 戊戌年, 광개토왕 18년(408) 戊申年 중에 하나이다. 판독 불능자의 남은 자형을 고려할 때, 이 중 고국양왕 5년이 유력하다고 생각되지만 확정할 수는 없다.

[C-1] (大武神王) 5년(22) 겨울 10월에 怪由가 죽었다. … 또 큰 공로가 있었기에 北溟山의 남쪽에 장사지내고 담당 관청[有司]에 命하여 때마다 제사지내게 하였다.[25]

[C-2] (新大王) 15년(179) 가을 9월 國相 (明臨)答夫가 죽었는데 나이가 113세였다. 왕이 친히 와 애통해하였고 조회를 7일간 중지하였다. 그리고 質山에 예로써 장사지내고 수묘 20가를 두었다.[26]

[C-1]은 大武神王 5년(22)에 怪由가 죽자 그를 장사지내고 계절마다 제사지내게 하였다는 기사이고, [C-2]은 新大王 15년(179)에 국상 明臨答夫가 죽은 후 그의 무덤에 수묘 20家를 두었다는 것이다. 이들 기록에 나오는 수묘인 20가라는 숫자와 때마다 제사를 지내는 것은 모두 〈집안고구려비〉에 나오는 고구려 수묘제의 모습과 거의 일치하고 있다. 이 사례들을 볼 때, '定律' 이전에 이미 고구려에서 수묘 관련 규정이 시행되고 있었던 것은 분명하다. 그렇다면 '定律'은 이전의 수묘제와 다른 내용을 가진 법제를 새로이 만들어 시행하도록 했다는 의미가 될 수 없다. 그렇다면 '定律'의 '定', 곧 '제정하다'는 어떤 의미일까.

'定律'의 의미에 단서가 될 수 있는 것은, 위의 사례들에 나오는 수묘제의 시행이 왕명으로 해당 사안에 한하여 시행되었다는 것이다. 두 사례 모두 공신에 대한 우대로 왕의 경우에 준하는 수묘제를 시행한 것으로 보이지만, 법조문과 같은 근거를 가지지는 않았던 것 같다. 왕릉 수묘의 방식이나 제반 규정은 어느 정도 정해져 있었지만, 그 시행은 사안이 발생했을 때, 왕명을 통해 이루어졌을 가능성이 있는 것이다.

왕릉의 조성 및 관리에 대한 조치가 왕명에 의해 내려지는 것은 다음 민중왕의 사례에서도 확인된다.

[C-3] (閔中王) 4년(47) 가을 7월에 또 (閔中原에서) 사냥하다가 石窟을 발견하였다. 왕이 좌우를 돌아보고 말하기를 "내가 죽으면 반드시 이곳에 장사지내라. 반드시 새로 陵墓를 만들지 말라."고 하였다.

5년(48)에 왕이 돌아가셨다. 왕후와 여러 신하들이 왕의 遺命을 어기기 어려워 석굴에 장사지내고 왕호를 민중왕이라 하였다.[27]

특수한 사례이기는 하지만 민중왕은 자신이 사냥하면서 발견한 석굴을 자신의 무덤으로 할 것을 생전에 명하였고, 그의 사후에 신하들은 그 명을 따랐다. 설사 왕릉 조성과 관리에 대한 법적 규정이 존재했

---

25) 『三國史記』卷14, 高句麗本紀2 大武神王 5年條, "冬十月 怪由卒 初疾革 王親臨存問 怪由言 臣北溟微賤之人 屢蒙厚恩 雖死猶生 不敢忘報 王善其言 又以有大功勞 葬於北溟山陽 命有司以時祀之"

26) 『三國史記』卷16, 高句麗本紀4 新大王 15年條, "秋九月 國相荅夫卒 年百十三歲 王自臨慟 罷朝七日 乃以禮葬於質山 置守墓二十家"

27) 『三國史記』卷14, 高句麗本紀2 閔中王 4年條, "秋七月 又田 見石窟 顧謂左右曰 吾死必葬於此 不須更作陵墓"; 위의 책 5年條, "王薨 王后及羣臣重違遺命 乃葬於石窟 號爲閔中王"

다고 하더라도 이는 왕의 명에 의해 당연히 변경될 수 있는 성질의 것임을 보여준다.

아울러 東川王 8년(234) 태후 于氏의 장지 선정에 대한 기사와[28] 동천왕 사후에 그의 무덤에 같이 묻히기 위해 자살하는 것을 금하는 신왕의 명령에 대한 기사도[29] 역시 왕릉의 조성을 포함한 관리가 사안마다 왕명에 의해 결정되는 것이 일반적이었을 가능성이 높음을 보여준다.[30]

수묘제의 시행이 왕명에 의해 이루어졌다는 것은 〈광개토왕비〉에서도 확인할 수 있다. [B-2] 광개토왕의 교 중에 "祖王先王 但教取遠近舊民 守墓洒掃"라는 기술이 있어, 이전에는 왕이 교를 내려 원근의 구민을 차출하여 수묘에 종사하는 것이 일반적이었음을 알 수 있다. 이러한 사례들을 통해 기본적으로 왕릉 수묘에 대한 일정한 규정이 있다고 하더라도 개별 왕교로 시행되었고, 아직 항구적인 법제로 자리 잡은 것은 아님을 확인할 수 있다.

그렇다면 '定律'의 의미는 이전에 없던 새로운 내용의 법제를 만들었다기보다, 관련 규정을 법, 곧 律이라는 형식을 가지는 항구적으로 시행되는 제도로 만들었다는 것을 의미할 가능성이 매우 높다. 〈집안고구려비〉에서 '更脩復'이라는 표현을 쓴 것에서도 '定律'이 이전과 다른 제도를 만들거나, 이전과 다른 제도로 개정했다는 의미가 아님을 엿볼 수 있다.[31]

결국 '定律'은 기존에 왕명에 의해 사안별로 시행되는 수묘제가 여러 가지 문제로 제대로 시행되지 못하게 되자, 이를 다시 정상으로 돌리기 위한 수묘제 정비의 일환으로, 우선 관련 규정들을 확실한 법적 규정 '律'로 정하였던 것을 의미한다고 볼 수 있다.[32] 다시 말해 이 '定律'은 기존에 수시로 왕명에 의해 시행되던 수묘제를 '律'로 정하여 항시적인 제도로 만드는 과정이었을 것이다. 이렇게 율로 규정된 수묘제는, 이전에 왕명에 의해 사안별로 제한적인 효력을 가졌던 것 보다, 보편적인 규정으로서의 성격이 강화

---

28) 『三國史記』 卷17, 高句麗本紀5 東川王 8年條, "秋九月 大后于氏薨 大后臨終遺言日 妾失行 將何面日 見國壤於地下 若羣臣不忍擠於溝壑 則請葬我於山上王陵之側 遂葬之 如其言 巫者日 國壤降於予日 昨見于氏歸于山上 不勝慙恚 遂與之戰 退而思之 顔厚不忍見國人 爾告於朝 遮我以物 是用植松七重於陵前"

29) 『三國史記』 卷17, 高句麗本紀5 동천왕 28年條, "秋九月 王薨 葬於柴原 號日東川王 國人懷其恩德 莫不哀傷 近臣欲自殺 以殉者衆 嗣王以爲非禮 禁之 至葬日 至墓自死者甚多 國人伐柴 以覆其屍 遂名其地日柴原"

30) 410년에 北燕王 馮跋이 전왕 高雲의 廟에 園邑 20家를 두도록 명령한 사례(『晉書』 卷125, 載記25 馮跋 義熙六年)나 신라 문무왕이 각 왕릉에 20호를 사민시키는 명령을 내린 사례(『三國史記』 卷6, 新羅本紀6 文武王 4年 2月條)도 왕릉의 관리에 대한 내용이 왕명으로 시행되었음을 보여준다.

31) [A-2] 후반부의 내용을 종묘와 관련된 것으로 보아 수묘인의 역할이 이전에는 왕릉에서 제사지내는 내용을 포함하고 있었다가, 어느 시점에 제사 기능은 이관되고 왕릉의 청소와 관리로만 한정되게 변경되었다고 보는 견해들(孔錫龜, 2013, 앞의 논문; 여호규, 2013, 앞의 논문)에 입각한다면, 이전과 다른 수묘제가 시행되게 되었고 그 변화 내용이 '定律'의 형태로 이루어졌다고 볼 여지도 있다. 하지만 설사 [A-2]의 후반부가 종묘제의 정비와 수묘인 역할의 변화에 대한 것이라고 하더라도, 이는 이미 '정률' 이전에 변화된 것이 분명하다. 따라서 '정률'이 이전에 시행되던 것과 다른 제도를 율로 만든 것이 아닌 것은 동일하다.

32) 김창석도 소수림왕대 반포 율령에는 수묘에 관한 법이 존재하지 않고 왕의 교(교령법)에 의해 시행되다가 戊子年에 律로 정해졌다고 보아(김창석, 2015, 앞의 논문), 이 논문과 비슷한 주장을 했다. 기존에 시행되던 제도를 율로 추가했다고 본 것에서는 본고와 비슷한 입장이라고 보이나, 그는 소수림왕대 율령전이 포괄적인 기본 법전이고 왕의 교에 의해 성립하는 영 보다 우위에 있는 본질적으로 차이가 있는 법(전)이라고 이해하고 있는 듯하여 본고의 주장과 차이가 있다.

되었을 것이다.[33]

이상에서 추론했던 '定律'의 의미가 맞다면, 〈집안고구려비〉의 율은 사실상 수묘제라는 특정한 사안에 한정된 단행법령의 성격이 강했다고 할 수 있으며,[34] 나아가 고구려의 율은 체계적이고 포괄적인 법전의 형태로 만들어 졌던 것이 아니라, 왕명에 의해 시행되었던 개별 단행법령이 그대로 율이 되는 방식으로 제정되었다고 보아야 한다. 이러한 율의 제정방식은 秦漢代 율과 비슷한 면모를 가진다고 할 수 있다.[35]

IV. 슈의 제정방식

이제 '定律' 이후에 그 후속 조치격으로 보이는 '슈'에 대해 검토해 보자. 〈집안고구려비〉에서 '定律'한 이래 '敎內發슈'하여 '更脩復' 하였다고 기록하고 있는데, 율의 후속 조치로 '敎'와 '슈'이 나오고 있다. '敎' 는 왕명을 의미하는데,[36] 이 敎와 슈의 관계는 '敎(內)發슈'이라는 표현을 통해 유추할 수 있다. '內'를 朝廷으로 보아 왕이 조정의 신료에게 교를 내리는 것으로 보기도 하고,[37] '敎內'를 고구려 왕권이 미칠 수 있는 권역에 교를 내린 것으로 이해하기도 한다.[38]

현재로서는 '內'의 판독조차 분명하지 않은 상태여서 그 의미를 정확히 아는 것은 힘들다. 그러나 대체로 교라는 방법을 통해 영을 발포했다거나 왕이 명령을 내려 영을 발포하게 했다는 의미로 보아 큰 문제는 없다고 여겨진다.[39] '敎'와 '슈'이 밀접한 관련이 있음을 상정할 수 있는 것이다. 구체적으로 '敎'와 '슈'

---

33) 군이 '定律'이라는 절차를 거쳤던 것은 '律'이 가장 기본적이고 권위적인 법제로 기능하였음을 보여주었기 때문일 것이다. 다만 이것이 왕명에 의해 시행되는 규정보다 율이 완전한 우위에 있었던 것을 의미하는 것은 아니다. 왕명은 현재 재위하고 있는 왕의 권력에 기반하여 개별 사안에 한해서만 그 권위를 부여받았을 것인데 비해, 율은 국가 전체에 보편적인 권위를 가지는 것이었을 것이다.

34) 여호규, 2013, 앞의 논문은 〈집안고구려비〉의 '정률'이 소수림왕대 율령에 없는 수묘제에 관한 법제를 추가적으로 만든 것으로 보고 있어 이 논문의 입장과 유사하다고 생각되지만, 구체적으로 '定律'의 의미를 밝히지는 않았다. 다만 '율이 일정 시점에 제정된 반면 영은 교의 형태로 수시로 발포되는 성격을 갖고 있음'(p.93)이라 기술하는 것 볼 때, 율과 영이 본질적으로 차이가 있다고 보는 듯하여 필자의 입장과 차이가 있다고 여겨진다.

35) 전덕재, 2015, 앞의 논문에서도 고구려 율령이 진한대 율령과 유사하기 때문에, 이 '정률'을 새로운 율을 만들거나 기존 율전 자체를 고친 것이 아니라, 특정 사안에 대한 교령에서 규범적인 내용을 율문으로 삼은 것으로 보아 본고의 견해와 대체로 일치한다. 다만 그는 〈집안고구려비〉의 '律'이 기존에 시행되던 규정을 대신하는 새로운 규정이었다고 보아, 기존 규정을 '律'로 정한 것으로 이해한 본고의 논지와 차이가 있다.

36) 敎를 포함한 왕명의 종류와 의미에 대해서는 金昌錫, 2014, 앞의 논문에서 정리하였기에 참고할 수 있다.

37) 여호규, 2013, 앞의 논문, p.83.

38) 김창석, 2014, 앞의 논문, p.291.

39) 2016년 4월 8일에 있었던 한국목간학회 제24회 정기발표회의 토론 과정에서 한림대 최재영 교수가 唐의 사례를 참고하여 '內'가 담당 관청일 가능성을 지적하였고, 아울러 '發슈'을 새로운 영을 만들어 발포하는 의미가 아니라, 기존에 있는 '슈'을 시행하도록 '교'하였다는 의미일 수도 있다고 언급하였다. 이렇게 본다면 이 부분의 해석은 '슈을 發(시행)하도록 해당 관청에 敎하였다' 정도가 될 것인데, 이는 이 부분을 법제의 제정이 아니라 시행과정으로 파악하는 것이다. 그러나 앞서 나온 '定律'이 '율을 제정하다'는 의미이므로, 뒤이어 나오는 '敎(內)發슈' 역시 '슈'의 제정으로 보는 것이 타당할 것이다.

은 어떤 관계일까. 아쉽게도 현재로서는 이 문제에 대한 직접적인 답을 줄 수 있는 자료는 없다. 하지만 주변국의 사례를 참고하여 유추할 수 있다.

슈은 晋의 泰始律슈 이후 형법인 律과 분리되어 행정법규 성격만을 가진 법전의 명칭으로 사용되었지만, 원래는 왕명의 의미로 사용되던 용어이다. 이후 秦始皇이 황제 칭호를 사용하게 되면서 슈은 詔로 개칭되었고,[40] 이후 詔슈의 용례로 사용되기도 했으나 秦代에는 별도의 법전을 형성하지는 못하였다고 보는 것이 일반적이었다. 하지만 근래에 진한대 율령 簡牘 자료가 다수 발견되면서 법전의 일종인 영의 존재를 긍정하는 입장이 강하게 제기되고 있다. 그리고 율과 영 모두 황제의 詔에 의해 공표되는 단행법령 및 그 집적의 성격이 강하다고 판명되고 있다.[41]

고구려의 슈 역시 왕의 敎와 연동되어서 나오므로, 황제의 詔에서 기인한 秦漢代 슈과 유사한 형식 및 제정방식을 가졌을 가능성이 있다. 필자는 지난 논고에서 〈광개토왕비〉[B-2, 3]의 사례를 들어 교의 내용이 영으로 정해지는 과정을 상정한 바 있는데,[42] 영이 교 그 자체 내지는 교의 일부라고 파악한 것이다. 이제 〈집안고구려비〉 자체의 문구를 통해 다시 한 번 그 가능성을 검토해 보자.

[A-3]의 율과 교·령의 제정, 수묘인 연호두 20인의 이름을 새긴 비의 건립, 수묘인의 매매 금지에 대한 규정은, 이것이 '戊△定律' 이후의 '敎(內)發슈'에 포함되는 것인지 아닌지는 분명하지 않지만, 법조문이라고 보여진다. 그런데 '自今以後', '看其碑文' 등의 표현과 같이 직접 명령을 내리는 듯한 서술을 볼 때 왕명, 곧 교 중 일부일 가능성이 높다고 보인다.[43] [A-3] 첫머리의 판독불능자 중 마지막 5글자를 '好太△王曰'로 판독할 수 있다면[44] 확정이라고 할 수도 있겠지만, 실물 비를 자세히 조사한 것으로 보이는 중국 학자들이 '丁卯歲刊石'으로 판독해야 한다고 강하게 주장하고 있기 때문에[45] 확정할 수는 없다. 그렇지만 문장을 볼 때, 왕의 교 자체 혹은 그중 일부였을 가능성이 매우 높다.

한편 이 규정은 〈광개토왕비〉에도 나온다. 그런데 두 비문에서 그 문구가 약간씩 다른 점이 눈에 띈다. 해당 부분을 직접 비교하면 다음과 같다.

---

40) 『史記』 卷6 秦始皇本紀, "(前略) 臣等昧死上尊號 王爲泰皇 命爲制 令爲詔 天子自稱曰朕 王曰 去泰著皇 采上古帝位號 號曰皇帝 他如議 (後略)"

41) 秦漢代 법제에 대한 그간의 쟁점들과 연구 성과에 대해서는 任仲爀, 2015, 「秦漢 율령사 연구의 제문제」, 『中國古中世史研究』 37 참조.

42) 홍승우, 2013, 앞의 논문, pp.97-98.

43) [A-3] 앞부분 '自戊△定律 敎(內)發슈 (更)脩復 各於△△△△立碑 銘其烟戶頭廿人名 以示後世'도 以示後世 등 직접 명령을 내리는 듯한 표현을 볼 때, 왕명을 그대로 전재한 것일 가능성이 높다. 이어서 나오는 수묘인 매매 금지 규정 중 '看其碑文'의 碑文은 바로 앞에 나오는 '各於△△△△立碑 銘其烟戶頭廿人名'일 가능성이 높은데, 그렇다면 [A-3] 전체가 하나의 교일 가능성도 있다.

44) 여호규, 2013, 앞의 논문. 국내 학자들은 대다수가 이 설을 지지하고 있다고 볼 수 있다.

45) 孫仁杰, 2013, 「集安高句麗碑文識讀」, 『東北史地』 2013-3; 張福有, 2013, 「集安麻線高句麗碑探綜」, 『社會科學戰線』 2013-5. 林沄 역시 간지를 '癸卯'로 다르게 판독하기는 했지만 기본적으로 같은 입장이다(林沄, 2013, 「集安麻線高句麗碑小識」, 『東北史地』 2013-3).

[A-3] ⓐ ㉠自今以後 守墓之民 不得擅[買] 更相(擅)賣 ㉡雖富足之者 亦不得其買賣 ㉢△△

違令者 後世△嗣△△ 看其碑文 与其罪過

[B-5] ⓑ 又制 ㉠守墓人 自今以後 不得更相轉賣 ㉡雖有富足之者 亦不得擅買 ㉢其有違令

賣者刑之 買人制令守墓之

둘은 문구의 구성이 거의 동일하지만, 용어와 세부적인 내용에서 차이가 있다. ㉠에서 '守墓之民'과 '守墓人'이라는 표현의 차이와 함께 '自今以後'의 위치가 다르고, [A-3]ⓐ에서는 買, 賣가 모두 나오나, [B-5]ⓑ에서는 賣만 언급하고 있다. ㉡역시 글자가 빠지거나 추가되는 차이가 있다. ㉢에서 가장 큰 차이가 보이는데, 글자의 추가나 누락이 있는 것은 물론, 내용에서도 [B-5]ⓑ가 구체적인 형벌을 적시하여, 그냥 '죄과를 준다'고만 되어 있는 [A-3]ⓐ와 차이를 보이는 한편, '비문을 본다'는 문구가 아예 빠져 있다.

이러한 차이가 나타나게 되는 이유에 대한 단서는, 이 사례와 유사하게 동일한 법조문이 서로 다르게 기술되는 경우가 있는 秦代 율령 간독 자료에서 찾아볼 수 있다. 다음의 사례를 보자.

[D-1] 百姓居田舍者 毋敢醞(酤)酉(酒) 田嗇夫部佐謹禁禦之 有不從令者有罪 田律[46]

[D-2] 田律曰 黔首居田舍者 毋敢醞酒 有不從令者遷之 田嗇夫士吏吏部弗得 貲二甲 第乙[47]

[D-1]은 睡虎地秦墓 출토 〈秦律十八種〉 중 田律의 하나이고, [D-2]는 嶽麓書院 秦簡 중 하나이다. 이 둘은 동일한 율문이지만, 용어와 문구의 순서, 기재된 정보의 상세함 등에서 차이를 보이고 있다. 특히 [D-1]에서는 이 규정을 어기는 자는 유죄라고만 되어 있는데 비해, 이를 어긴 자가 받는 형벌 내용과 적발하여 막지 못한 관리의 처벌이 구체적으로 적시되어 있다. 동일한 律文을 적었지만 이렇게 차이가 나타나는 이유의 단서는 [D-2] 끝 부분의 編號로 추정되는 '第乙'에서 찾을 수 있다. 현재까지 진한대 율령 간독에서 편호가 붙는 것은 令에 한정되어 있기 때문에, 이 田律은 令에서 온 것으로 추정되고 있다.[48] 즉 令이 律로 형식이 바뀌면서 내용이나 문구 등의 추가나 삭제, 수정이 있었을 것으로 추정해 볼 수 있는 것이다.[49] 위의 사례 외에도 진한대 율령 간독 자료에서 유사한 예가 몇 건 발견되어서 이러한 현상이

---

46) 윤재석 옮김, 2010, 『수호지진묘죽간 역주』, 소명출판, pp.84-85. "농촌에 거주하는 백성에게 술을 팔지 못하도록 하고, 田嗇夫 및 部佐가 이를 엄격히 금지시켜야 하는데, 이러한 법령을 따르지 않는 자가 있으면 유죄이다."

47) 廣瀨薰雄, 2010, 앞의 책, p.162. "田律에 이르기를 농촌에 거주하는 黔首는 술을 팔아서는 안된다. 令을 따르지 않으면 그 사람을 遷刑에 처한다. 田嗇夫, 士吏, 吏部가 영을 어긴 사람을 잡지 못하면 貲2甲에 처한다. 第乙."

48) 廣瀨薰雄, 2010, 앞의 책, p.162.

49) 영에서 율로 변화하는 과정에서 그간의 변화를 반영하는 문구의 수정도 있었을 것이다. 예컨대 [D-1]에서는 百姓이라는 용어가 사용되었지만, [D-2]에서는 진시황이 전국을 통일한 이후 새로이 사용한 용어인 黔首가 사용되었던 것을 볼 수 있다.

드물지 않게 나타났다는 것을 알 수 있다.[50]

[A-3](a)와 [B-5](b)의 차이도 이와 유사한 양상이 아닐까 생각된다. 이 둘은 다른 글에서 일부를 발췌해서 적는 과정에서 각각 다르게 편집 내지 요약했거나, 동일한 사실을 각각 다른 문장으로 기술한 것이라기보다는, 형식의 변화와 함께 시간이 지나면서 생긴 변화를 반영하여 수정되었기 때문에, 동일한 내용이지만 문구의 차이가 나타난 것으로 생각할 수 있다.[51]

[A-3](a)는 법조문과 같이 규정만을 담은 문장이라기보다 왕의 말 그 자체로 볼 여지가 많다. '守墓之民'과 같이 왕의 입장에서 내리는 말에 가까운 표현을 쓴다거나,[52] ㉠과 ㉡에 모두 買賣가 함께 언급되어 중복되는 느낌이 있어 처음부터 법조문으로 만들어진 것으로 보기 힘든 면모가 있다. 반면 [B-5]는 '民'이라는 표현을 빼고 '守墓人'으로 대체하여 좀 더 규정이라는 느낌이 강하다고 볼 수 있고, ㉠에서는 賣만을 ㉡에서는 買를 언급하여 중복 없이 깔끔히 정리된 느낌을 준다.

차이는 이 규정을 어긴 사람에 대한 처리를 적시한 ㉢부분에서 더욱 두드러지게 나타난다. [A-3](a)에서는 구체적 형벌 내용 없이 '그 비문을 보고 죄과를 준다'는 선언적인 언급이 있을 뿐인데, [B-5](b)에서는 구체적인 형벌 내용이 적시되는 한편 '비문을 보고'라는 문구는 삭제되어 있다.[53]

이 둘의 차이를 고려할 때, 아마 해당 규정이 [A-3](a)의 문장을 가진 왕명으로 선포된 이후, 구체적인 내용을 보완하고 규정적인 성격을 강화하여 [B-5](b)의 조문을 작성했던 것이 아닐까 생각된다. 그렇게 볼 수 있다면 왕명이 일정한 절차를 거쳐 법조문화되는 과정, 곧 교가 영으로 만들어지는 과정을 상정해 볼 수 있다. '영'은 기본적으로 교 그 자체라고 할 수 있고, 그중에서 규정에 해당하는 부분이 추출되었을 가능성이 높다.[54]

다만 [D]의 두 사례는 시간적 선후 관계가 불명확하여, 이를 시간이 지나면서 나타나는 변화로 단정할 수는 없다(위의 책, p.163 참조).

50) 다른 예들에 대해서는 위의 책, pp.160-165에서 자세히 설명하고 있다. 다만 廣瀨薰雄은 이러한 현상을 영에서 율로 바뀌는 과정에서 나타나는 현상, 다시 말해 국가가 공식적으로 법조문을 정비하면서 나타나는 현상으로 보지 않았다. 그는 진한대에 국가가 공식적으로 전체 법조문을 담은 율령전을 편찬하지 않았다고 보고, 동일한 율문을 다르게 기재한 간독들의 경우 법을 실무에 활용하는 사용자들이 자신의 업무에 맞게 임의로 편집하면서 나타난 현상이라고 보았다(위의 책, p.172). 하지만 개인이 율을 임의로 편집하였다는 주장이 성립할 수 있는지는 의문이다.

51) 임기환, 2014, 앞의 논문, p.120에서는 보아야 할 비문이 폐기되어 문구를 수정할 수밖에 없었다고 보았다. 하지만 문구는 비문을 본다는 내용에 한정되지 않고, 전반적인 문구의 수정이 있다.

52) 광개토왕의 교를 인용한 [B-2]에 '舊民'이라는 표현이 나오는 것을 참고할 수 있다. 또 신라의 사례이기는 하지만 문무왕이 고구려를 멸망시킨 후 내린 교에서 사면을 포함한 각종 시혜 조치를 베푸는데 이때 '百姓'이라는 표현을 쓴 것도 참조가 된다(『三國史記』 卷6, 新羅本紀6 文武王 9年條, "自總章二年二月二十一日昧爽已前 犯五逆罪死已下 今見囚禁者 罪無小大 悉皆放出 其前赦已後 犯罪奪爵者 並令依舊 盜賊人 但放其身 更無財物可還者 不在徵限 其百姓貧寒 取他穀米者 在不熟之地者 子母俱不須還 若在熟處者 至今年收熟 只還其本 其子不須還 △△三十日爲限 所司奉行").

53) [B-5](b)의 '刑之'가 구체적 형벌인지는 분명하지 않다.

54) 왕의 명령, 교에서 규정적인 부분을 추출하여 법조문화한 사례가 고구려에서 확인되지는 않는다. 하지만 이는 왕명에 의해 법조문이 반행되는 체제에서는 일반적으로 나타나는 모습이라 할 수 있다. 훨씬 후대의 일이고, 형식적인 측면에서도 唐代 '格'에 해당하여 동일하다고 볼 수는 없지만, 『三國史記』 卷33, 雜志2에 실려 있는 新羅 興德王 9년(834)의 사치 금지 규정을

다만 모든 '교'가 영이 되는 것은 아니었을 것이다. 왕명은 그 자체로 강한 강제력을 가진 법적 조치가 될 수 있지만, 기본적으로 특정 사안에 내려지므로 그 모두가 항구적인 지속될 수 있는 내용이 될 수 없기 때문이다. 진한대의 사례를 보면 황제의 詔 모두가 (율)령이 되는 것은 아니며, '著爲令, 具爲令, 定令' 등의 문구가 있는 경우만 법률 형식을 가진 (율)령이 되었다.[55]

이와 관련하여 이른 시기의 기록이기는 하지만 故國川王 16년(194) 소위 賑貸法의 시행 기사에 주목할 수 있다. 이것은 문헌에서 확인할 수 있는 거의 유일한 고구려 법제 제정 과정이라 할 수 있는데, '敎(內)發令'의 구체적 사례로 볼 여지가 있다.

> [E] 겨울 10월에 왕이 質陽으로 사냥을 갔다가 길에 앉아 울고 있는 사람을 보고 "어찌하여 울고 있는가?"하고 묻자, 대답하기를 "저는 매우 가난하여 늘 남의 집에서 일하여 어머니를 모셨는데, 올해 흉년이 들어 일할 곳이 없어 한 되 한 말의 곡식도 구할 수 없게 되었습니다. 이에 울고 있습니다." 하였다. 왕이 "아아, 나는 백성의 부모가 되는데, 백성을 이 지경에 이르게 하다니, 나의 죄로다." 하고, 옷과 음식을 주어 위로하였다. 그리고 ①內外의 소관 관청에 명하여 홀아비, 과부, 고아, 부양할 가족이 없는 노인 및 병들고 가난하여 홀로 살아갈 수 없는 자를 널리 찾아 구휼하게 하였다. ②해당 관청에 명하여 매해 봄 3월에서 가을 7월까지 官穀을 내어 백성들 집에 사람의 많고 적음에 따라 차등을 두어 구휼미를 빌려주고[賑貸], 겨울 10월에 다시 관에다 돌려주게 하는 것을 恒式으로 삼았다. 나라 안의 모든 사람들이 크게 기뻐하였다.[56]

이 기사를 보면 왕은 울고 있는 가난한 백성에게 인정을 베푼 후에 소관 관부에 어려운 백성을 돕게 하는 명을 내린다. 이 명은 크게 두 가지였다. 하나는 ①현재 어려운 처지에 있는 백성을 조사하여 구휼하게 하는 것이고, 다른 하나는 ②소위 '진대법'을 시행하는 것이다. 이 두 가지 왕명이 동시에 내려졌는지 시간차를 두고 두 번에 걸쳐 내려졌는지는 분명하지 않지만, 두 종류의 왕명이 내려진 것은 분명하다. 그리고 둘 다 왕이 내린 명령으로서 시행되어야만 하는 강제력이 있는 것이었다.

참고할 수 있다. 이는 원래 교로 내려진 것이었지만, 규정 부분만 추출되어 있어 교 중에 규정 부분만이 법조문화 되는 사례로 볼 수 있다.

김창석, 2014, 앞의 논문, p.294에서는 令을 敎의 하위 실행 명령이라 하였다. 아마 포괄적 왕명인 교 중에서 관청이나 관리가 구체적으로 실행해야 하는 政令을 영이라 이해하고 교의 특정한 부분이 영이 된다는 이해인 것 같다. 하지만 영을 교의 하위 명령이라 명명한 것은 문제가 있다.

55) 大庭脩, 1982, 『秦漢法制史の硏究』, 創文社, pp.208~212.

56) 『三國史記』卷16, 高句麗本紀4 故國川王 16年條, "冬十月 王畋于質陽 路見坐而哭者 問 何以哭爲 對曰, 臣貧窮 常以傭力養母 今歲不登 無所傭作 不能得升斗之食 是以哭耳 王曰 嗟乎 孤爲民父母 使民至於此極 孤之罪也 給衣食以存撫之 仍命內外所司 博問鰥寡孤獨老病貧乏不能自存者 救恤之 命有司 每年自春三月 至秋七月 出官穀 以百姓家口多小 賑貸有差 至冬十月還納 以爲恒式 內外大悅"

그러나 이 중 ①은 일시적인 조치로 항구적으로 시행되었던 것은 아니다. 그에 비해 ②는 "항식으로 삼았다."는 표현에서 볼 수 있듯이 지속적으로 시행되는 명령이었다. 두 명령 모두 교의 형식으로 내려졌지만, 전자가 일시적이고 한정적인 효력을 가지는데 비해 후자는 지속적인 법령의 제정으로 연결되는 것이다.

왕교는 기본적으로 어떠한 사안이 있을 때 그에 대한 처리를 명하는 것이며 일시의 효력을 가진다. 하지만 그중에 항구적인 법식으로 삼을 만한 것은 법령으로 다시 규정되고 있는 것이다. 교에서 영을 발포한다는 의미는 아마 이러한 과정을 반영한 것이 아닐까 한다. 그렇다면 교와 영은 기본적으로 같은 성질의 것으로 볼 수 있지만, 그 차이는 영구적인 법령으로 규정되는가 아닌가의 차이일 것이다.

왕의 명령이 영이 되는 보다 구체적인 과정에 참고할 수 있는 것은 秦漢代 율령의 제정 과정이다. 진한대 율과 영의 제정은 황제의 詔로 이루어지지만, 법적 규정으로서 구체화되는 것은 3가지 방식으로 나누어 볼 수 있다.

첫째가 황제가 자신의 의지로 명령을 내리는 것이 그대로 율령이 되는 것이고, 둘째는 관료가 자신이 부여받은 권한 내에서 직무를 수행하기 위해 새로이 규정을 만들 필요가 있는 경우 이를 건의하면 황제가 허가하는 명령을 내는 것이다. 셋째는 황제가 자신의 의지로 명령을 특정 관료들에 내리면, 명령을 받은 관료들이 논의하여 입법을 주청하면 황제가 이를 승인하는 방식이다.[57] 기본적으로 황제의 명령이 입법 방법의 가장 기본이라 할 수 있지만, 황제가 법제의 세부적인 사항과 구체적인 문구를 정하지는 못했을 것이고, 실제 법조문의 작성은 신료들이 담당했을 것이므로, 첫 번째 형식도 조서가 그대로 법조문이 되었겠지만 그 조서의 작성 단계 등에 신료들의 참여를 상정해 볼 수 있을 것이다.[58]

고구려에서 왕명을 영으로 만드는 방식도 이와 크게 다르지 않았을 것이다. 실제로 [E]②의 과정은 세 번째 유형과 일치한다고 보인다. 왕은 담당 관청에 진대법 시행의 명령을 내리지만, 처음부터 세부적인 사항이 모두 정해진 것은 아닐 것이다. 관청에서 진대법의 세부적인 내용을 정하고 이를 왕에게 奏請하면, 왕이 이를 승인하여 영구히 시행되는 법식으로 삼는 과정이었을 것이다. 이 과정에서 진대법 시행을 지시하는 처음 교의 내용과 실제 진대법을 규정한 법령 사이에 용어나 문장의 수정이 있었을 가능성은 쉽게 상정할 수 있다.

이렇게 교에서 영이 만들어지는 과정은 〈광개토왕비〉의 수묘제 정비 과정에서도 확인할 수 있다. [B-2]는 광개토왕이 생전에 내린 교의 내용이다. 이 교는 새로운 수묘역 차출 제도의 시행을 지시하고 있다. 그렇다면 이는 첫 번째 형식에 가깝다고 할 수 있다. 그러나 그 구체적 시행은 장수왕대에 이루어지는 점을 볼 때, 세부적인 사항은 광개토왕대의 교에 포함되어 있지 않았다고 보인다. 그 광개토왕의 '遺教'를 바탕으로 장수왕과 신하들이 구체적인 방법을 포함한 [B-1, 3]의 법령을 제정했을 것이다.

다시 수묘인 매매 금지 규정으로 돌아가면, [B-5](b)는 왕교로 보이는 [A-3](a)에 보다 구체적인 내용

57) 大庭脩, 1982, 앞의 책, pp.208-212.
58) 廣瀬薫雄, 2010, 앞의 책, p.157; 임중혁, 2015, 앞의 논문, pp.19-20.

을 추가하여 항구적인 법령으로 제정된 것으로 볼 수 있다. '又制'는 이후의 문구가 왕교에서 한 단계를 더 거쳐 만들어졌음을 보여준다고 추정된다. 이 '制'를 왕명의 한 형태로 보기도 하지만,[59] 뒤에 그 본문 중에 '制'가 다시 등장하여 왕명의 한 형식으로 엄격히 구분하여 사용되었다고 보기는 어렵지 않을까 한다. 아마 제정했다는 일반적인 의미로 사용된 것으로 보이지만, 단순히 왕의 명령이 아니라 그에서 좀 더 구체적인 규정으로 제정되었다는 의미를 내포하고 있다고 보인다.[60]

이상에서 검토한 〈집안고구려비〉의 고구려 슈의 형식과 제정방식에 대해 정리해 보면, 고구려의 영은 율과 병렬하는 독립된 법전이라 볼 수 없으며, 왕의 교에서 규정 부분에 해당하는 내용을 보완 및 구체화 하여 제정되고, 율을 수정·증보 혹은 보완하는 역할을 한 것으로 추정된다. 그리고 이와 같은 추정이 타당하다면 고구려의 영은 율과 내용상 크게 차별화된다고 보기는 힘들다.

V. 맺음말

이상에서 〈집안고구려비〉와 〈광개토왕비〉를 분석하여 고구려 율령의 형식과 제정방식에 대해 검토해 보았다. 〈집안고구려비〉라는 새로운 문자자료는 〈광개토왕비〉와 교차 검토를 통해 수묘제는 물론 고구려 율령에 대한 연구에 새로운 활력을 불어넣는 자료라 할 수 있다. 물론 만족할 만한 성과를 거두기에는 그 내용에 부족한 점이 있다. 하지만 이전보다 고구려 율령의 실체에 접근할 수 있게 되었다고 할 수 있다.

고구려 율령은 왕명인 교에 의해 발포되는 단행법령을 근간으로 한다. 왕교 중에 항구적으로 시행될 것이 영으로 제정되었던 것으로 보인다. 영은 근본적으로 교와 동일하지만, 교가 특정 사안에 한하여 일시적 효력을 가지는데 비해, 유사한 사안에 포괄적으로 적용되는 지속성을 가지고 있었다. 그 과정에서 교 자체에서 문구의 수정이 있거나 내용에 변경이 있었을 것이다. 그리고 개별 영은 동일 내지는 유사한 사안에 대한 것들이 집적되어 일련의 법조문 집합체인 법전의 형식으로 발전했을 것이다.

율 역시 특정한 사안에 대한 단행법의 성격이 강하며, 이전에 관습적 혹은 왕명에 의해 수시로 시행되고 있던 법제가 '律'로 정해지기도 했던 것으로 추정된다. 율이 기본적인 법제로서의 성격이 강했고, 영은 수시로 발포될 수 있는 시의성이 있어서 어느 정도 차이가 있었을 가능성도 있지만, 근본적으로 율과 영이 구별되지는 않았다고 여겨진다. 다만 율이 근간을 이루면서 영이 율을 수정, 보완하는 역할을 담당하는 체계를 지녔다고 보아도 좋을 듯하다.

결국 〈집안고구려비〉와 〈광개토왕비〉를 통해 확인할 수 있는 고구려 율령은 그 형식과 제정방식이라는 측면에서 태시율령 이후 중국 왕조의 율령 보다 진한대 율령에 가까운 모습을 가지고 있다고 할 수 있다.

한편 〈집안고구려비〉의 마지막 부분이 교를 거의 그대로 전재했던 것이 거의 확실하다고 보이는데, 이

---

59) 여호규, 2013, 앞의 논문, p.93.
60) 이 '制'가 진한대 율령이 법조문화 되는 절차에서 황제의 승인을 뜻하는 '制曰可'와 통하는 측면이 있을지도 모르겠다.

는 비문 전체가 교 그 자체이거나 일부일 가능성을 보여준다. 그간 이 비문이 수묘제 관련 법령을 보여주는 것이라는 데에는 대부분 동의하는 편이었지만, 그 법령의 성격이 왕교를 기초로 작성된 것이라는 인식이 크지 않았기 때문에, 비문에서 법령을 인용한 것으로 보아왔다. 하지만 율과 영이 교를 근거로 하는 것을 염두에 둔다면, 이 비문 전체가 교이거나 교의 일부일 가능성도 고려해야 한다고 생각한다. 물론 이 가능성의 검토는 해당 비에 대한 정밀한 검토를 바탕으로 판독이 보다 분명해져야 가능해질 것이다. 그러나 그간 비문이 비에 새기기 위해 독자적으로 작성된 문장으로만 이해해 왔던 선입견을 재검토할 필요성이 있다고 보인다.

투고일: 2016. 4. 30.   심사개시일: 2016. 5. 6.   심사완료일: 2016. 5. 24.

참/고/문/헌

韓國古代社會硏究所 編, 1992, 『譯註 韓國古代金石文Ⅰ』, 駕洛國史蹟開發硏究院.
張福有 編, 2014, 『集安麻線高句麗碑』, 文物出版社.

홍승우, 2011, 「韓國 古代 律令의 性格」, 서울대박사학위논문.
滋賀秀三, 2003, 『中国法制史論集』, 創文社.
廣瀨薰雄, 2010, 『秦漢律令研究』, 汲古書院.

孔錫龜, 2013, 「『集安高句麗碑』의 발견과 내용에 대한 考察」, 『高句麗渤海研究』 45.
여호규, 2013, 「신발견〈集安高句麗碑〉의 구성과 내용 고찰」, 『韓國古代史硏究』 70.
李成制, 2013, 「〈集安 高句麗碑〉로 본 守墓制」, 『韓國古代史硏究』 70.
홍승우, 2013, 「〈集安高句麗碑〉에 나타난 高句麗 律令의 형식과 守墓制」, 『韓國古代史硏究』 72.
강진원, 2014, 「신발견〈集安高句麗碑〉의 판독과 연구 현황 −약간의 陋見을 덧붙여−」, 『木簡과 文字』 11.
기경량, 2014, 「집안고구려비의 성격과 고구려의 수묘제 개편」, 『韓國古代史硏究』 76.
金昌錫, 2014, 「5세기 이전 고구려의 王命體系와 집안고구려비의 '敎'·'令'」, 『韓國古代史硏究』 75.
임기환, 2014, 「집안고구려비와 광개토왕비를 통해 본 고구려 守墓制의 변천」, 『한국사학보』 57.
강진원, 2015, 「고구려 墓祭의 변화와 그 배경」, 『史學研究』 114.
김창석, 2015, 「고구려 守墓法의 제정 경위와 布告 방식 −신발견 集安高句麗碑의 분석」, 『東方學志』 169.
여호규, 2015, 「集安高句麗碑와 광개토왕릉비 序頭의 단락구성과 서술내용 비교」, 『新羅文化』 45.
任仲爀, 2015, 「秦漢 율령사 연구의 제문제」, 『中國古中世史研究』 37.
전덕재, 2015, 「373년 고구려 율령의 반포 배경과 그 성격」, 『韓國古代史硏究』 80.
정병준 번역, 2015, 「唐代 令文의 部分 修正 및 補充(戴建國, 2010, 「令文的局部修正補充」 『唐宋變革時期
　　的法律與社會』, 上海古籍出版社)」, 『韓國古代史探究』 19.

〈Abstract〉

A Study on Enactment process and Form of Yul−Ryeong(律令) of Goguryeo, reflected upon Jian−Goguryeo−Stele(集安高句麗碑) and King Gwang'gaeto−Stele(廣開土王碑)

Hong, Sueng−woo

The inscriptions written on Jian−Goguryeo−Stele(集安高句麗碑) and King Gwang'gaeto−Stele(廣開土王碑) have provided some useful informations about the enactment and enforcement process of legislation of Goguryeo.

Laws and regulations for specific cases, such as system for managing royal tombs, are promulgated by royal order called Gyo(敎), and some parts of them which need to be permanently taking effect became Ryeong(令) and Yul(律), through the process such as to modify the text or complement the contents.

Yul of Goguryeo had strong personality as the basic legislation. By comparison, Ryeong was promulgated to amended or extended Yul when necessary. It looks like that there was big difference between Yul and Ryeong. But Yul and Ryeong had almost same form and enactment process. It means that there was no fundamental difference between them.

These enactment process and form of Goguryeo's Yul−Ryeong were similar to Qin(秦) and Han(漢) Dynasty's.

▶ Key words: Jian−Goguryeo−Stele(集安高句麗碑), King Gwang'gaeto−Stele(廣開土王碑), system for managing royal tombs(守墓制), royal order(敎), Yul−Ryeong(律令)

신라 기호문토기 고찰
-경주 노동동 12번지 유적을 중심으로-

손명순[*]

〈국문초록〉

경주 노동동 12번지 유적에서 출토된 133점의 기호문토기를 시문형태에 따라 세 가지 유형으로 분류해 본 결과 날카로운 도구로 깊게 새긴 형태의 기호문이 103점(77%)이며, 토기의 기종은 단각고배(50점)와 뚜껑(24점)이 많다. 기호 가운데에는 '卄'(33점)이 가장 많으며, '山'字와 유사한 유형의 기호와 특정 기종을 중심으로 시문된 기호가 출토되었다. 따라서 이러한 기호의 성격을 알아보기 위해 기왕에 경주지역에서 기호문토기가 출토된 유적 가운데 28개 유적의 기호문토기 619점과 함께 검토를 시도해 보았다.

경주지역에서는 4세기 고분유적에서 기호문토기가 처음 출토되었으며, 6세기 후반 이전까지는 주로 고분유적 출토 고배와 뚜껑을 중심으로 기호가 시문되었다. 기호 가운데 '×', 'ʌ(ʌ)', '卄'은 일찍이 삼국시대부터 지역에 관계없이 고분유적 출토 토기에 시문되었으며, 특히 '×'와 '卄'은 월성해자를 비롯하여 생활유적 출토 토기에도 지속적으로 시문되었다.

6세기 후반 이후부터 월성해자를 비롯한 생활유적에서는 고배와 뚜껑은 물론이고 대부완, 완, 시루, 옹 등 토기의 기종이 다양해졌다. 기호의 종류도 '卄', '×', '大', '山'字와 유사한 유형을 비롯하여 시루, 동이, 옹 등 큰 기종에만 시문된 기호 등 다양해졌다. 이러한 현상은 토기의 대량생산과 분업화, 그리고 공인(집단)의 증가로 인해서 기호의 기능이 확대된 양상으로 추정된다.

7세기 후반까지는 문양과 기호가 함께 시문되기도 하였으나 밀집시문 등 인화문이 유행하면서 기호의

---

*   (재)신라문화유산연구원

시문은 쇠퇴한 듯하다. 이후 기호는 토기제작과정에서 표기하기보다는 소비처에서도 표기가 가능한 墨(朱)書나 토기 저부에 얕게 긋는 형식으로 시문수법이 변화되어 명맥을 유지한 것으로 판단된다.

▶ 핵심어: 경주, 기호문토기, 명문토기, 고분유적, 생활유적

I. 머리말

경주지역 출토 문자자료[1]의 대부분은 금석문과 목간자료에 집중되었으며, 기와류에 표기된 명문을 언급한 정도였다. 그러나 단편적인 토기의 명문도 역사복원에 유용하므로 엄연히 금석문의 한 부분으로 취급되어야 한다[2]는 지적과 함께 최근에는 발굴조사를 통해 새로운 자료들이 보고[3]되고 있는 실정이다.

토기에 새겨진 문자자료에 대한 최근의 연구성과[4]에 따르면 명문은 ①工人이나 검수자(官司·官人), ②용기의 명칭과 용량[5] ③祭儀 및 方向 표시 ④보관시설(창고, 대형토기) 등으로 구분하였으며, 주로 공인의 이름(제작자)과 관사의 명칭(소비처)[6]을 명시하는 것으로 파악하였다.

토기에 시문된 명문 연구를 처음 시도한 고경희[7]는 월지 출토 재명(在銘)유물에 대한 연구에서 생활 용기류에 나타난 명문들은 특정용도를 위해 필요 시 기명된 것이지 용기제작과 관련된 표시는 아니라고 보았다. 이후 차순철[8]은 명문의 출토지와 관련하여, 이동주[9]는 문자의 시문 시점에 따른 의견을 제시하였

---

1) 朱甫暾, 1997, 「韓國 古代의 土器銘文」, 『유물에 새겨진 古代文字』 특별전도록; 부산광역시립박물관 복천분관, 1997, 『유물에 새겨진 古代文字』 특별전도록; 국립청주박물관, 2000, 『한국 고대의 문자와 기호유물』 특별전도록; 國立慶州博物館, 2002, 『文字로 본 新羅』 특별전도록; 國立中央博物館, 2011, 『文字, 그 이후』 특별전도록; 李泳鎬, 2010, 「新羅의 新發見 文字資料와 研究動向」, 『韓國古代史研究』 57.

2) 朱甫暾, 1997, 「韓國 古代의 土器銘文」, 『유물에 새겨진 古代文字』 특별전도록, p.57.

3) 이동주, 2013, 「경주 화곡 출토 在銘土器의 성격」, 『목간과 문자』 10; 최순조, 2013, 「국립경주박물관 남측부지 유적 출토 신 명문자료」, 『목간과 문자』 10; 박방룡, 2013, 「慶州 城乾洞 677番地 出土 銘文土器」, 『東垣學術論文集』 第14輯; 김재홍, 2014, 「신라 왕경 출토 명문토기의 생산과 유통」, 『한국고대연구』 73.

4) 김재홍, 2014, 앞의 논문, p.126-154. 화곡리 생산유적 출토 토기명문을 분석하여 토기의 종류, 문자의 기입 방법, 기입 위치, 문자 내용을 정리하였다.

5) 國立中央博物館, 2011, 『文字, 그 이후』 특별전도록, pp.154-155. 안압지 출토 '四斗五刀: 4말 5되' 새김 토기, '十石一瓮: 열 섬 들이 항아리' 새김 대호와 경주 사정동 출토 '瓶二斗: 두 말 들이 병' 새김 토기 등이 있다.

6) 박방룡, 2013, 앞의 논문, p.576. "이 瓮은 '冬夫知乃末'의 주문으로 '文□吉舍'에 의해 제작되었다고 볼 수 있고, 그 아래 'リ' 같은 符號는 작자의 사인이라 할 수도 있을 것이다."; 최순조, 2013, 앞의 논문, p.197. "'東宮衙' 銘 壺의 경우 사용처의 관부명인 동궁을 압인하였다."

7) 高敬姬, 1993, 「新羅 月池 出土 在銘遺物에 對한 銘文 研究」, 東亞大學校 史學科 大學院 碩士學位論文.

8) 차순철, 2009, 「경주지역 명문자료에 대한 소고」, 『목간과 문자』 3, pp.158-169. 통일기 이전 토기의 명문은 제작자를 구분하기 위한 부호이고 통일 이후에는 생산처와 사용처, 제작일, 길상구 등의 표시로 보았다.

9) 이동주, 2013, 앞의 논문, pp.210-227. 토기의 성형단계에는 공인의 표기일 가능성이 가장 크며, 길상구 혹은 제작수량의 표시일 가능성도 있다고 보았다. 인장으로 압날한 명문은 소비처의 표시일 가능성을 제시하였다.

다. 앞서 소개한 연구자들은 명문의 범주속에 기호문을 포함한 견해를 제시하였고, 송계현[10]은 토기에 시문된 기호에 대해서 공인들이 자신의 제품을 구분하기 위한 표기로 보았다. 이후 하병엄[11]은 기호 가운데 '井'자에 관한 연구를 시도하는 등 다각도의 연구가 이루어지고 있으나 기호에 대한 연구성과는 그리 많지 않다.

최근 발굴조사 된 경주 노동동 12번지 유적에서는 다수의 기호문토기[12]가 출토되었으나 대부분 대지조성을 위해 복토되었을 가능성이 있는 층위에서 출토되었으므로 성격파악과 편년이 용이하지 않다. 특히 기호 가운데 '大'의 경우 좌우가 반전되었고 '川'과 유사한 '///', '井'字의 경우 도교의 부호 '卄'과의 구분이 모호하며, 새김순서가 각기 다르다.[13] 또한 '山'字와 유사한 기호의 경우 가로획의 결합위치에 따라 '山' 혹은 '卅'(삼십), '圭'(主 혹은 圭), '卅'(고을 州)字가 될 수도 있어 문자 혹은 숫자와의 구분[14]이 어려운 것들이 다수이다. 따라서 본고에서는 기호문토기의 시문도구와 수법에 따른 형식 분류를 시도해 보고, 기왕에 경주지역에서 출토된 기호문토기와 비교 검토를 시도해 보고자 한다.

II. 기호문토기 소개 및 검토

경주 노동동 12번지 유적은 경주 시가지 중심부 남단 태종로 대로변, 남쪽의 대릉원과 쪽샘지구 등의 고분군과 동북쪽의 도심 사이에 위치한다(그림 1).

발굴조사 결과 고분관련 유구는 확인되지 않았으며, 삼국시대 연못, 통일신라시대 연못과 담장을 비롯하여 통일신라~근대에 이르는 도로, 우물, 적심으로 구성된 건물지와 그 하부층에서 주혈, 나무말뚝 등 생활유구가 조사되었다. 특히 발굴조사 과정에서 출토된 토기의 양에 비해 극소수이지만 村名이 압인된 토기 저부 편을 비롯하여 기호문토기가 출토되었다.

본고에서 다루고자하는 검토 대상은 B-3구역에서 출토된 기호문토기는 전량을 표본으로 삼았고, 나머지 구역은 토기의 기형인식이 분명하여 선별된 유물 가운데 기호가 확인되는 토기 등 총 133점이다(그림

---

10) 宋桂鉉, 2000, 「加耶·新羅의 文字와 記號遺物」, 『한국고대의 문자와 기호유물』, 국립청주박물관·청주인쇄출판박람회조직위원회, p.186. 일본의 쓰에무라(陶邑)窯址群의 TK321호에서 확인된 토기적재방법과 부호와의 관련성에 대한 연구성과에 따라 시기차는 있으나 경마장 예정부지 C-1지구 3-1-1호 회구부를 예로 들어 공인의 표기라는 견해를 제시하였다.

11) 하병엄, 2008, 『井字銘과 古代社會의 儀禮』, 경북대학교 석사학위논문, p.4. 종교, 재래신앙, 주술적 성격, 길상구, 상징적 부호 등 다양한 의미를 포괄하고 있다고 보았다.

12) 기호문토기는 '기호가 시문된 토기'를 줄인 표현이다. 일반적으로 施文은 문양을 새기는 방법을 일컫는 말이지만, 편의상 기호에도 적용하여 사용하고자 한다.

13) 송계현, 2000, 앞의 논문, p.185. "지역마다 형태나 새김 순서와 방향이 다양하므로 각지에서 출토된 '井'字 기호는 연관성이 있는 것이 아니라 지역적인 특색을 가지고 있다."고 보았으나 노동동 12번지 유적에서 출토된 '井'의 경우도 새김순서가 제각각이다. 따라서 지역적인 특색으로 보기보다는 오히려 토기제작과정에 이리저리 돌려가며 시문하였으므로 획순이 일정하지 않거나 혹은 工人이 識字層이 아니었던 이유 등으로 생각해 볼 수 있다.

14) '井'과 '卄' 혹은 부분결손의 경우 '十', '卄'과 구분이 모호하며, '川'과 '三'은 방향에 따라 의미가 달라진다.

그림 1. 유적 원경

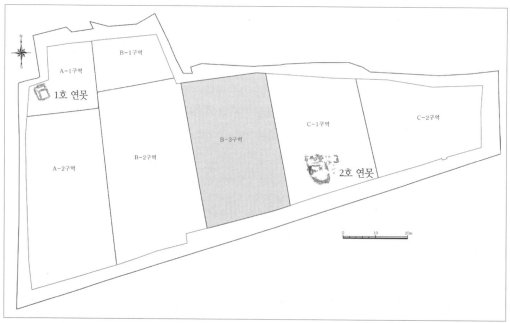

그림 2. 유적 구역도

2 참조).

아래에서는 기호문토기에 대한 검토에 앞서 본 유적에서 출토된 명문토기에 대하여 간단히 소개하고자 한다.

1. 명문토기 소개

본 유적에서는 9점의 명문토기가 출토되었으며, 그 가운데 출토위치가 확실한 것은 2호 연못에서 출토된 묵서명 대부완 1점이다.

토기에 시문된 명문은 '干', '大', '上', '三', '右', '亮', '日半', '大?只村' 등 8점과 판독하지 못한 묵서명 1점이다. 토기의 기종은 대부완 4점, 완 1점, 옹 2점, 토기편 2점이다.

명문의 시문수법은 크게 3가지 유형으로 분류된다. 첫째, 먹이나 산화철과 같은 안료를 사용하여 붓으로 시문한 것이며, '日半'과 묵서명이 해당된다. 둘째, 끝이 넓고 무딘 도구를 사용하였으며, '干', '大', '上', '三' 등 4점이다. 셋째, 양각의 인장을 사용한 '大?只村', '右', '亮' 등 3점이다. '大?只村'과 '右'는 명문만 압인되었고 '亮'은 방곽(方廓)과 함께 압인되었다(표 1).

명문의 시문위치는 대부완의 경우 4점 모두 외저면이고, 완은 내저면이다. 상대적으로 기종이 큰 동이나 옹류의 경우 비교적 눈에 잘 띄는 구연부 바로 아래에 두꺼운 도구를 사용하여 시문하였다.

표 1. 명문토기 분류

도구	명 문 토 기			
붓	朱書(日半): 대부완, 외저면		墨書: 대부완, 외저면(2호 연못 출토)	
무딘 도구	干: 옹류, 동상위	大: 옹류, 동상위	上: 외저면	三: 동하위
인장	大?只村: 내저면	탁본 후 역상	亮: 대부완, 외저면	右: 대부완, 외저면

선행연구[15]에 따르면 인장이나 대칼 등의 도구를 사용한 경우는 토기의 성형과정에서 시문된 것으로 토기를 제작한 공인의 표시로 보았으며, 墨書나 朱書의 경우 토기의 소성 이후 혹은 소비과정에서 시문되었으므로 토기를 관리하는 검수자 혹은 토기 제작의뢰(사용)자의 표시일 것으로 보았다.

위의 명문 가운데 '干'에 대한 문헌기록은 『三國史記』 卷39, 雜志8 職官 中職官[16]에서 찾아 볼 수 있다.

" … 와기전은 경덕왕대에 도등국으로 고쳤으며, 뒤에 다시 복고되었다. 干 1인, 史 6인."

이 기록으로 보아 '干'은 담당 관인(검수자)을 표기한 것으로 추정된다. '右'의 경우 월성 서편 건물지에서 '左'와 함께 확인된 바 있으며, 이 경우 창고와 관련하여 해석[17]하였다. '大?只村'의 경우 '村'의 위치는 알 수 없으나, '東宮衙銘과 같은 사용처의 표기로 추정해 볼 수 있다.

2. 기호문토기 출토유구

기호문토기 133점 가운데 출토위치가 분명한 것은 1호 연못에서 출토된 7점뿐이다.

1호 연못은 본 유적에서 확인된 유구 가운데 가장 이른시기인 삼국시대[18] 유구로 추정된다. A구역 북서쪽 모서리 경계부분 뻘층에서 확인되었다. 평면형태는 장방형이며, 규모는 동-서 480㎝, 남-북 388㎝, 깊이 58㎝이다.[19] 연못 내부에서는 점성이 매우 강한 뻘 흙 속에 다량의 유물들과 부식된 나뭇가지, 나뭇잎, 조개껍데기 등이 뒤섞여서 확인되었다.

출토유물은 기마인물형토우, 토령, 녹유토기, 단각고배, 개배, 배, 대부배, 대부명, 완, 대부완, 뚜껑, 평저병, 대부편구병, 부가구연장경호, 파수부호, 대호, 시루를 비롯하여 옹, 동이류, 복숭아씨 등이 있으며, 기와류 중에는 무문전, 고식수막새와 다량의 암·수키와가 출토되었다.

1호 연못에서 출토된 기호문토기는 '大' 2점, '///' 2점, '卌' 1점, '井' 2점이다(그림 3). '大'는 좌우가 반전되었고, '///'은 '川'과 같이 위에서 아래로 내려 그었으나 오른쪽으로 15도 가량 기울어진 모습이다. 토기의 기종은 단각고배 4점과 뚜껑, 호류, 저부 각 1점씩이다. 기호 가운데 '///(川)'과 '井'은 우물 혹은 물과 관련이 있을 거라고 생각할 수도 있으나,[20] 다리가 잘린 기마인물형토우와 복숭아씨 등이 함께 출토

---

15) 이동주, 2013, 앞의 논문, p.212; 김재홍, 2014, 앞의 논문, pp.128-129.

16) 瓦器典 景德王改爲陶登局 後復故 干一人 史六人.

17) 김재홍, 2014, 앞의 논문, p.150. "월성 서편 건물지는 관아터로 추정되는 곳이며, 左는 얕게 각서하였고 右는 깊게 각서하였다. 천관사지에서는 左가 압인된 토기가 발견되었다. 이것은 토기를 제작하는 과정에서 좌우로 나누어진 공방이나 공인을 나타내기도 하지만 출토된 위치가 관아터이므로 관아에 부속된 창고와 관련하여 이해하는 것이 합리적이다."

18) 7세기경으로 한정되는 폐기동시성을 가진 유물이 출토되어 편년이 가능하며, 추후 보고서에서 자세히 다룰 예정이다.

19) 경주 인왕동 557번지 유적, 경주 외동읍 입실리 유적, 경주 인왕동 왕경유적Ⅰ, 부여 관북리 백제유적 등에서 유사한 형태의 방형 석축유구가 보고된 바 있다.

20) 김재홍, 2014, 앞의 논문, p.139. "우물이라는 의미보다 除魔記號이며, 완전한 숫자를 의미하는 九를 간략히 한 것이다." 실제 본 유적에서 조사된 32기의 우물에서는 단 한 점도 출토되지 않았다.

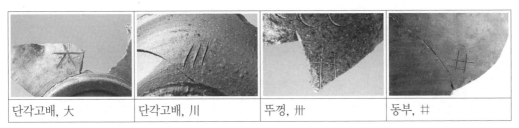

| 단각고배, 大 | 단각고배, 川 | 뚜껑, 卅 | 동부, 井 |

그림 3. 1호 연못출토 기호문토기

되어 도교적인 성격의 제의와 관련[21] 있을 것으로 추정해 볼 수도 있다.

3. 기호문토기 검토

그림 4. 朱書 기호문토기

노동동 12번지 유적 출토 토기에 시문된 기호는 20종 133점이다. 기호 가운데에는 가로획의 결합 위치에 따라 漢字 혹은 숫자가 될 수도 있는 '山', '卅', '///(三)', '十', '一', '二'와 '×', '乂', 좌우가 반전된 '大'와 유사한 형태의 '朮', 그리고 천간의 두 번째 글자인 '乙'과 유사한 '乙'을 비롯하여 '∪', '丷', '∀', '∀', '冖', '仌', '⼄', '八', '⼂' 등이 확인되었다.

시문도구로는 인장을 사용한 것은 확인되지 않았고, 단각고배 외저면에 朱書로 시문한 1점(그림 4)을 제외한 나머지는 주로 예새와 같은 도구를 사용하였다.

아래에서는 기호의 시문수법에 따라 형식을 분류하고 각 형식의 특징과 토기의 기종, 시문위치 등을 살펴보고자 한다(그림 5).

| Ⅰ형식 | Ⅱ형식 | Ⅲ형식 |

그림 5. 형식별 예시

---

21) 출토 당시 인물상은 결실되었고 말 옆구리에 인물상의 다리가 남아있어 기마인물상임을 알 수 있으며, 말의 앞뒤 다리 각 1개씩 결실되었다. 현재로서는 폐기된 것인지 제의에 따른 훼기인지는 명확하지 않지만, 풍납토성 경당지구 9호 유구에서도 유사한 사례가 보고된 바 있다. 월성해자에서도 동물형과 인물형토우, 기호문토기가 출토되어 유사사례로 볼 수 있다. 이 부분은 다음 과제로 미루고자 한다.

(1) Ⅰ형식

날카로운 도구를 사용하여 깊게 눌러 새긴 형태이다. Ⅰ형식에 해당되는 기호문은 '丗' 31점, '卅' 17점, '山' 15점, '///' 15점, '大(大)' 5점, '×' 4점, '十' 7점, '一' 4점, '二' 5점이며, 기호문토기 20종 133점 가운데 9종 103점(77%)이 해당된다. 토기의 기종은 103점 가운데 단각고배 50점, 뚜껑(蓋) 24점, 저부 17점, 대부파수부배 3점, 대부명 2점, 명 2점과 그 밖의 기종 각 1점씩이며, 단각고배와 뚜껑의 비율이 Ⅰ형식 전체의 72%에 해당된다.

(2) Ⅱ형식[22]

Ⅰ형식에 비해서 끝이 무딘 도구를 사용하였으며, 깊이가 얕다. Ⅰ형식이 직선적이었다면 Ⅱ형식은 곡선적인 형태를 띠는 것이 많다. Ⅱ형식에 해당되는 기호문은 'A' 1점, '木' 1점, 'Z' 2점, 'ᴗ' 2점, 'Ⅺ' 2점, 'Ⅴ' 5점, 'Ψ' 2점, '木' 1점, '大'[23] 1점, 'Ⅴ' 1점, 'Λ' 2점, 'Ⅼ' 1점, '十' 1점과 결손으로 인해 명확하지 않은 4점 등 13종 25점이다. 토기의 기종은 동이류 5점, 옹류 5점, 호류 4점, 대호 1점, 원저옹 1점, 동부편 9점 등이며, 주로 옹과 동이 같은 큰 기종에 시문되었다.

(3) Ⅲ형식

Ⅰ·Ⅱ형식과는 달리 토기 제작과정에서 시문된 것이 아니라 소성 후 단부가 날카로운 도구를 사용하여 그은 것이며, 그 깊이가 아주 얕은 것이 특징이다. Ⅲ형식에 해당되는 기호는 4종 6점이며, '丗' 2점, '三' 1점, 'X'[24] 2점, '×' 1점이다. 토기의 기종은 뚜껑 1점, 굽 달린 저부 4점, 동부 1점이며, 저부 가운데 2점은 대부완의 저부로 추정된다.

표 2. 형식별 기호의 시문위치

형식	시문위치								합계(%)
	동부(신부)				저부				
	꼭지 내부	경부	동상위	동중위	동하위	내저면	외저면	대각내면	
Ⅰ	4		9	27	38	1	17	1	97(80%)
Ⅱ		1	19	1					21(17%)
Ⅲ	1						3		4(3%)
합계	5	1	28	28	38	1	20	1	122(100%)

---

22) 표 3과 표 5에서는 기타로 분류하였다.
23) 부산대학교 박물관, 1993, 『김해 예안리 고분군 Ⅱ -본문-』, p.82. 118호분 출토 토기에서 유사한 기호가 확인된다.
24) 동일한 기호가 고령 지산동고분군 5호 석곽묘 출토 단경호에 시문된 예가 있다.

기호가 시문된 토기 133점 가운데 위치확인이 불가한 11점을 제외한 122점의 형식별 시문위치는 〈표 2〉와 같다(표 2 참조).

기호의 시문위치는 주로 외면에서 확인되며, 동부의 중·하위가 많다. Ⅰ형식의 경우 시문위치가 다양하게 나타나며, 단각고배의 경우 대부분 외저면에 시문되었다. Ⅱ형식은 눈에 잘 띄는 경부(頸部)나 동상위(胴上位)에 시문된 것이 특징적이다. Ⅲ형식은 그 예가 적지만 주로 눈에 띄지 않는 외저면에 시문되었다.

노동동 12번지 유적에서 출토된 기호문토기의 형식별 기호의 비율과 토기의 기종은 다음과 같다(그림 6·7).

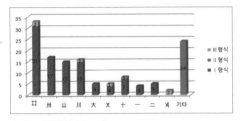

그림 6. 형식별 기호 비율

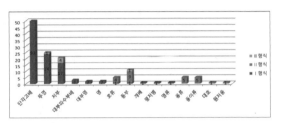

그림 7. 형식별 토기기종

노동동 12번지 유적 출토 토기에 시문된 기호 가운데에는 '井'이 33점(25%)으로 가장 많고, '卅'(17점), '山'(15점), '///'(15점)이다. 특히 '井'의 경우 전체 33점 가운데 11점이 단각고배에 시문되었다. 형식별 특징을 보면 Ⅰ형식은 주로 작은 기종에서 확인되며, 상징성을 띄거나 漢字 혹은 숫자로 볼 수 있는 기호들이 토기 외면에 시문되었다. Ⅱ형식은 Ⅰ·Ⅲ형식의 기호와는 다른 유형이며, 주로 큰 기종에 시문되었다. 시문위치는 구연부 바로 아래, 눈에 잘 띄는 곳에 시문한 것이 특징이다. 노동동 12번지 유적에서 출토된 명문토기 가운데 옹류 2점의 경우 시문도구나 시문수법이 Ⅱ형식과 동일하다(표 1 참조).

Ⅲ형식은 토기의 소성이후 시문한 수법이며, 기호의 종류는 Ⅰ형식과 유사하다. 시문위치는 꼭지 내부 혹은 눈에 잘 띄지 않는 외저면이며, 이는 인화문과 겹치지 않게 시문한 것으로 추정된다. 특히 이 Ⅲ형식의 경우 밀집시문 한 인화문과 함께 시문된 예가 있는 것으로 보아 시문수법 가운데 늦은 시기에 해당되는 것으로, 시기성을 짐작할 수 있으나 그 예가 많지 않다.

위에서 살펴본 바와 같이 노동동 12번지 유적에서는 고분단계의 기호문토기는 확인되지 않았다. 시문수법에 따라 세 가지 정도로 분류가 가능하며, 특정 기종에서만 나타나는 기호 등 토기의 기종과 기호의 종류가 다양함을 알 수 있다.

III. 신라 기호문토기의 성격과 의의

토기에 새겨진 명문이나 기호에 대해서는 공인이나 소비처의 표시, 수량체크, 벽사나 길상구의 상징적 의미 등 여러 가지로 파악되고 있다. 그렇다면 토기에 기호가 시문된 시기는 언제부터이며, 어떤 기호를 시문하였을까? 가장 이른 시기의 기호는 청동기시대 함경북도 나진 초도유적 출토 심발형토기에 새겨진 '▷◁'이다. 이후 원삼국시대 창원 다호리 유적[25] 목관묘 출토 주머니호 저부에 새겨진 'ㅅ', 'ㅗ', 小盆에 새겨진 'ㅅ(조족문)'이다. 기호에 대한 뜻은 확실하지 않지만 토기제작과 관련되거나 죽음과 관련된 기호일 가능성[26]이 높을 것으로 보았다. 이후 고구려에서도 토기 바닥에 시문한 '卄'을 비롯한 글자나 기호가 확인되었다. 한성백제기 유적 풍납토성 출토 고배에 새겨진 'ㅅ', 'ㅅ'과 나주 복암리 유적 출토 고배, 개배 등에 새겨진 T(ㅅ), 'ㅅ', 'ㅅ'의 의미에 대해서는 제작지나 주문처 또는 죽음과 관련된 벽사적 의미로 보았다. 경주지역에서 출토된 기호문토기 가운데 가장 이른 토기는 4세기 초로 편년되는 죽동리 1호 목곽묘 출토 연질옹이며, 저부에 'ㅅ'를 표시한 뒤 시계방향으로 동그라미를 돌렸다(그림 8). 이렇듯 'ㅅ'와 'ㅅ(ㅅ)'은 원삼국시대부터 지역과 관계없이 고분유적 출토 토기에 주로 시문되었음을 알 수 있다.

아래에서는 경주지역에서 기호문토기가 출토된 유적가운데 고분유적 11개소, 월성해자, 사찰유적 2개소, 생활유적 11개소, 생산유적 3개소 등 28개의 유적에서 출토된 기호문토기 619점을 대상으로 기호의 종류와 토기의 기종, 기호의 시문위치 등을 살펴보고 특히 노동동 12번지 유적에서 다수 출토된

그림 8. 경주 죽동리 1호 목곽묘 출토 연질옹

'山'字와 유사한 유형의 기호를 비롯하여 특정 기종을 중심으로 시문된 기호의 특징적인 양상에 중점을 두고 그 범위를 넓혀 경주지역의 기호문토기 출토 양상과 비교 검토해 보고자 한다.

1. 기호의 종류

경주지역 28개 유적 출토 토기에서 확인된 기호는 30종 619점이다. 〈표 3〉에서는 각 유적에서 확인된 기호 가운데 공통되는 기호와 출토량이 높은 기호를 중심으로 정리하였으며, 출토량이 적은 기호 12점은

---

25) 이건무 외, 1989, 「창원 다호리유적 발굴조사보고(Ⅰ)」, 『고고학지』 1.

26) 국립청주박물관, 2000, 『한국 고대의 문자와 기호유물』, p.22.

표 3. 기호문토기 출토유적 및 기호분류

유적 \ 기호문	x(十)	✳	⋀(八)	大(人)	井	凵	川,三	卅	T	H	O	口(ㄷ)	米	⋈	→	=	卄	기타	합계
사라리유적 I, III	11	2						1											14
인왕동 고분군(668-2)	1		10												1				12
황남대총 남분	74		(7)	1	1				1								1		85
경주시 월성로 고분군	6																		6
계림로 고분군2	30		2(9)						1	1									43
경주 황오동 381번지	3		1(2)										1						7
경주 봉길고분군 I	3	2					2								1				8
경주 월산리 유적	6				4	1													11
경주 방내·조전리 고분군	1				1														2
경주 방내리 고분군	1		(2)		3	1							1						8
경주 신천휴케소부지				1	2		2												5
월성해자	47(3)		(1)	2	187	10	9					2			1	2	2	5	271
황룡사					1														1
분황사	3(1)				3	4													11
인왕지	(2)				3														5
동궁과 월지	(1)		(1)																2
경주 구황동 원지유적	(2)		1		3	3		1											10
신라왕경	6			1	2									1					10
경주 북문로 왕경유적	1(1)			1	2	2						(1)						6	14
국립경주박물관내 유적	3				1	1	1												6
인왕동 556, 566					1	4													5
경주 금장리유적					2														2
경주 인왕동 왕경유적(신덕)								2											2
경주 성동동 201-1번지			(1)		1			2											4
경주 동천동 고대 도시유적	(3)				3		1		1		2						3		10
손곡, 물천리유적				2	2												2		6
경마장 C-1	2(1)			18(4)	16		1				2	2							46
경주 화곡리 생산 유적	4(2)			2	3	1						2						1	13
합 계	202(16)	4	14(23)	27(4)	241	26	15	6	3	1	4	4(1)	2	1	3	2	8	12	619
경주 노동동 12번지 유적	5(8)		2	5(1)	33	15	16	17	1						4	5	5	21	133

기타로 분류하였다(표 3 참조).[27]

　유적별 기호의 종류를 보면 4~6세기대의 고분유적 출토 토기에 시문된 기호는 12종 201점이며, 'ㄨ', 'ㅆ(ㅅ)', '卄'이 주로 시문되었다. 생산유적에서는 9종 65점이 출토되었으며, 고분이나 생활유적 토기에서는 확인되지 않은 '○', '□', 'ㄷ'과 기타로 분류된 'ㄨ' 등의 기호가 확인되었다. 월성해자에서는 15종 271점의 기호문토기가 출토되었다. '卄'와 'ㄨ'가 많이 시문되었으며, '大', 'ⳇ', '山'과 유사한 기호를 비롯하여 숫자 혹은 漢字로 볼 수도 있는 'ㅡ', '二', '十', '卄', '卅'과 기타로 분류된 'ㄹ', 'ⳉ', 'ⳛ', 'ⳡ', 'ⳍ' 등 기호의 종류가 다양하다. 사찰유적에서는 3종 12점이 출토되었으며, '卄', 'ㄨ', 山字와 유사한 기호 등이 확인된다. 생활유적 출토 토기에 시문된 기호는 15종 82점이다. '卄', '大', 山字와 유사한 기호를 비롯하여 기타로 분류된 북문로 왕경유적 출토 토기에 시문된 기호 여섯 종류이다. 기타로 분류된 이 기호는 노동동 12번지 유적 출토 기호문토기 형식분류의 Ⅱ형식에 해당하는 기호와 유사하다(그림 9).[28]

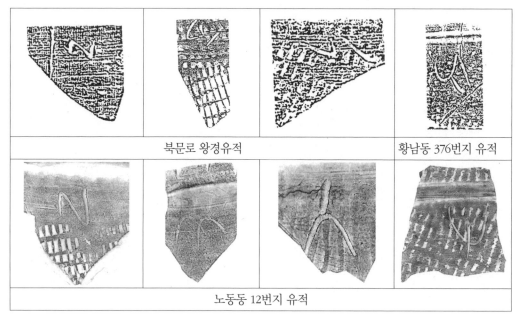

북문로 왕경유적			황남동 376번지 유적
노동동 12번지 유적			

그림 9. 북문로 왕경유적 출토 기호 예시(노동동 12번지 출토 기호문토기 형식분류 Ⅱ형식 포함)

　〈표 3〉을 보면 노동동 12번지 유적에서 출토량이 높은 기호는 경주지역에서도 출토량이 높게 나타나며, 유적의 성격 및 시기와 관계없이 공통되는 기호는 '卄'과 'ㄨ'이다. 특히 '卄'의 경우 월성해자에서 187

---

27) 기호문토기가 출토된 유적 전체를 제시할 수 없어서 기호문토기의 출토 수량이 많고, 시기별 편년이 용이한 유적을 선별하였다. 동일 유적에 대하여 순차적으로 보고서가 발행된 경우 통합 정리하였으며, 유적의 편년은 보고서 내용을 따랐다.

28) 한국문화재보호재단, 2003, 『경주 북문로 왕경유적』, pp.680-681; 동국대학교 경주캠퍼스박물관, 2002, 『경주 황남동 376 통일신라시대 유적』에서 보고된 바 있다.

점(30%)이 출토되었고 '×'는 황남대총 남분에서 74점(12%)이 출토되었다. 기호 가운데 동일유적에서 집중 출토된 예는 황남대총 남분 출토 토기 85점 가운데 '×'가 74점(87%)이며, 인왕동고분군 출토 토기 12점 가운데 '𠆢'이 10점(83%), 사라리유적 출토 토기 14점 가운데 '×'가 11점(79%)이 확인되었다. 특히 고분 또는 외부의 침입으로부터 궁성을 보호하기 위한 제례나 주술적인 목적의 의례가 행해졌을 가능성이 높은 월성해자와 같은 특수한 장소에서 '井', '×', '𠆢' 등의 기호가 시문된 토기가 다량 출토되는 것을 알수 있다.

경주지역에서 많이 사용된 기호의 의미를 보면 '×'[29]는 숫자 '十(십)'으로 볼 수도 있지만 공백을 메우기 위한 것, 불교사상의 원만 혹은 길상구로 추정하거나 태양숭배사상과 관련된 상징적인 의미를 나타낸 것으로 추정하기도 한다.[30] '井'은 우물 '井'字 혹은 도교의 부호인 '井'으로 보는 것이 일반적이지만 지역을 불문하고 출토되므로 농경의례를 비롯한 주술적인 목적,[31] 안압지에서 출토된 용기류에 다양하게 표현된 경우를 예로들어 신라인의 재래신앙이었던 용왕신앙과의 관련 또는 '井'과 공반되는 글자 중에 '川', '大', '山'은 산신과 관련이 있을 것으로 보기도 한다.[32] '𠆢(𠆢)'[33]은 새 신앙과 관련된 상징적인 기호로도 볼 수 있다.

월성해자를 비롯하여 6세기 후반을 전후한 시기의 유적에서 출토된 토기에는 다양한 기호들이 시문되었다. 그 가운데 '山'字와 유사한 기호들은 세로 3획 위에 가로 1획이 어느 위치에 결합되느냐에 따라서 '山'字 혹은 숫자 '卌'의 의미가 될 수도 있고 가로획의 길이와 방향에 따라서는 '圭(규)' 혹은 '主(주)'가 되기도 한다. 이런 유형의 기호는 보고자의 주관이 개입되고, 마땅히 명명할 수 없으므로 편의상 '山' 혹은 '卌'으로 보고하고 있다. 따라서 노동동 12번지 유적에서 출토된 '山' 혹은 '卌'과 유사한 기호를 일곱가지 유형으로 분류하여 경주지역에서 출토된 유사한 기호들을 분류해 보았다(표 4).

'山' 혹은 '卌'과 유사한 기호 26점 가운데 숫자 '卌(삼십)'으로 볼 수 있는 기호는 사라리유적 출토 토기에 시문된 경우가 해당되며, 의외로 출토량이 많지 않다. '山'字와 유사한 기호는 주로 6~7세기대 유적출토 토기에 시문되었으며, 유적의 성격과 관계없이 비슷한 유형들이 확인된다.

6세기대에 들어와서 '山'字와 유사한 유형 등 기호의 종류가 증가하는 것은 토기의 대량생산과 분업화에 따른 결과로 여겨진다. 다만 반전된 '大', 시문 순서가 제각각인 '井', '山'字와 유사한 유형의 기호 증가는 공인이 識字層이 아닌데서 비롯된 미숙한 표현의 가능성도 배제할 수는 없을 것이다.

---

29) 김재홍, 2014, 앞의 논문, p.140. "十자를 새긴 위치가 바닥 외면의 굽 안에 새긴 것은 주술적인 의미이고 굽완 동체부 아래에 새긴 十자는 숫자와 관련하여 해석할 필요가 있다." 보고자에 따라 '十'字와 구분이 혼용되는 등 개인의 주관이 많이 작용한다.

30) 고경희, 1994, 앞의 논문, 「주4의 전게서」.

31) 주보돈, 1997, 「한국 고대의 토기명문」, 『유물에 새겨진 고대문자』, p.59.

32) 하병엄, 2008, 『井'字銘과 古代社會의 儀禮』, 경북대학교 석사학위논문, p.4.

33) 새발자국 모양은 날아가는 새의 형상일 가능성이 있으며, 경주 모량리유적 출토 청동접시 바닥에서도 조족문이 확인되었다.

표 4. '山'字와 유사한 기호의 특징 및 출토유적

	유형	특징	출토유적
1	山	'山'字와 유사 세로 3획과 맞닿은 가로획	월산리유적, 방내리고분군, 월성해자, 구황동 원지유적, 인왕동 556·566번지유적, 북문로 왕경유적
2	卅	'卅'(삼십)과 유사	인왕동왕경유적Ⅱ, 구황동 원지유적, 성동동 201-1번지 유적
3	丌	세로 3획의 끝에 가로획	북문로왕경유적, 화곡리생산유적, 방내리고분군, 월성해자 3호, 월성해자 5호, 인왕동 556·566번지유적
4	⼁⼁⼁	세로 3획 위에 한 방향으로 긴 가로획	월성해자 1, 월성해자 4호, 인왕동왕경유적Ⅱ, 경주박물관미술관부지
5	卅	세로 3획의 중앙을 관통한 가로획 (州, 고을 주)와 유사	북문로왕경유적
6	圭	'圭' 혹은 '主'자와 유사	분황사, 월산리고분, 월성해자 3호
7	州	세로 3획 위에 엇비스듬한 가로획	분황사, 월성해자 5호

2. 토기의 기종

유적의 성격에 따른 기종의 변화, 변화시점 그리고 기호문토기로 선호한 기종이 있는지를 알아보고자 한다.

먼저 유적별 출토 토기의 기종을 보면 고분유적에서는 고배와 뚜껑(63%), 개배(18%)가 많고 파수부배, 발, 단경호, 호류(소호, 대호)가 소량 확인되었다. 예외적으로 황남대총 남분에서는 등잔형토기, 장경호, 연질뚜껑, 연질소호[34] 등의 다양한 기종이 추가로 출토되었다.

월성해자에서도 고배와 뚜껑이 다량 출토되었고, 제기형 접시, 완과 대부완 등이 출토되는 것을 볼 때 토기기종의 변화가 생겼음을 알 수 있다. 특히 고배와 뚜껑, 제기형 접시의 출토는 제사 혹은 의례 용도로 사용되었을 가능성이 높다. 생활유적에서는 고배와 뚜껑의 비율이 조금 줄어들고 완, 대부완, 접시, 옹류, 시루, 병, 호와 기종을 알 수 없는 토기편 등이 출토되어 일상생활용기로 기종이 변화됨을 알 수 있다. 특히 시루나 옹과 같은 큰 기종에 시문된 기호는 시문도구나 시문형식에서 차이를 보인다. 사찰유적에서도 고배와 뚜껑을 비롯하여 대부완, 완, 등잔, 굽이 출토되었다. 생산유적에서는 고배와 뚜껑을 비롯하여 기대, 시루, 병, 잔 등이 출토되어 다양한 기종의 기호문토기가 제작되었음을 알 수 있다.

경주지역 출토 기호문토기의 비율을 보면 619점 가운데 뚜껑 178점(29%), 고배 199점(32%)으로 전체의 61%를 차지한다(표 5). 고배와 뚜껑은 삼국시대부터 제사용토기로 사용되었던 것으로 추정되며, 유적의 성격과 관계없이 출토되는 것은 상징성을 내포하고 있다.

---

34) 연질뚜껑 7점과 연질소호 7점은 표 3의 기타에 포함하였다.

표 5. 유적별 토기 기종

기종 \ 유적	고배	뚜껑	개배배	개배개	완	대부완	토기편	접시[35]	발	유대파수부완	등잔	파배	옹류	시루	병	굽	장경호	호	기타[36]	합계 / 비율
고분유적	58	68	30	7					6	2	2	5					3	2	17	201 / 32%
월성해자	113	78	7		28	15	8	9	4	6	2	1								271 / 44%
생활유적	12	9	2		6	6	6	9			1		6	2	2	2			1	5	69 / 11%
사찰유적	4	1			1	1	2				1					1			1	12 / 2%
생산유적	12	22	4		4	9	8	1		1				1	2				2	66 / 11%
합계	199	178	43	7	39	31	24	19	10	9	6	6	6	3	4	3	3	3	25	619 / 100%

기종의 변화는 월성해자에서부터 이후 생활유적, 사찰유적, 생산유적에서 확인된다. 다만 6세기 말, 7세기 초로 편년되는 고분유적에서는 대부완과 완은 확인되지 않는다. 따라서 토기의 기종과 기호의 시문, 유적의 성격 등이 무관하지 않음을 알 수 있다.

이외에도 고분유적에서는 고배와 뚜껑 등의 세트에서 기호가 확인된다. 월성로고분군에서는 고배+뚜껑, 인왕동고분군에서 일단투창고배+뚜껑, 사라리유적에서 배+뚜껑, 월산리유적에서 일단투창고배+뚜껑, 병+뚜껑, 단경호+뚜껑, 대부발+뚜껑 세트이다. 개배나 유개고배 세트에 표기된 기호 가운데 월성로고분군의 개배세트와 방내리고분군의 단각고배 세트처럼 동일한 기호를 시문한 경우가 있는가 하면 건천휴게소부지내유적의 유개고배와 방내·조전리 고분 출토 단각고배 세트에는 기호가 달리 시문된 예, 그리고 세트로 출토되었으나 뚜껑이나 고배 한 쪽에만 시문된 경우도 있다. 따라서 기호문이 세트 관계의 여부를 표시한 것이라고 확언할 수는 없을 것 같다.

3. 기호의 시문위치

기호문토기 619점 가운데 위치확인이 불가한 37점[37]을 제외한 582점에 대해서 살펴보고자 한다. 기호

---

35) 월성해자에서 출토된 대부접시(제기) 3점이 포함되었다.
36) 공통되지 않거나 출토 수가 적은 기종은 기타에 포함시켰다. 고분유적에는 황남대총 남분과 황오동 381 폐고분 출토 연질 뚜껑 7점, 연질소호 7점, 봉길고분군과 월산리유적 출토 단경호 각 1점, 방내리고분 출토 대부발형토기 1점이 포함되었다. 생활유적에는 경주박물관 미술관부지 출토 대각 2점, 동천동 고대도시유적 출토 잔과 동이류 각 1점, 신라왕경과 황룡사 출토 대부호 각 1점이다. 생산유적에는 화곡리 출토 기대와 잔 각 1점씩이다.
37) 보고서의 도면이나 사진, 내용 등에서 확인되지 않은 것들이다.

표 6. 기종별 기호문의 시문 위치

| | 시문위치 | | | | | | | | | | | 합계 |
| | 동부(신부) | | | | | | | 저부 | | | 기타 | |
	꼭지내부	경부	견부	구연단/드림턱	동상위	동중위	동하위	내저면	외저면	대각/바닥	파수	
전체	9	4	3	51	98	171	125	10	96	10/4	1	582
고배				3	16	65	58	3	13	10/2		168
뚜껑	9			35	54	65	9					172
대부완							20	2	7			29
완						5	3		31			39
기타		4	3	11	28	40	35	5	45	/2	1	174

의 시문위치는 기종과의 상관관계를 알아보고자 함이므로, 기종 전체의 시문위치와 대표되는 기종인 고배와 뚜껑, 대부완과 완을 중심으로 살펴보았다(표 6).

기호의 시문위치는 기종을 막론하고 내면에 시문된 경우는 많지 않으며, 대부분 동부 외면에서 확인된다. 고배의 경우 동중위와 하위에 주로 시문되었고 뚜껑은 동중위와 상위에 시문된 경우가 많다. 다만 고분유적 출토 토기에서는 예외적으로 고배와 뚜껑의 구연단에 시문하거나 고배의 대각에 시문한 예가 있으며, 동일한 기호를 대칭되는 위치에 시문한 예도 있다.

생활유적에서 출토된 대부완과 완의 경우 동하위나 외저면으로 시문위치가 변화됨을 알 수 있다. 기종이 큰 옹, 시루, 동이류의 경우 동상위에 기호를 시문한 것에 대해 공용으로 추정되는 단경호, 동이류, 옹류, 유개합 등은 주로 몸체의 윗부분에 명문을 새겼는데, 이는 명문을 누구나 쉽게 알아볼 수 있도록 한 조치로 인명, 숫자, 부호 등이 주류를 이루는 개인용 토기류의 명문과 뚜렷이 대비되어, 공용 토기의 사용처[38] 용도, 관리주체 등을 표기한 것일 가능성[39]이 큰 것으로 보았다. 따라서 노동동 12번지 유적과 북문로 왕경유적에서 출토된 옹과 시루 등 큰 기종에 시문된 기호는 토기의 사용 용도와 시문위치의 상관관계를 보여주는 예로 볼 수 있다.

기호의 시문위치는 시문목적과 시문할 수 있는 공간 확보와도 관계가 있을 것이다. 예를들어 시문의 목적이 공인의 표시나 수량체크였다면 굳이 눈에 잘 띄는 곳에 시문할 필요가 없을 것이며, 동일한 기호를 대칭되게 시문할 필요 또한 없을 것이다. 〈표 6〉을 보면 고배나 뚜껑의 시문위치는 주로 외면에 잘 보이는 위치이고 대부완이나 완과 같은 기종에서는 외저면에 시문되어 있다. 이러한 현상은 기호의 시문목

---

38) 심광주, 2009, 「남한지역 고구려유적 출토 명문자료에 대한 검토」, 『목간을 통해 본 고대의 사회와 문화』(제6회 한국목간학회 정기발표회논문집), p.106.
39) 여호규, 2010, 「1990년대 이후 고구려 문자자료의 출토현황과 연구동향」, 『한국고대사연구』 57, p.109.

적에 변화가 생긴 것으로 추정되며, 그 예로 앞서 살펴 본 큰 기종에서의 시문위치, 기호의 유형 등을 들수 있다.

대부분 기호는 무문토기에 시문되었지만 문양이 함께 시문된 예[40]도 있다. 삼각집선문+반원점문+'井' 또는 '大'의 조합이 가장 많고, 다변화문+비조문+'×', 국화문+반원점문+'井'의 조합 등이 있다. 이러한 문양들은 6세기 후반에서 마제형문이 나타나는 7세기 중반 시기[41]로 인화문이 토기 전면(全面)에 밀집시문 되기 이전에는 문양과 함께 기호가 시문되었으나, 인화문이 밀집시문 된 이후에는 문양과 겹치지 않게 시문하기 위해서 기호의 위치가 내면으로 옮겨지거나 시문수법에 변화가 생겼을 것으로 판단되나 그 예가 흔하지는 않다.

기호가 시문된 토기의 기종과 기호, 시문위치 등을 고려해 볼 때 6세기 후반을 전후한 시기부터 토기의 기종에 변화가 생기고 그에 따른 기호의 시문목적 또한 함께 변화된 것으로 추정된다. 이러한 현상들은 토기의 대량생산에 따른 분업화가 이루어지면서 기종의 용도를 고려하여 기호를 시문하는 등 기호의 의미가 확대된 것으로 판단된다.

IV. 맺음말

경주 노동동 12번지 유적에서는 삼국시대부터 조선시대까지의 생활유구가 확인됨에 따라 이곳은 통일을 전후한 시기부터 근대에 이르기까지 생활공간으로 사용되었음을 알 수 있다. 출토유물 가운데 신라의 村名으로 추정되는 명문토기를 비롯하여 다양한 기호문토기는 신라 문자자료 확보에 기여하는 바가 크다고 여겨지며, 경주지역 출토 기호문토기의 검토 결과를 정리하는 것으로 맺음말에 대신하고자 한다.

경주지역에서는 4세기 고분유적에서 기호문토기가 처음 출토되었으며, 6세기 후반까지는 고분유적을 중심으로 출토되었다. 기호 가운데 '×', 'Λ(Λ)', '※', '井'은 원삼국시대부터 지역과 관계없이 고분유적 출토 토기에 시문되었다. 이후 '×'와 '井'은 유적의 성격과 관계없이 가장 많이 시문된 기호이며, 특히 월성해자에서 다량 출토되었다. 토기의 기종 역시 유적의 성격, 시기와 관계없이 뚜껑과 고배가 가장 많으며, 기호의 시문위치도 주로 눈에 잘 띄는 외면이다. 따라서 고분유적이나 월성해자와 같은 특수 공간에서 출토된 고배와 뚜껑에 시문된 '×', 'Λ(Λ)', '※', '井' 등의 기호는 시기와 관계없이 벽사나 길상구의 상징적인 의미로 시문되었을 가능성이 클 것으로 여겨진다.

6세기 후반 이후부터 월성해자를 비롯한 생활유적에서는 고배, 뚜껑은 물론 대부완, 완, 시루, 옹 등 토기의 기종이 다양해지면서 기호의 시문위치도 기종에 따라 변화가 생겼다. 기호의 종류도 '山'字와 유

---

40) 송계현, 앞의 논문, p.187. "토기에 새겨진 기호가 줄어드는 것은 토기의 대량생산체제는 유지되면서 문양이 공인의 구분을 가능하게 하였기 때문에 나타나는 현상으로 볼 수 있다."

41) 이동헌, 2008, 「인화문 유개완 연구」, 부산대학교 대학원 고고학과 석사학위논문, p.113.

사한 유형을 비롯하여 '⩔', 'ᛦ', 'ᛉ', 'ᛇ' 등 기종과 사용 용도에 따라 다양해졌다. 이러한 현상은 토기의 대량생산과 분업화, 그리고 공인(집단)의 증가로 인해서 기호의 기능이 확대된 양상으로 판단된다.

기호의 시문은 인화문 초기단계까지는 이어졌으나 인화문이 유행됨에 따라 토기의 성형단계에서 기호를 시문하는 수법은 쇠퇴하고, 토기의 소성 이후 혹은 소비처에서 표기 가능한 시문방법으로 변화되었을 것으로 추정된다. 이러한 예가 많지 않으므로 앞으로 더 많은 자료가 집적되기를 기대할 따름이다.

투고일: 2016. 4. 21.　　　심사개시일: 2016. 5. 2.　　　심사완료일: 2016. 6. 2.

참/고/문/헌

경상북도문화재연구원, 2005, 『경주 봉길고분군Ⅰ』.

경주대학교박물관, 2009, 『경주 동천동 고대 도시유적 −경주시 택지조성지구 내 7B/L−』.

경주시, 1974, 『천마총발굴조사보고서』.

고경희, 1994, 「신라 월지 출토 재명유물에 대한 명문 연구」, 동아대학교대학원 석사학위논문.

국립김해박물관, 2004, 『영혼의 전달자』 특별전도록.

국립경주문화재연구소, 1990, 『월성해자 발굴조사보고서Ⅰ』.

국립경주문화재연구소, 1995, 『건천휴게소신축부지 발굴조사보고서』.

국립경주문화재연구소, 1996, 『경주 방내리고분군(출토유물)』.

국립경주문화재연구소, 1997, 『경주 방내리고분군(본문)』.

국립경주문화재연구소, 1998, 『경주 방내·소선리고분군』.

국립경주문화재연구소, 2001, 『신라왕경』.

국립경주문화재연구소, 2002, 『경주 인왕동 고분군 668−2번지』.

국립경주문화재연구소, 2003, 『경주 월산리유적』.

국립경주문화재연구소, 2003, 『경주인왕동 556·566번지유적』.

국립경주문화재연구소, 2004, 『월성해자 발굴조사보고서Ⅱ』.

국립경주문화재연구소, 2004, 『경주손곡동·물천리유적』.

국립경주문화재연구소, 2005, 『분황사 발굴조사보고서Ⅰ』.

국립경주문화재연구소, 2008, 『경주 구황동 황룡사지전시관 건립부지내 유적 발굴조사보고서』.

국립경주문화재연구소, 2011, 『월성해자 발굴조사보고서Ⅲ』.

국립경주문화재연구소, 2012, 『월성해자 발굴조사보고서Ⅳ』.

국립경주문화재연구소, 2012, 『동궁과 월지Ⅰ 발굴조사보고서』.

국립경주문화재연구소, 2014, 『경주 동궁과 월지 발굴조사보고서Ⅱ』.

국립경주문화재연구소, 2015, 『분황사 발굴조사보고서Ⅱ』.

국립경주문화재연구소, 2004, 『월성해자 발굴조사보고서Ⅱ』.

국립경주박물관, 1990, 『경주시 월성로 고분군』.

국립경주박물관, 2002, 『국립경주박물관부지 발굴조사보고서』.

國立慶州博物館, 2002, 『文字로 본 新羅』 특별전도록.

국립경주박물관, 2014, 『경주 계림로 고분군2』.

國立中央博物館, 2011, 『文字, 그 이후』 특별전도록.

국립청주박물관, 2000, 『한국 고대의 문자와 기호유물』 특별전도록.

김재홍, 2014, 「신라왕경 출토 명문토기의 생산과 유통」, 『한국고대사연구』 73.

동국대학교 경주캠퍼스 박물관, 2002, 『경주 황남동 376 통일신라시대 유적』.

문화공보부 문화재관리국, 1984, 『안압지 발굴조사보고서』.

문화재관리국 문화재관리국, 1985, 『황남대총 북분』.

문화재관리국 문화재관리국, 1994, 『황남대총 남분』.

문화재관리국 문화재연구소, 1984, 『황룡사』.

박방룡, 2013, 「慶州 城乾洞 677番地 出土 銘文土器」, 『東垣學術論文集』 第14輯.

부산광역시립박물관 복천분관, 1997, 『유물에 새겨진 古代文字』 특별전도록.

성림문화재연구원, 2006, 『경주 금장리유적』 제4책.

성림문화재연구원, 2012, 『경주 화곡리 생산유적』 제73책.

성림문화재연구원, 2014, 『경주 인왕동 왕경유적Ⅱ』 제91책.

宋桂鉉, 2000, 「加耶·新羅의 文字와 記號遺物」, 『한국 고대의 문자와 기호유물』.

신라문화유산연구원, 2009, 『왕경유적 –경주 성동동 201–1번지 유적』.

심광주, 2009, 「남한지역 고구려유적 출토 명문자료에 대한 검토」, 『목간을 통해 본 고대의 사회와 문화』 (제6회 한국목간학회 정기발표회논문집).

余昊奎, 2010, 「1990년대 이후 고구려 문자자료의 출토현황과 연구동향」, 『한국고대사연구』 57.

영남문화재연구원, 1999, 『사라리유적Ⅰ』.

영남문화재연구원, 2007, 『사라리유적Ⅲ』.

울산대박물관, 2000, 『경주 봉길고분군Ⅰ』.

이건무 외, 1989, 「창원 다호리유적 발굴조사보고(Ⅰ)」, 『고고학지』 1.

이동주, 2013, 「경주 화곡 출토 在銘土器의 성격」, 『목간과 문자』 10.

李泳鎬, 2010, 「新羅의 新發見 文字資料와 硏究動向」, 『韓國古代史硏究』 57.

주보돈, 1997, 「한국 고대의 토기명문」, 『유물에 새겨진 고대문자』.

中村浩, 1982, 『須惠器』 考古學ライブラリ.

차순철, 2009, 「경주지역 명문자료에 대한 소고」, 『목간과 문자』 3.

최순조, 2013, 「국립경주박물관 남측부지 유적 출토 신명문자료」, 『목간과 문자』 10.

하병엄, 2008, 「『井』字銘과 古代社會의 儀禮」, 경북대학교 교육대학원 석사학위논문.

한국문화재보호재단, 1999, 『경주 경마장 예정부지 C–1지구 발굴조사 보고서』.

한국문화재보호재단, 2003, 『경주 북문로 왕경유적』.

〈Abstract〉

A Consideration on Silla Potteries with Symbol Inscription
− Focusing on the historic site in Gyeongju Nodong−dong 12 −

Son, Myeong−soon

An analysis of the 133 pairs of potteries with symbols which have been excavated from Nodong−dong 12 in Gyeongju has put in three types by their inscriptions, and found that 103 pieces (77%) have symbols inscribed with a sharp tool, and that the types of potteries are mainly short foot mounted cups (50 pieces) and lids (24 pieces). Among the symbols the '井' is the most (33 pieces), the symbol similar to the character '山(mountain)', and some symbols inscribed are specific to the pottery type. With these findings this study attempts to examine and determine the characteristics of the symbols inscribed in the 619 pieces of potteries which have been excavated from 28 sites in Gyeongju.

In Gyeongju region the first symbol inscribed pottery was excavated from the ancient tomb site of the fourth century, and before the late sixth century the symbols were inscribed mainly in mounted cups and lids. The symbols 'X', 'Λ(∧)' and '井' were inscribed as early as the Three Kingdoms Period regardless the regions.

From the late sixth century in the dwelling sites including the Weolseong Moat there were various potteries found such as mounted cups, footed bowls (Daebuwan), steamers (Siru) and jars. The symbols also became diverse: '井', 'X', '大', and a symbol similar to the character '山'. The symbols inscribed on large potteries such as pots and jars became diverse too. These phenomena can be due to the mass production of potteries, division of labor and the expansion of public (group), which led to the expansion of the functions of symbols.

Until the late seventh century patterns and symbols were inscribed together, however, with the popularity of stamped designs and dense patterns the inscription of symbols seemed to be declined. After that, symbols were not inscribed at the pottery production stage, rather they were marked at the consumption places with a black (red) ink writing or with a shallow draw at the bottom of the pottery. This change seems to keep the tradition of inscribing in potteries remain in existence.

▶ Key words: Gyeongju, symbol−inscribed pottery, Earthenware with letters, ancient tomb sites, residential site

삼한일통의식의 형성 시기에 대한 고찰
-일본서기 '삼한' 기사의 분석을 중심으로-

노태돈[*]

〈국문초록〉

　삼한일통의식이 7세기 말 8세기 초에 형성되었다는 기존 설을 부정하고, 이 의식이 9세기 후반에 형성되었다고 여기는 설이 제기되었다. 이에 대해 720년 편찬된 일본서기에 기술된 삼한 기사를 검토하여, 신라에서 삼한 의식이 언제 형성되었는지를 살펴보았다. 일본서기에 기술된 '삼한' 기사를 검토하면 다음과 같은 특징이 있다. 즉 '삼한'은 삼국을 뜻하며, 삼국은 모두 일본에 시종 종속적인 번국(蕃國)이었다고 여기었다. 그런데 이런 인식은 빨라도 7세기 중반 이후에 형성된 것이었다. 645년에 일어난 대화개신(大化改新) 직후, 왜국 조정이 고구려 사절에게 전한 말에서 고구려왕을 신의 아들(神子)이라 표현하여 공경하는 자세를 보였다. 그리고 일본서기 천지(天智) 원년(662) 12월조에 기술된 '삼한'을 언급한 기사의 일부는 중국 책 문선(文選)의 서도부(西都賦)의 기사를 원용한 것이다. 그러면서 서도부의 '구주(九州)'라는 단어를 일본서기에서는 '삼한'으로 바꾸어 기술하였다. 수·당대의 삼한 용례에서는 찾아보기 어려운 예이다. 삼한을 구주(九州)나 천하와 같은 뜻으로 여기는 이러한 일본서기의 '삼한' 개념은 신라로부터 도입한 것임을 확인할 수 있다. 한편 그 뒤 삼국통일전쟁을 거치면서 일본의 삼국에 대한 인식에 변화가 생겼다. 668년 신라가 일본과 국교 재개를 한 뒤, 669년부터 신라가 당과 교전을 벌림에 따라, 신라는 일본의 지원을 바라게 되었고, 최소한 일본의 중립을 유지키 위해 진력하였다. 그런 가운데서 일본은 신라에 대해

---

*　서울대 명예교수

우월적 입장을 취하였다. 그런 일본을 달래려고 신라는 물자를 보내는 등 저자세 외교를 감수하였다. 아울러 백제 땅이었던 금마저에 자리 잡은 고구려 유민의 나라인 소고구려도 신라의 통제 하에서 일본과 교섭하면서 시종 저자세를 취하였다. 676년 신라와 당 간의 군사적 대결이 휴전 상태가 된 이후에도 이런 측면은 당분간 지속되었다. 이런 신라와 소고구려의 일본과의 교섭 양태와, 그리고 일본 열도로 이주해 간 삼국 주민들의 열악한 형편은 당시 일본인들의 삼국에 대한 인식에 영향을 주었다. 삼국 모두 일본에 굴종적인 약소한 나라들이라는 인식이 그것이다. 그런 인식이 역사 서술에 반영되어, 거슬러 삼국과 일본과의 교섭 초기부터 그러하였다는 식의 기술을 낳게 하였다. 이런 식의 인식이 성립한 것이 언제 부터인가를 생각할 때, 유의되는 것이 신공황후전설에 대한 고사기와 일본서기 간의 기술의 차이이다. 720년에 편찬된 일본서기에선 신공황후가 신라를 원정하니, 삼한(三韓) 즉 삼국 모두가 항복해왔다고 하였다. 그에 비해 712년에 간행된 고사기(古事記)에서는 신라와 백제가 신공황후에게 항복하였다고 하였다. 삼국을 삼한으로 지칭하고, 삼한이 시종 일본의 종속국이라는 서술이 등장한 것이 720년 이후였음을 말해준다. 곧 삼국을 삼한이라고 칭하고 그것이 신라로 통합되었다는 신라인의 인식이 7세기 후반 이후 일본에 전해졌고, 다시 그러한 삼한이 거슬러 이른 시기부터 일본에 종속국이었다는 식으로 일본식의 삼한 인식을 형성하게 되었던 것이다. 이를 통해 역으로 신라에서 삼한일통의식이 7세기 종반에는 형성되었음을 추단할 수 있다.

▶ 핵심어: 신공황후전설, 삼한일통의식, 대화개신, 고려신자(高麗神子), 번국(蕃國), 고사기, 일본서기

I. 머리말

삼국의 주민들이 서로 간의 관계를 동질성을 지닌 동족으로 여기는 의식을 표방한 것이 언제부터인가. 이와 연관하여 필자는 고구려 백제 신라를 三韓이라 한 표현에 주목하여, 그 표현에 담긴 당시인의 의식을 검토한 적이 있다. 즉 삼국을 같은 韓의 범주로 지칭한 것은 곧 삼국인을 아우른 차원의 동족의식의 표현으로 볼 수 있음을 논하고, 그것은 7세기 대에 진행되었던 삼국 간의, 그리고 일본 및 당과의 전쟁을 거치면서 형성된 것이라고 파악하였다. 곧 7세기 종반에는 삼한일통의식이 표면에 등장한 것으로 보았다.[1]

그 뒤 삼한에 관한 자료가, 특히 고구려·백제 유민들의 묘지명 등이, 꾸준히 발굴되었고 그에 관한 논저가 국내외에서 이어졌다. 아울러 삼한일통의식에 관한 논란이 전개되었다. 근래 나의 기존 견해에 대해 따가운 비판이 제기되었다. 그것은 두 방향에서 제기되었다. 하나는 삼한일통의식을 낳은 7세기 전쟁이 삼국통일전쟁인가 아니면 백제 통합전쟁으로 보아야 하는가에 대한 문제 제기였다. 실제 역사상은 후

---

[1] 노태돈, 1982, 「삼한에 대한 인식의 변천」, 『한국사연구』; 1998, 『한국사를 통해본 우리와 세계에 대한 인식』 재수록.

자이었으므로, 삼한일통의식은 명분과 실제가 괴리된 허위의식에 불과하였다는 것이다. 이에 대해선 비판과 응답을 주고받은 바 있다.[2]

그 뒤 제기된 다른 한 비판은 삼한일통의식의 형성 시기에 초점을 둔 것이다. 즉 삼한일통의식은 9세기 후반에 들어 비로소 생성되었다고 주장하였다.[3] 한편 그 주장에 대한 비판도 제기되었다.[4]

이에 삼한일통의식의 형성 시기에 대해 재론해보고자 한다. 논의의 초점을 720년에 편찬된 일본서기에 보이는 '삼한' 기사의 검토에 두고, 이를 통해 신라에서 삼한일통의식의 형성 시기를 미루어 추단하는 식으로 전개해보려 한다.

II. 일본서기의 '三韓' 기사 검토 - '삼한'의 용례

일본서기에는 14곳에 '삼한'을 언급한 기사가 있다.[5] 그중 첫머리에 나오는 것이 다음의 기사이다.

> [용례-①] 이때 고려 백제 두 나라 왕이 신라왕이 圖籍을 들어 일본국에 항복한 것을 듣고 가만히 영을 내려 일본의 군세를 엿보게 하였는데, 그 세력이 이길 수 없는 것임을 알았다. 스스로 일본군 군영에 와서 머리를 조아리고 항복하여, 앞으로 영원히 西蕃이 되어 조공을 하겠다고 하였다. 이로 인해 內官家屯倉을 정하였다. 이것이 소위 **삼한**이다(是所謂之三韓). 황후는 신라에서 돌아왔다.[神功皇后 攝政前紀 9년 11월 조][6]

---

2) 김영하, 2009, 「7세기 후반 한국사의 인식문제」, 『한국사연구』 146; 2010, 「일통삼한의 실상과 의식」, 『한국고대사연구』 59; 2011, 「신라통일론의 궤적과 함의」, 『한국사연구』 153.
   노태돈, 2011, 「7세기 전쟁의 성격」, 『한국사연구』 154.
3) 윤용진, 2012, 「三國史記 地理志 수록 군현의 三國 分屬」, 『韓國史學報』 47.
   윤용진, 2013, 「청주 운천동 사적비의 건립 시기에 대한 재검토」, 『史林』 45.
   윤용진, 2013, 「新羅 太宗(武烈王) 諡號 논변에 대한 자료적 검토; 原典에 대한 이해를 중심으로」, 『역사와 實學』 51.
   윤용진, 2013, 「新羅 中代 太宗(武烈王) 諡號의 追上과 재해석」, 『韓國史學報』 53.
   윤용진, 2014, 「신라 통일기 금석문에 나타난 천하관과 역사의식: 삼한일통의식의 성립 시기 고찰」, 『사림』 49.
   윤용진, 2014, 「三韓 인식의 연원과 통일전쟁기 신라의 천하관」, 『東方學志』 167, 2014.9.
   윤용진, 2015, 「신라 興德王代 체제 정비와 김유신 追封−三韓一統意識 출현의 일 배경」, 『史林』 52.
   윤용진, 2015, 「신라 神武−文聖王代의 정치변동과 三韓一統意識의 출현」, 『신라문화』 45.
4) 전진국, 「삼한에 대한 호칭과 그 인식」(한국사연구회 2016년 3월 월례 발표 요지).
5) 이들 기사 각각에 대해선 아래 논문들에서 구체적으로 논급하였다.
   塚口義信, 1969, 「三韓の用語に關する一考察(上, 下)」, 『日本歷史』 158・159.
   坂田隆, 1989, 「三韓に關する一考察」, 『東アヅアの古代文化』 59.
   高寬敏, 1997, 「日本書紀の三韓」, 『古代朝鮮諸國と倭國』.
   金辰, 2015, 『三韓 用例からみた日本書紀における朝鮮認識の一特質』東京大 碩士論文(2015年).

이 기사에서 '三韓'은 고구려 백제 신라를 의미한다. 그리고 삼한을 구성하는 삼국은 일본에 종속되어 조공을 받치는 번국이라는 인식을 담고 있다. 그리고 "是所謂之三韓"이라 하여, 삼한에 대해 이러 저러한 언급들이 있었는데 삼한이란 이런 뜻이라고 하여 그 개념을 규정하였다. 이 규정에는 삼한 즉 삼국을 상사한 성격을 지닌 나라들로 여기고, 모두 일본에 조공해온 蕃國으로 간주하려는 의식이 개재되어 있다.

이어 응신기 이후에 보이는 '삼한' 기사를 차례로 제시하면 아래와 같다.

> [용례-②] 天皇 以皇后討新羅之年 歲次庚辰冬十二月 生於筑紫之玟田…初天皇 在孕而 天
> 神地祇授三韓 [應神 卽位前紀]

이에서의 '삼한'은 삼국을 의미한다. 위의 기사 용례-①의 '삼한'이 원래 전승에서는 신라로 기술되어 있던 것을[7] 뒤에 가필되어 바뀌었는데, 그때 용례-②의 '삼한'도 함께 신라에서 삼한으로 바뀌었다고 여겨진다.

> [용례-③] 遣武內宿禰於筑紫 以監察百姓 時武內宿禰弟甘美內宿禰 欲廢兄 卽讒言于天皇
> 武內宿禰常有望天下之情 今聞 在筑紫而密謀之日 獨裂筑紫 招三韓令朝 於己
> 遂將有天下 [應神紀 九年 四月條]

③의 '삼한'은 위의 신공기의 삼한과 같은 의미를 지닌 것이라고 해야겠다.

> [용례-④] 天皇勅大連曰 大將軍紀小弓宿禰 龍驤虎視 旁眺八維 掩討逆節 折衝四海 然則
> 身勞萬里 命墜三韓 宜致哀矜 充視葬者 [雄略紀 9年(465) 五月條]

紀小弓宿禰는 雄略의 명으로 신라에 대한 군사작전에 참가하였다가[8] 그곳에서 병사하였다. 그런만큼 ④의 '삼한'은 직접적으로는 신라를 의미한다. 신라는 ①의 삼한의 일부이니, 이에서 삼한이라 칭한 것이다.

---

6) 『日本書紀』 神功皇后 攝政前記 9年 10月 條.
　　於是 高麗百濟二國王聞 新羅王收圖籍 降於日本國 密令伺其軍勢 則知不可勝 自來于營外 叩頭而款曰 從今以後 永稱西蕃 不絶朝貢 故因以 定內官家屯倉 是所謂之三韓也
7) 『日本書紀』 神功皇后 攝政前記 9年 12月 辛亥條.
　　"一云(中略) 神謂天皇曰 汝王如是不信 必不得其國 唯今皇后懷妊之子 蓋有獲歟. 是夜天皇忽病發以崩之"
8) 『日本書紀』 雄略紀 9年 3月條.

[용례-⑤] 紀生磐宿禰 跨據任那 交通高麗 將西王三韓 整脩宮府 自稱神聖… 築帶山城 距
守東道 斷運糧津 令軍饑困 百濟王大怒 云云 [顯宗紀 3年(487) 是歲條]

이 기사는 임나에 파견된 紀生磐宿禰가 고구려와 교통하고 백제에 대항하면서 독자적인 세력을 구축하여 장차 서쪽 삼한 지역에서 왕업을 이루려다 실패하고 일본으로 돌아갔다는 내용의 기사이다. 이에서 '삼한'이란 한반도 지역을 가르킨 것이라고 여겨진다.

[용례-⑥] 壬辰朔 天皇以新羅寇於任那 詔大伴金村大連 遣其子磐與狹手彦 以助任那 是時
磐留筑紫 執其國政 以備三韓 狹手彦往鎭任那 加救百濟 [宣花紀 3年(537) 10月
條]

신라의 팽창에 대응하기 위한 조처를 말한 기사이다. 이에서 '삼한'이란 직접적으로는 신라를 가르키는 듯 하며,[9] 한반도의 여러 상황에 대비한다는 의미로 보면 '삼한'은 한반도의 여러 나라들(삼한)의 한 부분으로서의 신라를 뜻한다고 볼 수 있다.

[용례-⑦] 且夫遠自天竺 爰自三韓 依敎奉持 無不尊敬 有是百濟王臣明 謹遣陪臣 怒唎斯
致契 奉傳帝國 流通畿內 云云 [欽明紀 十三年(552) 十月條]

백제 성왕대 왜국에 불교를 전파한 사실을 전한 기사이다. 이에서의 삼한은 백제로 보아야 할 것이다.

[용례-⑧] 丁丑 遣大別王與小黑吉士 宰於百濟國(王人奉命 爲使三韓 自稱爲宰 言宰於韓
蓋古之典乎 如今言使也 餘皆傚此 大別王未詳所出也) [敏達紀 六年(577) 五月
條]

'삼한'에 파견된 사신을 '宰'라고 불렀다는 전승을 설명한 기사다. 신라에 파견한 왜왕의 관인도 宰라하였다.[10] 그런 만큼 이 글의 '삼한'은 백제만을 의미치 않는다. 백제와 신라 등 한반도의 여러 나라를 가르킨다.

[용례-⑨] 改修理難波大郡及三韓館 [舒明紀 2年(630) 是歲條]

---

9) 高寬敏, 1999, 「日本書紀の三韓」, 『古代朝鮮諸國と倭國』.
10) 『日本書紀』神功皇后 攝政 前期 9年 12月 辛亥條 .
"一云(中略)卽留一人 爲新羅宰而還之…則王妻與國人 共議之殺宰 云云.

難波에 있는 삼한관을 수리하였다는 기사. 삼한관이란 것은 삼국 사신이 왜국에 왔을 때 머물렀던 숙소이니, 이에서 말하는 '삼한'은 삼국을 말한다고 하겠다.

[용례-⑩] 甲辰 中大兄密倉山田麻呂臣 曰 三韓進調之日 必將使卿讀唱其表 遂陳欲斬入鹿
之謀 麻呂臣奉許焉 [皇極紀 四年 六月條]

[용례-⑪] 戊申 天皇御太極殿…入鹿臣 咲而解劍 入侍右座 倉山田麻呂臣 進而讀唱三韓表
文 [同上]

⑩과 ⑪은 을사년(645) 中大兄 왕자와 中臣鎌足 등이 蘇我入鹿을 처단하며 政變을 일으키는 과정을 서술한 것이다. 이에서 전하는 '삼한'은 신라 또는 백제를 가르킨다. '삼한이 조공하는 날', 그리고 '삼한의 표문'을 기술하여, 삼한이 왜국에 조공을 바치는 번국임을 기술하였다.

[용례-⑫] 壬子朔 遣於三韓(三韓 謂高麗 百濟 新羅)學問僧 [孝德紀 大化四年 二月 條]

학문승을 삼한에 보냈다면서, 分注로 삼한은 고려 백제 신라라고 하였다. 위의 기사의 분주는 1540년에 만든 寫本인 卜部兼右本에 따른 것이다. 그런데 이 分注는 편찬 당시의 것이 아니라 후대에 추가로 적어 넣은 것으로 보는 견해가 많다. 그런 만큼 이 분주는 삼한 용례의 검토 대상에서 유보한다. 그런데 일본서기에 의하면 대화 4년을 전후한 시기에 삼국과 왜국 사이에 사신왕래에 이어졌음을 볼 때, 본문의 '삼한'은 삼국을 뜻한다고 여겨진다.

[용례-⑬] 丙戌朔 百濟王豊璋 其臣佐平福信等…議曰 今可遷於避城 避城者 西北帶以古連
旦涇之水 東南據深泥巨堰之防 繚以周田 決渠降雨 華實之毛 則三韓之上腴焉
衣食之源 則二儀之陳區矣 雖曰地卑 豈不遷歟 [天智紀 元年(662) 十二月 條]

백제 부흥전쟁 중 부여풍 등과 왜군 장수들이 척박한 주류성에서 기름진 들판을 끼고 있는 평지성인 피성으로 천도할 것을 논의 하는 내용이다. 위의 기사는 『文選』 권1의 西都賦의 문장을 이용해 윤색한 것이다. '삼한'에 대응하는 西都賦의 해당 부분 단어는 '九州'이다. 九州 즉 천하에서 가장 기름지다는 뜻을 삼한에서 가장 기름진 곳이라고 표현하였다. 이에서 '삼한'은 직접적으로는 백제를 지칭하지만, 文飾的 표현의 맛을 살려 풀이하자면 백제를 포함하여 보다 넓은 공간적 범위로서 삼한이 되겠다. 즉 이에서의 백제는 삼한의 한 부분으로서의 백제이다.

[용례-⑭] 詔三韓諸人曰 先日復十年調稅既訖 且加以歸化初年俱來之子孫 並課役悉免焉.
[天武紀 十年(681)八月條]

이에서의 '삼한'은 삼국통일전쟁으로 일본에 망명하여 정착하였던 백제유민과 고구려 유민과 그리고 전쟁의 와중에 이런 저런 사유로 이주해간 신라인을 통칭한 것으로 여겨진다. '삼한'은 삼국을 뜻한다.

이상의 용례를 통해 '삼한'의 의미를 그 지칭 대상에 의거해 살펴보면, 용례 ①, ②, ③은 고구려·백제·신라 등 삼국을 뜻한다. 그리고 많은 사례는 '삼한'이 삼국 중 어느 한 나라나 두 나라를 뜻하는 경우이다. 또 포괄적으로 한반도 지역 또는 방면을 지칭하는 예도 보인다. 즉 '삼한'이 고구려 백제 신라의 지역과 주민을 포괄해서 지칭하며, 때로는 그런 공간과 주민의 일부를 지칭하여 삼한이라 하기도 하였다. 그런데 삼국 중 한 나라나 두 나라를 뜻하는 경우도, 지칭하는 그 부분만이 대상이 되는 것이 아니라, 삼한 전체의 일부분이라는 의미를 내포하고 있다. 가령 기사에서 '삼한'이 백제를 지칭하는 경우에도, 삼한의 한 부분으로서의 백제이라는 의미를 함축하고 있다. 이런 용례는 삼한이 삼국을 통괄하여 지칭한 개념이며, 때로는 삼한(삼국)의 일부인 고구려나 백제 신라 중 한 나라를 지칭하기도 하였던 7세기 수·당대의 삼한 용례[11]와도 통하는 바이다.

한편 일본서기의 삼한 용례에서 보이는 특징적인 면은 '삼한'이 일본에 조공하는 번국이라고 여기는 점이다. 일본서기의 초반 부분인 신공기에서 고구려 백제 신라가 삼한이고, 삼한은 곧 일본의 번국이라고 그 성격을 규정하였다. 그런 규정은 일본서기의 '삼한' 기사 전부에 걸쳐 관철되어졌다.

III. '三韓' 개념의 정립 시기

일본서기의 '삼한' 기사는 그 紀年과 사실성에서 많은 의문을 안고 있다. 이에서는 '삼한' 기사 개개의 사실성 검토는 차치하고, 위에서 살핀 '삼한' 개념이 언제 생성되었던가를 살펴보고자 한다. 먼저 신공기 9년조에서 삼한이 고구려 백제 신라를 가르키고, 모두 조공국이라고 하였다. 고구려가 왜의 조공국이라는 인식이 성립한 것은 언제인가를 살펴보자.

乙巳의 變 직후 즉위한 왜왕 효덕은 645년 7월 대신을 보내 고구려사신에게 詔을 내려 말하기를 "과거는 짧으나 앞날은 길다. 그러므로 천황이 보낸 사신과 고구려 신의 아들이 받들어 보낸 사신은 온화한 마음으로 서로 이어 왕래할 만하다"고 하였다. '高麗神子' 등 상대방에 대한 尊崇心을 나타낸 표현은 번국을 대하는 자세는 아니다. 적어도 대등국 간의 관계를 나타낸 것이다. 고구려 사신에게 보낸 詔는 같은 날 백제 사신에게 보낸 詔와는 크게 차이가 난다. 후자는 백제를 번국으로 여기는 의식을 나타낸 것이었다.[12] 즉 이시기까지 고구려를 조공국으로 여기는 인식이 형성되지 않았음을 말한다. 자연 일단 孝德紀

---

11) 노태돈, 「삼한에 대한 인식의 변천」.

12) 『日本書紀』 孝德天皇 大化 元年 秋7月 丙子.

巨勢德太臣 詔於高麗使 日 明神御宇日本天皇詔旨 天皇所遺之使 與高麗神子奉遺之使 既往短而將來長 是故 可以溫和之心 相繼往來而已 又詔於百濟使日 明神御宇日本天皇詔旨 始我遠皇祖之世 以百濟國爲內官家 譬如三絞之綱 中間以任那國 屬賜 百濟 後遺三輪栗隈君東人 觀察任那國堺 是故百濟王隨勅 悉示其堺 而調有闕 由是 却還其調 任那所出物者 天皇之所明覽 夫

이전의 기록에서 보이는 '삼한' 언급 자체는 그 사실성이 부정되는 바이다. 비록 그들 기사의 내용에 관한 어떤 전승이 그 전부터 있어왔다 하더라도, 그것을 '삼한'이란 개념으로 표현하는 그런 형태의 인식은 성립되지 않았었다.

그 다음 '삼한' 관의 성립 시기를 가름하는 자료로서 신공황후 전설이 유의된다. 신공황후전설의 형성 시기에 대해서는 다양한 견해들이 있는데, 대체로 血緣的으로 息長氏와 관계가 있는 舒明~皇極 대에 형성되었을 것으로 추정하는 견해가 유력하다.[13] 물론 모든 전설 신화가 그러하듯 신공전설 또한 그 뒤에도 부분적인 첨삭과 윤색이 계속되었을 수 있고, 일본서기에 문자로 정착된 것이 그 최종 버전이라고 할 수 있다. 신공황후전설에 관한 서술에서 712년에 편찬이 완료된 고사기와 720년 편찬된 일본서기 내용 간의 차이점이 유의되는 바이다. 후자에선 신공황후의 신라 정벌에 놀란 백제왕과 고구려왕이 일본군영에 와 항복하였다고 하였다. 그래서 삼국이 内官家屯倉이 되었다고 하였다. 그에 비해 고사기에서는 이 정벌로 신라국을 御馬甘으로, 백제국은 渡屯家로 삼았다고 하였다.[14] 고구려에 대한 언급이 없다. 자연 삼국을 '삼한'이라 한 언급도 없다.

고사기와 일본서기 간의 이런 차이는 곧 712년까지 아직 일본서기 신공기에 보이는 '삼한' 개념이 확립되지 않았음을 말하는 바이다. 일본서기에는 위의 사례-① 신공기 9년조 이래로 14개의 '삼한'을 운위한 기사가 있다. 일본의 편사사업은 천무 10년 帝記와 상고시기의 여러 일들을 기술하고 정하게 한 이래로 養老 4년 일본서기의 완성까지 39년이 걸렸다. 이처럼 장기간에 걸친 편사 작업은 斷續을 거듭하며 진행되었다.[15] 그 마지막 단계로 和同 7년(714) 2월에 紀朝臣淸人과 三宅臣藤麻呂에게 국사를 찬술토록 하였다.[16] 그간 작성되었던 諸天皇紀에 追補하고, 윤문과 첨삭을 더하였다. 아마도 이때 '삼한' 기사가 첨가되거나 다른 용어를 '삼한'으로 대체하는 등의 윤문이 이루어졌던 것 같다.[17]

한편 이에 대해 일본서기 삼한 기사는 종전부터 내려오던 자료에 의거하여 정리한 것으로서 그 원 자료에 이미 삼한 기사가 있었을 수 있고, 그러면 '삼한'개념은 720년보다 훨씬 이전에 성립되었을 수 있다는 주장이 제기된 바 있다.[18] 그런데 이에 대해선 앞 장에서 언급하였듯이 일본서기 '삼한' 개념의 특징적인 면으로는 두 요소가 있는데, 그중 하나가 삼한이 삼국을 뜻한다는 것이고, 다른 하나는 삼국 모두가 일본에 조공하는 蕃國이라고 주장하였다는 점이다. 앞서 논하였듯이 사례-⑩과 ⑪의 '삼한'은 뒷 시기에 첨가한 것이다. 요컨대 고구려가 일본에 조공하게 되고 그에 따라 고구려에 대한 인식이 변화한 이후가

自今以後 可具題國與所出調 汝佐平等 不易面來 早須明報 今重遣三輪君東人 馬飼造 闕名.

13) 塚口重信, 1980, 「神功皇后傳說の 形成とその意義」, 『神功皇后傳說の 形成』.
　　淸祐義人 1993, 「神功皇后の新羅征討傳承について」, 『古代研究』 25.

14) 『古事記』 中卷 仲哀天皇.

15) 山田英雄 著, 이근우 옮김, 『日本書紀入門』, pp. 29~59 참조.

16) 『續日本紀』 卷6 和銅 7年 2月 戊戌條 "詔從六位上紀朝臣淸人正八位下三宅臣藤麻呂 令撰國史"

17) 高寬敏, 1997, 앞의 논문; 金辰, 2015, 앞의 논문.

18) 塚口重信, 1969, 「三韓の用語に關수する一考察(上)」, 『日本歷史』 158.

되어야 '삼한' 개념을 담은 용어 사용이 가능해지기 때문이다. '삼한'이 등장하는 용례-⑭ 천무 10년 조의 기사의 경우, '삼한' 용어를 사용하였을 가능성도 있다. 그렇지만 '삼한'이 공식적인 용어로 일반화되지는 않았던 같다. 그러려면 고사기의 神功기사에도 '삼한'이나 고구려의 복속을 기술한 내용이 나와야 할 것이다. 그리고 천무 12년 정월 병오에 '이날 小墾田의 춤과 고려·백제·신라 三國樂을 조정에서 연주하였다'고 함에서 보듯 삼한이란 용어보다 고려·백제·신라의 삼국악이라 표현코 있다.[19] 이 역시 삼한이란 용어가 공식화되지 못한 면을 보여준다. '삼한'이란 용어는 714년 이후 일본서기 편찬의 최종 단계에서 공식 용어로 자리 잡았던 것으로 여겨진다.

그러면 이어서 '삼한' 개념이 당대의 일본인들 사이에서 생성되어진 시대적 배경이 어떠하였으며, 또 삼한이란 용어가 어떻게 수용되어졌는지에 대해 살펴보자.

IV. '三韓' 蕃國觀의 형성 배경

1. 7세기 후반 신라와 일본의 관계

663년 백제 부흥전쟁에서 혈전을 벌였다던 바 있던 신라와 일본은 668년 9월 상호 화해와 국교재개를 하였다. 이를 토대로 이듬해 신라는 당에 대한 공격을 개시하였다. 이후 신라는 일본과의 우호 관계 유지에 진력하였다. 그간 신라·당 동맹군의 일본열도 침공 가능성에 따른 안보 위협에 시달리던 일본은 신라와 당 간의 전쟁으로 인해 그에서 벗어나게 되니, 신라에 대한 우호적 입장을 견지하였다. 그러한 양국 관계는 676년 당군이 한반도에서 철수한 뒤에도 이어졌다. 당군이 비록 철수하였지만, 여전히 재침공의 의지를 견지하였다. 실제 678년에는 신라 원정계획을 수립하기도 하였다.[20] 당은 신라의 한반도 통합을 인정치 않았으며, 고구려와 백제의 왕손을 (고려)조선군왕과 (백제)대방군왕으로 봉해 수도에 幽居시켜 놓고 있었다.[21] 이렇듯 당과의 이면적 대립이 지속되고 있으니, 신라 조정은 당에 대한 경계를 늦출 수 없었다. 군비를 강화하였으며, 한편으로는 이 시기 신라와 일본 간의 사신 파견 횟수를 기술한 〈표 1〉에서 보듯, 일본과의 우호관계 유지에 힘을 쏟았다.

669년 이래로 신라로서는 兩面戰은 어떻게 해서라도 피하여야만 할 惡夢이었다. 특히 당과의 전쟁 기간 중에는 전선의 전황이 불리해지면 일본과의 교섭에 더 정성을 기우리는 양상을 보였다.[22] 676년 이후에도 〈표 2〉에 보이듯 일본에 물자 증여를 계속하였고, 나아가 일본 황후와 황족들에게 別獻物을 따로 보내는 등의 정성을 기울였다.

---

19) 『日本書紀』 卷29 天武 12년 春正月 丙午 "是日 奏小墾田儛及高麗百濟新羅三國樂於庭中"

20) 『舊唐書』 卷85, 張文瓘傳.

21) 공시적으로 봉해진 벼슬은 각각 '朝鮮郡王'과 帶方郡王이었지만, '고려조선군왕'과 '백제대장군왕'이라 하기도 하였다. 725년 泰山의 封禪에 두 郡王이 후자의 명칭으로 참가하였음이 확인된다(『舊唐書』 권23 禮儀3 開元 13년 11월 丙辰條).

22) 673년과 675년에 각각 두 차례 신라사가 일본에 파견된 것은 그런 면을 나타낸다.

〈표 1〉 668년~700년 사이 신라와 일본 간의 사신 왕래

	신라에서 일본으로	일본에서 신라로	소고구려에서 일본으로	일본에서 소고구려로		신라에서 일본으로	일본에서 신라로	소고구려에서 일본으로	일본에서 소고구려로
668	o				681	o	△		□
669	o				682			☆	
670		△			683	o			
671	o o		☆		684		△		□
672	o		☆		685	o			
673	o		☆		687	o	△		
674					689	o			
675	o o	△	☆		692	o			
676	o	△	☆		693	o	△		
677					695	o	△		
678	o(海難)				697	o			
679	o	△	☆	□	700	o	△		
680	o		☆						

〈표 2〉 신라–일본 간의 증여 물품

紀年 신라기년 /서력 /일본기년. 월	신라→일본	일본→신라	전거
眞平王 20 /598 /推古 6. 8	孔雀		《日本書紀》
眞平王 38 /616 /推古 24. 7	佛像		《日本書紀》
眞平王 45 /623 /推古 31. 7	佛像, 金塔, 舍利, 大觀頂幡, 小幡		《日本書紀》
眞德女王 元年 /647 /大化 3	孔雀, 鸚鵡		《日本書紀》

紀年 신라기년 /서력 /일본기년.월	신라→일본	일본→신라	전거
文武王 8 /668 /天智 7. 9		−絹, 綿, 韋을 신라왕에게. −신라왕과 김유신에게 각 船 1척	《日本書紀》
天智 10. 6 /671 /文武王 11	別獻物：水牛, 山鷄		《日本書紀》
문무왕 11 /671 /天智 10.10	袈裟, 金鉢, 象牙, 沈水香, 栴檀香, 諸珍財(추정)[23]	絹, 絁, 棉, 韋을 신라왕에게 보냄.	《日本書紀》
문무왕 12년 /672 천무 1. 12		신라 사신 金押實에게 배 1척	《日本書紀》
文武王 19 /679 /天武 8. 10	−金, 銀, 鐵, 鼎, 錦, 絹, 布, 皮, 馬, 狗, 騾, 駱駝 −別獻物：金, 銀, 刀, 旗		《日本書紀》
神文王 元年 /681 /天武 10. 10	−金, 銀, 銅, 鐵, 錦, 絹, 鹿皮, 細布 −別獻物：金, 銀, 霞錦, 幡, 皮		《日本書紀》
神文王 5 /685 /天武 14. 5	馬, 犬, 鸚鵡, 鵲, 種種物		《日本書紀》
神文王 6 /686 /朱鳥 1. 11	−細馬, 騾, 犬, 鏤, 金器, 金, 銀, 霞錦, 綾羅, 虎豹皮, 藥物 −別獻物：金, 銀, 霞錦, 綾羅, 金器, 屛風, 鞍, 皮, 絹, 布, 藥物		《日本書紀》
神文王 7 /687 /持統 1.	金, 銀, 佛像, 珍寶		《扶桑略記》
神文王 8 /688 /持統 2. 2	−金, 銀, 絹, 布, 皮, 銅, 鐵 −別獻物：佛像, 種種彩絹, 鳥, 馬 −金霜林 所獻：金, 銀, 彩色, 種種珍異之物 80여종		《日本書紀》

---

23) 이 해 10월에 있은 法興寺 奉進物을 통한 新川登龜南의 추정에 의하였다(新川登龜南, 1999, 「日羅間の調」, 『日本古代の對外交涉と佛教−アジア中の政治文化』, p.11).

삼한일통의식의 형성 시기에 대한 고찰 _ 117

紀年 신라기년 /서력 /일본기년.월	신라→일본	일본→신라	전거
神文王 9 /689 /持統 3. 4	金銅阿彌陀像, 金銅觀世音菩薩像, 大勢至菩薩像, 彩帛, 錦, 綾		《日本書紀》
孝昭王 7 /698 /文武 2. 1	貢物		《續日本紀》
孝昭王 9 /700 /文武 4. 10	孔雀, 珍物		《續日本紀》
孝昭王 10 /701 /大寶 1. 1		−신라 사신 金所毛의 죽음에 絁, 綿, 布를 내림 −水手 이상에게 祿을 사여	《續日本紀》
聖德王 2 /703 /大寶 3. 10		錦, 絁 (使臣에게는 衾, 衣 사여)	《續日本紀》
聖德王 5 /706 /慶雲 3. 1	貢物	使臣에게 祿 사여	《續日本紀》
聖德王 8 /709 /和銅 2. 3	貢物	絹, 美濃絁, 糸, 綿 (使臣에게는 祿을 내림)	《續日本紀》
聖德王 14 /715 /靈龜 1. 3		綿, 船 (使臣에게는 祿, 綿을 내림)	《續日本紀》
聖德王 18 /719 /養老 3. 7	貢物, 騾馬	祿	《續日本紀》
聖德王 25 /726 /神龜 3. 6·7	貢物	−使臣에게 祿 사여 −金順貞의 贈物로 黃絁, 綿 증여	《續日本紀》
聖德王 31 /732 /天平 4. 5	種種財物, 鸚鵡, 鴝鵒, 蜀狗, 獵狗, 驢, 騾	신라의 왕과 使臣에게 祿을 줌.	《續日本紀》
景德王 11 /752 /天平勝寶 4. 7	−貢物 −金泰廉의 私獻物 : 土産物	使臣에게 絁, 布, 酒肴를 내림.	《續日本紀》

紀年 신라기년 /서력 /일본기년.월	신라→일본	일본→신라	전거
惠恭王 6 /770 /寶龜 1. 3	貢物	신라의 왕과 使臣에게 祿으로 絁, 糸, 綿을 줌.	《續日本紀》
惠恭王 16 /780 /寶龜 11. 1	貢物	−신라 국왕 : 答信物 −使臣 : 祿, 當色, 履	《續日本紀》
哀莊 5. /804 /桓武 23.		黃金	《三國史記》 新羅本紀
憲康 8. /882 /元慶 6.		黃金, 明珠	《三國史記》 新羅本紀

한편 일본은 신라·당 전쟁이 되돌릴 수 없게 진전되자 느긋하게 정세를 관망하며 자국의 체제 개혁과 정비에 주력하였다. 새로운 율령체제에서 일본은 황제국의 위상을 구축하려 하였고, 그에 수반되어 필요한 번국의 존재를 신라에서 찾으려 하였다. 즉 신라를 번국으로 위치지워 강요하였다. 신라는 정면으로 이를 거부할 상황이 아니라고 여겨, 수동적으로 이에 응하였다. 그런데 그런 가운데서도 신라와 당 간의 평온이 지속되자, 일본에 대한 신라의 불만이 조금씩 불거져 나오게 되었고, 그에 대해 일본 조정이 반응하였다. 다음의 기사는 그런 일 면을 전한다.

[3년(689)] 5월 甲戌 (前略) 2년에 大行 천황의 상을 알렸다. 당시 신라인이 말하기를 '신라의 칙명을 받드는 사람은 원래 蘇判의 지위에 있는 사람을 썼다. 이제 다시 그렇게 하려고 한다'고 하였다. 이로 말미암아 法麻呂 등이 천황의 죽음을 알리는 조서를 공포하지 못하였다. 만약 그전의 일을 말하자면 옛날 難波宮治天下天皇(효덕천황)이 돌아가셨을 때 巨勢稻持 등을 보내 喪을 알리던 날에 翳湌 김춘추가 칙명을 받들었다. 그런데 소판으로 하여금 칙명을 받게 하겠다는 것은 전례에 어긋난다. 또 近江宮治天下天皇(천지천왕)이 돌아가셨을 때에 일길찬 김살유 등을 보내어 조문하였다. 그런데 지금은 급찬을 보내 조문하니, 또한 이전의 일에 어긋난다. 또 신라가 원래 (ㄱ)'우리나라는 일본의 먼 조상 때부터 배를 나란히 하고 노를 말리지 않으며 받드는 나라가 되었습니다'라고 아뢰었는데, 지금은 한 척의 배 뿐이니 또한 옛 법도에 어긋난다. 또 '일본의 먼 조상

대부터 깨끗한 마음으로 받들었습니다'라고 아뢰었는데, 충성을 다하여 본래의
직분을 행하지 않을 뿐 아니라, 깨끗한 마음을 해쳐 거짓되어 요행히 잘 보이기
를 구하였다. 그러므로 調賦와 別獻物을 모두 봉해 돌려보낸다. 그러나 우리나
라의 먼 조상 때부터 너희들에게 널리 자비를 베푼 덕은 끊어서는 안될 것이니,
더욱 부지런하고 삼가 두려워하며 그 직임을 거행하여 법도를 따른다면 조정에
서 다시 널리 자비롭게 대할 것이다. 너 道那 등은 이제 칙명을 받들어 너희 왕
에게 잘 말하라(持統紀 3年 夏5月 甲戌條)

위에서 ㈀의 ' ' 부분은 신라인의 말이라고 회상하였는데, 口奏로 한 내용을 기록해 놓았던 것을 인용
한 것으로 여겨진다. 아마도 당과 대결 상황에서, 일본에 보낸 신라 사절이 일본의 지원을 요청하면서 한
말로 여겨진다. 그 뒤 신라를 蕃國視하는 일본에 대한 불만이 687년 천무천황의 喪을 고하는 일본사절을
응대하는 신라 관인의 관등을 낮추는 식으로 표출되었다. 그런 신라의 움직임에 대해 경고하는 조처를
한 것이 위의 칙서이다.

양측이 서로에 대한 인식에서의 간극은 그 뒤에도 이어졌다.[24] 이에 대응해 일본은 신라의 위상이 '번
국'임을 정당화하려고 이를 역사적 사실화하려 하였다. 이른 시기부터 신라가 일본에 조공하였음을 사서
에 기술하는 형태를 취하였다. 그 전형이 신공황후전설이다. 그리고 의례와 의식에서 신라의 위상을 蕃
國으로 규정하였다. 701년에 반포된 대보령에 대한 해설서인 古記에서 "隣國者大唐蕃國者新羅也"라 하여
그런 의식의 일단을 나타내었다.[25] 그런 가운데서 신라가 일본의 번국이라는 인식은 일본인들의 의식에
자리잡아갔다.

2. 금마저의 소고구려와 일본의 교섭

한편 신라와 당 간의 개전이 있은 직후인 670년 안승이 이끄는 고구려 유민 집단이 금마저에 정착하여
고구려국을 이어갔다. 이 소고구려국은 〈표 1〉에서 보듯 여덟 차례 일본에 사신을 파견하였으며, 일본도
3차례 소고구려에 사신을 파견하였다. 소고구려국은 실제로는 '고려'라 칭하였다. 일본서기에도 원 고구
려와 동일하게 '고려'로 기술되어 있다. 일본에 간 소고구려 사신은 5부의 부명을 관칭하고 관등을 띠어,
668년 이전과 동일한 외형을 취하였다.

소고구려국의 대일 교섭은 신라의 지원 하에 이루어진 것이며, 8차례 중 6차례는 소고구려 사신을 신
라가 일본으로 호송해 주었다. 전시 중에는 혹 있을 당의 해군으로부터 보호한다는 의미도 있지만, 676년
이후에도 계속 送使를 붙였던 것으로 보아 신라가 소고구려국의 대일 외교를 통제 한다는 의도가 있었던
것 같다. 아무튼 신라 조정이 고구려와 왜의 전통적 우호 관계를 활용하여 소고구려 사신을 통해 신라와

---

24) 노태돈, 2009, 『삼국통일전쟁사연구』, pp.279-296 참조.
25) 『令解集』 卷31 公式令詔書式條.

왜국의 관계를 원활히 함을 도모하며, 신라·당 전쟁의 전황을 소고구려국 사신을 통해 일본에 전달하여 신라·당 전쟁에서 신라에 우호적인 자세를 일본으로부터 이끌어 내려 하였던 것이다.[26] 676년 이후에도 당과의 이면적 대립이 지속되었기 때문에 소고구려국은 신라의 대일 외교에서 여전히 일정한 효용성을 지녔다.

일본과의 교섭에서 소고구려국이 취한 자세나 그 국서에 표현된 형식은 당시 신라와의 관계에서 보인 바에 의거하여 미루어 짐작이 가는 바이다. 669년 무렵 검모잠 등이 안승을 고구려왕으로 옹립한 뒤 신라에 구원을 요청하는 글[27]과, 680년 2월 문무왕이 宗女로서 안승의 비를 삼게 한 데에 대한 謝恩表[28]에서 신라왕에게 稱臣하고 최상의 표현을 쓰서 신라왕의 성덕을 칭송하며 충성을 다짐하였다.

금마저의 소고구려국은 뒤에 나라가 해체된 뒤, 그 주민으로 2개의 서당이 편성되었다. 그리고 670년 신라 장수 설오유와 함께 각각 1만명의 군사를 끌고 압록강 이서 지역으로 원정한 바가 있었던 고구려 장수 고연무가 이어 소고구려국에 합류하여 안승 휘하에서 대장군을 역임하였다. 이런 점 등을 고려하면 그 세력이 어느 정도 규모는 되었던 듯 하다. 그러나 비록 독자적인 나라로 외형을 갖추었다고 하지만 그 실체는 고단한 유민집단에 불과한 바이다. 수차례 사신을 파견하여 직접 방문하였기 때문에 일본도 그런 면을 익히 알게 되었을 것이다.

이런 경험과 668년 이후 일본열도로 망명해온 고구려인들의 형편이 일본인들 사이에 고구려를 약소한 나라로 여기는 인식이 자리 잡는데 작용하였을 것이다. 아울러 백제 고지에 자리잡은 소고구려국을 신라의 도움을 받아 직접 교류하는 과정을 겪으면서, 고구려·백제·신라인 간의 언어 문화적 유사성을 실제 체험하였을 것이다. 그러한 가운데서 삼국을 일본의 번국으로 여기고, 이를 하나의 범주로 묶어 '삼한'이라 하게 되었다. 그러면 '삼한'이라는 용어는 어디에서 유래한 것일까.

3. 三韓 용어의 수용

삼한이란 단어는 그 말의 유래나 처음 사용하기 시작한 나라와 그 시기를 볼 때 일본에서 생성된 말이라고 하기는 어렵다. 외국으로부터 차용한 말이라고 보아야 할 것이다. 일단 삼한이란 말이 지칭하는 대상인 삼국이나 이 단어를 널리 사용하였던 수·당으로부터 차용하였을 것으로 상정되어진다. 이들 나라로부터 삼한 용어를 수용한 뒤, 그것에 자신들의 경험과 역사의식을 반영해 일본적인 특징을 띤 '삼한' 개념을 형성하였었다. 그러면 구체적으로 삼국과 수·당 중 어느 나라로부터 수용하였나. 이를 생각함에서 아래의 일본서기의 '삼한' 기사가 유의된다.

丙戌朔 百濟王豊璋 其臣佐平福信等…議曰 今可遷於避城 避城者 西北帶以古連旦涇之水

---

26) 村上四男, 1966, 「新羅と小高句麗國」, 『朝鮮學報』 37·38.
27) 『三國史記』 卷6 文武王 10年 6月條.
28) 『三國史記』 卷6 文武王 20年 5月條.

東南據深泥巨堰之防 繚以周田 決渠降雨 華實之毛 則三韓之上腴焉 衣食之源 則二儀之奧

區矣 雖曰地卑 豈不遷歟 [天智紀 元年(662) 十二月 條]

　　662년 백제 부흥전쟁 중 부여풍과 복신 및 왜군 장수들이 피성 천도를 둘러싸고 의견을 개진한 것을 기술한 내용이다. 그런데 이 글은 文選의 西都賦의 문장을 참작하여 그 일부를 따서 윤문한 것이다.[29] 즉 밑줄 친 부분은 문선 서도부의 "右界褒斜隴首之險 帶以洪河涇渭之川…華實之毛 則九州之上腴焉. 防禦之阻 則天地之奧區焉…" 구절을 따서 분식한 것이다. 이에서 三韓 부분은 서도부의 九州를 대체한 것이다. 원래 위의 천도 논의 사실을 전하는 기록이 있었을 것이고 그것을 이용하여 天智紀를 작성할 때, 또는 일본서기 편찬 마지막 단계에서 기존의 천지기를 첨삭 潤文하던 때에 삼한이란 말을 삽입하였을 것이다.

　　그런데 유의되는 것은 수·당에서의 용례를 볼 때, 삼한이 구주나 천하의 의미로 쓰여진 경우가 확인되지 않는다. 실제 수·당인들의 구주나 천하는 중국이나 중국을 포함한 더 큰 범위의 공간인 하늘 아래 모든 땅을 의미한다. 그에 비해 수·당인의 인식에서는 삼한은 수·당의 동북방에 위치한 삼국이나 삼국과 그 주변일대를 포함한 공간을 의미하였다. 그중 고구려가 압도적으로 많이 삼한의 실제적인 지칭 대상이었다.[30] 이런 수·당대인의 삼한 인식에 익숙한 이가 구주라는 말을 삼한으로 대체하기 용이치 않다고 여겨진다.

　　한편 신라는 685년 완산주와 菁州를 설치를 끝으로 그들이 이룩한 통일 국가의 영역을 9주로 나누는 편제를 마무리 하였다. 아울러 고구려인 백제인 신라인 및 말갈인으로 각각 구성된 9개 군단(9誓幢)을 편성하여 통일국가의 군사력의 핵심으로 삼았다. 9주는 곧 신라적 천하이며, 이 천하에 거주하는 족속들로 편성한 군단이 9서당이었다. 그럼 이 신라인의 천하를 표현하여 무엇이라 하였을까. 당시 사용되던 용어로서 삼한을 떠올리게 된다. 삼한은 삼국을 지칭하는 동시에 삼국을 합한 공간을 의미한다. 그 건립 연대에 대한 논란이 있는 운천동 사적비는 일단 유보하드라도, 신라 하대의 금석문에서 "果合三韓以爲△△[31]", "昔我太宗大王 痛黔黎之塗△ △△海之△△ 止戈三韓之年 垂衣一統之日[32]" 등 삼한일통의식을 나타낸 기록들을 볼 수 있다. 삼한의식은 신라인들의 자신들의 정체성에 대한 인식을 나타낸 것이다. 그것은 대외적으로는 타자와의 대립과 갈등을 거치면서 형성되어졌다. 이런 의식이 신라 하대에 들어, 그것도 진골 귀족 분파를 통합하기 위한 노력의 결과로, 비로서 형성되었다고 보는 데는[33] 동의하기 어렵다. 하대 금석문에 보이는 삼한일통의식은 앞 시기에 형성되어 전해지던 의식을 언급한 것이라 하여야 할 것이다. 그런 면에서 682년에 세워진 문무왕릉비 전면 4행 34-35번째 자를 삼한이라 추정한 견해는 유의되는 바이다.[34]

---

29) 高寬敏, 1997, 앞의 논문; 金辰, 2015, 앞의 논문.

30) 권덕영, 2014, 「唐 墓誌의 고대 한반도 삼국 명칭에 대한 검토」, 『한국고대사연구』 75.

31) 黃龍寺九層塗刹柱本記, 『韓國金石遺文』, p.158.

32) 月光寺圓郎禪師大寶禪光塔碑, 1992, 『譯註 韓國古代金石文』 3. p.142.

33) 윤용진, 2015, 「신라 神武-文聖王代의 정치변동과 三韓一統意識의 출현」, 『신라문화』 45.

7세기 후반은 앞서 본 바와 같이 668년 이후 신라와 일본은 긴밀한 정치적 관계를 이어갔다. 당시 정치적 우호관계에 힘입어 많은 양국의 관인들이 왕래하였으며, 아울러 양국 간에 물자와 문화 교류가 활발히 이루어졌다. 〈표 3〉에서 보듯 많은 수의 일본인 승려들이 신라에 유학하였으며, 신라의 불서가 일본으로 전해졌다. 신라의 촌락문서가 版心으로 이용되어진 華嚴經論이 일본에 전해진 것도 7세기 말로 여겨지고 있다.[35] 그리고 蹴鞠을 매개로 김춘추-김유신-문희 등이 결연하게 되었고 언니 대신에 동생인 문희가 춘추와 결혼케 되었다는 설화와 역시 蹴鞠을 매개로 中大兄(天智)-中臣兼足이 군신관계를 맺게 되었고 蘇我倉山田石川麻呂의 첫째 딸 대신에 둘째 딸이 중대형과 결혼케 되었다는 설화는[36] 그 구성과 모티프에서 상사한 면을 보인다. 그래서 같은 시기 최고위층의 정치적 결연과 혼인, 즉위 등으로 이어지는 유사한 내용을 소재로 하는 양국의 설화는 양측 사이의 소식 교류의 산물일 수 있다는 주장은 흥미로운 면을 제기한다.[37]

아무튼 신라인의 삼한인식은 일본과의 이러한 교류와 왕래를 통해서 7세기 말 8세기 초 일본인들에게 전해져 수용되어졌던 것으로 생각되어진다. 그렇게 수용한 삼한인식이 토대가 되어 일본서기 天智紀의 삼한 표기와 같은 기술이 나오게 되었고, 나아가 그것이 神功紀에 보이는 일본식의 삼한인식으로 진전되게 되었다고 여겨진다.

〈표 3〉 일본의 新羅留學僧과 唐留學僧[38]

	신 라 유 학 승		당 유 학 승		
문무왕 이전 (~660)			福仁9623) 乘旻(632) 惠雲(639)	惠齋(623) 靈雲(632) 請安(640)	惠光(623) 惠隱(639) 道昭(651)
문무왕 대 (661~680)	道行(668)		定惠(665)	妙位(668)	法勝(668)
신문왕 대 (681~691)	觀常(683), 雲觀(685), 行心(686) 智隆(687), 明聰(689), 觀智(689)				
효소왕 대 (692~701)	辨通(696), 神叡(693 ?)		智宗(690), 義德(690), 淨願(690)		
성덕왕 대 (702~736)	義法(707), 義基(707), 惣集(707) 慈定(707), 淨達(707), 行善(718)		道慈(718), 智鸞(703 ?), 智雄(703 ?)		

34) (前略) 盡善其能 名實相濟 德位兼隆 地跨八夤 勳超三△ 巍巍蕩蕩 不可得而稱者 (後略)

　　최광식, 「文武王陵碑」, 『譯註 韓國古代金石文』 2, p.125.

35) 윤선태, 1995, 「正倉院 所藏 新羅村落文書의 作成年代-일본의 華嚴經論 流通 狀況을 중심으로」, 『震檀學報』 80.

36) 沖森卓也·佐藤 信·矢島 泉 共著, 1999, 『藤氏家傳-注釋と研究-』, 吉川弘文館, pp.141-157.

37) 高寬敏, 1997, 앞의 논문.

38) 이 표는 정병삼, 「고대 한국과 일본의 불교 교류」, 『한국고대사연구』 27에서 인용.

이상에서 일본서기의 삼한 인식이 성립된 과정과 그 시기를 고찰해 보았다. 이를 통해 다시 신라에서의 삼한일통의식의 형성 시기를 역으로 추정해 볼 수 있는 바이다.

V. 맺음말

삼한이 고구려 등 삼국을 지칭하는 단어가 되게 된 사유에 대해선 이러 저러한 논의가 제기되고 있으나 아직 분명치 않다. 아무튼 7세기 이후 漢人들의 이런 용례가 늘어나면서 신라인들도 삼한이 자국을 지칭하는 말로서 사용되고 있음을 인지하였다. 가령 645년 당 태종이 고구려 침공 직전에 신라왕에게 연개소문의 죄상을 나열하고, 그를 징벌해 삼한의 백성과 5군의 士庶로 하여금 전란과 곤경에서 벗어나 평안한 삶을 영위케 하겠다는 뜻을 담은 조서를 보냈다.[39] 이에서 삼한과 오군은 對句로서 삼국을 가리키는 말이다. 전쟁을 앞둔 긴박한 시점에서 보내온 당 황제의 조서를 통해, 신라 조정은 당인들이 자신들을 삼한이라 칭하고 있음을 알았을 것이다. 그리고 백제를 멸한 직후 소정방은 승전비(大唐平百濟國碑銘)에서 "一擧而平九種 再捷而定三韓"이라 하였다. 당인이 백제 또한 삼한으로 하고 있음은 바로 신라 조정에 알려졌을 것이다. 이런 예들은 당인들이 신라를 위시한 삼국을 삼한이라 한 사례로서 신라 지배층이 입수하였음이 확실한 구체적인 것을 거론한 것이다. 실제로는 그보다 훨씬 많은 경우를 통해, 당군과의 합동작전 등이나 당 조정과의 오랜 기간에 걸친 협의와 교류 등을 거쳐, 당인들이 신라를 포함한 삼국을 가리켜 삼한이라 하고 있음을 신라 지배층이 접하였을 것이다.

이런 삼한 개념은 신라가 669년부터 당과의 대결을 벌여나감과 함께 고구려유민과 백제유민을 적극적으로 포섭하려 함에 따라 신라인의 의식에 실제적인 의미를 지니고 자리잡아가게 되었을 것이다. 장기간에 걸친 삼국통일전쟁사의 전개 과정에 대한 이해는 신문왕대의 9주제와 9서당제의 정립과 그 이념적 배경으로 삼한일통의식의 형성에 대해 보다 적극적인 인식을 하게 하는 바이다.

그러한 신라인들의 삼한인식이 668년 이후 신라와 일본 간의 국교재개와 긴밀한 정치적 관계의 진전에 따라 일본 지배층에 수용되어졌다. 그런데 그것은 7세기 종반 8세기 초반의 신라·일본관계와 일본 지배층의 역사의식에 의해 일본적 특성을 지닌 형태로 자리잡았다. 일본서기에 반영된 '삼한' 인식이 그것이다. 본고에서는 이를 통해 역으로 신라에서 삼한일통의식의 형성 시기를 재확인해보았다.

투고일: 2016. 4. 6.   심사개시일: 2016. 4. 8.   심사완료일: 2016. 5. 9.

---

39) 文館詞林 권664 貞觀年中撫慰新羅王詔

노태돈, 1982, 「삼한에 대한 인식의 변천」, 『한국사연구』 38.

노태돈, 2009, 『삼국통일전쟁사연구』, 서울대 출판부.

노태돈, 2011, 「7세기 전쟁의 성격」, 『한국사연구』 154.

김영하, 2009, 「7세기 후빈 한국사의 인식문제」, 『한국사연구』 146: 2010, 「일통삼한의 실상과 의식」, 『한국대사연구』 59: 2011, 「신라통일론의 궤적과 함의」, 『한국사연구』 153.

윤용진, 2012, 「三國史記 地理志 수록 군현의 三國 分屬」, 『韓國史學報』 47.

윤용진, 2013, 「청주 운천동 사적비의 건립 시기에 대한 재검토」, 『史林』 45.

윤용진, 2013, 「新羅 太宗(武烈王) 諡號 논변에 대한 자료적 검토 −原典에 대한 이해를 중심으로」, 『역사와 實學』 51.

윤용진, 2013, 「新羅 中代 太宗(武烈王) 諡號의 追上과 재해석」, 『韓國史學報』 53.

윤용진, 2014, 「신라 통일기 금석문에 나타난 천하관과 역사의식: 삼한일통의식의 성립 시기 고찰」, 『사림』 49.

윤용진, 2014, 「三韓 인식의 연원과 통일전쟁기 신라의 천하관」, 『東方學志』 167.

윤용진, 2015, 「신라 興德王代 체제 정비와 김유신 追封 −三韓一統意識 출현의 일 배경」, 『史林』 52.

윤용진, 2015, 「신라 神武−文聖王代의 정치변동과 三韓一統意識의 출현」, 『신라문화』 45.

윤선태, 1995, 「正倉院 所藏 新羅村落文書의 作成年代 −일본의 華嚴經論 流通 狀況을 중심으로」, 『震檀學報』 80.

권덕영, 2014, 「唐 墓誌의 고대 한반도 삼국 명칭에 대한 검토」, 『한국고대사연구』 75.

최광식, 1992, 「文武王陵碑」, 『譯註 韓國古代金石文』 2.

정병삼, 2002, 「고대 한국과 일본의 불교 교류」, 『한국고대사연구』 27.

塚口義信, 1969, 「三韓の用語に關する一考察(上.下)」, 『日本歷史』 158·159.

坂田隆, 1989, 「三韓に關する一考察」, 『東アジアの古代文化』 59.

高寬敏, 1997, 「日本書紀の三韓」, 『古代朝鮮諸國と倭國』.

金辰, 2015, 『三韓 用例からみた日本書紀における朝鮮認識の一特質』東京大 碩士論.

塚口重信, 1980, 「神功皇后傳說の 形成とその意義」, 『神功皇后傳說の形成』.

淸祐義人, 1993, 「神功皇后の新羅征討傳承について」, 『古代研究』 25.

村上四男, 1966, 「新羅と小高句麗國」朝鮮學報』 37·38.

沖森卓也·佐藤 信·矢島 泉 共著, 1999, 『藤氏家傳−注釋と研究−』, 吉川弘文館.

新川登龜男, 1999, 「日羅間の調」, 『日本古代の對外交涉と佛教 −アジア中の政治文化』.

〈日文要約〉

三韓一統意識の形成時期に關する考察
－日本書紀'三韓'記事の分析を中心に－

盧泰敦

　三韓一統意識が7世紀末から8世紀初に形成されたという既存の說を否定し、この意識が9世紀後半に形成されたとみる說が提起された。これに對して720年に編纂された『日本書紀』に記述された三韓記事を檢討し、新羅で三韓意識がいつ形成されたのかを考察した。『日本書紀』に記錄された「三韓」記事を檢討すると次のような特徵が見られる。すなわち、「三韓」は三國を意味し、三國はすべて終始從屬的蕃國であったと考える。ところでこうした認識は、早くも7世紀中葉以後に形成されたものであった。645年に起きた大化の改新直後、倭國朝廷が高句麗の使節に高句麗王を神の子(神子)と表現し、恭敬する姿勢を見せていた。そして『日本書紀』天智元(662)年12月條記載の'三韓'について言及した記事の一部は、中國の書物、『文選』西都賦の記事を援用したものである。でありながらも、西都賦の「九州」という單語を『日本書紀』では「三韓」と變えて記述したのである。隋・唐代の三韓の用例からは見出しがたい用例である。三韓を九州や天下のような意味として考えるという『日本書紀』の「三韓」概念は新羅から導入されたものであることが確認できる。一方、その後、三國統一戰爭を經て日本の三國に對する認識に變化が生じた。668年新羅が日本と國交を再開した後、669年から新羅が唐と交戰するにつれ、新羅は日本の支援を望むようになり、最小限日本の中立を維持するために盡力した。そうしたなかで日本は新羅に對する優越的立場を取るようになった。新羅はこのような日本を取り成そうと、物資を送るなどして、低姿勢外交を甘受した。また百濟の地であった金馬渚を據點とする高句麗移民の國である小高句麗も同樣に、新羅の統制下で日本と交涉しつつ低姿勢に終始した。676年、新羅と唐の間の軍事的對決が休戰狀態になった後もこうした側面は當分の間續いていた。こうした新羅と小高句麗の日本との交涉の樣態と、そして日本列島に移住して行った三國の住民の劣惡な狀況は當時、日本人の三國に對する認識に影響を與えた。三國すべて、日本に對して屈從的かつ弱小の國々であるという認識がそれである。そうした認識が歷史敍述に反映され、さらには遡って、三國と日本との交涉初期からそうであったという形式の記述が生まれるようになった。このような認識が成立した時期はいつからであるかを考える際、留意すべきことは、神功皇后傳說に對する『古事記』と『日本書紀』の間の記述の違いである。720年代に編纂された『日本書紀』では、神功皇后が新羅へ遠征すると、三韓、すなわち三國すべてが降伏して來たとした。それに比べ『古事記』では、新羅と百濟が神功皇后に降伏したとしている。三國を三韓と呼び、三韓が終始日本の從屬

國であるという敍述が登場したのは720年代以後であったことを示すものである。つまり、三國を三韓と稱しそれが新羅によって統合されたという新羅人の認識が7世紀後半以後日本に傳わり、そうした三韓認識がより過去へと遡って、太古から日本に從属國であったという形で日本式の三韓認識が形成されていったのである。ここから逆に新羅において三韓一統意識が7世紀中葉には形成されていたと推斷することができる。

▶ キーワード: 神功皇后傳說, 三韓一統意識, 大化改新, 高麗神子, 蕃國, 古事記, 日本書紀

화엄사 서오층석탑 발견 무구정광다라니의 필사 저본 재구와 그 가치[*]

박부자 · 정경재[**]

〈국문초록〉

화엄사 서오층석탑 발견 무구정광다라니는 가장 많은 양의 다라니 필사본이 남아 있어 통일신라시대에 유통되었던 무구정광다라니의 온전한 형태를 재구해 낼 수 있는 유일한 자료이다. 이에 본고는 화엄사 다라니에서 같은 다라니를 필사한 지편을 모두 모아 서로 비교하여 글자가 누락되거나 추가된 경우, 다른 글자로 잘못 쓴 경우 등의 필사 오류를 변별해 낸 후, 화엄사 다라니의 필사 저본을 온전히 재구해 보았다. 화엄사 다라니의 필사 저본 재구를 통해 통일신라시대에 유통되었던 무구정광다라니의 온전한 형태가 재구된 셈이다. 재구된 화엄사 다라니의 필사 저본을 현전하는 다른 무구정광다라니와 비교한 결과, 화엄사 다라니의 필사 저본이 석가탑 『무구정경』과 같은 계통이기는 하지만 동일본은 아니라는 사실을 알 수 있었다. 또 초기 사경과 대장경 계통의 차이가 드러나기도 하였다. 뿐만 아니라 석가탑 『무구정경』의 훼손 부분을 복원하는 데에 중요한 근거가 되었다. 이와 같은 본고의 논의를 바탕으로 화엄사 다라니의 필사 과정이나 통일신라시대 무구정경 관련 유물 간 시대의 선후 관계 등에 대해 학계에서 더 깊이

---

[*] 이 글은 "신라 사경에 대한 학제적 연구"(연구책임자 : 정재영) 수행 시 조사한 자료를 바탕으로 한 것이다. 화엄사 다라니의 조사를 승인해 주시고 적극적으로 협조해 주신 화엄사 측과 당시의 조사 결과를 본 연구에 활용할 수 있게 해 주신 정재영 연구책임자께 감사의 뜻을 전한다.
[**] 성신여자대학교 국어국문학과 조교수
고려대학교 국어국문학과 강사

있는 논의가 이루어지길 기대한다.

▶ 핵심어: 화엄사 서오층석탑 발견 무구정광다라니, 필사 저본, 석가탑 『무구정경』, 필사 오류

I. 서론

화엄사 서오층석탑 무구정광다라니(보물 1348호, 이하 '화엄사 다라니'로 약칭)는 1995년 8월 18일에 보수를 위해 석탑의 해체 공사를 실시하던 중 발견되었으며, 당년 12월부터 1997년 4월까지 두 차례에 걸쳐, 문화재 연구소의 감독하(담당관: 이규식)에 정재문화재보존연구소(보존 처리자: 박지선, 천주현, 임주희)에서 보존처리되었다. 보존 처리 결과 화엄사 서오층석탑에서 발견된 지류 뭉치는 무구정광다라니가 필사된 종이 8장과 塔印이 찍힌 종이 13장으로 구성되어 있음이 확인되었다(朴智善 1997). 이 자료는 朴智善(1997)에서 유물보존학적 관점에서 다루어진 이후로 큰 관심을 받지 못하다가 정경재·박부자(2016)에 와서 필사 내용과 필사 양식 전반이 정리되어 그 자료의 가치를 드러낸 바 있다.

화엄사 다라니는 석가탑 『無垢淨光大陀羅尼經』(이하 석가탑 『무구정경』)에 비해 큰 주목을 받지 못하였지만, 가장 많은 양의 무구정광다라니 필사본이 남아 있다는 점에서 큰 가치를 지닌다. 동일한 다라니를 여러 차례 거듭 필사하였기에 우연한 필사 오류와 저본에 의한 일관된 차이를 변별할 수 있고 이 작업을 통해 필사 저본을 재구해 낼 수 있기 때문이다. 나원리 오층석탑에서 발견된 다라니는 작은 지편의 상태로 남아 있으며 석가탑 『무구정경』도 부분적으로 훼손되어 있어, 통일신라시대에 유통된 무구정광다라니의 온전한 형태를 재구해 낼 수 있는 자료로는 화엄사 다라니가 유일한 셈이다.

이에 본고에서는 같은 다라니를 필사한 지편을 모두 모아 서로 비교함으로써[1] 필사 오류를 변별해 낸 후 화엄사 다라니의 필사 저본을 온전히 재구하고자 한다(Ⅱ장). 또한 재구된 화엄사 다라니의 필사 저본을, 석가탑 『무구정경』이나 일본의 백만탑 다라니 등 현전하는 다른 무구정광다라니 자료와 비교하여 각 자료 간의 차이와 유사도를 확인함으로써 이들 간의 관계를 살피고 화엄사 다라니의 자료적 가치를 드러낼 것이다(Ⅲ장).

---

1) 정경재·박부자(2016)에서는 화엄사 다라니에 남아 있는 모든 글자를 판독하여 각 지편이 담고 있는 내용을 정리한 바 있다. 본고는 이 연구의 결과를 기반으로 한다.

II. 필사 오류 변별을 통한 저본 재구

1. 다라니별 필사 현황

화엄사 서오층석탑에서 발견된 지류 뭉치 중 무구정광다라니를 필사한 부분은 8장의 종이로 복원되어 화엄사에 보관되고 있는데, 각 종이는 많은 부분이 훼손되어 적게는 4개에서 많게는 10개의 지편으로 나뉘어 있다. 8장의 종이에는 1번에서 6번까지의 무구정광다라니가 순서대로 적혀 있으며 이를 한 세트로 하여 여러 번 반복 필사되어 있다. 각 종이에는 1~6번 다라니가 최소 2회, 최대 6회 필사된 것으로 보이며, 이를 모두 합하면 8장의 종이에 6개의 다라니가 최소 28회 필사되었음을 알 수 있다(정경재·박부자 2016).

필사 저본을 재구하기 위해, 동일 다라니가 필사되어 있는 지편을 모두 모아 정리하면 아래와 같다.[2]

(1) 〈1번 다라니〉: 총 25번 나타남

[필사1-1:2~4]	[필사1-2:5~6]	[필사1-4:1~3]
[필사1-6:4~6]	[필사2-1:1~3]	[필사2-3:1~4]
[필사3-1:1]	[필사3-2:5]	[필사3-5:1~3]
[필사3-7:6]	[필사3-8:1~2]	[필사4-1:1~4]
[필사4-4:4~5]	[필사4-6:4]	[필사4-8:3~4]
[필사5-1:1~2]	[필사5-3:2~4]	[필사6-1:1~3]
[필사6-3:1~2]	[필사7-1:1~4]	([필사7-2:5])
[필사7-4:2~4]	[필사8-1:3]	[필사8-2:1~3]
[필사8-6:1~3]		

(2) 〈2번 다라니〉: 총 15번 나타남

[필사1-1:4]	[필사1-4:3~4]	[필사1-7:1]
[필사2-1:4~5]	[필사2-3:4~5]	[필사3-1:2~3]
[필사3-3:2~3]	[필사3-5:3~4]	[필사3-8:2~4]
([필사4-5:1])	[필사4-7:1]	[필사6-1:3~5]
[필사6-3:3~5]	[필사6-5:2~4]	[필사8-7:1~2]

---

2) 아래의 숫자는 [보관번호-지편번호:행수]를 의미한다. 즉 [필사 1], [필사 2] 등은 하나의 종이로 복원된 상태로 화엄사에 보관되어 있는 번호를 의미하며, [필사1-1]은 [필사 1]의 가장 우측에 놓인 첫 번째 지편을 의미한다. 즉 [필사1-1:2~4]는 [필사 1]의 가장 우측에 놓인 첫 번째 지편의 2~4행에 걸쳐 〈1번 다라니〉가 필사되어 있음을 의미하게 된다. 이 정보가 ( ) 안에 들어 있는 것은, 해당 다라니가 필사되었을 것으로 예상되는 위치에 미판독 글자가 있는 경우이다.

(3) 〈3번 다라니〉: 총 16번 나타남

[필사1-1:5]   [필사1-3:2]   [필사1-4:5]
[필사1-7:1~2]   ([필사2-1:6])   [필사3-1:3~5]
[필사3-3:3~5]   [필사4-3:1~2]   [필사4-5:2~3]
[필사4-7:2~3]   [필사4-9:1~2]   [필사5-2:2]
[필사5-4:1~2]   [필사6-5:4~(5)]   [필사7-3:2]
[필사8-7:3]

(4) 〈4번 다라니〉: 총 19번 나타남

[필사1-3:3~4]   [필사1-5:1~2]   [필사1-7:3~5]
[필사2-2:1~3]   [필사2-4:1~4]   [필사3-1:5]
[필사3-3:5~6]   [필사3-6:1~4]   [필사3-9:1~5]
[필사4-3:2~5]   [필사4-5:3~5]   [필사4-7:3~4]
[필사4-9:2~4]   [필사5-2:4~5]   [필사5-4:2~3]
[필사6-2:(1)~2]   [필사7-3:3~4]   [필사7-5:2~4]
[필사8-3:1~3]

(5) 〈5번 다라니〉: 총 21번 나타남

[필사1-2:2~3]   [필사1-3:5~6]   [필사1-5:3~4]
[필사1-7:5]   [필사2-3:3~5]   [필사2-4:4~5]
[필사3-2:1~3]   [필사3-4:1~3]   [필사3-6:5]
([필사3-7:1])   [필사3-9:5]   [필사3-10:1~2]
[필사4-9:5]   [필사6-2:2~4]   [필사6-4:2~4]
[필사6-6:1~3]   [필사7-2:1~3]   [필사7-5:4]
[필사8-1:1]   [필사8-4:1~3]   [필사8-5:1]

(6) 〈6번 다라니〉: 총 18번 나타남

[필사1-2:3]   [필사1-5:5]   [필사1-8:1~2]
([필사2-2:6])   [필사3-2:3~4]   [필사3-7:2~3]
[필사3-10:3~4]   [필사4-2:1~2]   [필사4-4:1~2]
[필사4-6:1]   ([필사4-8:1])   [필사5-5:2]
[필사6-2:5]   [필사6-4:4]   [필사6-6:3~4]
[필사7-2:4]   [필사8-1:2]   [필사8-5:2~3]

각 다라니는 일부가 훼손된 채로 최소 15회부터 최대 25회까지 잔존해 있다. 이들을 모두 모아 보면 다
라니의 모든 글자가 1회 이상 확인된다. 따라서 같은 다라니를 필사한 지편들을 모두 비교하면 필사 오류

를 변별해 낼 수 있으며, 이를 통해 필사 오류를 배제한 상태의 화엄사 다라니를 재구해 낼 수 있게 된다.

2. 필사 오류 변별

화엄사 다라니 지편들에서 같은 다라니를 필사한 부분을 모두 모아 비교하면, 일부 글자가 누락되거나 추가된 사례, 서로 다른 글자를 사용한 사례를 다수 확인할 수 있다. 동일 다라니를 필사하였는데 지편에 따라 글자 수와 필사된 글자가 다른 경우, 어떤 것이 필사 오류이고 어떤 것이 필사 저본을 보여 주는 것인지 판단해야 한다. 이는 다음과 같은 기준으로 구분하였다.

우선 여러 지편에서 반복적으로 나타나는지 한두 지편에서만 나타나는지를 살펴, 여러 지편에서 반복적으로 나타나는 것이 필사 저본의 모습을 반영한 것이라고 보았다. 그러나 양쪽의 지편 수가 같거나 비슷한 경우, 현전하는 다른 무구정광다라니 자료와 비교하여 필사 오류를 판단하였다. 또한 글자의 누락 및 추가에 대한 판단은, 앞뒤에 동일한 글자가 있어 해당 글자를 잘못 추가할 가능성이 있는지 살피고 그러한 요인이 없는 경우는 본래 있는 글자를 누락한 것으로 보았다.

이제 글자를 누락한 경우와 글자를 잘못 추가하여 서사한 경우, 다른 글자로 잘못 서사한 경우의 사례를 구체적으로 살펴보도록 하겠다.

1) 글자가 누락된 경우

우선 필사 과정에서 몇 글자를 실수로 누락한 사례를 모두 정리하면 〈표 1〉과 같다.[3]

〈표 1〉 글자가 누락된 경우

다라니 내 위치	필사 저본으로 추정되는 예	글자가 누락된 예
① 1번 五	謨薄伽跋帝阿弥多喻煞寫**怛他寫** [4-1][4-4][4-8][4]	謨薄伽跋(帝阿)弥多(喻煞)寫 [5-3]
② 1번 九	僧嗽囉**僧嗽囉** [1-4][2-3][6-1][7-1][7-4][8-6][5]	僧嗽囉 [1-6][3-5]
③ 1번 十二	薩囉**薩囉** [1-2][1-4][1-6][4-1]	薩囉 [1-1]

---

3) 지편마다 훼손 정도가 다르고 사용된 이체자에 차이가 있는 경우도 있어, 아래 표에서는 이 두 가지를 정밀하게 반영하지 못했다. 하나의 지편에만 해당되는 사례는 훼손 정도를 밝혔는데, ( )에 넣은 것은 해당 글자 전체가 훼손되었음을, { }에 넣은 것은 해당 글자의 일부 획이 남아 있음을 의미한다. 이체자는 입력 가능하며 여러 지편에서 반복적으로 나타나는 경우만 반영하였다.

4) 이는 14자가 모두 남아 있는 지편의 목록은 아니며, 14자 중 '怛他寫'가 남아 있는 지편의 목록만을 제시한 것이다. 해당 글자의 일부 획이 남아 있더라도 글자를 정확히 판독하기 어려운 지편은 표에 제시하지 않았다. 이하 다른 경우도 모두 동일하다.

5) [2-3]은 여섯 글자가 모두 남아 있으며 [1-4], [6-1], [7-1], [7-4], [8-6]은 일부 글자가 훼손되었으나 여섯 글자가 모두 필사되었을 것이라고 예상된다.

다라니 내 위치	필사 저본으로 추정되는 예	글자가 누락된 예
④ 1번 十五	勃地毗**勃地** [1-1][1-4][2-3][3-5][3-8][8-6]	勃埊毗 [6-1]
⑤ 1번 十六	**菩馱也**菩馱也 [1-1][2-1][2-3][6-1]⁶⁾ {菩}馱也薩菩馱{也} [7-1] **薩{馱}也**菩{馱也} [8-6]	菩馱也 [3-5][3-8]
⑥ 1번 十九	蘇勃**馱勃**茅 [1-4] 蘇勃**馿**茅 [6-1][6-3]	蘇勃茅 [3-1][3-8]
⑦ 2번 四	毗**菩瑟**哆曳瑟掫 [1-1][2-1][6-1][6-3][8-7] (毗菩瑟){哆}曳瑟掫掫 [1-4]	毗曳瑟{掫} [3-8]
⑧ 2번 七	薩羅薩**羅**播跛輸達㞛 [1-1][1-4][2-3][3-1] [3-3][3-5][3-8]⁷⁾	薩羅薩播跛輸達㞛 [6-3][6-5]
⑨ 2번 八	菩達㞛三菩達㞛 [1-4][2-3][3-3][3-5][4-7] [6-5][8-7]	(菩){達}三菩{達㞛} [3-8]
⑩ 2번 九	鉢囉**伐囉**曳瑟掫伐囉 [1-4][2-1][3-3][3-8]	鉢羅{曳}瑟{掫伐}(囉) [4-7]
⑪ 2번 十一	鶻嚕**止**囉末羅毗戊茅 [2-1][3-1]	(鶻){嚕}囉末{羅}毗戊茅 [6-5]
⑫ 3번 七	{達囉}**達囉** [7-3]	達囉 [1-7][3-1][3-3]
⑬ 3번 八	珊達囉**珊達**{囉} [1-3]	珊達囉囉 [1-7] 珊達羅 [3-3]
⑭ 4번 五	覩⁸⁾嚕**都**嚕 [1-3][1-5][2-4][3-6][7-5][8-3]⁹⁾	都{嚕} [4-9]
⑮ 4번 七~九	**薩婆怛他揭多**摩庚播刺¹⁰⁾㞛毗布麗昵末麗薩婆 恭陁南摩塞訖栗帝¹¹⁾	{薩婆}恭陁南摩塞訖栗帝 [1-7]
⑯ 4번 十	跋囉**跋囉** [1-3][1-5][1-7][2-4][3-9]¹²⁾	跋{囉} [7-5]
⑰ 4번 十一	**薩**婆薩埵¹³⁾波盧羯㞛 [1-3][1-7][2-4][3-9] [7-5]	婆薩埵波盧羯㞛 [1-5]
⑱ 4번 十三	薩**婆**播波毗燒達㞛莎訶 [2-2]	薩捶[삭제부卜]播波毗{燒達}(㞛莎訶) [3-6]
⑲ 5번 二	弰伽捺地婆盧迦三摩**喃** [1-3][1-5][6-6]	弰伽捺地婆盧迦三摩 [3-4][3-6]¹⁴⁾
⑳ 5번 七	薩囉**薩囉** [1-2][3-2][3-4][6-4][7-2]¹⁵⁾	薩囉 [6-2]
㉑ 5번 十一	薩婆提婆¹⁶⁾那**婆**訶耶¹⁷⁾弽 [1-2][1-5][2-2] [3-4][3-10][6-2]	(薩){婆提}婆那訶耶弽 [7-2]
㉒ 6번 三	俱胝那庚多**設**多索訶薩囉喃 [1-5][1-8][7-2]	俱{胝}那庚多索{訶}(薩囉喃) [5-5]

---

6) [1-1], [2-1], [2-3]에는 여섯 글자가 모두 확인되며, [6-1]에는 '菩馱也{菩}'까지만 남아 있고 뒷부분은 훼손되어 있다.

7) [1-1], [1-4]에는 '薩羅薩羅' 네 글자가 모두 필사되어 있으며, [3-5]에는 '薩羅'와 반복부가 필사되었고 [2-3], [3-1], [3-3],

화엄사 다라니에는 〈표 1〉과 같이 필사 과정에서 글자를 누락한 오류가 22가지 확인된다. 총 횟수로는 30번이다. 오류 유형은 다음과 같다. 첫째, 'AB<u>AB</u>' 혹은 'ABC<u>ABC</u>'와 같이 반복되는 표현에서 한 번을 누락하고 적은 경우이다. ②, ③, ⑤, ⑫, ⑬, ⑭, ⑯, ⑳ 8가지가 이에 해당된다.

이 유형에 해당되는 사례는 대부분 필사 저본을 따랐다고 판단되는 것이 여러 지편에 반복적으로 나타나는 반면, 필사 오류로 판정한 것은 한두 지편에만 나타나고 있다. 그러나 ⑫, ⑬은 그와 반대의 모습을 보여 자세히 들여다 볼 필요가 있다.

(7)가. 達囉 [필사1-7][필사3-1][필사3-3]

　　나. {達囉**達囉**} [필사7-3]

　　다. {達}囉**達囉**(七) 〈석가탑〉

　　라. 達囉**達囉**(七) 〈재조〉

(8)가. 珊達羅 [필사3-3]

　　가'. 珊達囉囉 [필사1-7]

　　나. 珊達囉**珊達**{囉} [필사1-3]

　　다. 珊達囉**珊達囉**(八) 〈석가탑〉

　　라. 珊達囉**珊達囉**(八) 〈재조〉

(7)은 3번 修造佛塔陀羅尼의 7번째 암송 부분이다. 화엄사 다라니의 남아 있는 지편에서 해당 부분은

[3-8]에는 일부 글자가 훼손되었지만 네 글자가 모두 있었다고 상정할 수 있다.

8) 해당 글자는 [1-3], [5-2], [8-3]에서는 '觀'로 나타나나 [2-4], [3-6], [3-9]에서는 '都'로 필사되어 있다. 이에 대해서는 〈표 6〉에서 다룬다.

9) [2-4], [3-6], [8-3]에는 네 글자가 모두 나타나며 [1-3], [1-5], [7-5]는 부분적으로 훼손되었으나 네 글자가 모두 쓰인 것으로 볼 수 있다.

10) [2-2]에는 '刾'로, [3-9]에는 '喇'로 필사되어 있다. 이에 대해서는 〈표 6〉에서 다룬다.

11) [1-7]에서 누락된 부분이 한 글자라도 남아 있는 지편은 모두 11개로, [1-3], [1-5], [2-2], [2-4], [3-6], [3-9], [4-3], [4-5], [4-9], [7-5], [8-3]이 그것이다.

12) [1-3], [1-5], [1-7], [2-4]에는 네 글자가 모두 나타나며 [3-9]에는 '跋囉'와 반복부가 쓰였다.

13) [1-3], [1-5], [1-7]에서는 '捶'로, [3-9]에서는 '搥'로 필사되어 있다. 이에 대해서는 〈표 6〉에서 다룬다.

14) 두 지편 모두 해당 부분이 일부 훼손되어 있어 확신할 수는 없다. [8-4]에도 '喃'이 쓰일 자리에 일부 획이 남아 있는데, '喃'인지 혹은 다른 글자인지 분명치 않아 표에 제시하지 않았다.

15) [1-2], [6-4], [7-2]에는 네 글자가 모두 있으며 [3-2], [3-4]에는 일부가 훼손되어 있으나 네 글자가 모두 있었을 것이라 추정된다.

16) 훼손된 부분이라 명확하지 않지만 지편 [3-4]에서는 '婆'가 아닌 '波'로도 보인다. 그러나 [1-5], [2-2], [3-10], [7-2] 등에서는 해당 글자가 명확히 확인된다. 이에 대해서는 〈표 6〉에서 다룬다.

17) 훼손된 부분이라 명확하지 않지만 지편 [1-2]에는 이 부분에 한 글자가 더 있는 것으로 보인다. 그러나 해당 부분이 훼손되지 않은 [1-5], [3-4], [3-10], [7-2] 등에서는 아무런 글자도 확인할 수 없다. 이에 대해서는 〈표 3〉에서 다룬다.

총 4회 확인되는데,[18] 그중 세 개의 사례가 (7가)와 같이 '達囉'로 나타나며 오직 한 사례만 (7나)와 같이 '達囉達囉'로 나타난다. 화엄사 다라니의 예만을 고려한다면 (7나)가 실수로 동일한 글자를 두 번 반복하여 적은 사례로 생각하기 쉽다. 그러나 (7다)처럼 화엄사 다라니와 유사한 시기에 간행된 석가탑『무구정경』이나 (7라)의 재조대장경에서 모두 '達囉達囉'로 나타나므로 이는 (7가)가 반복되는 표현을 실수로 한 번만 필사한 사례로 판단하였다. 3번 修造佛塔陀羅尼의 8번째 암송 부분을 필사한 (8)의 예도 동일한 이유로 (8가)의 [필사3-3]과 (8가)의 [필사1-7]을 필사 오류로 판단하였다.

둘째, 'AB**C**BD'를 'ABD'로 적는 것처럼 몇 글자를 건너뛰고 동일한 글자가 반복될 때 중간에 개재된 글자를 누락하고 적는 경우이다. ①, ⑥, ⑩, ⑮, ㉒ 5가지가 이에 해당된다.

(9)가. 蘇勃苐 [필사3-1][필사3-8]

　　나. 蘇勃駒苐 [필사6-1][필사6-3]

　　다. 蘇勃馱**勃**苐 [필사1-4]

　　라. 蘇勃馱勃苐(十九)〈백만탑〉

　　마. 蘇勃馱勃第(十九)〈재조〉

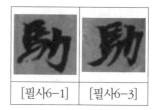

| [필사6-1] | [필사6-3] |

(9)는 1번 根本陀羅尼의 19번째 암송 부분이 필사된 것을 보인 것이다. 화엄사 다라니에서 해당 부분은 모두 5회 확인되는데 (9가)와 같은 '蘇勃苐'가 2회, (9나)와 같은 '蘇勃駒苐'가 2회, (9다)와 같은 '蘇勃馱勃苐'가 1회 확인된다. 출현 빈도를 고려한다면 '蘇勃苐' 혹은 '蘇勃駒苐'가 필사 저본에 가까운 것으로 생각할 수 있다. 그러나 백만탑 다라니나 재조대장경의 해당 부분과 비교해 보면 (9다)의 '蘇勃馱勃苐'가 가장 정확히 필사된 것으로 추정된다. (9가)의 '蘇勃苐'는 '蘇勃馱勃苐'의 두 번째 '勃'과 네 번째 '勃'을 혼동하면서, 가운데 '馱勃' 두 글자가 누락된 결과이다. 한편 (9나)의 '蘇勃駒苐'는 연이어 나오는 두 글자 '馱勃'을 섞어 한 글자 '駒'로 적은 것처럼 보인다. 필사 오류인지 의도적인 표기인지 알기 어렵다.

한두 글자가 아닌 열일곱 글자를 한번에 누락한 사례도 확인된다.

(10)가. 薩婆阿伐囉拏毗戌達尼薩婆悉陁南摩塞訖栗帝 [필사1-7]

　　나. (薩婆阿伐囉拏毗戌達尼薩婆)怛他揭{多}摩庚播剌尼毗布麗昵末麗薩婆悉陁{南摩塞訖栗}(帝) [필사2-2]

　　다. (薩婆阿伐囉){拏}毗戌達尼薩婆{怛}他揭多摩庚播喇(尼毗){布}麗(昵末麗薩婆悉)陁南摩塞訖栗{帝} [필사3-9]

　　라. (薩婆阿伐囉拏毗戌)達(尼薩婆){怛}他揭多摩庚播{喇}尼毗布麗{昵末麗}(薩婆悉陁南摩塞訖栗帝) [필사4-3]

---

18) 여기서 말하는 횟수는 문제가 되는 글자를 확인할 수 있는 지편의 수만을 의미한다. 이하 동일하다.

마. 薩婆阿伐囉拏毗戍達尼(六)<u>薩婆怛他揭多摩庾播剌{尼}(七)毗布麗昵末{麗}□</u> 薩婆悲
陁南摩塞訖栗帝(九) 〈석가탑〉

바. 薩婆阿伐囉拏毗戍達尼(六)<u>薩婆怛他揭多摩庾播剌尼(七)毗布麗昵末麗(八)</u>薩婆悲陁
南摩塞訖栗帝(九) 〈백만탑〉

사. 薩婆阿伐囉拏毗戍達尼(六)<u>薩婆怛他揭多摩庾播喇尼(七)毗布麗(八)昵末麗</u>薩婆悲陁
南摩塞訖栗帝(九) 〈재조〉

(10)은 4번 自心印陀羅尼의 6~9번째 암송 부분이다. [필사1-7]에서 누락된 부분이 한 글자라도 남아 있는 지편은 총 11개이다. 아쉽게도 해당 부분이 온전히 남아 있는 지편은 존재하지 않으며 모두 부분적으로 훼손되어 있지만, (10나~라)와 같이 [필사1-7]을 제외한 다른 지편에는 해당 부분의 글자 일부가 남아 있는 것을 확인할 수 있다. 이들을 (10바)의 백만탑 다라니와 비교하면, [필사1-7]에는 7번째 암송과 8번째 암송 17자가 누락되었음을 알 수 있다. 7번째 암송 부분이 '薩'로 시작하고 9번째 암송 부분도 '薩'로 시작하여, [필사1-7]의 필사자가 이 둘을 혼동하였기 때문으로 보인다.[19]

셋째, 다른 글자로 잘못 필사한 후 삭제부를 기입하여 교정하였으나 바른 글자를 삽입하지 않아 결국 글자가 누락되는 결과를 초래한 경우도 있다.[20] ⑱이 이에 해당된다.

(11)가. <u>薩捶[삭제부卜]播波毗{燒達}(尼莎訶)</u> [필사3-6]
　　나. 薩**婆**播波毗燒達尼莎訶 [필사2-2]
　　다. 薩**婆**播波{毗}燒達尼莎(引)訶(引) 〈석가탑〉
　　라. 薩**婆**播波毗燒達尼莎(引)訶(引) 〈백만탑〉
　　마. 薩**婆**播波毗燒達尼莎訶(引十三) 〈재조〉

[필사3-6]

정경재·박부자(2016)에서 언급한 것처럼 (11가)는 4번 自心印陀羅尼의 13번째 암송 부분 중 '薩' 다음에 필사되어 있는 '捶'의 우측에 삭제부 '卜'을 표시한 것이다. '婆'로 필사해야 하는 것을 '捶'로 잘못 필사하고 삭제부를 기입한 것인데 본래 필사되었어야 하는 '婆'를 다시 기입해 넣지는 않았다. 결국 교정된 텍스트는 '薩播波…'가 되어 '婆'는 누락된 것이다. 화엄사 다라니에서 해당 부분은 (11가)와 (11나) 두 예뿐이지만, (11가)의 [필사3-6]에서 삭제부를 기입하여 잘못 필사된 것을 교정하였다는 점, (11다~마)와 같이 다른 자료에서 모두 '婆'가 나타난다는 점에서 화엄사 다라니의 필사 저본은 (11나)와 같이 '薩婆播波

---

19) (10바)의 백만탑 다라니를 기준으로 하면 7, 8번째 암송 부분이 누락된 것이며, (10사)의 재조대장경을 기준으로 하면 7, 8번째 암송 부분과 함께 9번째의 앞부분도 누락되어 있는 것으로 보아야 한다. 본고에서는 동시대 자료인 백만탑 다라니를 중시하였고 석가탑 『무구정경』도 백만탑 다라니와 동일할 것으로 추정되므로 7, 8번째 암송 부분이 누락된 것으로 보았다. 해당 부분의 석가탑 『무구정경』에 대해서는 Ⅲ장에서 더 자세히 다룰 것이다.

20) 화엄사 다라니에 기입된 삭제 부호에 대해서는 정경재·박부자(2016)에서 자세히 다룬 바 있다.

…'이었음을 알 수 있다.

그 외의 사례(④, ⑦, ⑧, ⑨, ⑪, ⑰, ⑲, ㉑)는 단순 실수로 생각되며, 대체로 한 글자를 누락한 경우이다. 이 유형에 해당되는 사례 역시 대부분 필사 저본을 따랐다고 판단되는 것이 여러 지편에 반복적으로 나타나며 필사 오류로 판정한 것은 한두 지편에만 나타나고 있다. 그러나 ⑲는 두 유형의 지편 수가 유사하며 한 글자가 누락되었다고 생각되는 [필사3-4]와 [필사3-6]에서 문제의 글자가 일부 훼손되어 있기에 자세히 들여다 볼 필요가 있다.

(12)가. 弶伽捺地婆盧迦三摩 [필사3-4][필사3-6]

　　나. 弶伽捺地婆盧迦三摩唵 [필사1-3][필사1-5][필사6-6]

　　다. 弶伽捺地婆盧迦三摩唵(二)〈석가탑〉

　　라. 弶伽捺地婆盧迦三摩唵(二)〈재조〉

(12)는 5번 大功德聚陀羅尼의 2번째 암송 부분이다. 화엄사 다라니에서 해당 부분은 모두 5회 확인되는데 (12가)와 같이 마지막 글자 '唵'이 없는 예가 2회, (12나)처럼 '唵'까지 확인되는 예가 3회이다. '唵'이 없는 예는 모두 [필사 3]에서 확인되는데 해당 부분이 일부 훼손되어 글자를 판독하는 데 어려움이 있다. 그러나 잔존 부분을 통해 추정해 보건대 '摩' 뒤에 바로 '唵'이 나와 '唵'이 없음은 확실한 듯하다. (12다, 라)와 같이 석가탑 『무구정경』과 재조대장경에서도 해당 부분에서 '唵'이 확인되므로 화엄사 다라니의 필사 저본도 (12가)보다는 (12나)와 같은 모습이었을 것으로 판단된다.

지금까지 화엄사 다라니를 필사하는 과정에서 일부 글자를 누락한 사례를 정리하고 이를 유형화한 후 몇몇 사례를 살펴보았다. 이를 필사 종이별로 정리해 보면 〈표 2〉와 같은데, 일부 지편에서는 글자 누락 오류가 빈번하게 나타나는 반면, 일부 지편에서는 그러한 오류가 전혀 없는 것을 확인할 수 있다.

정경재·박부자(2016)에서 지적한 것처럼 화엄사 다라니에서는 [필사 3]과 [필사 6]에 교정 부호가 많이 사용되었다. 마찬가지로 필사 과정에서 글자를 누락한 사례도 [필사 3]과 [필사 6]에서 많이 확인된다.[21] [필사 6]은 [필

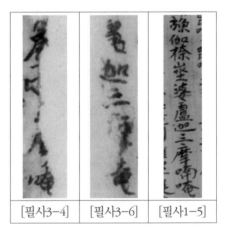

| [필사3-4] | [필사3-6] | [필사1-5] |

〈표 2〉 필사 종이별 글자 누락 빈도

보관 번호	출현 빈도	유형 빈도
필사 1	6	6
필사 2	0	0
필사 3	13	9
필사 4	2	2
필사 5	2	2
필사 6	5	4
필사 7	2	2
필사 8	0	0
계	30	25

사 1]보다 오류 빈도가 낮지만, [필사 6]에 남아 있는 필사 분량이 [필사 1]보다 훨씬 적다는 것을 고려해야 한다. [필사 2]와 [필사 8]은 오류가 확인되지 않았는데, [필사 8]은 훼손이 심해 남아 있는 글자가 별로 없기 때문이다. 한편 [필사 2]는 다른 지편에 비해 글자가 단정하며 [필사 3], [필사 6]과는 달리 교정 부호가 전혀 쓰이지 않았고 다라니와 다라니 사이 隔字도 빠짐없이 사용하고 있음이 눈에 띈다.[22] 각 종이에 다라니를 필사한 주체가 다르다면, [필사 2]의 필사자가 필사 원칙을 엄격하게 지키면서 가장 정성스럽게 다라니를 서사한 것으로 보인다.

[필사 3]의 경우 오류의 출현 빈도보다 유형 빈도가 낮은데, 이는 [필사 3] 안에서 동일한 실수가 반복되었음을 의미한다. 즉 [필사 3]의 필사자는 하나의 종이에 다라니를 반복하여 적을 때, 매번 저본을 확인하지 않고 같은 종이에 앞서 적은 부분을 보며 베껴 적은 것으로 생각된다. ⑤, ⑥, ⑫, ⑲가 이에 해당된다.

2) 글자를 추가한 경우

필사 과정에서 실수로 몇 글자를 누락하는 사례가 빈번하게 나타난 것과는 달리, 본래 없던 글자를 잘못 추가한 경우는 그리 많지 않다. 해당 사례를 모두 정리하면 〈표 3〉과 같다.[23]

〈표 3〉 글자가 추가된 경우

다라니 내 위치	필사 저본으로 추정되는 예	글자가 추가된 예
① 1번 十六	菩馱**也**菩馱也 [1-1][2-1][2-3][6-1] 薩{馱}**也菩**{馱也} [8-6] 菩馱也 [3-5][3-8]	{菩}馱也**薩**菩馱{也}[23] [7-1]
② 2번 四	毗菩瑟哆曳瑟**撒** [1-1][3-5] 毗曳瑟{撒} [3-8]	(毗菩瑟){哆}曳瑟撒**撒** [1-4]
③ 5번 十	阿**耶**咄都飯[24]尼莎訶 [1-5][2-2][6-4]	阿**耶**{口咄都}(飯尼莎訶) [6-6]
④ 5번 十一	薩婆提婆[25]那婆訶**耶**弲 [1-5][3-4][3-10] (薩){婆提}婆那婆訶**耶**弲 [7-2]	(薩){婆提婆那婆}訶{**耶**口弲} [1-2]

---

21) [필사 3]은 필사 분량이 가장 많이 남아 있는 지편이라는 점도 영향을 미쳤을 것이다.

22) 지편별 교정 부호와 隔字의 사용 양상은 정경재·박부자(2016)에서 정밀하게 정리한 바 있다.

23) [7-1]의 4번째 행에 잘못 적은 '薩'은 위에 먹을 칠해 삭제한 것처럼 보이기도 하는데 확실하지 않다. 본고에서는 필요 없는 '薩'이 잘못 필사된 것으로 판단하였다.

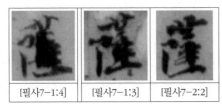

| [필사7-1:4] | [필사7-1:3] | [필사7-2:2] |

위의 4개의 사례 중 필사 오류임이 확실한 것은 ①과 ② 두 개에 불과하다. ②는 앞에 나온 글자를 한 번 더 필사하여 발생한 오류인데, ①은 그 이유를 알기 어렵다. 다만 정경재·박부자(2016: 176~177)에서 정리한 것처럼 화엄사 다라니에서 삭제부를 사용한 10개의 예 중 5개가 '薩'을 잘못 적었던 것이었는데, 이와 관련지어 생각해 볼 만하다. 자형이 분명하지 않은 ③, ④에 대해서는 좀 더 자세히 살펴보도록 하겠다.

(13)가. 阿耶{□咄都}(飯尼莎訶) [필사6-6]

　　나. 阿耶咄都飯屄莎訶 [필사1-5][필사2-2][필사6-4]

　　다. 阿(引)耶(夷我反下同)咄都飯尼莎(引)訶(十) 〈석가탑〉

　　라. 阿(引)耶(夷我反下同)咄都飯屄莎(引)訶(十) 〈재조〉

[필사6-6]

(13)은 5번 大功德聚陀羅尼의 10번째 암송 부분이다. 그림에서 볼 수 있는 것처럼 [필사6-6]의 해당 부분이 다소 훼손되었으나 '阿耶' 다음 글자의 좌변이 '食'인 것을 확인할 수 있다. 따라서 자형이 분명히 확인되지는 않지만 다른 지편에는 없는 글자가 잘못 추가된 것은 분명하다.[26]

(14)가. (薩){婆提婆那婆}訶{耶□弭} [필사1-2]

　　나. 薩婆提婆那婆訶**耶弭** [필사1-5][필사3-4][필사3-10]

　　다. (薩){婆提}婆那訶**耶弭** [필사7-2]

　　라. 薩婆提婆那婆訶(引)**耶弭**(十一) 〈석가탑〉

　　마. 薩婆提婆那婆阿**耶弭**(十一) 〈재조〉

[필사1-2]

(14)는 5번 大功德聚陀羅尼의 11번째 암송 부분이다. 화엄사 다라니의 다른 지편에서는 (14나)에서처럼 마지막이 '耶弭'로 나타나는데 (14가)의 [필사1-2]에서는 '耶'와 '弭' 사이에 다른 글자가 있는 것처럼 보인다. 훼손된 부분이라 명확하지 않으나 본고에서는 글자가 있는 것으로 판단하고 실수로 한 글자를 더 필사한 사례로 분류하였다.

이처럼 본래 필사 저본에 없었던 것으로 생각되는 글자를 추가로 잘못 서사한 예는 많지 않으며, [필사

---

24) [1-5], [6-2], [6-4]에서는 '飮'으로 필사되어 있다. 그러나 [2-2], [3-10]에서는 자형이 일부 훼손되어 있으나 '飯'으로 필사되어 있는 것으로 보인다. 이에 대해서는 〈표 4〉에서 다룬다.

25) 훼손된 부분이라 명확하지 않지만 지편 [3-4]에서는 '婆'가 아닌 '波'로도 보인다. 그러나 [1-5], [2-2], [3-10], [7-2] 등에서는 해당 글자가 명확히 확인된다. 이에 대해서는 〈표 6〉에서 다룬다.

26) '都' 뒤의 훼손된 부분에 '飯'이 올 것이 예상되므로, 이를 실수로 먼저 적었을 가능성이 있다. 이 경우 훼손된 부분에 전도부 등 교정 부호가 있었다면 이는 필사 오류라고 할 수 없다.

2]에서는 이러한 오류도 전혀 확인되지 않았다.

3) 다른 글자로 잘못 쓴 경우

같은 다라니의 같은 부분을 필사하였는데, 지편에 따라 서로 다른 글자를 사용한 경우도 확인된다. 대부분은 통용자를 사용한 경우이지만, 유사한 형태의 다른 한자를 쓰는 등의 실수를 한 것으로 보이는 사례들도 있다.[27] 이러한 사례를 정리하면 〈표 4〉와 같다.

〈표 4〉 다른 글자로 잘못 쓴 경우

다라니 내 위치	필사 저본으로 추정되는 예	다른 글자로 잘못 필사한 예
① 1번 五	謨薄伽**跋**帝阿弥多喻煞寫怛他寫 [1-1][1-2][1-4][4-1][7-4] 謨薄伽**跋**{帝阿}弥多{喻煞}寫 [5-3]	謨薄伽**別**帝阿弥{多}喻{煞寫}(怛他寫) [7-1]
② 1번 十六	菩馱也菩馱也 [1-1][2-1][2-3][6-1] 菩馱也 [3-5][3-8] {菩}馱也薩菩馱{也} [7-1][28]	**薩**{馱}也菩{馱也} [8-6]
③ 3번 十	阿埊瑟**恥**帝莎訶 [4-5][29][4-7][4-9][5-4]	阿埊瑟**耶**帝莎訶 [4-3]
④ 5번 四	毗**補**麗毗末麗 [1-3][1-5]	{毗}**神**{麗毗末麗} [8-4]
⑤ 5번 十	阿耶呬都**飯**屁莎訶 [2-2][3-10]	阿耶呬都**飮**屁莎訶 [1-5][6-2][6-4]

서서 과정에서 실수로 저본과 다른 글자를 사용한 예는 5가지가 확인된다. 이 중 ②를 제하면 자형이 유사한 다른 한자를 사용한 것으로 생각된다. 특히 ③과 ⑤는 본래의 한자와 자형상 많은 부분을 공통적

---

27) 〈표 4〉에 보인, 음이 다르고 자형이 유사한 오류 사례는 베껴 쓸 때 흔히 나타나는 오류이다. 때문에 이와 같은 사례를 통해 화엄사 다라니가 필사 저본이 있었고 이를 베껴 쓴 것임을 알 수 있다. 그러나 뒤의 사례(〈표 6〉)에서 볼 수 있는 것처럼 화엄사 다라니에는 음이 같은 통용자를 쓴 사례도 많이 나타나고 있어 필사 저본을 보면서 베끼는 동시에 부분적으로 외워서 적었을 가능성도 완전히 배제할 수 없다. 화엄사 다라니의 필사 과정에 대해서는 추후 보다 깊이 있는 논의가 필요할 것으로 보인다.

28) [필사7-1]은 '菩'를 다른 글자 '薩'로 잘못 쓴 예는 아니므로 "필사 저본으로 추정되는 예"로 분류하였으나 이것이 바로 필사 저본의 모습임을 의미하는 것은 아니다. [필사7-1]은 '薩'을 잘못 추가하여 〈표3〉의 ①에 제시했던 것으로 다른 유형의 오류가 있는 예이다.

29) [필사4-5]에도 '耶'로 적었다가 '恥'를 그 위에 덧써서 수정한 흔적이 있다.

[필사4-5]

으로 가지고 있는 다른 한자로 잘못 서사한 것으로, ③은 '耻'와 '耶'를, ⑤는 '飯'과 '飮'을 혼동한 결과이다. ③의 경우 '耻'가 더 많은 지면에서 확인될 뿐 아니라, 석가탑 『무구정경』, 재조대장경에서도 모두 '耻'를 사용하고 있으므로 '耶'를 적은 지편이 자형의 일부가 동일한 것에 혼동하여 다른 글자로 적는 필사 오류를 범한 것임을 알 수 있다.[30]

| [필사4-7] | [필사4-3] |

⑤의 '飯'과 '飮'도 자형의 일부를 공유하는 유사한 한자들이지만 글자 판독에 어려움이 있으므로 해당 사례를 좀 더 구체적으로 살펴보도록 하겠다.

(15)가. 阿耶咄都**飮**尾莎訶 [필사1-5][필사6-2][필사6-4]

　　나. 阿耶咄都**飯**尾莎訶 [필사2-2][필사3-10]

　　다. 阿(引)耶(夷我反下同)咄都**飯**尼莎(引)訶(十) 〈석가탑〉

　　라. 阿(引)耶(夷我反下同)咄都**飯**尾莎(引)訶(十) 〈재조〉

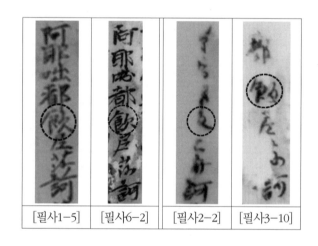

| [필사1-5] | [필사6-2] | [필사2-2] | [필사3-10] |

(15)는 5번 大功德聚陀羅尼의 10번째 암송 부분이다. 현전하는 화엄사 다라니에서 이 부분이 필사되어 남아 있는 것은 총 5회인데, 이 가운데 3회가 위의 그림 [필사1-5]에서처럼 '飮'으로 필사되어 있다. 나머지 2회는 (15나)처럼 '飯'으로 필사된 것으로 추정되는데, 해당 지편이 모두 자형의 일부가 훼손되어 있어 단정할 수 없다. 우선 위 그림에서 볼 수 있듯이 [필사2-2]는 해당 한자의 우변만 보이는데, '飮'으로 필사한 [필사1-5], [필사6-2]의 자형과 비교할 때 잔존 부분인 우변이 '欠'과는 다른 자형이고 '反'에 가까운

---

30) 이와 같이 필사 과정에서 자형의 일부를 공유하는 다른 글자로 잘못 쓴 사례는 신라 사경 중 하나인 『大方廣佛花嚴經』 권제 12~20(일본 동대사도서관 소장)에서도 확인된다. 『大方廣佛花嚴經』 권제12~20의 필사 오류에 대해서는 박부자(2016)을 참조할 수 있다.

자형임을 알 수 있다. [필사3-10]은 글자의 일부가 훼손되었지만 좌변의 '食'은 확실하고 우변도 '欠'보다
는 '反'에 가까운 자형으로 보인다. 이에 본고에서는 [필사2-2]와 [필사3-10]이 모두 '飯'을 필사한 것으로
판독하였다. (15다, 라)에서 확인할 수 있듯이 석가탑 『무구정경』과 재조대장경 모두 '飯'으로 되어 있어
이러한 판독을 지지해 준다. 즉 해당 예는 '飲'으로 필사된 예가 더 많지만 화엄사 다라니의 필사 저본은
'飯'으로 필사되어 있었을 것으로 추정되며, '飯' 대신 '飲'을 필사한 (15가)는 자형이 유사한 다른 글자로
잘못 필사한 것으로 볼 수 있다.

앞선 사례보다는 자형상의 유사함이 떨어질 수 있으나, ①의 '跋'과 '別', ④의 '補'와 '神' 역시 비슷한 형
태의 다른 한자를 잘못 필사한 것으로 보인다.[31]

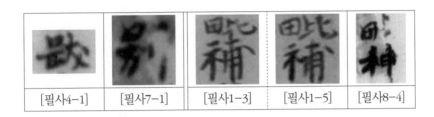

| [필사4-1] | [필사7-1] | [필사1-3] | [필사1-5] | [필사8-4] |

①의 경우 화엄사 다라니에서 '跋'로 필사된 지편의 비율이 월등히 높을 뿐 아니라, 백만탑 다라니나
재조대장경에서도 모두 '跋'로 나타난다. ④의 경우는 '補'가 2회, '神'이 1회 나타나 큰 차이를 보이지는
않지만, 석가탑 『무구정경』과 재조대장경에서 모두 '補'로 나타난다. 따라서 화엄사 다라니의 필사 저본은

'跋'과 '補'이었을 가능성
이 높으며 일부 지편에서
이들을 '別'과 '神'으로 잘
못 필사한 것이다.

지금까지 화엄사 다라
니 지편에 수십 차례 반복
필사된 내용을 다라니별
로 모아, 저본과 다르게
필사된 오류들을 변별하
였다. 이를 필사 종이별로
정리하면 〈표 5〉와 같다.
[필사 2]에는 모든 유형의

〈표 5〉 필사 종이별 오류 빈도

보관 번호	글자 누락	글자 추가	다른 글자 사용	계
필사 1	6	2	1	9
필사 2	0	0	0	0
필사 3	13	0	0	13
필사 4	2	0	1	3
필사 5	2	0	0	2
필사 6	5	1	2	8
필사 7	2	1	1	4
필사 8	0	0	2	2
계	30	4	7	41

---

31) [필사8-4]는 자형이 분명하지 않은 부분이 있어 혹 '神'이 아니라 하더라도 우변이 '甫'가 아닌 것은 분명하기 때문에 다른
   글자로 잘못 필사한 것에는 변함이 없다.

오류가 나타나지 않음을 확인할 수 있다.[32)]

　　마지막으로, 화엄사 다라니의 여러 지편을 검토한 결과 어느 한 쪽을 필사 오류로 판단하기 어려운 경우도 있었다. 음이 동일한 다른 글자로 필사하거나 통용자로 필사된 것들이다. 이들의 목록을 보이면 〈표 6〉과 같다.

〈표 6〉 통용 가능한 다른 글자를 쓴 경우

다라니 내 위치	필사 저본일 가능성이 높은 것	필사 저본일 가능성이 낮은 것
① 1번 四	簿質多鉢喇底瑟恥哆喃 [1-2][1-6][2-1][7-1][7-4]	簿質多鉢唎底瑟恥哆喃 [1-1][1-4]
② 1번 十七	薩婆憺波阿伐喇拏毗戌苐 [2-1][3-5]	薩婆{憺}婆阿伐喇{拏毗}戌{苐} [1-1]
③ 1번 二十	虎嚕虎嚕莎訶 [1-4][2-3][6-1]	虎嚕虎嚕娑訶 [3-8]
④ 2번 九	鉢囉伐囉曳瑟掫伐囉 [1-4][2-1][2-3][3-3][33)]	鉢{羅}{曳}瑟{掫伐}{囉} [4-7] 鉢囉伐羅曳瑟掫伐囉 [3-8]
⑤ 3번 五	鉢喇底僧塞迦羅 [3-1][4-5][5-2]	{鉢喇}底僧塞迦囉 [1-7]
⑥ 3번 八	珊達囉珊達{囉} [1-3] 珊達囉囉 [1-7]	珊達羅 [3-3]
⑦ 4번 三	南謨薩婆你伐囉拏毗瑟劒鼻泥菩提薩埵也 [3-6][4-9][5-2]	南謨薩婆你伐囉拏毗瑟劒鼻泥菩提薩埵也 [1-3] (南謨薩婆你伐囉拏){毗}{瑟劒}鼻泥菩提薩埵也 [2-4]
⑧ 4번 五	覩嚕都嚕 [1-3][5-2][8-3]	都嚕都嚕 [2-4][3-6][3-9]
⑨ 4번 七	(薩婆)怛他揭{多}摩庾播剌屓 [2-2]	薩婆{怛}他揭多摩庾播喇(屓) [3-9]
⑩ 4번 十一	薩[34)]婆薩埵波盧羯屓 [1-3][1-5][1-7]	薩婆薩埵波盧羯{屓} [3-9]
⑪ 5번 十一	薩婆提婆那婆訶耶弭 [1-5][2-2][3-10][7-2]	{薩}婆提{波}那婆訶耶弭 [3-4][35)]

---

32) 이는 다라니 사이에 隔字를 두는 것이 필사 원칙을 준수한 것이라고 본, 정경재·박부자(2016)의 논의와 통하는 것이다. [필사 2]에서는 隔字가 빠짐 없이 나타나고 있기 때문이다.

33) [1-4], [2-3], [3-3]에는 첫 번째 '囉'만 확인되며, [2-1]은 두 '囉' 모두 확인된다. 앞의 세 지편에서는 '囉'가 '鉢囉'에서만 확인되므로 '伐' 다음 글자는 [3-8]처럼 '羅'일 가능성을 배제할 수 없다. 그러나 백만탑다라니와 재조대장경이 둘 다 '囉'로 확인되고, 석가탑 『무구정경』은 두 번째는 '囉'이고 첫 번째는 훼손되어 정확하지 않으나 역시 '囉'로 보이므로 본고에서는 이들에 근거하여 [1-4], [2-3], [3-3]을 '鉢囉伐囉'로 파악하였다.

34) [1-5]에는 '薩'이 없다. 이에 대해서는 〈표 1〉에서 다루었다.

〈표 6〉에 제시한 것들은 화엄사 다라니의 필사 저본을 재구할 때 두 형태의 한자를 모두 고려해야 한다. 우선 본고에서는 한두 지편에서 나타나는 한자보다는 더 많은 지편에서 반복적으로 나타나는 것이 필사 저본의 형태를 반영한 것일 가능성이 높다고 보고 이를 왼쪽 "필사 저본일 가능성이 높은 것"에 배치하였다. 그러나 양쪽의 지편 수가 같은 경우에는 석가탑『무구정경』, 백만탑 다라니, 재조대장경에서 사용된 한자와 동일한 경우를 왼쪽 "필사 저본일 가능성이 높은 것"에 분류하였다.[36] 이는 필사 저본을 재구하기 위한 처리 지침일 뿐 오른쪽 "필사 저본일 가능성이 낮은 것"으로 분류된 것을 모두 필사 오류로 보는 것은 아니다.

3. 화엄사 다라니의 필사 저본 재구

앞 절에서 살펴본 내용을 모두 반영하면, 필사 과정에서 발생한 오류를 배제한 화엄사 다라니의 필사 저본이 만들어진다. 이를 제시하면 다음과 같다. 지편마다 글자체에 차이가 있는 경우가 많아, 이체자는 입력 가능하며 여러 지편에서 반복적으로 나타나는 경우만 반영하였다. 다음 장에서는 재구된 필사 저본을 현전하는 다른 무구정광다라니 자료와 비교할 것이다.

(16) 1번 根本陀羅尼

最勝無垢清淨光明大根本陁羅尼 南謨颸哆颸哆怚底弊三藐三佛陁俱胝喃鉢唎戌陁摩捺婆簿質多鉢唎底瑟恥哆喃謨薄伽跋帝阿弥多喻煞寫怚他寫唵怚他揭多戌鞞阿喻毗輸達你僧噭囉僧噭囉薩婆怚他揭多毗耶跋麗娜鉢唎底僧噭囉阿喻薩囉薩囉薩婆怚他揭多三昧㷿菩提勃地毗勃地菩馱也菩馱也薩婆憍波阿伐唎拏毗戌鞞毗揭多末羅珮㷿蘇勃馱勃鞞虖嚕虖嚕莎訶

(17) 2번 相輪陀羅尼

唵薩婆怚他揭多毗補羅曳瑟撥末尸羯諾迦曷唎折哆毗菩瑟哆曳瑟撥杜嚕三曼哆毗嚕吉帝薩羅薩羅播跛輸達尸菩達尸三菩達尸鉢囉伐囉曳瑟撥伐囉末尸脫誓鶡嚕止囉末羅毗戌鞞吽吽莎訶

35) 자형의 일부가 훼손되어 있어 확신할 수는 없다.

[필사3-4]

36) 〈표 6〉에서 ⑧, ⑨는 양쪽에 속하는 지편의 수가 같다. 이 중 ⑧은 석가탑『무구정경』, 백만탑 다라니, 재조대장경에서 모두 '覩'로 나타나므로 이를 필사 저본일 가능성이 높은 것으로 선택하였다. ⑨는 석가탑『무구정경』과 백만탑 다라니에서는 '刺'로, 재조대장경에서는 '唎'로 나타나, 동시기 자료의 형태를 더 중시하여 '刺'로 재구하였다.

(18) 3번 修造佛塔陀羅尼

唵薩婆怛他揭多末囉毗輸達尼建陁鞞梨鉢娜伐囉鉢喇底僧塞迦羅怛他揭多馱都達囉達
囉達囉珊達囉珊達囉薩婆怛他揭多阿崒瑟恥帝莎訶

(19) 4번 自心印陀羅尼

南謨薄伽伐帝納婆納伐底喃三猿三佛陁俱胝那庾多設多素訶薩囉喃喃南謨薩婆你伐囉
拏毗瑟劍鼻泥菩提薩捶也唵覩嚕都嚕薩婆阿伐囉拏戊達尼薩婆怛他揭多摩庾播刺尼
毗布麗昵末麗薩婆悉陁南摩塞訖栗帝跋囉跋囉薩婆薩埵波盧羯尼吽薩婆尼伐囉拏毗瑟
劍毗泥薩婆播波毗燒達尼莎訶

(20) 5번 大功德聚陀羅尼

南謨納婆納伐底喃怛他揭多俱胝喃弶伽捺地婆盧迦三摩喃唵毗補麗毗末麗鉢囉伐麗市
那伐麗薩囉薩囉薩婆怛他揭多馱都揭鞞薩底崒瑟恥帝莎訶阿耶咄都飯尼莎訶薩婆提婆
那婆訶耶弭勃陁阿地瑟侘那三摩也莎訶

(21) 6번 六波羅蜜陀羅尼

南謨納婆納伐底喃怛他揭多弶伽捺地婆盧迦俱胝那庾多設多素訶薩囉喃唵普怖哩折里
尼折哩慕哩忽哩社攞跋哩莎訶

III. 현전하는 다른 무구정광다라니와의 비교

이 장에서는 앞에서 재구한 화엄사 다라니의 필사 저본을, 비슷한 시기에 형성된 다른 무구정광다라니
와 비교하고 각 자료 간의 차이와 유사도를 확인하여 화엄사 다라니의 특징을 살펴보고자 한다.

화엄사 다라니의 필사 저본에 대한 교감은 동시대 자료인 나원리 오층석탑 발견 무구정광다라니 지편,
불국사 석가탑 발견 『무구정경』을 우선 대상으로 하였다. 또 일본 자료이기는 하나 역시 동시기의 자료인
백만탑 다라니도 교감 대상 문헌에 포함하였으며, 시대적으로는 다소 뒤지지만 사경 계통의 전승 양상을
살필 수 있는 4종의 돈황 사경 北7379, 北7384, P.3916, S.1634도 교감 대상으로 삼았다. 여기에 대장경
계통의 전승 양상을 살필 수 있는 金版大藏經과 再雕大藏經까지 교감 대상에 포함하였다. 다만 그 결과
를 정리한 〈표 7〉, 〈표 8〉에서는 석가탑 『무구정경』, 백만탑 다라니, 재조대장경과의 비교 결과만을 제시
하기로 한다. 나원리 다라니는 작은 지편만 남아 있어 해당 부분이 남아 있는 경우에만 각주로 명시할 것
이다. 돈황 사경과 금판대장경은 특징적인 것만을 언급하기로 한다.

〈표 7〉 현전 무구정광다라니 간 비교 (1): 글자의 出入

다라니 내 위치	화엄사	석가탑	백만탑	재조
다라니명	最勝無垢清淨光明大根本陁羅尼	–	無垢淨光經 根本陁羅尼 / 無垢淨光經 相輪陁羅尼 / 無垢淨光經 自心印陁羅尼 / 無垢淨光經 六度陁羅尼	–
① 1번 五 ② 1번 五	謨薄伽跋帝阿弥多喩煞冩怛他冩	(훼손)冩	**南**謨薄伽跋底阿弥多喩殺冩怛他**揭怛**冩	**南**謨薄伽跋底阿弥多喩煞冩怛他**揭怛**冩
③ 1번 十	薩婆怛他揭多毗耶跋麗娜	薩婆怛他{揭}(多){毗}**唎**{耶跋}麗娜	薩婆怛他揭多毗**唎**邪跋麗娜	薩婆怛他揭多毗**唎**耶跋麗娜
④ 1번 十二	薩囉薩囉	(훼손)	薩囉薩囉	薩**麼**囉薩**麼**囉
⑤ 1번 十四	菩提	菩提**菩提**	菩提**菩提**	菩提**菩提**
⑥ 2번 五	杜嚕	杜嚕**杜{嚕}**	杜嚕**杜嚕**	杜嚕**杜嚕**
⑦ 2번 七	薩羅薩羅播跛輸達尼	薩{囉薩}羅{播}(跛)輸達(尼)	薩囉薩囉播跛輸達尼	薩囉薩囉播跛**尾**輸達尼
⑧ 4번 二	三藐三佛陁俱胝那庾多設多索訶薩囉喃**喃**	三藐三佛陁俱胝那庾多設多索訶薩囉喃	三藐三佛陁俱胝那庾多設多索訶薩囉喃	三藐三佛陁俱胝那庾多設多索訶薩羅喃
⑨ 4번 五[37]	覩嚕都**嚕**	覩嚕覩	覩嚕覩**嚕**	覩嚕覩**嚕**
⑩ 5번 一	南謨納婆納伐**底**喃怛他揭多俱胝喃	南謨納婆納伐喃怛他揭多俱胝喃	–	南謨納婆納伐**底**喃怛他揭多俱胝喃
⑪ 6번 六	折里尼	析里尼	折里尼**折哩尼**	折哩尼

1. 글자의 出入

화엄사 다라니와 현전하는 여러 무구정광다라니를 비교해 보면 다음과 같이 글자의 들고 남이 확인된다. 다른 자료와 달리 화엄사 다라니와 백만탑 다라니에서 다라니명이 적힌 것도 아래 표에 제시하였으나 정경재·박부자(2016: 164–165)에서 이미 자세히 다루었으므로 본고에서는 언급하지 않기로 한다.

37) 나원리 다라니 南1–1에서는 '(覩){嚕}覩**嚕**'로 나타난다.

1) 화엄사 다라니 필사 저본의 오류

위의 11가지 사례 중 6가지(①, ②, ③, ⑤, ⑥, ⑧)는 화엄사 다라니가 다른 자료와 차이가 나는 경우이다. 이들은 모두 화엄사 다라니의 필사 저본이 지닌 오류로 생각된다. 자세히 살펴보면 아래와 같다.

먼저, ①, ②, ③은 필사 과정에서 중간에 한두 글자를 누락한 단순 실수로 생각된다.

(22)가. 謨薄伽跋帝阿弥多喻煞寫怛他寫〈화엄사〉

　　나. <u>南</u>謨薄伽跋底阿彌多喻殺寫怛他<u>揭怛</u>寫(五)〈백만탑〉

　　다. <u>南</u>謨薄伽跋底阿弥多喻煞寫怛他<u>揭怛</u>寫(五)〈재조〉

①과 ②는 1번 根本陀羅尼의 5번째 암송 부분이다. (22가)에서 볼 수 있는 것처럼 화엄사 다라니는 해당 부분이 '謨'로 시작한다. 해당 부분이 훼손되지 않고 남아 있는 지편 [필사1-1], [필사1-2], [필사1-4], [필사1-6], [필사2-1], [필사4-1], [필사5-3], [필사7-1], [필사7-4] 모두 '南'이 없다. 그러나 (22)에 보인 백만탑다라니와 재조대장경뿐 아니라 돈황사경과 금판대장경에서도 모두 '南謨'로 나타나며, '南謨'는 산스크리트 어 'Namas'의 음역어이므로 화엄사 다라니의 오류임이 분명하다. 바로 앞, 즉 네 번째 암송 부분의 마지막 글자가 '喃'이어서 발생한 실수로 생각된다.

또한 화엄사 다라니에서 根本陀羅尼의 5번째 암송 부분의 마지막은 (22가)에서처럼 '怛他寫'로 끝난다. 해당 부분이 훼손되지 않고 남아 있는 [필사4-1], [필사4-4], [필사4-8]에는 모두 '他'와 '寫' 사이에 '揭怛'이 없다.[38] 현존하는 다른 다라니에서는 모두 '怛他揭怛寫'로 나타나고 있으므로 이 역시 화엄사 다라니의 필사 저본이 지닌 오류로 볼 수 있다.

(23)가. 薩婆怛他揭多毗耶跋麗娜〈화엄사〉

　　나. 薩婆怛他{揭}(多){毗}喇{耶跋}麗娜(十)〈석가탑〉

　　다. 薩婆怛他揭多毗喇邪跋麗娜(十)〈백만탑다라니〉

　　라. 薩婆怛他揭多毗喇耶跋麗娜(十)〈재조〉

(23)은 1번 根本陀羅尼의 10번째 암송 부분이다. 석가탑『무구정경』을 비롯한 현전하는 다른 자료에서는 모두 '毗' 뒤에 '喇'가 나타나는데, 화엄사 다라니의 경우 해당 부분이 훼손되지 않고 남아 있는 [필사1-4], [필사1-6], [필사2-1], [필사2-3], [필사3-5], [필사5-3], [필사7-1]에는 모두 '喇'가 없으므로 이들의 필사 저본 역시 (23가)처럼 '喇'가 없었을 것으로 보인다. 이 또한 화엄사 다라니의 오류로 보아야 할 것

---

38) 해당 부분이 [필사 4]에만 남아 있어 [필사4]의 필사 오류일 가능성을 배제할 수 없다. [필사5-3]에도 해당 부분이 훼손되지 않고 남아 있으나 '怛他揭怛寫' 5글자가 누락되어 있으므로 저본이 어떠했는지는 보여 주지 못한다. [필사5-3]의 글자 누락은 저본의 오류가 아닌 필사 오류로 보아야 하며, 이에 대해서는 〈표 1〉에서 정리한 바 있다.

이다.

⑤, ⑥은 필사 과정에서 흔히 나타나는 실수로, 'ABAB'와 같이 반복되는 표현에서 한 번을 누락하고 적은 경우이다. ⑤의 '菩提'는 해당 부분이 훼손되지 않고 남아 있는 [필사1-1], [필사2-3], [필사3-5], [필사3-8], [필사6-1], [필사8-2], [필사8-6]에 모두 '菩提'가 한 번만 필사되어 있다.[39] ⑥의 '杜嚕'도 해당 부분이 훼손되지 않고 남아 있는 [필사1-1], [필사1-4], [필사3-5], [필사3-8]은 모두 '杜嚕'가 한 번만 필사되어 있다. 화엄사 다라니에서는 해당 부분이 훼손되지 않고 남아 있는 모든 지편에서 반복되는 표현이 한 번만 나타나는 반면, 〈표 7〉에서 볼 수 있는 것처럼 석가탑『무구정경』이나 백만탑 다라니, 재조대장경 등에서는 모두 반복되어 두 번 나타나므로 화엄사 다라니의 필사 저본이 지닌 오류로 보인다.

⑧은 앞에 나온 글자를 한 번 더 적은 것이다. 화엄사 다라니에서는 해당 부분이 '喃喃'으로 끝나는데, 해당 부분이 훼손되지 않고 남아 있는 [필사1-3], [필사1-7], [필사3-6], [필사3-9], [필사4-3], [필사5-4]에 모두 '喃'이 한 자 더 필사되어 있다. 이 역시 필사 과정에서 흔히 나타나는 실수 유형으로, 화엄사 다라니 저본이 지닌 오류로 생각된다.

정경재·박부자(2016)에서는 부호, 측천무후자의 사용, 隔字 등의 필사 양식을 통해 화엄사 다라니를 필사한 사람이 여러 명이었음을 확인한 바 있다. 본고에서도 Ⅱ장에서 살펴본 필사 오류 양상을 통해 이와 같은 사실이 확인되었다. 그러나 ①, ②, ③, ⑤, ⑥, ⑧의 오류가 모든 지편에서 동일하게 나타나는 것을 보면, 이들의 필사 저본은 모두 동일했음을 알 수 있고 화엄사 다라니의 필사 저본 자체에 오류가 있었음을 짐작할 수 있다.

텍스트의 오류는 비단 화엄사 다라니에서만 확인되는 것은 아니다. 석가탑『무구정경』이나 백만탑 다라니에서도 텍스트의 오류로 보이는 예가 확인된다. 이들은 목판 인쇄물로 필사본에 비해 오류가 적었을 것이라 기대되지만 오류가 전혀 없었다고 할 수는 없다. 일찍이 金聖洙(2000: 58)에서는

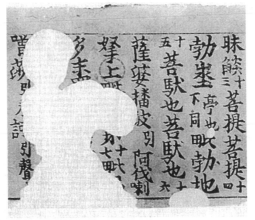

석가탑『무구정경』 1번 다라니   재조대장경 1번 다라니

우측 그림에서 볼 수 있는 것처럼 '上聲'을 의미하는 표시여서 소자로 새겨져야 했던 '上'이 석가탑『무구정경』에서는 다라니의 일부처럼 대자로 새겨져 있음을 지적한 바 있다.

〈표 7〉에서는 이 외에도 석가탑『무구정경』이 다른 자료와 차이가 나는 경우가 2가지(⑨, ⑩) 확인되는

---

39) [3-5], [3-8]에서는 '菩'가 '艹'로 쓰여 후행 글자와 함께 '提'로 적혀 있다.

데, 해당 부분은 4종의 돈황 사경과 금판대장경 역시 석가탑『무구정경』과 차이를 보인다. 이 또한 석가탑 『무구정경』의 오류로 생각된다.

　　백만탑 다라니가 다른 자료와 차이가 나는 사례는 ⑪의 예 단 하나뿐이다. 4종의 돈황 사경 및 금판대 장경 역시 백만탑 다라니와 다르다. 그러나 이 예는 일부 글자가 누락되거나 실수로 앞에 나온 한 글자를 더 쓴 것이 아니라 동일한 표현을 두 번 반복한 것이므로 오류 여부를 판단하기 어렵다. 다른 자료와 다르다는 것만을 지적해 둔다.

2) 화엄사 다라니와 석가탑 『무구정경』

　　〈표 7〉의 ④와 ⑦은 재조대장경의 무구정광다라니가 다른 자료와 차이가 나는 경우이다. 그런데 석가 탑『무구정경』에서는 해당 부분이 일부 훼손되어 있어 화엄사 다라니와 재조대장경 중 무엇과 동일한지 확신하기 어렵다. 이는 석가탑『무구정경』의 훼손 부분을 복원해야 알 수 있는 것인데 화엄사 다라니의 필사 저본을 재구하는 작업이 역으로 석가탑『무구정경』의 훼손 부분을 복원하는 데 도움을 줄 수 있다.

　　우선 ⑦을 살펴보자. 아래 (24)에 제시한 것처럼 재조대장경을 기준으로 하면 석가탑『무구정경』에서 '播'과 '輪' 사이, 즉 아래 그림의 동그라미를 친 부분에 '跋尾' 두 글자가 들어가야 한다. 그러나 아래 그림 에서 볼 수 있는 것처럼 훼손된 부분은 한 글자가 들어갈 공간밖에 없다.

　　　　(24)가. 薩羅薩羅**播跋輪**達尼〈화엄사〉
　　　　　　　나. 薩{囉薩}羅{**播**}□**輪**達□〈석가탑〉
　　　　　　　다. 薩囉薩囉**播跋輪**達尼(七)〈백만탑〉
　　　　　　　라. 薩囉薩囉**播跋尾輪**達尼(七)〈재조〉

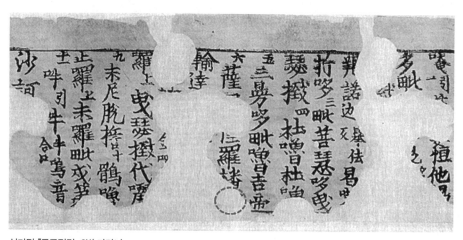

석가탑『무구정경』 2번 다라니

(24가)에 보인 화엄사 다라니의 재구본에서는 해당 부분의 '播'와 '輸' 사이에 '跋' 한 자만 필사되어 있다. 해당 부분이 훼손되지 않고 남아 있는 지편([필사1-1], [필사1-4], [필사3-1], [필사3-3], [필사3-5], [필사6-3], [필사6-5])에는 모두 '尾'가 없으므로 이것이 재구본에 반영된 것이다. 석가탑 『무구정경』의 훼손된 공간과 화엄사 다라니를 참조할 때, 화엄사 다라니와 같이 석가탑 『무구정경』에서도 '跋'만 훼손되고 '尾'는 본래 없었을 것으로 생각된다.

④도 훼손된 부분이 더 많을 뿐 ⑦과 동일하다.

    (25)가. 薩囉薩囉〈화엄사〉[40]

       나. (훼손)〈석가탑〉

       다. 薩囉薩囉(十二)〈백만탑〉

       라. 薩麼囉薩麼囉(十二)〈재조〉

아래의 그림에서 볼 수 있듯이 재조대장경과 비교하면 석가탑 『무구정경』에서 네모로 둘러싼 세 행에는 대자 23자, 소자 3자가 들어가야 한다. 그 안에 동그라미를 친 '娜'와 '婆' 사이에는 두 행이 훼손되어 있는데 재조대장경을 기준으로 하면 두 글자 사이에 대자 15자, 소자 3자 총 18자가 들어가야 한다. 즉 한 행에 약 9자가 적혀야 하는 것이다. 그러나 석가탑 『무구정경』에서 해당 행 주변의 다른 행은 소자 포함 7~8자만 적혀 있어 최대 16자를 넘지 않는다.

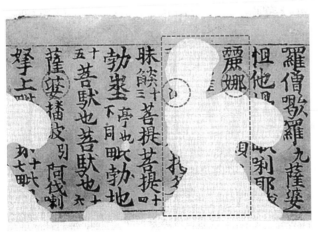

석가탑 『무구정경』 1번 다라니　　　　　　　　　　재조대장경

---

40) 해당 부분이 훼손되지 않고 남아 있는 [1-2], [1-4], [1-6], [4-1]은 모두 '麼'가 없이 '薩囉薩囉'로 나타난다. [6-1]에는 '薩囉'만 확인할 수 있으나 그 앞부분이 훼손되어 있다. 다만 〈표 1〉에서 다루었듯이 [1-1]에서는 '薩囉'로 필사되어 있는데, 이는 필사 오류로 보인다. 모두 '麼'가 없다는 점에서 동일하다.

석가탑 『무구정경』에서 훼손된 부분 중 (25)를 제외한 나머지 부분은 화엄사 다라니나 백만탑 다라니, 재조대장경 간에 서로 차이가 나는 부분이 없으므로, 재조대장경과 석가탑 『무구정경』의 글자 수 차이는 (25)에서 찾을 수밖에 없다. 해당 부분이 재조대장경에서는 '薩麼囉薩麼囉'의 6자로 되어 있지만 화엄사 다라니에서는 '薩囉薩囉' 4자로 되어 있어 재조대장경과 석가탑 『무구정경』의 글자 수 차이와 일치한다. 따라서 석가탑 『무구정경』에서 훼손된 해당 부분은 재조대장경의 '薩麼囉薩麼囉'와 같은 6자가 아니라 화엄사 다라니와 같이 '薩囉薩囉' 4자가 새겨져 있었다고 볼 수 있다. 즉 화엄사 다라니의 필사 저본을 재구함으로써 석가탑 『무구정경』의 훼손 부분을 제대로 복원할 수 있게 된 것이다.

이 두 사례에서 금판대장경은 재조대장경과 동일하나 4종의 돈황본은 모두 화엄사 다라니와 동일하다. 어느 한쪽이 오류라고 하기 어려우며 초기 사경 계통과 開寶勅版에서 이어지는 대장경 계통의 차이를 보여 주는 것으로 해석할 수 있다.

한편, 앞서 Ⅱ장에서 화엄사 다라니 지편의 필사 오류 중 17자가 누락된 다음의 경우를 언급한 바 있다. 해당 예를 다시 가져오면 아래와 같다.

(26)가. 薩婆阿伐囉拏毗戌達屃薩婆怤陁南摩塞訖栗帝 [필사1~7]

　　나. 薩婆阿伐囉拏毗戌達尼(六)薩婆怛他揭多摩庾播剌{尼}(七)毗布麗眤末{麗}□薩婆怤陁南摩塞訖栗帝(九) 〈석가탑〉

　　다. 薩婆阿伐囉拏毗戌達尼(六)薩婆怛他揭多摩庾播剌尼(七)毗布麗眤末麗(八)薩婆怤陁南摩塞訖栗帝(九) 〈백만탑〉

　　라. 薩婆阿伐囉拏毗戌達屃(六)薩婆怛他揭多摩庾播喇屃(七)毗布麗(八)眤末麗薩婆怤陁南摩塞訖栗帝(九) 〈재조〉

석가탑 『무구정경』의 경우 '麗' 뒤의 한 글자가 훼손되어 있는데 재조대장경에서는 '麗' 다음에 바로 '薩'이 오고 있어, 재조대장경만 보아서는 석가탑 『무구정경』에서 훼손된 글자가 무엇인지 알 수 없다. 그러나 (26다)의 백만탑 다라니에서는 재조대장경과는 달리 해당 위치에 소자 '八'이 들어가 있다. 또한 (26가)의 17자가 누락된 화엄사 다라니가 7번째 암송 부분의 첫 글자 '薩'과 9번째 암송 부분의 첫 글자 '薩'을 혼동한 데 원인이 있는 것이라면, 화엄사 다라니의 필사 저본에도 해당 부분에 암송 단위를 구분하는 어떤 표시가 있었을 가능성이 있다. 이를 고려하면 석가탑 『무구정경』 또한 '麗'와 '薩' 사이의 훼손된 부분에 소자 '八'이 들어가야 할 것으로 보인다. 재조대장경의 소자 '八'은 그보다 앞에 놓여 있으므로, 석가탑 『무구정경』의 암송 단위는 재조대장경과는 다르고 화엄사 다라니나 백만탑 다라니와 일치함을 알 수 있다. 이와 같이 화엄사 다라니의 필사 저본을 재구한 것이 석가탑 『무구정경』의 훼손 부분을 복원하고 그 특성을 밝히는 데에 중요한 근거가 될 수 있음을 알 수 있다.

이상의 내용을 고려하면, 화엄사 다라니의 저본과 석가탑 『무구정경』은 같은 계통의 것이었을 가능성이 높아 보인다. 더 나아가 석가탑 『무구정경』은 목판본이므로 여러 부 인쇄되었을 것이고 그것이 통일신라시대에 두루 유통되었다면 화엄사 다라니의 필사 저본이 석가탑『무구정경』과 동일본일 가능성도 생각해 볼 수 있다. 그러나 이러한 추측은 부정된다. 〈표 7〉의 ①, ②, ③, ⑤, ⑥, ⑧과 같이 화엄사 다라니 저본이 지닌, 그래서 여러 지편에 반복적으로 나타나는 오류들을 고려하면 화엄사 다라니의 저본은 석가탑『무구정경』과 동일한 목판 인쇄물이 아니다. 또한 ⑨, ⑩과 같이 석가탑『무구정경』에는 없는 글자가 화엄사 다라니에 나타난다는 점을 고려하면, 석가탑『무구정경』과 동일한 목판 인쇄물을 필사한 것이 화엄사 다라니의 저본이 되었다고 보기도 어렵다. 즉 화엄사 다라니는 석가탑『무구정경』과 유사하지만 그것과는 다른 문서를 저본으로 하여 필사되었을 것으로 추정된다.

2. 글자가 다른 경우

다음으로 화엄사 다라니와 현전하는 여러 무구정광다라니에서 서로 다른 한자를 사용하고 있는 예를 정리하면 〈표 8〉과 같다.

〈표 8〉 현전 무구정광다라니 간 비교 (2): 다른 글자 사용

다라니 내 위치	화엄사	석가탑	백만탑	재조
① 1번 四	簿[41]質多鉢喇[42]底瑟耻哆喃	{簿}質{多鉢}喇底(瑟耻){哆喃}	薄質多鉢喇底瑟耻哆喃	薄質多鉢喇底瑟耻哆喃
② 1번 五	謨薄伽跋帝[43]阿弥多喻煞寫怛他寫	(훼손)寫	南謨薄伽跋底阿弥多喻殺寫怛他揭怛寫	南謨薄伽跋底阿弥多喻煞寫怛他揭怛寫
③ 1번 九	僧噉囉僧噉囉[44]	僧噉囉僧噉{囉}	僧噉囉僧噉囉	僧噉囉僧噉羅
④ 1번 十	薩婆怛他揭多毗耶[45]跋麗娜	薩婆怛他{揭}(多){毗}喇{耶}跋麗娜	薩婆怛他揭多毗喇邪跋麗娜	薩婆怛他揭多毗喇耶跋麗娜
⑤ 1번 十一	鉢喇[46]底僧噉囉阿喻	(훼손)	鉢喇底僧噉囉阿喻	鉢剌底僧噉囉阿喻
⑥ 2번 六	三曼哆毗[47]嚕吉帝	三曼哆毗嚕吉帝	三曼哆毗嚕吉帝	三曼哆尾嚕吉帝

---

41) 해당 부분이 훼손되지 않고 남아 있는 [1-1], [1-2], [1-4], [1-6], [2-3]에는 모두 '簿'로 필사되어 있다.

42) 해당 글자는 [1-2], [1-6], [2-1], [7-1], [7-4]에서는 '喇'로, [1-1], [1-4]에서는 '喇'로 필사되어 있다.

43) 해당 부분이 훼손되지 않고 남아 있는 [1-1], [1-2], [1-4], [4-1], [4-8], [5-3], [7-1]에는 모두 '帝'로 필사되어 있다.

44) 해당 부분이 훼손되지 않고 남아 있는 [1-4], [2-3], [6-1], [8-6]에는 모두 '囉'로 필사되어 있다.

45) 해당 부분이 훼손되지 않고 남아 있는 [1-4], [1-6], [2-1], [2-3], [3-5], [5-3], [7-1]에는 모두 '耶'로 필사되어 있다.

46) 해당 부분이 훼손되지 않고 남아 있는 [1-1], [1-4], [1-6], [2-1], [3-5], [7-1]에는 모두 '喇'로 필사되어 있다.

47) 해당 부분이 훼손되지 않고 남아 있는 [1-1], [1-4], [3-1], [3-5], [3-8]에는 모두 '毗'로 필사되어 있다.

다라니 내 위치	화엄사	석가탑	백만탑	재조
⑦ 2번 七	薩羅⁴⁸⁾薩羅⁴⁹⁾播跋輸達尼	薩{囉薩}羅{播}(跋)輸達(尼)	薩囉薩囉播跋輸達尼	薩囉薩囉播跋尾輸達尼
⑧ 3번 三	末囉⁵⁰⁾毗輸達尼	末羅毗輸達尼	–	末羅毗輸達尼
⑨ 3번 四	建⁵¹⁾陁鞞梨鉢娜伐囇	健陁鞞梨鉢娜伐囇	–	鍵陁鞞梨鉢娜伐囇
⑩ 3번 五	鉢喇⁵²⁾底僧塞迦羅⁵³⁾	(鉢)喇底{僧}塞迦{囉}	–	鉢囉底僧塞迦囉
⑪ 3번 六	怛他揭多馱都達囇⁵⁴⁾	(怛他揭多){馱}都達囇	–	怛他揭多馱都達麗
⑫ 4번 二	三猿三佛陁俱胝那庚多設多索訶薩囉⁵⁵⁾喃喃	三藐三佛陁俱胝那庚多設多索訶薩囉喃	三猿三佛陁俱胝那庚多設多索訶薩囉喃	三藐三佛陁俱胝那庚多設多索訶薩羅喃
⑬ 4번 三	南謨薩婆你伐囉拏毗瑟劍鼻泥⁵⁶⁾菩提薩捶⁵⁷⁾也	南謨薩婆你伐囉拏毗瑟劍{鼻}(尼)菩提薩捶也	南謨薩婆你伐囉拏毗瑟劍鼻泥菩提薩埵也	南謨薩婆你伐囉拏毗瑟劍鼻尼菩提薩埵也
⑭ 4번 五⁵⁸⁾	覩⁵⁹⁾嚕都⁶⁰⁾嚕	覩嚕覩	覩嚕覩嚕	覩嚕覩嚕
⑮ 4번 七	薩婆怛他揭多摩庚播⁶¹⁾刺⁶²⁾尼	薩婆怛他揭多摩庚播刺{尼}	薩婆怛他揭多摩庚播刺尼	薩婆怛他揭多摩庚播喇尼
⑯ 4번 十⁶³⁾	跋囉⁶⁴⁾跋囉	跋囉跋囉	跋囉跋囉	跋羅跋囉
⑰ 4번 十一	薩婆薩埵⁶⁵⁾波⁶⁶⁾盧羯尼	薩婆薩埵婆盧羯尼	薩婆薩埵婆盧羯尼	薩婆薩埵縛盧羯尼
⑱ 4번 十三	薩婆播⁶⁷⁾波毗燒達尼莎訶	薩婆播波毗燒達尼莎訶	薩婆播波毗燒達尼莎訶	薩婆播波毗燒達尼莎訶
⑲ 5번 九	薩底崒瑟恥帝莎⁶⁸⁾訶	薩底崒瑟恥帝莎訶	–	薩底地瑟恥帝薩訶
⑳ 5번 十一	薩婆提婆⁶⁹⁾那婆訶⁷⁰⁾耶弭	薩婆提婆那婆訶耶弭	–	薩婆提婆那婆阿耶弭
㉑ 6번 二	弶伽捺⁷¹⁾地婆盧迦	弶伽捺崒婆盧迦	弶伽捺地婆盧迦	弶伽捺地婆盧迦
㉒ 6번 六	折里⁷²⁾尼	折里尼	折里尼折哩尼	折哩尼
㉓ 6번 七	折⁷³⁾哩慕哩忽哩	折哩慕哩忽哩	折哩慕哩忽哩	折哩慕哩忽哩
㉔ 6번 八	社攞⁷⁴⁾跋哩莎訶	社攞跋哩莎訶	社邏跋哩莎訶	社邏跋哩莎訶

---

48) 해당 부분이 훼손되지 않고 남아 있는 [1-4], [3-1], [3-3], [3-5], [3-8], [6-5]에는 모두 '羅'로 필사되어 있다.

49) 해당 부분이 훼손되지 않고 남아 있는 [1-1], [1-4]에는 모두 '羅'로 필사되어 있다.

50) 이 글자는 [4-7]에서만 한 번 확인된다.

앞서 〈표 6〉에서 같은 다라니의 같은 부분을 필사하였는데 화엄사 다라니의 지편에 따라 서로 다른 글자를 사용한 사례를 정리한 바 있다. 이들은 대부분 통용자를 사용한 경우였다. 서로 다른 자료에서 사용한 한자를 비교한 〈표 8〉도 크게 다르지 않다. 다라니에 사용된 한자들은 산스크리트어의 음차자이므로 음이 동일한 다른 한자를 사용하는 것은 필사상의 오류 혹은 판각상의 오류라 할 수 없다. ③, ⑦, ⑧, ⑩, ⑫, ⑯의 '羅'와 '囉', ⑤와 ⑮의 '刺'과 '喇', ⑪의 '麗'와 '囄', ㉒의 '里'와 '哩', ⑨의 '鍵'과 '健'과 '建', ⑬의 '尼'와 '泥', ⑭의 '都'와 '覩', ㉔의 '邏'와 '攞' 등 대부분이 그러한 예이다. ⑮, ⑱, ㉑, ㉒, ㉓은 '扌' 邊과 '木' 邊의 차이이고 ①은 '艹' 邊과 '竹' 邊의 차이인데, 이들은 흔히 교체되어 쓰이던 것이므로 이체자로 볼 수도 있다.

마지막으로 서로 다른 한자를 사용한 ②의 '帝'와 '底', ④의 '耶'와 '邪',[75] ⑥의 '毗'와 '尾', ⑩의 '喇'와 '囉', ⑰의 '波'와 '婆'와 '縛', ⑲의 '莎'와 '薩', ⑳의 '訶'와 '阿'는 상고음을 재구하여 당시 음차자로서 통용될 수 있었던 것인지 확인하여야 할 것이다. 이에 대해서는 차후에 보완할 예정이다.

---

51) 이 글자는 [4-7]에서만 한 번 확인된다.

52) 해당 부분이 훼손되지 않고 남아 있는 [1-7], [3-1], [4-5], [4-7], [5-2], [5-4]에는 모두 '喇'로 필사되어 있다.

53) 해당 글자는 [3-1], [4-5], [5-2]에서는 '羅'로, [1-7]에서는 '囉'로 필사되어 있다.

54) 해당 부분이 훼손되지 않고 남아 있는 [1-7], [3-1], [3-3], [7-3]에는 모두 '囉'로 필사되어 있다.

55) 해당 부분이 훼손되지 않고 남아 있는 [1-3], [1-7], [2-2], [3-6]에는 모두 '囄'로 필사되어 있다.

56) 해당 부분이 훼손되지 않고 남아 있는 [1-3], [2-4], [3-6], [3-9], [4-3], [4-5], [4-9]에는 모두 '泥'로 필사되어 있다.

57) 해당 글자는 [3-6], [4-9], [5-2]에서는 '捶'로, [1-3]에서는 '埵'로, [2-4]에서는 '㪏'로 필사되어 있다.

58) 나원리 나라니 南1-1에서는 '(覩)[嚕]覩嚕'로 나타난다.

59) 해당 글자는 [1-3], [5-2], [8-3]에서는 覩로, [2-4], [3-6], [3-9]에서는 '都'로 필사되어 있다.

60) 해당 부분이 훼손되지 않고 남아 있는 [1-3], [2-4], [3-6], [4-9], [7-5], [8-3]에는 모두 '都'로 필사되어 있다.

61) 해당 부분이 훼손되지 않고 남아 있는 [2-2], [3-9], [4-3]에는 모두 '播'으로 필사되어 있다.

62) 해당 글자는 [2-2]에서는 '刺'로, [3-9]에서는 '喇'로 나타난다.

63) 나원리 나라니 南1-1에서는 '趺[囉]趺[囉]'로 나타난다.

64) 해당 부분이 훼손되지 않고 남아 있는 [1-3], [1-5], [1-7], [2-4], [3-6], [3-9]에는 모두 '囉'로 필사되어 있다.

65) 해당 글자는 [1-3], [1-5], [1-7]에서는 '埵'로, [3-9]에서는 '㪏'로 필사되어 있다.

66) 해당 부분이 훼손되지 않고 남아 있는 [1-3], [1-5], [1-7], [3-9], [7-5]에는 모두 '波'로 필사되어 있다.

67) 해당 부분이 훼손되지 않고 남아 있는 [2-2], [3-6]에는 모두 '播'로 필사되어 있으나 [3-6]은 자형이 특이하다.

68) 해당 부분이 훼손되지 않고 남아 있는 [1-5], [3-2], [6-4], [6-6], [8-1]에는 모두 '莎'로 필사되어 있다.

69) 해당 글자는 [1-5], [2-2], [3-10], [7-2]에서는 '婆'로 필사되어 있으며, [3-4]에서는 일부 훼손되어 자형이 명확하지 않지만 '波'로 필사된 것으로 보인다.

70) 해당 부분이 훼손되지 않고 남아 있는 [1-2], [1-5], [2-2], [3-4], [3-10], [7-2]에는 모두 '訶'로 필사되어 있다.

71) 해당 부분이 훼손되지 않고 남아 있는 [1-2], [1-5], [3-7], [3-10]에는 모두 '捺'로 필사되어 있다.

72) 해당 부분이 훼손되지 않고 남아 있는 [3-2], [3-7], [3-10], [4-4], [4-6], [8-5]에는 모두 '折里'로 필사되어 있다.

73) 해당 부분이 훼손되지 않고 남아 있는 [3-2], [3-10], [4-4], [4-6]에는 모두 '折'로 필사되어 있다.

74) 해당 부분이 훼손되지 않고 남아 있는 [3-7], [4-2], [4-4], [4-6]에는 모두 '攞'로 필사되어 있다.

75) ④의 '耶'와 '邪'는 신라 사경인 동대사도서관 소장 『大方廣佛花嚴經』 권제12~20에서 문장 종결 어조사로 통용되어 쓰인 예가 있다(정재영 외 2015).

〈표 8〉에 정리된 것들이 대부분 음차자로서 통용될 수 있는 한자들이지만, 이들이 아무런 경향 없이 선택되어 사용된 것으로 보이지는 않는다. 위의 표에서 화엄사 다라니 재구본을 포함한 4종의 무구정광 다라니 간에 서로 다른 글자를 사용한 사례는 총 30개이다.[76] 30개의 글자에 대해 자료 간의 유사도를 확인해 보면 다음과 같다.

우선 화엄사 다라니와 석가탑『무구정경』에서는, 석가탑『무구정경』의 해당 부분이 훼손되어 비교할 수 없는 예 넷(②, ⑤, ⑦, ⑬)을 제한 26

〈표 9〉 화엄사 다라니와의 일치도

	석가탑『무구정경』	백만탑 다라니	재조대장경
이체자 포함	57.7%	56.5%	20.0%
이체자 제외	70.0%	47.1%	4.2%

가지 중 15가지에서 동일한 한자를 사용하였다(약 58%). 화엄사 다라니와 백만탑 다라니의 경우, 백만탑 다라니에서 확인할 수 없는 예 일곱을 제한 23가지 중 13가지에서 동일한 한자를 사용하였다(약 57%). 화엄사 다라니와 나머지 두 자료 간의 유사도가 거의 일치한다. 반면 화엄사 다라니와 재조대장경은 30가지 중 6가지에서만 동일한 한자를 사용하였다(20%). 이체자로 볼 수 있는 ①, ⑮, ⑱, ㉑, ㉒, ㉓의 예를 제하면 각각 20가지 중 14가지(70%), 17가지 중 8가지(약 47%), 24가지 중 ④ 1가지(약 4%)가 화엄사 다라니와 일치한다. 서로 통용될 수 있는 한자라 하여도 화엄사 다라니와의 일치도는 '석가탑 〉 백만탑 〉 재조대장경' 순이 된다.[77]

즉 이들은 단순히 통용자로 동일하게 치부할 것이 아니라,『무구정경』이 漢譯되고 얼마 되지 않은 시기에 유통된 자료들에서 사용된 음역자들이 무엇인지 보여 주는 귀중한 자료로 다루어져야 할 것이다.

IV. 결론

통일신라시대 지류 유물 중에는『무구정경』관련 유물이 일군을 차지한다. 경주 나원리 오층석탑 발견 다라니는 우리나라에 현전하는 最古의『무구정경』사경 자료이나 아주 작은 지편들만이 확인될 뿐이다.

---

76) ①, ⑦, ⑩, ⑬, ⑮, ㉒는 차이가 나는 글자를 두 개씩 포함하고 있다.

77) 〈표 8〉에 제시한 30가지 차이는 II장에서 결론으로 도출한 화엄사 다라니의 재구본을 기준으로 다른 자료와 비교하여 추출한 것이다. 그러나 〈표 6〉에 제시했던 것처럼 화엄사 다라니 안에서도 지편에 따라 서로 다른 통용자를 사용한 사례가 나타난다. 이 경우 재구본에 선택되지 않은 통용자가 석가탑『무구정경』, 백만탑 다라니, 재조대장경의 글자와 일치하는 경우도 있다. 〈표 8〉의 ①, ⑩, ⑬, ⑮에서 그 예를 확인할 수 있다. 따라서 이 4개의 예를 제하고 화엄사 다라니와 다른 자료 간의 유사도를 재확인하면 다음과 같다. 결과에는 크게 차이가 없다.

	석가탑『무구정경』	백만탑 다라니	재조대장경
이체자 포함	59.1% (13/22)	55.0% (11/20)	23.1% (6/26)
이체자 제외	75.0% (12/16)	42.9% (6/14)	5.0% (1/20)

불국사 석가탑 발견『무구정경』은 세계 最古의 목판 인쇄물로 큰 가치를 지니나 아쉽게도 일부가 훼손되어 전체 모습을 볼 수 없는 상태이다. 우리나라 유물은 아니지만 일본의 백만탑 다라니도 당대에 유통된 무구정광다라니의 모습을 보여 줄 수 있는 중요한 자료이다. 이는 4개의 다라니만을 목판에 새긴 것으로, 안타깝게도 여섯 개의 다라니 전체의 모습을 확인할 수는 없다.

반면, 화엄사 서오층석탑 발견 무구정광다라니는 가장 많은 양의 다라니 필사본이 남아 있어, 여러 번 반복 필사된 다라니를 서로 비교함으로써 우연한 필사 오류와 저본의 영향을 구분해 낼 수 있다. 즉 통일신라시대에 유통되었던 무구정광다라니의 온전한 형태를 재구해 낼 수 있는 자료로는 화엄사 다라니가 유일하다 할 것이다.

이에 본고에서는 화엄사 다라니에서 같은 다라니를 필사한 지편을 모두 모아 서로 비교하여 글자가 누락되거나 추가된 경우, 다른 글자로 잘못 쓴 경우 등의 필사 오류를 변별해 낸 후 화엄사 다라니의 필사 저본을 온전히 재구해 보았다. 화엄사 다라니의 필사 저본을 재구한 것은 단순히 화엄사 다라니의 원 모습을 보이는 데에 그치는 것이 아니다. 통일신라시대에 유통되었던 무구정광다라니의 온전한 형태를 재구하는 것일 뿐 아니라 석가탑『무구정경』의 훼손 부분을 복원하는 데에도 중요한 근거가 되었다. 또 화엄사 다라니의 필사 저본이 석가탑『무구정경』과 같은 계통이기는 하지만 동일본은 아니라는 사실도 알 수 있었다. 나아가 초기 사경과 대장경 계통의 차이가 드러나기도 하였다.

그러나 본고의 논의는 화엄사 다라니의 자료적 가치를 드러내고자 한 기본적인 논의에 그친 것이다. 본고에서 정리한 기초 자료를 바탕으로 화엄사 다라니의 필사 과정이나 통일신라시대 무구정경 관련 유물 간 시대의 선후 관계 등 더 깊이 있는 논의가 이루어지길 기대한다.

투고일: 2016. 4. 28.　　　심사개시일: 2016. 5. 3.　　　심사완료일: 2016. 5. 30.

참/고/문/헌

金聖洙, 1997, 「韓國 印刷文化의 始原에 관한 硏究」, 『書誌學硏究』 13, 서지학회, 1-46.

김성수, 1999, 「『무구정광대다라니경』의 간행 고증에 의한 목판인쇄술의 기원 연구」, 연세대학교 박사학위논문.

金聖洙, 2000, 『無垢淨光大陁羅尼經의 硏究』, 淸州古印刷博物館.

남유미, 2012, 「755年 新羅 白紙墨書 『大方廣佛華嚴經』의 形態」, 『書誌學報』 39, 한국서지학회, 131-148.

문화유산국 유형문화재과, 1999, 「世界最古의 印刷物 『無垢淨光大陁羅尼經』」, 문화재청.

문화체육 보도자료, 1996. 03. 29., 「화엄사 서오층석탑내의 지류문화재 긴급보존처리완료」, 『保存科學硏究』 18, 國立文化財硏究所.

문화체육 보도자료, 1996. 05. 21., 「경주 나원리 오층석탑 출토 금동사리함내 발견 유물」, 『保存科學硏究』 18, 國立文化財硏究所.

문화체육 보도자료, 1997. 05. 16., 「구례 화엄사 서오층석탑(보물 제133호) 출토 유물의 보존처리」, 『保存科學硏究』 18, 國立文化財硏究所.

박부자, 2016, 「東大寺圖書館 소장 『大方廣佛花嚴經』 권제12~20의 교감을 통해 본 誤記와 異表記」, 『口訣硏究』 36집, 구결학회, 5-38.

林相國, 1998, 「舍利信仰과 陀羅尼經의 寫經片」, 『경주 나원리 오층석탑 사리장엄』, 國立文化財硏究所.

朴智善, 1997, 「華嚴寺 西五層石塔 出土 紙類遺物 保存處理」, 『保存科學硏究』 18, 國立文化財硏究所.

박지선, 1998, 「지류유물 보존처리 및 분석」, 『경주 나원리 오층석탑 사리장엄』, 국립문화재연구소.

朴智善, 1999, 「한국 고대의 종이유물」, 『東方學誌』 106, 9-41.

박지선, 2013, 「고대 사경지 제작에 관한 연구」, 『書誌學硏究』 56, 한국서지학회, 499-520.

신라사경 프로젝트팀, 2014, 『결과물(5) 화엄사 서5층석탑 다라니 교감 연구』, 한국연구재단 결과보고서.

元善喜, 2008, 「신라 하대 無垢淨塔의 건립과 『無垢淨光大陀羅尼經』 신앙」, 『한국학논총』 30, 125-173.

柳富鉉, 1999, 「『무구정광대다라니경』의 刊行時期에 관한 硏究」, 『동방학지』 106, 연세대학교 국학연구원, 511-574.

柳富鉉, 2000, 「『無垢淨光大陀羅尼經』에 使用된 武周新字 硏究」, 『한국도서관정보학회지』 제31권 4호, 한국도서관정보학회, 49-64.

유성열·강대현, 2015, 「『釋敎最上乘秘密藏陁羅尼集』에 나타난 地藏菩薩陁羅尼」, 『韓國佛敎學』 제74집, 韓國佛敎學會, 149-172.

李弘稙, 1968, 「慶州 佛國寺 釋迦塔 發見의 無垢淨光大陀羅尼經」, 『白山學報』 4, 167-198.

임세운, 2014, 「경주 구황동 삼층석탑 발견 금제여래좌상 연구」, 『美術史學硏究』 281, 5-28.

정경재·박부자, 2016, 「화엄사 서오층석탑 발견 「무구정광다라니」의 서지적 연구」, 『書誌學硏究』 第65輯, 한국서지학회, 149-181.

鄭在永, 2010, 「新羅 寫經에 나타나는 校正符號에 대하여」, 『한국목간학회 워크숍』, 10-30.

鄭在永, 2014, 「新羅 寫經에 대한 硏究」, 『口訣硏究』 33, 구결학회, 97-131.

정재영 외, 2105, 『東大寺 소장 『大方廣佛華嚴經』 권제12~20 교감 연구』. 태학사.

周炅美, 2004, 「韓國 佛舍利莊嚴에 있어서 『無垢淨光大陀羅尼經』의 意義」, 『불교미술사학』 2, 164-196.

천혜봉, 2013, 『신라 간행의 『무구정광대다라니경』과 고려의 중수문서의 연구』, 범우.

黃壽永, 1963, 「奉化 西洞里 東三層石塔의 舍利具」, 『美術資料』 7, 국립중앙박물관, 5-7.

⟨Abstract⟩

Reconstruction of the Original Manuscript of the Mugujeonggwang Dharani Excavated from the West Stone Pagoda at Hwaeom−sa Temple and Its Value

Pakh, Bu−ja · Chung, Kyeong−jae

The Mugujeonggwang Dharani excavated from the West Stone Pagoda at Hwaeom−sa Temple is the only material which can reconstruct the intact form of the Mugujeonggwang Dharani distributed during the Unified Silla era, as the Dharani has the largest amount of transcriptions left. This paper, thus collected all transcription of the same Dharani from the Dharani of Hwaeom−sa Temple and compared them to distinguish transcription errors, such as missing, added or replaced letters, and aimed on reconstructing the entire transcribed manuscript of the Dharani found at Hwaeom−sa Temple. This reconstruction of the transcription of the Dharani of Hwaeom−sa, in effect, is a reconsruction of the intact form of the Mugujeonggwang Dharani distributed during the Unified Silla era. A comparison of the reconstructed Dharani of Hwaeom−sa Temple and other existing Mugujeonggwang Dharanis showed that while the original manuscript of the Dharani of Hwaeom−sa Temple may share its stems with the *Mugujeonggyeong* found in Seokgatab, it is not identical to it. Moreover, the reconstructed transcription served as an important evidence for reconstructing the damaged parts of the *Mugujeonggyeong* of Seokgatab. The findings of this study will hopefully become a basis for more in−depth academic discussions on the transcription process of the Dharani of Hwaeom−sa or the historical order between the artifacts related to the *Mugujeonggyeong* during the Unified Silla era.

▶ Key words: Mugujeonggwang Dharani excavated from the West Stone Pagoda at Hwaeom−sa Temple, original transcription, *Mugujeonggyeong* of Seokgatab, transcription errors

고대 목간의 형태 재분류와 고려 목간과의 비교[*]
-성산산성 목간을 중심으로-

한정훈[**]

〈국문초록〉

　본 논문은 고대 목간과 고려 하찰목간의 형태 비교를 목적으로 작성하였다. 이를 위한 전제 작업으로 고대 목간의 형태를 분류하던 중 선행 연구에서 구멍형 목간을 소홀히 다루었음을 알게 되었다. 고대 목간의 형태와 용도를 대략적으로 검토한 결과, 백제 목간을 중심으로 삼국시대에는 구멍형 목간이 荷札 뿐 아니라 편철용 문서목간, 신분증표용 목간, 주술용 목간 등 다양한 용도로 활용되었음을 확인하였다. 그래서 장방형과 홈형 그리고 일정한 기능을 부여하기 어려운 측면이 있는 뾰족한 형상[尖形]과 더불어 구멍형도 고대 목간 형태의 분류체계에 포함시킬 것을 제안하였다.

　양자의 형태 비교에서 손쉽게 확인된 내용은 고대 목간에서 다면형이나 원주형 목간이 어렵지 않게 확인되는데 반해, 고려시대 목간은 기본적으로 두께가 얇은 板材形이었다. 이러한 차이는 고려시대 목간이 荷札이기 때문에 짐 꼬리표로서 부피가 작고 두께가 얇은 장방형이 부착하기에 편리하였기 때문이다. 더불어 고대 목간에서 여러 형태가 확인되는 것은 목간이 다양한 용도로 널리 이용된 것과 관련이 있을 것이다. 달리 말해, 통일신라를 거치면서 목간의 용도가 축소됨에 따라 고려시대에는 그 형태도 단순화된

---

*　이 논문은 2013년 정부(교육과학기술부)의 재원으로 한국연구재단의 지원을 받아 수행된 연구임(NRF-2013S1A5A2A0101 9314).

*　목포대학교 사학과

것이다.

　뒤이어 동일한 용도의 하찰목간인 성산산성의 것과 고려시대 목간의 형태도 비교하였다. 그 결과 고·중세를 막론하고 좌우 양쪽에 홈을 낸 목간이 하찰목간의 전형이었음을 확인하였는데, 이러한 홈형 목간의 비율이 고려시대에 더욱 높아진 것은 하찰목간 형태의 정형화나 규격화가 보다 진전되었음을 의미한다. 또한 고려시대는 짐에 부착하기 위한 가공 부위로서 홈이 보편화되면서 荷札목간에서조차 구멍이 거의 사라지게 되었다.

▶ 핵심어: 구멍형 목간, 성산산성 목간, 짐[荷物], 하찰목간

I. 머리말

　2007년은 한국 고·중세사학계에서 특별한 해였다. 이렇게 평가하는 이유는 고려시대 木簡의 최초 발견과 목간 자료에 관한 체계적인 연구 환경이 조성되었기 때문이다. 그 해 1월에 木簡을 비롯한 문자자료에 대한 조사 및 연구를 전문적으로 수행하는 한국목간학회가 탄생하였다. 1970년대부터 차곡차곡 쌓인 목간 자료에 대한 학제적 연구의 필요성에 인식을 공유하고 효율적인 목간 연구 계획의 수립과 이에 따른 공동연구의 활성화를 위해 학회를 창립한 것이다.[1] 그리고 10월에 목간학회의 창립을 축하하기라도 하듯이 고려시대 목간을 海底에서 발견하였다. 그때까지 목간 문화를 공유한 주변국과 달리 한국에서는 중세시기의 목간이 확인되지 않았다. 그런데 항해 도중에 침몰한 도자기 운반선, 2만점 이상의 도자기와 함께 이에 관한 정보를 담은 고려시대 목간이 그 실체를 드러낸 것이다. 이것은 해방 이후 우리나라 문화재 발굴의 역사에서도 손가락에 꼽히는 큰 경사였다.

　2007년에 언론을 통해 알려진 고려시대 최초의 목간은 다음 해 6월에 한국목간학회 논문집인 『목간과 문자』 창간호를 통해서 연구자들에게 상세히 알려졌다.[2] 이어서 마도1호·2호·3호선 목간의 기본적인 현황과 판독 내용이 차례대로 『목간과 문자』 5호·6호(이상 2010년)·8호(2011년)에 실렸다. 이때만 하더라도 목간학회의 활동만큼이나 고려시대 목간에 관한 연구도 활발히 진행될 줄 알았다. 하지만 그 이후 『목간과 문자』에 고려시대 목간에 관한 기획논문은 커녕, 개별 연구논문이 실린 적이 거의 없다. 한국 목간 연구의 전문 학회에서 이처럼 고려시대 목간에 관한 논의가 지속되지 못하는 이유는 자료 축적의 부재와 연구자의 무관심 때문일 것이다.[3]

---

1) 한국목간학회 홈페이지에 탑재되어 있는 창립취지문 참고.

2) 임경희·최연식, 2008, 「태안 청자운반선 출토 고려 목간의 현황과 내용」, 『목간과 문자』 창간호.

3) 2015년 8월에 최초의 조선시대 조운선과 60여 점의 목간이 발굴되었다고 보고되었다(문화재청, 「보도자료−최초의 조선시대 조운선, 600년 긴 잠에서 깨어나다」, 2015.8.26). 마도4호선으로 명명된 이 고선박의 발굴은 최초의 조선시대 해양 문화유산이라는 역사적 의미 뿐 아니라 古代로부터 전승되어 온 조선시대 목간 문화의 전개양상도 살필 수 있다는 점에 목간학 연구

이러한 상황 속에서 필자는 고려시대 목간 연구를 진작시키기 위한 방법의 일환으로 일본학계의 연구 방법에서 힌트를 얻어 목간의 형태에 주목하였다. 그래서 네 차례의 수중 발굴을 통해 확인된 고려시대 목간의 형태를 하나의 분류 기준에 따라 구분하고, 그 결과를 일본 중세 목간·신안선 荷札목간과 비교하였다.[4] 본 연구는 고려시대 목간의 형태를 동시대 여타의 목간과 비교한 선행 연구의 후속작업에 해당한다. 애초에 고려시대 하찰목간과 古代의 대표적인 하찰인 성산산성 목간과의 비교를 통해 한국 고·중세 목간 문화의 변화상을 고찰하고자 계획하였다. 본고에서는 이러한 목적을 달성하기 위해 양자의 형태 비교에 초점을 맞추어 논지를 전개하고자 한다.

이를 위해 Ⅱ장에서는 우선 선행 연구에서 논의된 한국 고대 목간의 형태분류체계에 대해서 검토하고자 한다. 앞서 소개한 중세 목간의 형태에 관한 필자의 선행연구에서 언급하였듯이, 하찰목간의 형태 분류는 무조건 세분화하는 것 보다 목간의 부착방식에 영향을 미치는 형태상의 특징을 주요한 기준으로 삼아 목간의 형태를 재분류할 필요가 있다. 고대 목간에서 더러 확인되는 가공 부위인 구멍을 선행 연구에서 주목하지 않은 점을 지적하고 분류 기준에 포함시킬 것을 제안할 것이다. 그리고 Ⅲ장에서는 Ⅱ장에서 마련한 목간의 형태분류 기준에 따라 성산산성 목간을 재분류할 것이다. 荷札인 성산산성 목간은 구멍의 有無에 따라 짐[荷物]에 부착하는 방법이 달라졌기 때문에 기존에 논의되었던 형태 분류 요소(홈·尖形)에 구멍을 추가할 계획이다. 또한 Ⅲ장에서 다룬 성산산성 목간의 형태에 관한 여러 내용과 고려 목간의 형태상 특징을 비교하여 고·중세 목간 문화의 변화상에 대해 언급하면서 글을 마무리하고자 한다.

Ⅱ. 고대 목간 형태 분류에 관한 재검토

목간 연구가 본격화한 2000년대부터 목간 용도 등의 성격 파악을 위한 기초 자료로 목간의 형태에 주목하였다.[5] 하지만 고대 목간은 水中에서 건져 올린 고려시대 목간과 달리 땅 속에서 발굴된 탓에 墨書는 물론 缺落의 정도가 심하여 형태 파악이 쉽지 않았다. 또한 40년 가까운 기간에 걸쳐 30·40군데가 넘는 여러 유적지에서 많게는 10여 차례에 걸쳐 수습되었기 때문에 고대 목간을 일원적인 기준에 따라 형태를 분류하는 것은 더욱 어려웠다.

그럼에도 불구하고 고대 목간의 형태 분류에 관해서는 이미 두세 차례 논의가 진행되었다. 개별 발굴 보고서나 연구논문에서 목간의 형태에 관한 고찰이 제한적으로 이루어진 상태에서 주요 연구자로 이용현·윤선태·이경섭 등을 거론할 수 있다. 우선 이용현은 고대 목간의 형태를 笏形·파임형·막대형·가로형·꼬리표형의 5가지로 분류하였다. 홀형은 長方形 혹은 短柵形, 파임형은 홈형, 막대형은 다각형 혹은

자들이 관심을 가지기에 충분하다.

4) 한정훈, 2015, 「동아시아 중세 목간의 연구현황과 형태 비교」, 『사학연구』 119, 한국사학회.
5) 윤선태, 2007, 『목간이 들려주는 백제 이야기』, 주류성, p.39.

원형의 단면을 가진 棒形 그리고 꼬리표형은 광의의 附札을 각각 의미하였다.[6] 이어 윤선태는 목간의 형태에 용도까지 고려하여 편철간이 아닌 단독간을 細長形·多面·圓柱形·方形·附札形·기타 형식의 목간으로 분류하였다. 형태가 아닌 용도에 따른 분류인 부찰형은 끈으로 연결하기 위한 구멍이나 홈이 있는 형태를 의미한다.[7] 그리고 이경섭은 長方板形·多面形·圓柱形·홈형·기타 형태로 구분하였다. 그는 형태상의 세밀한 분류가 명칭이나 용어에서의 혼란을 일으킬 가능성이 있음을 지적하였다. 그리고 이용현이 파임형으로, 윤선태가 부찰형으로 부른 V자형의 홈이 새겨진 목간의 형태를 홈형이라 불렀다.[8]

그런데 이러한 일련의 연구에 따라 한국 고대 목간의 형태를 분류하기에는 다소 부족하다는 느낌이 든다. 최근에는 이러한 문제의식의 일환으로 고대 목간의 일원화된 형태분류체계의 필요성을 강조하면서 일본의 목간학회처럼 형태상의 특징에 따라 보다 세밀하게 분류할 것을 제안하기도 하였다.[9] 하지만 지나치게 세분화하는 것은 개별 목간의 형태와 이용법 상호간의 관계 파악에 또 다른 혼란을 가중시킬 우려가 있다.[10] 그런 만큼 현재 확인된 목간의 형태를 중심으로, 특히 목간의 기능에 영향을 미치는 형태상의 특징을 중심으로 분류하는 것이 목간의 형태를 이해하는 데에 도움이 될 것이다. 앞의 세 견해 중 이경섭이 제시한 분류기준이 형태적인 특징을 비교적 잘 고려하여 한국의 목간 현황을 잘 반영한 것으로 평가할 만하다. 하지만 題籤軸·인형목간·男根목간·목간 부스러기 등을 포함하여 '기타 형태'를 설정하기 이전에 일본 고대나 중세시기 목간에서 일정한 기능을 담당하였던 가공 부위인 구멍이나 상·하단의 뾰족한 형상[尖形]도 형태 분류의 기준에 포함시켜야 하지 않을까 생각한다. 이러한 제안이 타당성을 가지는 것은 본고에서 후술하는 바와 같이 이들 형태를 띤 고대 목간이 일정량 이상 확인되고 있기 때문이다.

이와 관련하여 구멍과 뾰족한 형태[尖形]가 일본의 목간 연구에서 주요한 형태 분류요소로 활용되었던 점은 참고할 만하다. 尖形의 경우는 일본 고대목간의 형태상 특징을 장방형·홈형·하단 칼끝 모양[劍先形=尖形]이라 단순화하여 나눈 연구 성과의 지적처럼 뾰족한 모양은 일본 고대 부찰목간의 상당 부분을 차지하였다.[11] 그렇지만 홈이 기능적인 측면이 큰 부위인 데 반해 頭部(端部)의 모습이나 劍先形[尖形]의

---

6) 이용현, 2006, 『韓國木簡基礎研究』, 신서원, p.8.
7) 윤선태, 2007, 「한국고대목간의 형태와 종류」, 『역사와 현실』 65: 2007, 「한국고대목간의 출토현황의 종류」, 『목간이 들려주는 백제이야기』, 주류성, pp.74-77.
8) 이경섭, 2013, 『신라 목간의 세계』, 경인문화사, pp.21-27. 이상의 세 연구자가 제시한 목간의 기본형태 분류는 아래의 표와 같이 정리할 수 있다.

구분	고대 목간의 기본 형태					
이용현	홈형	파임형	꼬리표형	막대형		가로형
윤선태	세장형	부찰형		다면 목간	원주형	기타 형태	방형
이경섭	장방판형	홈형		다면형	원주형	기타 형태

9) 박지현, 2013, 「백제목간의 형태분류 검토」, 『목간과 문자』 11.
10) 필자는 이전 연구에서 목간의 형태를 지나치게 세분화하는 것이 번잡할 뿐 아니라, 여타 목간과의 비교에 효율적이지 않다고 판단하여 고려 목간과 신안선 목간의 형태를 하찰목간의 기능에 직결되는 형태를 기준으로 단순화시켜 재분류하였다(한정훈, 2015, 앞의 논문).

형상은 제작자에 따라 그 형상이 달라지는 차이가 있음을 지적한 견해[12]를 기억할 필요가 있다. 필자도 이전의 연구에서 일본 고대목간과 달리, 뾰족한 모양[尖形]이 고려시대 목간에서 일부 확인되는 경우도 있지만 그 형상이 예리하지 못하여 어떠한 기능을 부여하기가 어렵다고 지적한 바 있다.[13] 그래서 고대 목간의 형태 분류에서 상·하단의 尖形은 일단 기준으로 삼지 않고자 한다.

하지만 뾰족한 모양[尖形]에 비해 구멍의 경우는 상황이 다르다. 비록 일본 고대 목간 연구에서 형태 분류의 주요 요소로 주목하지 않았지만,[14] 일본 중세의 草戶유적 목간에서 구멍형 목간이 전체 목간의 60% 전후에 이르거나 신안선 목간에서도 12% 정도 차지할 만큼 구멍은 동아시아 중세 목간에서 주요한 가공 부위였다. 실제로 구멍의 有無는 일본 중세 목간이나 신안선 목간에서 주요한 형태 분류 요소로 적용되었다.[15] 다음 장에서 후술하는 바와 같이, 함안 성산산성 목간에서 구멍형 목간이 15점 가량 확인될 뿐 아니라, 선행 연구에서도 구멍의 有無를 형태 분류에 포함시켜 논지를 진행한 적도 있었다.[16] 이러한 구멍이 목간의 활용에 어떠한 기능을 담당하였는지, 그리고 한국 고대 목간의 형태상 특징으로 규정할 수 있는지를 살펴 볼 필요가 있을 것이다.

한편 선행연구에서는 이러한 고대 목간의 형태를 用度와 연결시켜 이해하는 경향이 뚜렷하다.[17] 이러한 이해방식은 앞으로의 연구를 위해 타당하면서도 적절한 연구 방향이다. 그렇지만 아직까지 고대 목간의 형태 분류체계가 명확히 구분되지 않았을 뿐 아니라 개별 목간의 용도가 불명확한 점을 고려한다면 양자를 연결시킬 때에 좀 더 신중할 필요가 있다. 윤선태와 이경섭은 고대 목간의 용도별 분류에 대해서도 의견을 제시한 바 있다. 논의의 쟁점은 典籍목간과 사람에 부속된 목간으로 휴대용 목간(符信用과 過所用 포함)을 별도로 설정하는 것에 관한 내용이다.[18] 필자는 두 연구자의 견해를 수렴하여 기본적으로 이경섭의 분류에 따르되 윤선태가 제시한 휴대용 목간도 대분류의 하나로 구분하고자 한다. 이경섭은 휴대용 목간이 국가행정의 영역에서 기능하고 있기 때문에 그 본질을 문서목간의 용도로 이해하였다. 하지만 이렇게 본다면 문서목간의 범주가 지나치게 광범위하여 분류체계가 명확하지 않다는 우려와 함께, 목간의 용도나 형태 등을 고려할 때에 '휴대용 목간'을 별도로 설정하는 것도 고대 목간의 용도를 이해하는 데에 효과적이지 않을까 생각한다.

---

11) 三上喜孝, 2009, 「形態와 記載樣式으로 본 日本古代木簡의 特徵」, 『목간과 문자』 3, p.95.

12) 友田那々美, 2003, 「古代荷札の平面形態に關する考察」, 『木簡研究』 25.

13) 한정훈, 2015, 앞의 논문. 고대 목간 전체는 검토하지 못하지만, 성산산성 하찰목간의 尖形에 대해서는 후술할 것이다.

14) 일본 고대목간의 특징적인 형태는 ①短冊形, ②단책형의 상,하 양단 혹은 一端을 잘라 홈을 넣은 것, ③材의 一端을 칼끝 모양으로 날카롭게 한 것이다. 다만 일본의 목간학회 등에서 활용하는 형태 분류체계에 '短冊形으로, 측면에 구멍을 뚫은 형태(015형식)'가 포함되어 있기는 하다(三上喜孝, 2009, 위의 논문).

15) 이상의 내용은 한정훈, 2015, 앞의 논문 참고.

16) 전덕재, 2009, 「함안 성산산성 출토 신라 하찰목간의 형태와 제작지의 검토」, 『목간과 문자』 3.

17) 대표적으로 이경섭은 주로 문서목간은 장방판형·다면형·원주형 목간들이, 꼬리표목간은 홈형 목간이, 그리고 기타 용도의 목간은 그 용도에 부합하는 다양한 형태의 목간이 각각 제작된 것으로 이해하였다(앞의 책, 2013, p.31).

18) 윤선태, 2007, 앞의 논문, pp.177-183; 이경섭, 2013, 앞의 책, pp.27-31.

〈표 1〉 구멍이 확인되는 고대 목간 현황

유적지		목간 번호	기본 형태 및 구멍의 특징	용도 및 기타
백제	부여 관북리	283번	하단 결락/ 상단 한쪽으로 치우쳐 구멍을 뚫음	
		285번	하단 결락, 상단 둥근형/ 상단 구멍 흔적 훼손	문서목간 (장부 표지용)
		286번	완형(길이가 짧은 직사각형)/ 상단 중앙에 구멍이 위치	휴대용 목간(符信), 낙인 있음
		287번	286번과 형태 동일	낙인 없음
		288번	완형/ 상단에 구멍	
	구아리	19번	상단에 구멍	뒷면에 묵서 흔적
		91번	상단에 구멍	묵서 없음
	궁남지	315번	완형/ 상단 묵서 사이에 작은 구멍	문서 목간
	능산리 사지	295번	완형/ '남근형 목간' 하단부에 구멍	기타 목간(呪術用)
		298번	완형/ 상단에 구멍	휴대용 목간(符信用)
	쌍북리 280-5	'外椋部'銘	완형(짧은 직사각형)/ 상단부에 전형적인 구멍	짐꼬리표[荷札] 목간
		'佐官貸食記'銘	완형/ 상단부 중앙에 전형적인 구멍	외량부 곡물 출납 관련 문서목간
	쌍북리 현내들	85-4번	우측에 얕은 구멍이 일정한 간격으로 5개 있음	자(尺)일 가능성
		85-8번	앞·뒤면 2행의 두 번째 글자가 구멍으로 인해 훼손	丁數 기재, 문서목간
		85-10번	상단 중앙에 구멍, 묵흔 없음	
		87번	뒷면에 가로로 홈을 파고 그 상하에 각각 구멍을 뚫어 전면의 묵서가 훼손	
		95번	첫 번째 글자가 구멍으로 인해 훼손	
		105번	상단에 구멍	
	나주 복암리	5번	완형/ 상단 중앙에 구멍, 두 번째 글자가 구멍을 피해 쓴 흔적	촌락문서 목간
		6번	완형/ 상·하단부에 구멍	문서목간(封緘목간)
		8번	상단에 구멍, '작년분 곡물 3석을 진상함'이라는 묵서 내용	荷札목간
		11번	완형/ 상부 중앙의 구멍 아래에 3자의 묵서 확인	
		12번	완형, 위아래 둥근 마무리/ 상부에 ◇형태의 구멍	휴대용목간(符信用)
		14번	완형/ 상단부에 구멍	
신라	월성해자	33번	상단에 전형적인 구멍 확인, 하단 결실	묵흔 X
		77번	상단에 반투공 상태의 구멍 확인	묵흔 X
	안압지	42번(200번)	상단에 뚜렷하고 큰 구멍, 구멍 왼쪽 훼손	명문 '辛番' 추정
		245번	상단 중앙에 구멍, 상단부 둥글게 마무리	묵흔 X
	화왕산성 연지	1번	아래·위 구멍이 두 개씩 있는 목간 세 개가 하나의 세트로 추정됨, 하단 결실	기타 목간(주술용)
	이성산성	4차 9번(21번)	3개의 원형 구멍	

* 성산산성 목간 제외

이상과 같이 고대 목간의 형태와 용도에 관한 기존의 연구 성과를 검토해 보았다. 한국 고대 목간의 형태에 관한 보다 명확한 분류체계를 마련하기 위해 우선 성산산성 목간을 제외하고 구멍이 확인되는 고대 목간 사례를 일람하면 〈표 1〉과 같다.

지금까지 출토된 고대 목간에서 성산산성 목간을 제외하고 구멍이 확인되는 목간은 대략 30점이다. 다음 장에서 살필 성산산성 목간까지 감안하더라도, 구멍이 있는 목간의 비율은 신라 보다 백제 목간이 더 높다. 백제목간 214점(목간 부스러기 125점 포함)에서 구멍이 확인된 목간은 〈표 1〉과 같이 24점이다.[19] 반면에 신라 목간 561점에서 구멍이 확인되는 목간은 성산산성 목간 15점을 포함해도 21점이다.[20] 〈표 1〉에 실려 있는 목간 대부분은 묵서의 판독과 용도 등의 성격 구명이 제대로 이루어지지 않았기 때문에 여기서는 선행 연구에서 언급한 주요 목간에 관한 내용을 통해 구멍형 목간의 대략적인 특징이나 경향성만을 언급하려 한다.

우선, 부여 관북리 285번 목간은 兵器의 分與에 관한 기록부(장부)의 표지로 사용된 문서목간으로 이해된다. 상단의 구멍 한쪽이 파괴된 것은 폐기될 때에 목간의 두께가 얇아 묶여 있던 끈에 의한 것으로 추정하고 있다.[21] 286번 목간은 상단에 구멍을 뚫고 둥글게 마무리한 형태를 띠고 있는데 길이가 짧은 목간의 규격(9.3㎝), 烙印이 찍힌 점 등에서 조선시대의 號牌와 매우 유사하다. 이로 인해 嵎夷城의 官人이 왕궁에 공무로 출입할 때 신분을 증명하기 위해 사용하였던 '符信목간'이라는 견해를 제기하였다.[22] 286번과 유사한 형태의 287번 목간도 마찬가지일 가능성이 높다.

궁남지 315번 목간은 상단 약간 아래쪽의 묵서 사이에 작은 구멍이 뚫려 있다. 이러한 형태의 목간은 쌍북리 '佐官貸食記'銘 목간, 복암리 5번 목간과 크기나 구멍의 위치 등이 서로 유사하여 문서 목간으로 활용된 목간 형태 중의 하나일 가능성이 있다. 내용을 기재하기 위해 비슷한 크기로 미리 이런 형태의 목간을 여러 개 만들어두고 기재할 내용이 많아지면 목간들을 차례차례 끈으로 편철해서 사용했을 것으로 추정된다.[23] 이 목간의 용도에 대해서 인력 이동과 연결된 過所목간이라는 견해도 있지만, 대부분 조세

19) 백제 목간 현황과 형태에 대해서는 기본적으로 박지현의 논문(2013)을 참고하였지만, 〈표 1〉에서 제시한 구멍형 목간 현황은 다음의 해당 발굴보고서나 연구논문을 통해 수집하였다(국립창원문화재연구소, 2006, 『韓國의 古代木簡(개정판)』; 국립부여문화재연구소, 2009, 『부여 관북리백제유적 발굴보고』 3; 심상육·이미현·이효중, 2011, 「부여 '중앙성결교회유적' 및 '뒷개유적' 출토 목간 보고」, 『목간과 문자』 7; 부여군문화재보존센터, 2012, 『부여 구아리 319 부여중앙성결교회 유적』; 국립부여박물관, 2007, 『능사: 부여 능산리사지 6~8차 발굴조사보고서』; 충청문화재연구원, 2009, 『부여 쌍북리 현내들·북포유적』; 朴泰祐·鄭海濬·尹智熙, 2008, 「扶餘 雙北里 280-5番地 出土 木簡 報告」, 『목간과 문자』 2; 국립나주문화재연구소, 2010, 『나주 복암리유적』; 김성범, 2010, 『羅州 伏岩里 出土 百濟木簡의 考古學的 研究』, 공주대학교 박사학위논문).
20) 신라 목간 출토 현황은 이경섭 저서(2013, p.15)를 참고하였다. 2012년 성산산성 16차 발굴조사 때까지 확인되는 목간 개수를 299점으로 보고, 2013년 8월 기준으로 총 561점 중에서 묵서가 확인되는 목간을 341점으로 집계하였다. 〈표 1〉의 내용은 다음의 자료를 통해 수집하였다(국립창원문화재연구소, 2006, 위의 책; 국립경주문화재연구소, 2004, 『월성해자: 발굴조사보고서 2』; 김창석, 2010, 「창녕 화왕산성 蓮池 출토 木簡의 내용과 용도」, 『목간과 문자』 5; 전덕재, 2009, 앞의 논문; 가야문화재연구소, 2011, 『韓國木簡字典』).
21) 윤선태, 2007, 앞의 책, pp.166-172.
22) 윤선태, 2013, 「백제목간의 연구현황과 전망」, 『백제문화』 49, p.251 재인용.

나 役 징발과 관련이 있는 戶籍과 같은 기록류나 장부적 성격의 문서목간으로 보고 있다.[24] 그리고 능산리 목간의 대표적인 형태인 소위 '男根形'의 呪術목간인 295번 목간에도 하단부에 구멍이 뚫려 있다. 298번 목간은 묵서 선두에 官位(奈率)가 기재되어 있는 점으로 상단의 구멍에 끈으로 매달아 허리 등에 늘어뜨려 휴대하다가 특정 장소에 출입하기 위해 제출되었던 신분증명서(符信목간)로 이해한다.[25]

쌍북리 280-5번지의 '外椋部'銘 목간은 외량부에서 鐵의 대가로 지방에서 가져와 창고로 거두어들인 綿 10兩의 포대에 붙어 있던 荷札목간으로, '佐官貸食記'銘 목간은 외량부에서 곡물의 출납과 관련이 있는 문서목간으로 각각 추정한다.[26] 쌍북리 현내들에서는 6점의 구멍형 목간이 출토되었는데, 이 중 3점의 목간에서 구멍에 의해 묵서가 훼손된 공통점이 확인된다. 85-8번 목간은 앞·뒤면 2행의 두 번째 글자가, 95번 목간은 첫 번째 글자가 각각 구멍으로 인해 훼손되었고, 87번 목간은 홈과 상하의 구멍에 의해 묵서가 훼손된 상태였다. 이 때문에 이들 목간의 구멍은 한 차례 폐기된 뒤에 다른 용도로 재활용할 때에 뚫은 것으로 추정된다.[27]

다음으로 백제목간의 최대 출토지인 나주 복암리의 65점 중 구멍이 확인되는 목간은 앞의〈표 1〉과 같이 6점이다.[28] 5번 목간은 앞의 궁남지 315번 목간과 같이 상단 1.8㎝ 떨어진 지점에 있는 구멍을 피해 아래·위로 위치한 묵서가 확인된다. 내용상 일종의 촌락문서에 해당하는 문서목간으로 추정된다. 상·하단에서 구멍이 확인되는 6번 목간은 문서 목간으로 국내 최초의 封緘목간으로 이해된다. 봉함목간은 주로 관청에서 문서나 물건을 운송하는데 사용되는 목간의 한 형태이다. 8번 목간은 진상된 곡물에 딸린 荷札목간으로, 11번 목간은 떨어져 나간 상부에 반투공 상태의 구멍이 있어 제작 도중에 폐기된 것으로 추측한다. 그리고 상부에 ◇형태의 구멍이 있는 12번 목간은 위아래가 모두 둥글게 마무리되어 있고 '軍那지역의 德率'이라는 사람이 안전하게 이르렀다'는 묵서 내용으로 신분 증표용 목간으로 판단된다.

적지 않은 양인 105점의 신라 목간이 출토되었던 월성해자 유적에서 0.4㎝의 전형적인 구멍이 뚫린 목간은 33번 목간뿐이다. 이마저도 묵서가 없는 등의 정황으로 보아 가공과정의 것일 가능성이 높다. 또한 반투공의 구멍이 확인되는 77번 목간도 부러져 5.5㎝ 밖에 남지 않은 상태에 묵서도 없어 성격 구명이 쉽지 않다.[29] 마찬가지로 안압지 42번과 이성산성 21번(4-9) 목간도 결실이나 묵서명이 없어 그 성격을 구

---

23) 윤선태, 2013, 앞의 논문, p.252. 하지만 윤선태는 복암리 3번·6번 목간도 유사한 형태를 띤다고 했는데,〈표 1〉과 같이 3번 목간은 구멍이 없고 6번 목간은 상·하단 양쪽에 구멍이 있어 유사성이 확인되지 않는다.

24) 박지현, 2013, 앞의 논문, p.38.

25) 近藤浩一, 2004, 「扶餘 陵山里 羅城築造 木簡의 研究」, 『百濟研究』39; 이재환, 2014, 「扶餘 陵山里寺址 유적 출토 목간 및 삭설」, 『목간과 문자』12, p.133 재인용.

26) 朴泰祐·鄭海濬·尹智熙, 2008, 앞의 논문.

27) 이판섭·윤선태, 2008, 「扶餘 雙北里 현내들·北浦유적의 조사 성과 -현내들유적 출토 百濟木簡의 소개」, 『목간과 문자』1, p.300.

28) 복암리 목간에 대해서는 김성범의 박사학위논문(2010)을 참고하였다. 다만 김성범은 6번 목간에 구멍(투공)이 없는 것으로 판단하였다.

29) 3번 목간 중간 아래쪽에 네모형의 구멍이 확인되지만, 일단은 파손된 흔적으로 파악하였다.

〈그림 1〉 한국 고대 주요 구멍형 목간

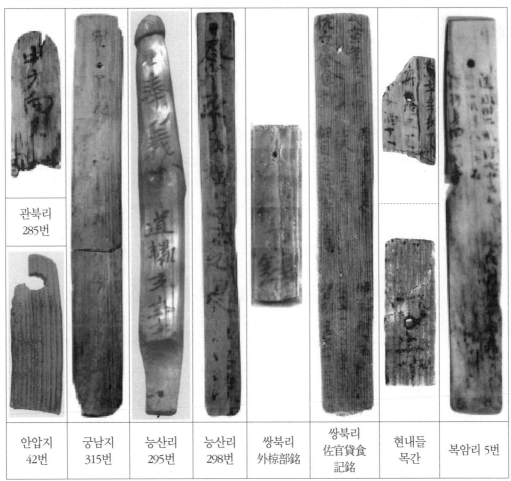

관북리 285번	안압지 42번	궁남지 315번	능산리 295번	능산리 298번	쌍북리 外椋部銘	쌍북리 佐官貸食 記銘	현내들 목간	복암리 5번

명하기 어렵다. 다만 화왕산 연지의 1번 목간은 주술·의례와 관련된 것으로 이해되는데, 목간 세 조각을 겹쳐 못 두 개를 박아 결합한 흔적으로 세 목간 모두 아래·위로 구멍이 두 개씩 확인되고 있다.[30] 통상의 경우처럼 구멍이 목간을 매달기 위해 가공한 것이 아니라 세 목간을 결박하기 위해 박은 못의 흔적이라는 특징이 있다.

총 30점의 구멍이 있는 목간을 대략적으로 검토해 본 결과, 구멍의 직경이 지나치게 크다거나 모양이 네모형인 경우와 같이 크기나 모양이 정형화되어 있지 않았다. 성산산성 목간을 포함하더라도 신라 보다는 그나마 백제 목간의 그것이 더 정교하면서 정형화되어 있는 듯하다. 그리고 모든 목간이 앞서 제시한 목간의 기본 형태 중 장방(판)형에 구멍이 뚫려 있는 특징을 보였다. 즉 고대 목간에서 다수 확인되는 다

---

30) 김창석, 2010, 앞의 논문.

면형이나 원주형 목간에서는 구멍이 확인되지 않았다. 또한 〈표 1〉에 제시한 구멍형 목간 중에 홈이 중복되어 나타나는 경우도 없었다. 물론 능산리사지 295번 목간 상단을 홈으로 볼 수도 있지만 이것은 男根形 목간의 형상 일부로 이해해야 할 것이다. 이렇게 본다면 장방형·다면형·원주형·홈형의 기본 형태와 중복되지 않는 구멍형 목간을 또 다른 형태로 상정해도 별무리가 없을 것이다.

잘 알려져 있듯이, 구멍은 끈으로 연결하여 목간에 매다는 가공 부위이므로, 구멍형 목간은 성산산성 목간과 같이 荷札로 활용되었다. 쌍북리 280번지 '外椋部'銘 목간과 복암리 8번 목간이 대표적이다. 그런데 〈표 1〉 내용과 같이, 구멍에 연결된 끈을 통해 목간을 휴대하기가 편리하였기 때문에 구멍형 목간은 신분 증표용(관북리 286번, 능산리사지 298번, 복암리 12번 목간)으로 활용되거나 각종 문서 내용을 기록하여 끈으로 편철하기가 용이하였기 때문에 문서 목간으로도 제작되었다(관북리 285번, 궁남지 315번, 쌍북리 '佐官貸食記'銘 목간, 현내들 85-8번, 복암리 5번·6번). 특히 대표적인 휴대용 목간인 신분 증표용[符信] 목간에서 다수 확인되듯이 구멍의 편리함을 잘 활용한 사례와 달리, 현내들 목간 3점에서 구멍은 기능이 다한 목간을 재활용하는 수단으로 이용되기도 하였다. 또한 화왕산성 1번 목간의 구멍은 위와 같이 어떤 기능이나 역할을 가졌기보다는 단순히 세 토막의 목간을 結束하기 위한 못의 흔적이었다.

한국 고대 목간에서 구멍의 확인 사례가 많은 만큼 위와 같이 다양한 해석이 가능하였다. 이러한 구멍의 다양한 활용도를 고려하면, 주로 홈형 목간이 광의의 附札 木簡에서만 확인되는 것과는 확연한 차이가 있다. 한국 고대시기 구멍형 목간에 대한 세밀한 분석과 상호간의 비교 연구는 향후의 과제로 넘기더라도, 위와 같은 여러 내용을 고려하면 한국 고대 목간의 형태 분류에서 구멍의 有無는 주요한 기준으로 작용할 것이다. 목간의 상·하단 모서리의 형상(尖形 포함)과 달리 구멍의 경우는 목간의 용도나 기능에 일정한 영향을 미치기 때문에 형태 분류 기준에 꼭 포함시켜야 할 것이다.

III. 성산산성 목간의 형태 재분류

지금까지 300점 이상 출토된 함안 성산산성 목간류에 관한 연구는 많은 양이 축적되어 개별 연구 성과를 일일이 검토하는 것이 쉽지 않을 정도이다. 묵서 내용과 기재양식 그리고 書體, 목간의 규격이나 형태, 목간의 樹種 등 목간 자체에 대한 연구 뿐 아니라, 목간의 제작연대와 용도 나아가 묵서 내용 분석을 통해 당시의 지방통치체제나 수취체제 등에 대해서도 끊임없이 논의를 이어가고 있다.[31] 이 장에서는 세부 주제 중 성산산성 목간의 형태에 관한 지금까지의 연구 성과를 검토한 다음, 16차 발굴조사 때까지 보

---

31) 관련 연구 성과 중 연구사 정리를 위주로 한 주요 연구논문을 제시하면 다음과 같다(이경섭, 2004, 「咸安 城山山城 木簡의 硏究現況과 課題」, 『新羅文化』 23; 이용현, 2006, 「함안 성산산성 목간」, 『韓國木簡基礎硏究』, 신서원; 전덕재, 2008, 「함안 성산산성 목간의 연구현황과 쟁점」, 『신라문화』 31; 전덕재, 2012, 「한국의 고대목간과 연구동향」, 『목간과 문자』 9; 이경섭, 2013, 「함안 성산산성 출토 신라목간 연구의 흐름과 전망」, 『목간과 문자』 10).

고된 목간의 형태를 재분류하여 여타의 고·중세 목간과의 형태 비교에 활용하고자 한다.

성산산성 목간의 형태에 관한 논의를 위한 전제로 목간의 用途가 무엇인가에 관한 研究史를 소개하면 다음과 같다. 초기 연구에서 목간의 용도는 가장 주요한 쟁점 중 하나였다. 크게 짐[荷物]의 附札(荷札)로 보는 견해, 名籍 혹은 신분증으로 보는 견해, 名籍과 附札로 구분하는 절충적 견해로 나뉘었다. 이러한 인식의 차이는 목간에서 확인되는 稗·稗一·稗石 등을 곡물로 볼 것인가, 外位로 볼 것인가에서 기인하였다.[32] 이후 구멍이 있거나 홈이 파여 있는 목간의 형상이 짐에 부착되었을 가능성과 [지명+인명+외위+(물품명+수량)]이라는 기재양식에 의거하여 물품에 부착된 荷札 木簡으로 이해하는 경향이 짙어졌다.[33]

2007년 발굴 조사와 묵서명의 판독을 통해 '稗'자가 묵서된 목간들이 荷札로 사용되었을 가능성이 더욱 커졌지만, 모든 목간이 하찰 목간인지에 대한 문제 제기로 세부적인 분류작업도 이어지고 있다.[34] 현재 묵서 내용상 문서목간으로 추정되는 것은 3점 정도로, 축성에 동원된 役夫에 관한 문서로 추정되는 169번 목간을 비롯하여 278번과 280번 목간이 여기에 해당한다. 이들 문서목간은 네 면의 다면목간이라는 공통점이 있다.[35] 또한 짐에 부착된 荷札[짐꼬리표] 목간과 달리, 275번 목간과 같이 물품꼬리표[物品附札] 목간의 존재 가능성도 제기되는 만큼 앞으로 양자의 구분을 통해 성산산성 목간의 용도가 더욱 명확히 밝혀지기를 기대해 본다. 그럼에도 지금까지의 논의과정을 거치면서 성산산성 목간의 절대 다수가 貢進物에 부착된 荷札[짐꼬리표]목간임이 더욱 명확해졌다.

그렇다면 荷札로 이용된 성산산성 목간의 형태는 어떠하였는지에 관해 살펴보기로 한다. 성산산성 목간의 형태에 대한 관심은 尹善泰와 平川南에 의해 시작되었다.[36] 윤선태는 목간의 형태 뿐 아니라 기재내용까지 고려하여 8개 유형으로 구분하였고, 平川南은 Ⅰ하부 좌우에 홈이 파인 것, Ⅱ하부에 구멍이 있는 것, Ⅲ하부에 홈이나 구멍이 없는 것, Ⅳ缺損으로 불분명한 것의 4종류로 분류하였다. 이후 이용현은 平川南의 분류방식을 활용하여 2차 보고분 完形 37점을 검토한 다음, 목간 모두가 홈이나 구멍이 있거나 하단부가 圭頭形인 형태상의 특징을 근거로 하찰임을 다시 한 번 강조하였다.[37]

이어서 전덕재는 발굴·보고된 2007년도 분까지 포함하여 성산산성 하찰목간의 형태와 그 특징에 대해

---

32) 이경섭, 2004, p.219. 참고로 꼬리표[附札]목간은 물품의 이동성 여부에 따라 짐꼬리표[荷札]과 물품꼬리표[物品附札]로 나뉜다(이경섭, 앞의 책, pp.28-29).

33) 이용현은 李成市(2000, 「韓國木簡연구의 현황과 咸安城山山城 출토의 木簡」, 『韓國古代史研究』 19)와 平川南(2000, 「日本古代木簡 研究의 現狀과 新視點 -咸安 城山山城출토 목간」, 『韓國古代史研究』 19)의 견해를 적극 수용하여 이와 같은 논지를 전개하였다(2006, 앞의 책, pp.351-374).

34) 전덕재, 2008, 앞의 논문, pp.7-10.

35) 이경섭, 2013, 앞의 논문, pp.80-82. 전덕재는 앞의 논문(2012, p.24)에서 위의 세 점 뿐 아니라 275·276·279번 목간까지 문서목간으로 파악하였지만, 275번과 276번 목간은 윤선태의 연구(2012, 「咸安 城山山城 出土 新羅 荷札의 再檢討」, 『史林』 41)에 의해 각각 물품꼬리표와 짐꼬리표일 가능성이 제기되었다. 그리고 279번 목간은 묵서 내용의 판독이 쉽지 않아 제외시켰다. 개별 목간의 일련번호는 후술하는 註40·41)에 의거하여 부여하였다.

36) 尹善泰, 1999, 「咸安 城山山城 出土 新羅木簡의 用途」, 『震檀學報』 88, pp.4-12; 平川南, 2000, 앞의 논문, p.135.

37) 이용현, 2006, 앞의 책, pp.367-368·pp.388-389. 여기서 말하는 규두형은 본문에서의 첨형을 달리 표현한 것이다.

본격적으로 연구하였다. 그는 이전 연구가 장방형과 홈형 목간으로만 구분하는 한계를 보완하기 위해 상단부와 하단부의 모양, 홈의 형태 등을 근거로 세부적으로 분류하였다.[38] 이 기준에 따라 성산산성 하찰목간의 형태를 분류한 결과, 地名(목간 제작지)에 따라 목간 형태상의 정형성(지역색)이 부분적으로 확인되기도 하였다. 이 자료는 국내 출토 부찰·하찰 목간의 형태 비교를 위한 기초 자료로도 활용 가능하다. 하지만 이 분류체계는 성산산성 하찰목간을 총 25개 유형(하단 5개×상단 5개)으로 나누어 이해한 탓에 하찰목간의 형태상 특징을 파악하기에 지나치게 번잡하다는 단점이 있다. 또한 홈이나 구멍이 표시된 쪽을 하단부로, 그것의 반대쪽을 상단부로 규정한 것도 통상적인 목간의 상·하단부 구분을 혼란스럽게 만들었다. 후술하는 〈표 2〉와 같이 묵서가 시작하는 상단부에 홈이나 구멍이 뚫려 있는 목간(4형·5형)이 10점 가량 확인되는 점을 고려하면, 자의적인 구분방법이라는 한계를 지닌다.

성산산성 목간을 발굴·조사하여 고대 목간 연구의 메카로 자리 잡은 가야문화재연구소(前 창원문화재연구소)에서는 2011년에야 비로소 목간의 형태 분류에 관해 의견을 제시하였다.[39] 아무런 가공을 하지 않은 장방형 목간을 1형, 하단부가 뾰족한 형상[V자형·尖形]의 목간을 2형, 하단부에 홈[切込部]이 있는 목간을 3형, 상단부가 뾰족한 형상의 목간을 4형, 상단부에 홈이 있는 목간을 5형 그리고 하단부에 홈이 있고 상단부가 뾰족한 형상의 목간을 6형으로 분류하였다(〈그림 2〉 참고). 앞서 소개한 전덕재의 분류체계와 달리 홈의 형태(모양)가 가지는 특성을 발견할 수 없다고 판단하여 홈의 有無만을 기준으로 삼은 점이

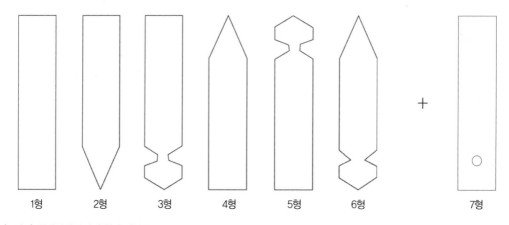

〈그림 2〉 성산산성 목간의 형태 재분류

---

38) 전덕재가 제시한 성산산성 하찰목간의 형태 분류표는 다음과 같다(2009, 「함안 성산산성 출토 신라 하찰목간의 형태와 제작지의 검토」, 『목간과 문자』 3).

구분	대분류	중분류
하단	단책형(Ⅰ형)	하단부에 구멍이 없는 것(M형) / 구멍이 있는 것(N형) ; 두 유형
	홈이 파져 있는 것(Ⅱ형)	홈 부분의 하단부가 '⌣'자형으로 마감된 것(①형) / 圭頭形(V형)으로 마감된 것(②형) / 不定形으로 마감된 것(③형) ; 세 유형
상단		'⌣'자형인 것(A형) / 圭頭形(∧형)인 것(B형) / 아치형(∩)인 것(C형) / 기타(D형) / 형상을 알 수 없는 경우(?) ; 다섯 유형

39) 국립가야문화재연구소, 2011, 『함안 성산산성 발굴조사 보고서』 Ⅳ, pp.270-271.

나 뾰족한 형상[V자형]도 단순화하여 구분한 점이 특징적이다. 필자는 앞서 언급한 바와 같이, 성산산성 하찰목간의 형태상 특징을 여타 고대 목간이나 고려시대 하찰목간과의 비교를 전제로 할 때에 지나치게 세분화하는 것은 바람직하지 않다고 생각한다. 그래서 우선적으로 일단 일정한 역할이 부여된 홈이나 구멍의 有無 그리고 뾰족한 형상[尖形]을 형태분류의 기준으로 삼고자 한다.

〈그림 2〉와 같이 가야문화재연구소(2011년)에서 제시한 성산산성 목간의 형태 분류체계(1형~6형)에 앞 장에서 언급하였던 구멍형 목간(7형)을 추가하여 성산산성 목간의 형태를 다시 구분하였다. 그런데 성산산성 목간의 경우는 20년 이상 오랜 기간에 걸쳐 발굴이 이루어졌기 때문에 개별 목간의 일련번호조차 통일적으로 부여하지(numbering) 않은 상태이다. 이 때문에 전체 목간의 현황을 파악하는 것조차 쉽지 않다. 이러한 문제점을 인지하여 최근에 성산산성 목간의 정리 현황을 재검토하여 개별 목간에 일련번호

〈표 2〉 성산산성 목간의 형태 분류 통계표(단위; 점)

구분 \ 형태	1형	2형	3형	4형	5형	6형	7형	소계	미상
별표 1면	6	1	11(5)	2	0	1	2		7
별표 2면	4(1)	3	18(1)	0	0	2(2)	1		4
별표 3면	1	0	7(7)	0	0	0	1		23
별표 4면	11	1	7(2)	0	1	0	1		4
별표 5면	2	0	6(2)	0	0	1(1)	2		7
별표 6면	7(3)	0	12(4)	0	0	1	2		3
별표 7면	3	0	17(2)	1	2	7(5)	0		2
별표 8면	5(2)	1(1)	6(1)	0	0	3	2		10
별표 9면	3(1)	0	14(2)	0	2	1	2		5
별표 10면	7(1)	1(1)	15(3)	0	0	0	2		5
보고서 V	0	0	9(5)	0	2	1	0		2
합 계	49	7	122	3	7	17	15	220	72
비율(%)	22.3%	3.2%	55.5%	1.4%	3.2%	7.7%	6.8%	100%	

* 목간 형태를 1~7형로 구분한 것은 앞의 〈그림 2〉 내용에 의거함.
** 구분에서 별표 1~10면은 최상기, 앞의 논문(2013)에 부기된 별표의 면수이고, 보고서 V 는 『함안 성산산성 발굴조사 보고서』 V (2014), pp.113-115을 지칭함.
*** ( )는 형태 분류가 명확하지 않은 목간의 개수를 나타냄.
**** 성산산성 전체 목간 중 제첨축은 제외, 본 장에서 문서목간으로 분류한 169·278·280번 목간은 포함. 또한 별표 5~6면에 인용한 「함안 성산산성 12차 발굴조사 현장설명회 자료집」(2007. 12. 13)의 17점의 목간 형태는 확인하지 못한 한계가 있음. 추후 확인이 필요.

를 제시한 연구 성과가 나왔다.[40] 따라서 필자는 또 다른 혼란을 줄이기 위해 이 성과의 일련번호를 받아들이고, 뒤이어 16차 발굴조사로 추가된 21개의 목간(題籤軸 7점 포함)까지 포함하여 일련번호를 부여하였다.[41]

앞의 〈표 2〉는 『발굴조사 보고서』 IV(2011)에서 제시한 형태 분류체계에 구멍이 뚫린 목간과 未詳을 추가하여 개별 목간의 형태를 구분한 것이다. 우선 형태 미상의 대부분은 파편이지만 형태 분류의 주요 부위인 상·하단부가 缺落된 것도 다수 포함하고 있다. 예를 들면, 하단부 홈이 명확한 62번 목간은 상단부가 부러져 있어 3형인지 4형인지 알 수 없는 경우이다. 목간의 형태를 크게 장방형 이외에 홈과 구멍 그리고 尖形의 여부에 따라 구분한 이유는 성산산성 목간도 짐[荷物]에 부착한 荷札이므로 그 여부에 따라 짐에 부착되는 방법이 달랐기 때문이다.

짐에 부착하기 위한 아무런 가공을 가하지 않은 장방형(1형) 목간은 49점으로 형태 확인이 가능한 목간(220점)의 22.3%를 차지하는 만큼 성산산성 목간의 한 형태로 자리 잡았다. 아무런 부착 부위를 가공하지 않았던 1형 목간은 비교적 손쉬운 공정인 구멍을 하단부에 뚫어 짐에 연결하였을 가능성이 높다. 뒤에 제시한 〈표 3〉의 구멍형 목간 15점 중에서 기본 형태가 1형인 목간이 7점을 차지하는 것에서도 그러한 정황을 짐작할 수 있다. 이와 관련해서는 뒤에서 한 번 더 언급할 것이다.

〈그림 2〉에서 보듯이, 2형·4형과 3형·5형은 각각 尖形(V자형)과 홈이 위치한 방향이 上端이냐 下端이냐에 따라 구분된다. 이 문제는 대부분의 목간이 묵서의 시작지점(상단) 반대편에 부착 부위(홈·尖形·구멍)가 가공된 성산산성 목간의 주요한 특징과 직결되는 것이기 때문에 주요한 분류 기준이다. 실제로 2형(하단 尖形)·3형(하단 홈형)과 달리 4형(상단 尖形)·5형(상단 홈형) 목간에서 묵서가 시작되는 상단에 부착 부위가 가공된 점을 확인할 수 있기 때문에 2형·3형과 별도로 4형·5형을 구분하는 것은 매우 타당하

---

40) 여러 종류의 간행물(발굴보고서, 현장설명회 자료집, 도록, 자전 등)에서 성산산성 목간의 일련번호를 개별적으로 부여하거나 누락한 것을 보완하기 위해 최초에 보고된 목간으로부터 2011년에 간행되었던 『함안 성산산성 발굴조사 보고서』 IV(2011. 11. 27) 분까지 1번~281번의 번호를 부여하였다(최상기, 2013, 「함안 성산산성 출토 목간의 정리현황 검토」, 『목간과 문자』 11, 한국목간학회). 본고에서 기존의 『韓國木簡字典』(가야문화재연구소, 2011)의 일련번호를 활용하지 않은 이유는 『字典』에는 묵서가 없는 목간을 비롯하여 목간 일부가 누락되어 있기 때문이다.

41) 281번 목간에 이어 『함안 성산산성 발굴조사 보고서』 IV에 수록된 나머지 목간(30개)과 『함안 성산산성 발굴조사 보고서』 V(2014. 11)에서 확인되는 21점의 목간까지 포함시켜 1번~332번 목간으로 일련번호를 부여하였다. 최상기는 『보고서』 IV에서 확인되는 126~155번(도면번호 604~633번) 목간이 이미 넘버링한 목간의 중복일 가능성도 제기하였지만, 일단 이 글에서는 개별 목간으로 인정하여 번호를 매겼다.

구 분	최상기, 앞의 논문, 2013, 별표	『발굴조사 보고서』 IV	『발굴조사 보고서』 V
		도면번호 604~633번	연번 156~176번
부여한 일련번호	1~281번	282~311번	312~332번
목간 개수	281개	30개	21개

위의 표와 같이 성산산성 목간의 일련번호는 제첨축(21개)을 포함하여 332번에까지 이른다. 성산산성 목간의 개수와 일련번호의 정리에 대해서는 차후의 후속작업이 필요할 것이다. 일단 본고에서는 목간 개수를 최대치로 잡아 1번~332번 목간 중 제첨축을 제외한 목간의 형태를 확인하여 그 특징을 고찰하는 것에 주안을 두었다.

다.[42]

하단부가 뾰족한 형상의 2형 목간은 총 7점(18·53·54·55·101(무흔)·238·283번 목간)이고, 이와 반대로 묵서가 시작되는 상단이 뾰족한 4형 목간은 총 3점(26·28·205번 목간)이 확인된다. 두 유형을 합쳐도 전체의 4.5% 밖에 차지하지 않는 것을 보면, 일본 고·중세 하찰목간의 주요한 형태 중 하나로 알려진 尖形이 성산산성 하찰목간에서는 널리 활용되지 않았음을 알 수 있다. 더욱이 2형과 4형 목간은 刀子로 'ᐯ'자 형태로 뚜렷하게 깎은 점이 확인되지만, 이 형태가 어떠한 기능을 담당하였는지는 명확하지 않다. 하찰목간에 가공된 뾰족한 형상의 역할은 크게 두 가지를 생각해 볼 수 있다. 짐[荷物]에 푹 찌르기 위한 것이거나, 혹은 홈에 묶은 끈으로 짐을 결박하고 뾰족한 부분은 짐을 묶은 끈의 아래를 끼워 넣어 고정시키기 위한 목적성을 띠는 것으로 알려져 있다.[43] 그런데 짐의 대부분이 곡물류인 성산산성 목간에서 뾰족한 형상의 목간이 소수라는 점은 尖形이 짐에 푹 찌르기 위한 가공 부위일 가능성이 낮다는 것을 반증하는 것은 아닐까. 실제로 성산산성 목간의 첨형은 짐에 찌르기에도, 끈을 고정시키기에도 각의 예리함 등에서 적절치 않은 모양을 하고 있다.[44] 또한 상단이 뾰족한 4형과 6형의 목간이 짐에 꽂혔다면, 묵서가 뒤집어져 위치하는 것이기 때문에 부착 방식으로 효과적이지 못한 점이 있다. 이처럼 성산산성 목간에서 상·하단부가 尖形인 목간은 그 비율이 낮으면서 어떠한 기능을 부여하기도 쉽지 않다. 설령 목간을 곡물류의 짐에 찔러서 연결했다 하더라도 그것은 尖形의 기능과는 큰 관련성이 없을 것이다. 이러한 점은 고려시대 하찰목간에서도 확인된다.[45]

尖形과 달리 홈[切込部]은 성산산성 하찰목간의 부착방식으로 널리 활용되었다. 우선 목간 하단부에 홈을 파 넣은 3형 목간이 형태 파악이 가능한 목간의 55.5%(122/220점)나 차지한다. 여기에 6형, 즉 3형 목간에서 상단부를 尖形으로 가공한 형태까지 포함하면, 하단부에 홈이 파인 목간의 비율은 60% 이상에 이르게 된다.[46] 3형과 6형을 구분하는 것은 쉽지 않지만, 일단 6형은 상단이 뾰족한 'ᐱ'형에 한정하여 하단에 홈이, 상단에 尖形이 각각 가공되어 여타의 목간보다 刀子로 정교하게 다듬은 것에 국한하였다.[47] 반면 3형 목간은 상단이 'ㅡ'자형 뿐 아니라 둥근형·斜線形 그리고 꺾거나 부러뜨린 흔적이 있는 목간까

---

42) 총 3점의 4형 목간 중 299번은 파편이면서 무흔이고, 총 7점의 5형 목간 중 263번과 326번은 묵흔이 있지만 그 방향을 확인할 수 있다. 하지만 나머지 목간에서는 묵서가 시작하는 상단부에 尖形이나 홈이 확인되고 있다.

43) 岡內三眞, 1987, 「新案沈船出土の木簡」, 『東アジアの考古と歷史(上)』, 岡崎敬先生退官記念事業會, pp.549-553.

44) 부경역사연구소 월례연구발표회(2015년 11월 6일)에서 본 논문의 토론자였던 양석진 학예연구사(가야문화재연구소)는 53번 목간을 비롯한 몇 점의 첨형 목간이 좌우 뿐 아니라 앞뒤면도 모서리를 향해 각을 형성하고 있는 점을 근거로 끈을 끼워 넣어 고정시키기에는 충분하다는 의견을 제시하였다. 53번 목간의 하단 첨형은 그와 같은 기능을 수행하였을 가능성도 있다.

45) 고려 목간에서 尖形이 차지하는 비율이 5%도 되지 않고, 그마저도 너무 무디고 각도가 없어 어떠한 기능을 부여할 수 있을지에 대해 의문을 제기하였다(한정훈, 2015, 앞의 논문).

46) 〈표 2〉에서 목간의 형태가 불분명한 경우는 ( )로 개수를 표시하였는데, 3형에서 특히 괄호( )가 많이 확인되는 것은 3형과 4형의 구분이 명확하지 않기 때문이다. 또한 6형의 221번 목간은 상단이 부러져 있는데, 상단에도 하단과 마찬가지로 홈이 있었을 가능성이 있다. 그렇다면 상·하단 양쪽에 홈이 있는 목간의 형태도 상정해 볼 수 있다.

47) 가야문화재연구소, 2011, 앞의 보고서 Ⅳ, p.270에서도 6형 목간은 상·하단의 가공 뿐 아니라 표면까지 매우 매끄러운 목간으로 제작에 상당한 노력을 들인 것으로 파악하고 있다.

지 포함하였다. 이처럼 기능적인 측면과 관련이 없으면서 일정한 정형성도 확인되지 않는 상단부의 모양을 선행연구에서는 5가지로 나누기도 하였다.[48] 그런 만큼 총 17점이 확인되는 6형의 목간 중에서 상단의 뾰족한 모양이 3형의 그것과 확연히 구분되지 않는 경우도 다수 확인된다.[49] 또한 앞에서도 언급하였듯이 6형 목간의 상단이 尖形이라 하더라도 각도가 크지 않아 어떠한 기능을 지녔기보다는 목간 제작자의 기호이거나 특이사항 등을 표시하였을 가능성이 높다. 다시 말해, 3형과 6형 목간 상호 간에 상단부 모양의 차이는 존재하지만, 그것이 어떠한 기능상의 차이를 의미하지는 않는 것으로 이해하였다. 이 점을 고려하면, 전체의 60% 이상을 차지하는 하단부 홈형의 목간이 성산산성 하찰목간의 대표적인 형태라고 말할 수 있다.

5형 목간은 가장 많은 형태인 3형을 뒤집어 놓은 것으로, 하찰목간의 주요한 부착방식인 홈이 하단이 아니라 상단에 위치하는 목간이다. 총 7점(124·206·217·263·276·325·330번 목간)[50]으로 3.2%의 소량에 그치지만, 묵서가 시작되는 상단에 홈이 있기 때문에 홈에 묶은 끈을 짐에 연결시키면 결국에는 바로 매달려 있게 된다. 반대로 하단에 홈이 있는 3형과 6형 목간은 짐[荷物]에 거꾸로 매달려 있는 꼴이 된다. 즉 5형의 하찰목간이 3형 보다 목간에 기재되어 있는 정보를 확인하기에는 편리하다는 뜻이다. 그렇다면, 목간의 정보가 짐에 거꾸로 매달려 있는 3형과 6형의 하찰목간이 60% 이상을 차지하는 이유는 무엇 때문일까.

이 문제에 대해 일본인 연구자들이 먼저 관심을 보여 목간의 상단이 아닌 하단부에 홈이 있는 점이 일본 고대의 하찰목간과 형태상으로 가장 큰 차이점이라고 지적하였다. 특히 三上喜孝는 성산산성의 하찰목간을 물품에 붙인 상태에서 글자를 썼다는 것을 가정하고, 이 경우에 목간의 상단보다 하단에 홈을 파놓는 것이 편리하다는 의견을 제시하였다. 상단부가 고정되어 있으면 쓰기 편한 각도를 조절하기가 어렵지만, 하단부의 홈이 끈으로 고정되어 있으면 書寫者가 묵서를 쓰기에 편리한 각도 조절이 가능한 것으로 이해하였다.[51] 결국 3·6형 목간이 묵서의 서술 방향과 달리 홈을 하단부에 가공한 것은 정보의 표시나 확인 보다는 書寫작업의 편리성 때문이라는 것이다. 그런데 이뿐 아니라 하단 홈형 목간의 정보는 거꾸로 매달려 있지만, 사람들이 정보를 보려고 목간을 들면 그 내용은 바로 확인이 가능하기 때문에 오히려 상단 홈형 목간(5형)보다 훨씬 더 편리한 측면이 있는 것이다. 이러한 이유 때문에 하단 홈형인 3·6형 목간을 압도적으로 많이 제작한 것이다.[52]

---

48) 註 38) 참고.

49) 41번과 42번 목간, 194번과 195번 목간, 198번과 199번 목간의 경우가 대표적이다. 이들 목간의 전자는 6형으로, 후자는 3형 목간으로 짐작하였다.

50) 이 중 276번 목간은 엄밀히 말하면, 6형의 목간이 아래 위가 바뀌어 있는 형태이다. 신안선 하찰목간의 전형적인 형태로, 별도의 형태 상정이 가능하지만 일단 6형으로 분류하였다.

51) 三上喜孝, 2007, 「일본 고대 목간에서 본 함안 성산산성 목간의 특징」, 『함안 성산산성 출토 목간의 의의』, 국립가야문화재 연구소, pp.90~91.

이러한 홈 다음으로 주요한 부착 부위로 활용된 구멍을 뚫은 목간을 7형으로 새로이 추가 분류하였다. 초기 연구[53] 때부터 성산산성 목간을 荷札로 보는 주요한 근거 중 하나로 홈과 함께 구멍에 주목하였지만 지금까지 구멍에 대해서는 제대로 고찰하지 않았다. 그런 만큼 구멍형 목간은 여타 형태의 목간 보다 상세히 살펴볼 필요가 있다. 성산산성 목간 중 구멍형 목간의 현황은 아래의 〈표 3〉과 같다.

구멍형 목간은 총 15점으로 전체 목간의 6.8%로 결코 적은 양이 아니다. 물론 위의 목간을 구멍형 목간으로 분류하였지만, 〈표 3〉 내용과 같이 장방형(1형)이나 첨형(2형·4형) 목간에 추가하여 구멍이 뚫려 있는 형태이다. 이처럼 구멍이 없다고 가정하고 어떤 형태에 속하는지를 따져 본 이유는 구멍의 역할(기능)을 짐작하기 위해서이다. 그래서 개별 목간에 구멍이 없다고 가정하면, 1형에 7점, 2형에 3점, 4형에 1점 그리고 미상에 4점이 각각 분포하였다. 이에 반해 홈이 있는 목간 유형(3·5·6형)에서는 구멍이 뚫린

〈표 3〉 성산산성 구멍형 목간 분석

목간 번호	유사한 목간 형태	형태상 특징	묵서명
10번	1형 (장방형)	下端에 구멍	仇伐于好財村卑尸*稗石*
61번		두 동강난 목간 하단부에 구멍	□□支村/□□(女)*稗石*
189번		하단에 작은 구멍	仇(利伐)□□□(智)
233번		하단에 구멍(충흔)	上弗刀弥村/敬麻古*稗石*
261번		하단에 구멍	(仇)(之)
262번		우측에 치우쳐 구멍	묵흔
310번		아주 큰 구멍	무흔
133번	2형 (하단 尖形)	하단에 구멍	仇利伐 比夕須奴 先能支負
135번		하단에 구멍	王私烏多伊伐支卜烋
230번		하단에 구멍	買谷村物礼利/ 斯珎于*稗石*
299번	4형 (상단 尖形)	세 동강난 목간에 구멍	무흔
5번	미상	하단에 아주 선명한 구멍	묵흔
68번		글자를 피해 우측편에 구멍(충흔)	千竹利
96번		파편에 구멍이 뚜렷이 확인	(石)/□
158번		하단에 구멍	(仇利伐) 末甘村 借刀利(支)*稗*

---

52) 이러한 홈의 위치에 주목하여 일본 고대 목간의 계통성이 상단에 홈이 있던 백제에 있었다고 보는 견해가 제시되기도 하였다(이경섭, 2013, 앞의 책, pp.349-350).

53) 李成市, 2000, 앞의 논문; 平川南, 2000, 앞의 논문.

목간이 한 점도 확인되지 않았다. 이것은 홈의 기능과 구멍의 역할이 동일하였기 때문에 굳이 중복하여 그 부위를 가공할 필요가 없었기 때문이었다. 가공 부위(구멍·홈)의 역할은 짐작 가능하듯이, 墨書에 다수 확인되는 荷物인 稗나 짐을 의미하는 負(133번 목간)에 부착하는 것이었다.[54]

구멍은 부착을 위한 가공방법으로 홈에 비해 간단하였다. 홈형에 비해 훨씬 개체 수가 적은 구멍형 목간은 아무런 가공 흔적이 없는 장방형의 1형 목간에 가장 많이 분포하였다. 이것은 짐에 부착하기 위한 기능을 보강한 것으로 이해할 수 있다. 1형의 목간 중 262번은 도면상 상단에 구멍이 뚫려 있지만, 묵흔을 통해 상·하단을 구분할 수 없기 때문에 상단에 구멍이 있다고 단언할 수 없다. 그렇다면 1형의 목간에 있는 구멍은 기본적으로 하단부에 있는 것으로, 3형과 6형의 홈형 목간처럼 성산산성 하찰목간의 구멍과 홈의 가공 부위는 하단에 위치하였다고 말할 수 있다.[55]

그리고 下端 尖形의 2형 목간에서 구멍형 목간이 3점 확인된다. 만약 홈·구멍과 마찬가지로 뾰족한 형상[尖形]도 짐에 부착하는 기능에 직결되었다면, 뾰족한 부위에 구멍이 뚫려져 있지 않아야 할 것이다 (〈그림 3〉 참고). 하지만 2형의 133·135·230번 목간에는 부착 부위(구멍과 첨형)가 하단부에 중복되어 나타난다. 이것은 尖形이 짐[荷物]에 연결하는 기능이 없거나 강하지 않았음을 시사하는 것이다. 또한 뾰족한 부위가 짐에 꽂혔다면, 이 구멍의 기능은 더욱 무의미하게 되는 것이기 때문에 尖形은 짐에 꽂기 위한 가공 부위가 아니었음이 짐작 가능하다. 이러한 내용을 통해 尖形 보다는 구멍이 부착 방법으로서 더 효과적이었음을 추론할 수 있다.

〈그림 3〉과 같이 형태는 미상이지만 구멍이 있는 목간 4점 중 5·96·158번 목간은 하단부에 구멍이 확인될 뿐, 2형의 尖形이나 3형의 홈이 없어 1형의 장방형 목간일 가능성이 크다. 즉 뾰족하거나 홈이 없었기에 짐에 부착할 목적으로 구멍을 뚫었을 것이다. 앞서 언급하였듯이, 구멍이 뚫린 목간에는 홈이 확인되지 않는다. 이것은 하찰 목간의 주요한 부착방법인 홈이 있을 경우에는 구멍을 뚫지 않았다는 것이다. 달리 말해 장방형의 1형과 뾰족한 형상의 2형(4형) 목간에서 보다 확실히 하찰에 부착하기 위해 추가로 구멍을 뚫었던 것이다.

이와 같은 구멍형 목간과 같이, 가장 보편적이던 부착 부위인 홈을 우선시하면 전형적인 3형 뿐 아니라 방향을 달리한 5형 그리고 상단에 뾰족한 형상이 있지만 하단에 홈이 있는 6형도 넓게 보면 홈형 목간으로 구분지을 수 있다. 이렇게 보면 전체 목간의 절반을 훨씬 넘는 형태가 홈형 목간이다(146/220점). 개수가 많은 만큼 향후 홈형 목간에 관한 세밀한 고찰도 요구된다.[56] 그래서인지 앞서 소개한 전덕재의 선행 연구는 홈의 모양에 따라 형태를 세밀하게 분류하기도 하였다.[57] 하지만 필자는 홈의 모양이 기능적

---

54) 稗石이나 負의 의미에 대해서는 다음의 논고가 참고 된다(이수훈, 2004, 「咸安 城山山城 出土 木簡의 稗石과 負」, 『지역과 역사』 15).

55) 구멍이 뚫린 15점 중 형태 미상의 68번 목간만이 예외적으로 상단부의 글자 사이에 구멍이 있다. 이것은 묵서를 먼저 적은 이후에 짐에 부착할 목적으로 글자를 피해 구멍을 뚫은 것으로 이해할 수 있다.

56) 45·284·302번 목간처럼 홈의 파인 부분이 너무 얕은 경우나, 97·184번 목간처럼 목간의 크기에 비해 홈 모양이 너무 작아 제 기능을 제대로 수행하였는지 의문스러운 경우도 있다.

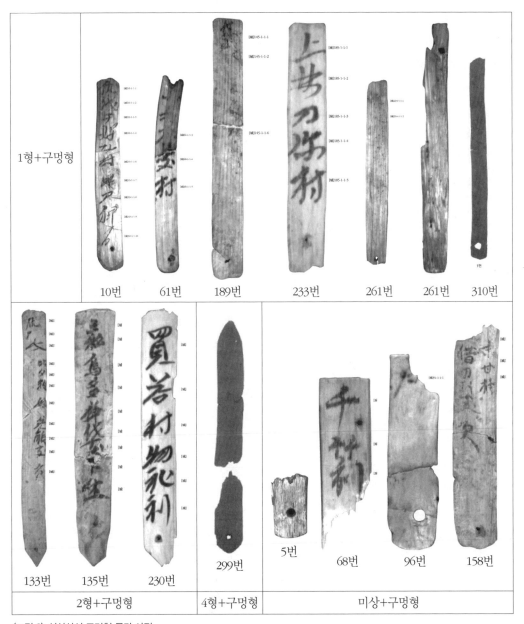

<그림 3> 성산산성 구멍형 목간 사진

인 측면에 크게 관여하지 않는 것으로 판단하여 분류 기준에서 제외시켰다. 뿐만 아니라 가공 부위의 기능을 우선시하여 하찰목간의 부착 방식에 따라 성산산성 목간의 형태를 분류하기 위해 상·하단의 뾰족한 형상과 홈 뿐 아니라 구멍의 有無도 중요한 분류 기준으로 삼았다.

57) 註 38) 참고.

IV. 맺음말; 고려 목간과의 형태 비교

앞의 Ⅱ·Ⅲ장에서 서술한 주요 내용을 한 번 더 언급하면서, 그것을 전제로 하여 고려 목간 형태와 비교해 보고자 한다. 앞서 성산산성 목간을 비롯하여 고대 목간에 관해 상세하게 고찰하지 않은 채 형태상의 특징을 중심으로 살펴보았기 때문에, 양자의 비교는 형태와 관련된 통계 수치를 근거로 전체적인 경향성을 언급하는 수준에 머무를 수밖에 없을 것이다.

먼저 Ⅱ장에서 언급한 고대 목간 관련 내용을 고려시대 목간의 형태에 견주어 보면 다음의 내용을 언급할 수 있다. 우선 고대 목간의 형태상 특징 중 하나로 다면형이나 원주형이 어렵지 않게 확인된다는 점이다.[58] 하지만 6~7세기와 달리 8세기 이후로는 다면형 목간이 현격히 줄어드는 대신에 부찰형 목간이 압도적으로 많아졌다. 이러한 목간 형태상의 변화는 종이의 사용이 늘어나면서 목간이 담당하던 기록문화의 상당 부분이 종이로 옮겨 가면서 일어난 것으로 이해할 수 있다.[59]

현재까지 고려시대 목간에서 다면형이나 원주형의 목간은 확인되지 않았다. 태안선·마도1·2·3호선의 완형 목간은 모두 두께가 얇은 板材의 목간이다. 더욱이 고려시대 전체 목간(175점)의 60%에 이르는 竹札의 두께는 木札보다 얇다. 해당 보고서에 두께가 표기된 마도3호선 목간의 예를 들면, 목찰의 두께는 적어도 0.5㎝ 이상이지만 죽찰의 경우는 대부분이 0.17~0.3㎝이다. 이와 관련하여 일본 중세 草戸유적의 목간은 두께/너비의 비율이 0.6 이상인 角材形 목간이 전체 목간의 40~50%에까지 이르고 있다.[60] 비슷한 중세시기이지만 한·일 목간에서 두께의 차이가 나는 것은 우선적으로 목간의 用度와 관련이 있을 것이다. 고려시대 목간은 짐 꼬리표[荷札]이기 때문에 부피가 작고 얇은 긴 직사각형(長方形)이 부착하기에 편리하였다. 반면에 고대 목간에서 확인되는 다면형이나 원주형 목간은 書寫 공간이 많았기 때문에 주로 習書用 목간이나 문서 목간으로 활용되었다.

이렇게 고대 목간에서 다면형 및 원주형 목간을 비롯하여 여러 형태의 목간이 확인되는 만큼 문서목간, 꼬리표[附札] 목간, 휴대용 목간, 기타와 같이 목간의 용도가 다양하였다. 이에 비해 현재까지 고려시대 목간으로 하찰목간만이 발견되는 것은 단순히 출토 현황만의 문제는 아닐 것으로 짐작된다. 기본적으로 고려시대는 古代보다 書寫자료로서 종이의 활용이 훨씬 광범위하였기 때문에 목간을 이용하는 기록문화가 상당히 줄어들었을 것이다. 이와 관련하여 선행 연구에서도 고대 목간 현황을 분석하여 삼국시대까지 文書로도 널리 사용되었던 목간의 용도가 통일신라시대에 이르러 문서용은 크게 줄어들고 주로 물품에 부착된 꼬리표로 사용되는 경향을 언급하였다.[61] 결국 삼국시대에 장방형 뿐 아니라 원주형 및 다면

---

58) 朴仲煥, 2002, 「韓國 古代木簡의 形態的 特性」, 『國立公州博物館紀要』 2; 윤선태, 2007, 앞의 책, pp.53~74.

59) 윤선태, 2007, 앞의 책, pp.71~74. 엄밀히 말하면 부찰형 목간은 형태에 따른 분류로 보기는 어렵다.

60) 한정훈, 2015, 앞의 논문, p.246 재인용.

61) 전덕재, 2012, 「한국의 고대목간과 연구동향」, 『목간과 문자』 9. 해당 논문에서 통일신라시대의 변화상을 설명하는 근거로 8세기 안압지 출토 목간만을 제시하고 있어 전체적인 경향성을 논하기에는 부족하다는 느낌이 든다. 이것에 더해 고려시대 목간의 출토 현황을 참고하면, 이 같은 논지는 더욱 보강될 것이다.

형의 목간이 다양한 용도로 사용되었지만, 통일신라시대부터 점차 문서목간을 대신하여 종이가 書寫자료로 확대 사용되면서 목간은 점차 물품에 부착하는 꼬리표형(특히 荷札)에 적합한 板材形만을 사용하게 된 것으로 이해할 수 있다. 즉, 목간의 용도가 축소됨에 따라 그 형태도 단순화된 것이다.

한편, 성산산성 목간과 고려시대 목간은 운반 중이거나 운반된 짐에 부착되었던 하찰목간이었기 때문에 비교 대상으로 적절하다. 하지만 고려시대 하찰목간은 海底에서 出水되어 完形 遺存率이 높은 반면 성산산성 목간은 그렇지 못하였고, 고려시대 목간은 동일한 장소에서 발견된 유물이 아니라는 한계도 있다. III장에서 성산산성 목간 형태를 짐[荷物]에 부착되는 부위를 주요한 기준으로 삼아 재분류한 것은 고려시대 하찰목간과의 비교를 염두에 둔 것이다. 앞서 언급했듯이, 고려시대 하찰목간 만큼은 아니지만 성산산성 목간의 뾰족한 형상[尖形]에 일정한 기능을 부여하기 어려운 측면이 있었다. 그래서 보다 용이한 양자의 비교를 위해 尖形보다는 장방형·홈형과 함께 구멍형 세 가지에 주안을 두어 재분류할 필요가 있다.

이러한 전제 아래에 앞의 〈표 2〉 성산산성 목간 형태 통계표와 필자가 이전 연구에서 분류하였던 고려 목간의 형태에 관한 내용[62]는 양자의 형태 비교에 좋은 자료이다. 해당 내용을 제시하면 아래의 〈표 4〉와 같다.

〈표 4〉 성산산성 목간과 고려 하찰목간 형태 비교

구분	장방형	홈형	구멍형	첨형
성산산성 목간	22.3%	66.4%	6.8%	4.6%
고려 하찰목간	10.4%	84%	0.8%	3.2%

* 성산산성 목간 분류는 III장 내용에 의거하였고, 첨형에는 2형과 4형 목간만을 포함시킴.

전체적으로 성산산성 목간에 비해 고려시대 하찰목간의 형태는 장방형과 구멍형의 비율이 줄어든 반면, 홈형이 66.4%에서 84%로 늘어났다. 상대적으로 높은 비율의 성산산성 장방형 목간(22.3%)은 無痕 목간을 일부 포함하고 있어 2~7형 목간의 제작 이전 형태일 가능성이 있다. 그 점을 감안하더라도 고려시대 장방형 목간의 비율이 상대적으로 낮은 것은 달리 말해 성산산성 목간 보다 짐[荷物]에 부착할 부위를 더 적극적으로 가공하였음을 의미한다. 안전하고 정확하게 정보를 전달하기 위한 추가 조처로 볼 수 있다. 또한 비율의 增減을 떠나서 좌우 양쪽에 홈을 낸 목간이 한국 고·중세를 막론하고 하찰목간의 전형적인 모습이었음이 확인된다. 양자의 전형적인 목간 형태(상단 홈형)의 비율도 고려시대 목간이 높은 것(76.8%)을 보면, 하찰목간 형태의 정형화나 규격화가 보다 진전된 것으로 평가할 수 있을 것이다. 물론

---

62) 한정훈, 2015, 앞의 논문, p.264 〈표 6〉 고려 목간의 형태 분류 참조. 홈형 84%에서 상단부 좌우에 홈이 있는 전형적인 목간 형태가 76.8%이고, 나머지 형태가 7.2%이다. 나머지 형태에는 상단부 한쪽 홈, 상·하단부 홈, 중간부 홈 그리고 하단부 홈형 등이 포함된다.

성산산성 목간에서 홈이 하단에, 고려시대 목간은 홈이 상단에 위치하는 차이점이 존재한다.[63] 현재의 연구 성과를 참고하면, 성산산성 목간은 짐에 묶여 고정된 상태에서 목간에 묵서를 적었고, 고려 목간의 경우는 묵서를 먼저 적은 다음 홈을 묶은 끈으로 짐에 연결시켰을 가능성이 높다. 이러한 차이에 대해서는 앞으로 보완이 더 필요할 것이다.

성산산성 목간에서 6.8%를 차지하는, 본고에서 새로이 설정한 구멍형 목간도 고대 목간의 한 형태로 자리 잡았다. 하지만 고려시대가 되면 그 비율은 대폭 줄어들었는데, 이것은 고려시대에 짐에 부착하는 방식이 홈으로 단일화되는 과정을 보여 준다. 앞에서 살폈듯이, 삼국시대 구멍형 목간은 荷札목간 뿐 아니라 편철용 문서 목간, 신분 증표용 목간 그리고 呪術用 목간 등 다양한 용도로 활용되었다. 때로는 목간을 재활용하기 위한 수단으로 구멍을 활용하기도 하였다. 이러한 정황을 염두에 두면, 고려시대 하찰 목간에서 부착 부위인 구멍은 거의 사라진 것이나 다름이 없다. 이와 같은 목간 형태상의 변화는 다양한 용도를 가졌던 구멍형 목간의 전통이 통일신라를 거치면서 고려왕조로 전승되지 못하고 목간의 용도가 荷札로 한정된 것과도 관련이 있을 것이다. 하찰목간의 부착 부위로서 홈이 보편화되면서 효용성이 떨어진 구멍은 荷札에서조차 사라지게 되었다.

투고일: 2016. 04. 19.   심사개시일: 2016. 5. 9.   심사완료일: 2016. 6. 2.

---

63) 성산산성 목간의 전형적인 형태인 3형의 하단 홈형 목간이 고려시대 목간에서 1점(마도2호선 2번 목간) 확인되기도 한다.

참/고/문/헌

국립경주문화재연구소, 2004, 『월성해자; 발굴조사보고서 2』.

이용현, 2006, 『韓國木簡基礎研究』, 신서원.

국립창원문화재연구소, 2006, 『韓國의 古代木簡(개정판)』.

윤선태, 2007, 『목간이 들려주는 백제 이야기』, 주류성.

김성범, 2010, 『羅州 伏岩里 出土 百濟木簡의 考古學的 研究』, 공주대학교 박사학위논문.

가야문화재연구소, 2011, 『韓國木簡字典』.

국립가야문화재연구소, 2011, 『함안 성산산성 발굴조사 보고서』 Ⅳ.

이경섭, 2013, 『신라 목간의 세계』, 경인문화사.

국립가야문화재연구소, 2014, 『함안 성산산성 발굴조사 보고서』 Ⅴ.

朴仲煥, 2002, 「韓國 古代木簡의 形態的 特性」, 『國立公州博物館紀要』 2.

이수훈, 2004, 「咸安 城山山城 出土 木簡의 稗石과 負」, 『지역과 역사』 15.

임경희·최연식, 2008, 「태안 청자운반선 출토 고려 목간의 현황과 내용」, 『목간과 문자』 창간호.

전덕재, 2008, 「함안 성산산성 목간의 연구현황과 쟁점」, 『신라문화』 31.

전덕재, 2009, 「함안 성산산성 출토 신라 하찰목간의 형태와 제작지의 검토」, 『목간과 문자』 3.

윤선태, 2012, 「咸安 城山山城 出土 新羅 荷札의 再檢討」, 『史林』 41.

박지현, 2013, 「백제목간의 형태분류 검토」, 『목간과 문자』 11.

윤선태, 2013, 「백제목간의 연구현황과 전망」, 『백제문화』 49.

이경섭, 2013, 「함안 성산산성 출토 신라목간 연구의 흐름과 전망」, 『목간과 문자』 10.

최상기, 2013, 「함안 성산산성 출토 목간의 정리현황 검토」, 『목간과 문자』 11.

한정훈, 2015, 「동아시아 중세 목간의 연구현황과 형태 비교」, 『사학연구』 119.

양석진·민경선, 2015, 「함안 성산산성 출토 목간 신자료」, 『목간과 문자』 14.

岡内三眞, 1987, 「新案沈船出土の木簡」, 『東アジアの考古と歷史(上)』, 岡崎敬先生退官記念事業會.

李成市, 2000, 「韓國木簡연구의 현황과 咸安城山山城 출토의 木簡」, 『韓國古代史研究』 19.

平川南, 2000, 「日本古代木簡 研究의 現狀과 新視點－咸安 城山山城출토 목간」, 『韓國古代史研究』 19.

友田那々美, 2003, 「古代荷札の平面形態に關する考察」, 『木簡研究』 25.

三上喜孝, 2007, 「일본 고대 목간에서 본 함안 성산산성 목간의 특징」, 『함안 성산산성 출토 목간의 의의』, 국립가야문화재연구소.

三上喜孝, 2009, 「形態와 記載樣式으로 본 日本古代木簡의 特徵」, 『목간과 문자』 3.

〈Abstract〉

Reclassification of Forms of Ancient Wooden Tablet(Mokgan) and Its Comparison with Goryeo Wooden Tablet

Han, Jeong−hun

This paper is designed to compare forms of ancient wooden tablet and Goryeo Hachal(荷札) wooden tablet. At first, forms and uses of ancient Kokgans are reviewed to find that the hole−type of wooden tablet was variously used in the period of Three Kingdoms. Therefore, rectangular, groove and sharp shapes as well as hole−type are also suggested to be included in the class of ancient forms of wooden tablet. In addition, different from ancient one, the use of wooden tablet in Goryeo period was limited to the parcel note[Hachal], so its forms also tended to be simplified.

On the other hand, the Seongsan−Sanseong wooden tablet, a representative Hachal wooden tablet was compared with that in Goryeo period. It is found that the wooden table with left and right side grooved was a typical Hachal wooden tablet during both the ancient and the middle age, indicating that an increase in ratio of hole−type of wooden tablet in Goryeo period means the developments in standardization or normalization of forms of the Hachal wooden tablet. As the groove was general-ized as a cutting part to which a parcel was attached in Goryeo period, the hole−type of wooden tab-let almost disappeared even in the Harchal.

▶ Key words: Hole−type of Wooden Tablet, Seongsan−Sanseong Wooden Tablet, Parcel, Hachal Wooden Tablet

世界의 文字史와『萬葉集』

David Barnett Lurie 著[*]

이병호 譯[**]

〈국문초록〉

본고는 세계 문자사의 입장에서『만엽집(萬葉集)』의 표기 방식에 관해 소개하면서 특히『만엽집』의 表音과 表語 표기에 주목하여 그 특징과 역사성을 논하였다. 본고의 서론에서는『만엽집』에 보이는 쓰기의 다양성, 표음문자와 표어문자라는 시각에 대해 소개하였다. 2장에서는 세계 문자사의 전통적인 사관에서 '표어'와 '표음'의 관계를 논하였다. 이 장에서는 표어에서 표음으로 진화한다는 인식이 가진 문제점과 알파벳=문명이라는 신화가 만들어지는 과정, 세계 문자사를 표어에서 표음으로 진화한다는 도식으로는 설명할 수 없음을 밝혔다.

3장에서는 표음으로 진화한다는 개념을 일본에 적용시키는 과정을 설명하였다. 20세기 중엽 알파벳

*   데이비드 바넷 루리, 콜롬비아 대학 동아시아 언어문화학부 조교수 겸 도널드 킹 일본문화센터 소장.
    1971년생. 하버드 대학 졸업(비교문학 전공). 콜롬비아 대학 대학원(일본고전문학 전공)에서 박사학위 취득(2001년).
    저서 : Realms of Literacy: Early Japan and the History of Writing. Cambridge(Massachusetts) and London: The Harvard University Asia Center, 2011.
    논문 : 「神話學として見る津田左右吉の『上代史』に關するノート」(『沒後50年 津田左右吉展 圖錄』, 早稻田大學·美濃加茂市民ミュージアム 편집·발행, 2011), 「萬葉集の文字表現を可能にする條件(覺書)」(『國語と國文學』 제84권 11호(特輯: 上代文學研究の展望), 2007), 기타 영어·일본어 논문 다수.
** 국립미륵사지유물전시관장

역사 연구의 권위자인 디링거 사관이 가진 한계와 일본의 문자사를 '동양사에서의 비극'으로 평가한 산섬의 견해, 언문일치가 결코 당연하지 않다는 것에 관한 설명, 그리고 일본의 복잡한 문자체계에 관한 새로운 관점의 평가 필요성 등을 언급하였다.

4장에서는 『만엽집』이 세계 문자사 연구에서 가지는 의미에 관해 설명하였다. 먼저 『만엽집』에는 표어문자 주체의 쓰기 보다는 표음문자 주체의 쓰기가 많다는 점을 확인하고, 1970~80년대에 표어문자 주체에서 표음문자로 변화하는 것으로 보는 것이 정설이었음을 언급하였다. 하지만 1990년대 중반부터 우타목간(歌木簡)이 발견되면서 표음문자 주체의 쓰기가 더 먼저 출현했다는 것이 확인되면서 기존의 정설이 바뀌게 되었음을 논하였다. 그리고 『만엽집』에서 쓰기는 다양한 요인에 의해 표어문자로 쓰기도 하고 표음문자로 쓰기도 했으며, 표음문자 쓰기가 매우 다양했음을 밝히고 있다. 그리고 향후에는 표음문자의 사용보다는 표어문자의 배제라는 문제가 중요한 과제라는 점을 언급하였다.

▶ 핵심어: 세계 문자사, 표음문자, 표어문자, 만엽집, 쓰기의 역사, 알파벳 신화, 표기의 진화

I. 머리말

1. 『만엽집』에서 쓰기의 다양성

『만엽집』의 특징이 무엇일까를 고려할 때 가장 먼저 떠오르는 것이 '다양성'이라고 생각한다. 예를 들어 그것을 지은 작가는 天皇부터 이름 없는 농민이나 변방을 지키던 병사까지 폭이 넓다. 작품의 장르로 말하면 長歌와 短歌뿐 아니라 旋頭歌 등 마이너 한 歌體, 나아가 漢詩나 漢文도 있다. 그리고 20권의 각 卷의 구조를 보면 천황의 치세 등 시간을 축으로 하는 卷, 율령제의 國이나 道에서 지리를 축으로 하는 卷, 세계의 현상을 類書的으로 열거한 卷 등이 있다.

주지하는 것처럼 『만엽집』의 문자 스타일, 즉 쓰기도 이러한 다양성의 일면을 보여준다고 할 수 있다. '만요가나(萬葉仮名)'라는 용어가 보여주는 것처럼 많은 歌에서는 한 음절마다 소리만을 보여주는 한자가 가나에 맞춰져 있다. 이것은 헤이안 시대 전기에 성립된 히라가나와 가타카나, 한국의 한글 문자, 소위 梵字 등 인도의 다양한 언어를 기록하는 데 사용한 문자, 서양의 알파벳 등과 마찬가지로 말의 의미를 무시하고 소리만을 보여주는 '表音文字(phonographs)'이다.

자료①ⓐ를 참고해 주기 바란다(괄호의 숫자는 『만엽집』 권수, 한자 숫자는 『國歌大觀』 번호).

①ⓐ こもりぬの したゆこひあまり しらなみの いちしろくいでぬ ひとのしるべく
許母利奴能 之多由孤悲安麻里 志良奈美能 伊知之路久伊泥奴 比登乃師流倍久 (⑰ 三九三五)

①ⓑ こもりぬの したゆこひあまり しらなみの いちしろくいでぬ ひとのしるべく
隱沼乃 下従戀餘 白浪之 灼然出 人之可知 (⑫ 三〇二三)

② あまとぶや かりのつばさの おほひばの いづくもりてか しものふりけむ
天飛也 鴈之翅乃 覆羽之 何處漏香 霜之零異牟 (⑩ 二二三八)

③ⓐ おほくらの いりえとよむなり いめひとの ふしみがたるに かりわたるらし
巨椋乃 入江響奈理 射目人乃 伏見何田井尓 鴈渡良之 (⑨ 一六九九・人麻呂歌集非略體歌)

③ⓑ まそかがみ てにとりもちて あさなさな みれどもきみは あくことなし
真鏡 手取以 朝々 雖見君 飽事無 (⑪ 二五〇二・人麻呂歌集非略體歌)

이것은 표음문자로 기록된 『만엽집』의 歌를 보여주고 있다. 자료①ⓑ와 비교할 때 가장 일목요연한데 둘 다 동일한 歌를 기록했지만 쓰기 스타일을 완전히 달리한다.

자료①ⓑ와 ②, ③ⓐ의 歌에서는 만요가나의 표음문자도 일부 사용하고 있지만, 쓰기의 중심은 '말'을 나타내는 문자이다. 이러한 '表語文字(logographs)'는 중국의 고전 등에 사용된 한자가 대표적이지만 그 밖에도 이집트의 히에로글리프(그림문자), 아시리아나 슈메르의 설형문자, 메소아메리카 마야족의 문자도 동일한 원칙으로 구성되어 있다.

『만엽집』에서는 자료③ⓑ에서 보여주는 것처럼 표어문자만으로 쓰여진 歌도 소수지만 존재한다. 그러나 표어문자를 주로 사용한 쓰기 스타일은 자료② 등의 사례처럼 통상은 표음문자를 섞어 쓰고 있다. 중국의 한자, 그림문자, 마야문자의 경우에도 표음문자 또는 표음적 요소를 섞어 쓰는 것이 일반적이지만 원칙적으로는 표어문자가 중심을 이룬다. 『만엽집』의 이러한 쓰기도 역시 표어문자가 중심이 되기 때문에 자료①ⓑ와 ②, ③ⓐ에 제시한 사례를 합쳐서 여기에서는 '표어문자 주체'라고 부르고자 한다.

2. '표음문자'와 '표어문자'라는 시각

『만엽집』의 쓰기와 관련된 용어로서 표음문자인 '만요가나'에는 한자 본래의 음독에 근거한 '온카나(音仮名)'와 그것을 일본어로 훈독한 것에 근거한 '군카나(訓仮名)'가 있다. 한편 '표어문자'도 훈독에 기초한 '세쿤(正訓)'과 『만엽집』에서는 매우 소수지만 중국어에서 유래한 외래어를 본래의 한자로 쓴 '세온(正音)'으로 나눌 수 있다. 내가 주로 '표음문자' '표어문자'라는 두 가지 용어를 사용하여 『만엽집』과 文字史에 대해 말하는 것은 결코 '음'과 '훈'의 차이를 무시하기 때문이 아니다. 오히려 온카나와 군카나의 적절한 사용이나 『만엽집』 내에서 분포하는 패턴을 고려하지 않으면 『만엽집』의 쓰기를 이해할 수 없다는 것을 잘 알고 있다.

그러나 본고에서 말하고자 하는 주안점은 『만엽집』의 문자 분석 자체가 아니라 오히려 『만엽집』의 쓰기, 그리고 좀 더 넓게는 고대 일본 일반의 쓰기와 세계 문자사와의 관계이다. 일본과 세계의 비교를 생각하는 경우 '音'과 '訓'이라는 현상이 세계 문자사에 존재하지 않는 것은 아니다. 예를 들어 설형문자에서는 슈메르어의 '세온'과 '온카나'적인 용법에 해당하고, 아카드어의 '세쿤'과 '군카나'적인 용법도 있다. 그러나 '表語'와 '表音'의 차이에 착목하여 거기서부터 문자의 역사를 비교해 보면, 일반적인 현상 그리고 근본적인 방법론적 문제가 명확해진다고 생각하기 때문에 '표어문자'와 '표음문자'라는 두 가지 개념을 대조적으로 사용해가면서 논의하고자 한다.

또 다른 한 가지, 文字史의 용어에 관해 양해를 구하고 싶은 것은 '문자'와 '쓰기', '문자체계'라는 세 가지 용어의 사용 구분이다. 이것들은 대략 영어의 graph 또는 letter, 그리고 script 및 writing system의 번역어로 사용하였다.[1] 본고에서 이야기할 때도 '문자'는 하나하나의 글자, 그리고 '표어문자'나 '설형문자'를 가리킨다. '쓰기'는 문장을 쓰기 위해 사용하고 있는 문자, 또는 그 스타일이다. 그리고 '문자체계'는 어떤 언어를 적기 위한 쓰기를 망라적으로 가리키는 것이다. 예를 들어 "8세기 일본어의 문자체계에는 표어문자 주체의 쓰기와 표음문자 주체의 쓰기가 있다"와 같이 사용할 것이다.

세계의 문자사를 살펴보면 『만엽집』의 쓰기 패턴과 유사한 표어문자와 표음문자의 병치 또는 대립의 사례를 자주 발견하게 된다. 이것을 어떻게 생각하면 좋을까.

『만엽집』을 세계의 문자사에서 보면, 7·8세기 일본의 쓰기나 문학의 역사에 관한 문제가 보다 분명해진다고 생각되지만 동시에 세계 문자·문자사 일반론을 『만엽집』을 통해 재검토하는 것도 가능하다. 만엽집 연구와 세계 문자사 연구는 다루는 문제나 논점, 지리적 범위를 보면 전혀 다른 분야가 있지만, 본고에서 말하고자 하는 것은 가능한 이 두 가지 연구를 비교하여 양자의 문제를 보다 명확히 하고자 한다.

II. 세계 문자사의 전통적 史觀에서 表語와 表音의 관계

1. 〈표어〉에서 〈표음〉으로 〈진화〉한다는 인식

세계 문자사에서 〈표어〉와 〈표음〉이라는 두 원칙의 대립을 다룰 때 최근까지 주류였던 것은 역사적인 〈進化〉로서 이해하는 입장이다. 즉 모든 문자체계가 발전해 가는 가운데 필연적으로 〈표어〉의 단계에서 〈표음〉의 단계로 진화한다고 하는 이론이다. 이것은 모종의 믿음이라고 말할 수 있을 것이다.

확실히 문자의 기원을 살펴보면 表音性을 〈진화〉의 성과로 보는 개념을 뒷받침하는 것이 없지는 않다. 설형문자, 히에로글리프, 한자, 마야 문자 등 어떤 것이든 그림문자[繪文字]에서 시작된다. 시각적인 형태를 보여주는 것으로 물건을 나타내는 그림문자가 口頭 언어와 관계없이 직접 아이디어를 나타내는 〈表意文字〉 시스템으로 되어 간다고 하는 것을 논리적으로 말할 수 없는 것은 아니다.

---

1) 일본어 원문에서는 writing system을 '문자제도'로 번역했지만, '문자체계'로 하는 것이 좋겠다는 지적이 있어 본고에서는 모두 '문자체계'로 번역했다.

그러나 이미 존재했던 방대한 커뮤니케이션 시스템인 구두 언어를 무시하고, 별도의 시스템을 발명하는 것은 헛된 것이기 때문에 사실 상 각각의 그림문자가 유연적·응용적인 의미 전달 수단이 될 때는 반드시 언어와 깊은 관계를 갖게 마련이다. 문자와 구두 언어와의 관계를 핵으로 하는 '문자체계'라고 할 수 있는 것이 처음으로 성립한 것이다.

하지만 그림문자에서 발달한 단순한 표어문자들은 어떤 언어에서든 모든 말을 나타내는 것이 불가능하다. 말의 소리를 나타내려면 同義語의 쓰기 구분, 추상적인 개념의 말 표기, 활용이나 변화, 다른 문법의 요소 등을 표시할 수 있어야 한다. 그래서 원칙적으로 표어문자를 중심으로 자리 잡은 문자체계에서도 어느 정도의 표음성이 더해진다.

한자의 경우에는 그러한 표음적인 요소의 대부분이 소위 형성문자의 聲符-즉 발음 기호-에 해당하며 하나의 표어문자 내부 구조의 일부로 되어 있다. 설형문자나 마야 문자의 경우에는 음절을 나타내는 별도의 글자가 있어서 한자와 가나를 혼용한 문장의 가나와 유사한 기능을 가지고 있다.

이상에서 검토한 결과대로라면 표어에서 표음으로 〈진화〉한다는 개념은 타당하며, 필연적이라고도 생각할지 모르겠다. 그러나 세계 문자사의 전통적 연구에서는 이처럼 표음적 요소를 가진 표어적 문자체계에서 완전한 표음적 문자체계로 점차 진화한다는 것이 문자사의 원칙으로 되어 왔다. 즉 표어성을 배제하는 것에 의해 문자체계는 개량되어 역사적으로 발전되어 왔다. 그리고 표음이라고 해도 音節(자연스러운 발음에서의 최소 말소리) 보다는 音素(음성 체계 중에서 최소 단위)로 라고 하는 또 다른 진화·발전이 상정되며 표음성의 심화·순화로 여겨져 왔다.

이러한 관점에서 세계의 문자사를 보면 설형문자 등의 표어문자에서 음절을 쓴 표음문자로, 그리고 마지막으로 음절 속을 분석하는 音素文字까지 모든 문자체계가 진화·발전했다고 하는 오랜 개량의 이야기가 된다.

2. 알파벳 = 〈문명〉이라는 신화

20세기 문자사의 개척자인 I.J.겔브(Ignace Jay Gelb: 1907~1985. 폴란드 출신의 미국 고대사학자로 아시리아 연구자. 시카고 대학 교수)가 이러한 진화 이야기를 설형문자 전문가의 입장에서 대단히 상세하게 논했던 것은 유명한데, 표음성을 강조하는 서양의 문자 사상에서는 이러한 알파벳 주의라고도 할 수 있는 입장이 강하고 긴 역사를 가지고 있다.

17·18세기의 계몽시대로 거슬러 올라가면 표의문자라는 환상에 매달렸던 라이프니츠(Gottfried Wilhelm Leibniz: 1646~1716. 독일의 철학자·수학자·자연과학자) 등의 사상가도 있었지만 기본적으로 문자사는 표음으로 진화하는 역사이며 알파벳과 같은 음소문자가 그 정점에 있다고 여겨지고 있었다.

예를 들어 장 자크 루소(Jean-Jacques Rousseau: 1712~1778. 프랑스의 사상가·소설가)의 『언어기원론(Essai Sur L'Origine des Langues)』에서 문자체계의 차이는 이러한 식으로 설명되고 있다. 자료④를 봐주기 바란다.

같은 18세기대 문자에 관한 유명한 일화가 제임스 보즈웰(James Boswell: 1740~1795. 스코틀랜드의 전기작가·법률가)의 『사무엘 존슨 전(The Life of Samuel Johnson)』에 있다. 어느 날 보즈웰이 중국인에게는 독특한 문명이 있다고 말하자, 그러한 동양인의 나라가 문명의 수준까지 도달하지 못했다고 생각한 존슨은 반론으로 "Sir, they have not an alphabet"이라고 발언했다. 번역하면 "보즈웰 씨, 중국에는 알파벳이 없기 때문에 문명은 말할 것도 없습니다"가 될 것이다.

이러한 알파벳과 문자의 표음성에 관한 언설을 검토하면, 19세기 대 근대 학문 분야로서의 언어학의 성립이나 서양의 언어사상사 등의 다양한 문제에 연결된다. 일본의 예를 들면 알파벳 신화나 표음주의를 빼고서는 19세기 중엽부터 戰後까지 있었던 소위 '國語·國字 問題'를 이해할 수 없다는 것은 말할 필요도 없을 것이다. 그러나 이 분석이 본고에서 말할 주안점은 아니다. 더 강조하고 싶은 것은 문자가 표음성으로 진화한다는 개념의 사상적인 계보가 아니라 이 개념이 문자사를 생각하는데 유익하다고 말할 수 없다는 점이다.

3. '表語에서 表音으로'라는 도식으로는 설명할 수 없다

앞서 말한 것처럼 문자체계 발달의 이른 단계에는 그림문자 등 부분적인 의미 전달 수단에서부터 구두 언어와 강한 관계를 가지고 있으며, 우리들이 보통 '문자체계'로 생각하고 있는 시스템이 성립하기 위해서는 어느 정도의 〈표음화〉가 필요하기 때문에 사실상 표음적인 요소를 갖지 않은 표어문자는 존재하지 않는다고 하겠다. 그런 표어문자 단계에서부터 다시 표음화하는 현상을 생각해 보면, 설형문자로부터 아카드어 등을 기록한 음절문자, 이집트의 히에로글리프로부터 原시나이어를 거친 페니키아 문자, 그리고 한자로부터 가나의 발달 등 많은 사례가 있는 것 또한 부정할 수 없다.

그러나 이러한 현상은 필연적인 발전도 아니며 문자의 본질을 드러내는 자연적·일방적인 발달도 아니

qui eſt la nôtre, a du être imaginée par des peuples commerçans qui voyageant en plusieurs pays et ayant à parler plusieurs langues, furent forcés d'inventer des caractéres qui puſſent être communs à toutes[1]. Ce n'eſt pas précisément peindre la parole, c'eſt l'analyser.

Ces trois maniéres d'écrire répondent aſſés exactement aux trois divers états sous lesquels on peut considerer les hommes rassemblés en nations. La peinture des objets convient aux peuples sauvages ; les signes des mots et des propositions aux peuples barbares, et l'alphabet aux peuples policés[2].

Il ne faut donc pas penser que cette derniére invention soit une preuve de la haute antiquité du peuple inventeur. Au contraire il eſt probable que le peuple qui l'a trouvée avoit en vûe une communication plus facile avec d'autres peuples parlant d'autres langues, lesquels du moins étoient ses contemporains et pouvoient être plus anciens que lui. On ne peut pas dire la même chose des deux autres méthodes. J'avoüe, cependant, que si l'on s'en tient à l'hiſtoire et aux faits connus[3], l'écriture par Alphabet paroit remonter aussi haut qu'aucune autre. Mais il n'eſt pas surprenant que nous manquions de monumens des tems où l'on n'écrivoit pas.

Il eſt peu vraisemblable que les prémiers qui s'aviſérent de resoudre la parole en signes élémentaires aient fait d'abord des divisions bien exactes. Quand ils s'apperçurent ensuite de l'insuffisance de leur analyse les uns, comme les Grecs, multipliérent les caractéres de leur alphabet, les autres se contentérent d'en varier le sens ou le son par des positions ou combinaisons différentes. Ainsi paroissent écrites les inscriptions des ruines de Tchelminar[4], dont Chardin nous a tracé les Eſtypes[5]. On n'y diſtingue que deux figures ou caractéres* mais de diverses grandeurs et posés en différens sens. Cette langue inconnüe et d'une antiquité presque effrayante devoit pourtant être alors bien formée, à en juger par la perfection des arts qu'annoncent la beauté des carac-

* Des gens s'étonnent, dit Chardin, que deux figures puissent faire tant de lettres, mais pour moi je ne vois pas là de quoi s'étonner si fort, puisque les lettres de nôtre Alphabet, qui sont au nombre de vingt-trois, ne sont pourtant composées que de deux figure, la droite et la circulaire, c'eſt à dire, qu'avec un C. et un I. on fait toutes les lettres qui composent nos mots.

Rousseau, Essai sur l'origine des langues

문자의 세 종류는 인간이 모여서 이룬 국가의 삼 단계에 정확히 들어맞는다. 사물의 묘사는 야성의 인간에, 말이나 아이디어의 기호는 야만인에, 그리고 알파벳은 문명인에 상응한다.

자료④. 장 자크 루소의 『언어기원론(Essai Sur L'Origine des Langues, 1750년대)』

다. 표어문자가 장기간, 표어문자 그대로 남아 있는 사례도 있고, 역으로 표음문자가 표어화한 사례도 있다.

현대 중국에서는 白話文[구어문]을 쓰고 있어 한자가 전근대의 고전적인 중국어문(文言 wenyan) 보다 약간 더 표음적이라고 말할 수 있지만 기본적으로는 표어문자 그대로이다.

역사적으로 한반도나 일본열도에서는 漢子文이 훈독된 경우에, 한자의 내부 구조에 있는 표음적인 聲符가 그 글자의 훈독 발음과는 무관하기 때문에 두드러지게 표어화가 일어났다고 할 수 있다. 일본도 그렇고 한국에서도 가나와 한글이라는 표음문자가 문자체계에 들어가도 표어문자인 한자가 몇 백년 동안 문자 문화의 주류였다(현대 중국의 핀인[拼音]과 한자의 병용도 같다고 할 수 있다).

동아시아 이외, 설형문자 문화권이나 메소아메리카의 마야문자에서도 표어문자의 존속이라는 유사한 현상을 살펴볼 수 있다.

또한 후술하는 것처럼 영어나 프랑스어 등의 알파벳 철자에서는 표어적인 요소―즉 표음문자의 이상형이라 할 수 있는 음소문자의 표어화―도 논할 수 있다.

확실히 현대의 세계 문자체계를 보면 아시아 이외 지역에서는 알파벳만 사용하고 있다. 그러나 이것이 문자사의 내면적인 필연성의 결과였다고는 도저히 생각되지 않는다. 식민지 제도의 시작과 그것에 수반된 천연자원의 유출 및 경제의 확대, 산업혁명의 타이밍, 근대 화학의 이륙 등을 생각해 보면 세계의 많은 언어가 유럽의 문자체계인 라틴·알파벳으로 쓰여진 것은 문자사의 내면적인 필연성을 상정하지 않고도 설명할 수 있는 것이다.

물론 20세기 후반에 그리스 고전학이나 리터러시 이론에 영향을 주었던 에릭.A.해브록(Eric Alfred Havelock: 1903~1988. 영국의 고전학자. 미국에서 연구 활동을 전개, 예일 대학 교수)이나 同流의 연구자들은 알파벳에서 문화적·지식적인 효과를 찾아서 그것을 이른바 '서양의 대두'의 한 원인이라고 하였다. 그러나 이것은 앞서 인용한 루소나 존슨의 발언과 마찬가지로 경제와 기술 등에 기초한 근대 서양과 그 밖의 여러 나라들과의 발달 정도 차이를 문자가 상징하는 〈문명〉의 차이로 파악한 점에서 역시 문자의 신화라고 불러야 할 것이다.

III. 표음으로의 〈진화〉와 그 〈간섭〉이라는 개념을 일본에 적용시키다

1. 디링거 문자 사관의 한계

문자사의 내면적 논리가 표어에서 표음으로 진화한다고 하면 진화가 일어나지 않는 경우에 대해서도 설명할 필요가 있다. 표음화가 자연스러운 과정으로 다루어지고, 역사적인 설명이 필요없다고 하는 한편에서는 표어성의 존속, 또는 표어화가 문화적 영향에 의한 진화 발달의 부자연스러운 영향의 결과로 의미 지워지고 있다. 자료⑤에 쓰여 있지만 20세기 중엽 알파벳 사의 권위자인 데이비드 디링거(David Diringer: 1900~1975. 영국의 언어학자·고문서학자·작가)는 문자의 역사적 변화에 대해 이와 같이 설명한다.

디링거가 말한 〈간섭〉이라는 것은 문화, 주로 종교가 문자에 영향을 준 것을 사례로 들었지만, 그것과 반대로 중국과 이집트 문자는 〈간섭〉이 없는 것처럼 보이는데도 불구하고 표음 쪽으로 진화하지 않은 것은 이상하다고 그 자신도 당혹해 하였다.

디링거의 논의에 대해 말하면, 문자사에서 여러 변화의 원인에는 기술적인 효율성이나 문화적 가치관이 혼재되고 있기 때문에 자연스러운 진화를 촉진하는 원인과 부자연스러운 외부적 간섭의 요인으로 양분하는 것에는 무리가 있다.

예를 들어 효율이라는 것에 대해서도 읽기 위한 효율과 쓰기 위한 효율이 모순될 경우 어느 것을 우선할 것인지는 기술적인 문제만이 아니라 해당 문화에서 문자에 대한 기대나 가치관이 크게 연관된다. 이와 다른 예를 들면, 전통을 지키며 문자에 대한 새로운 고안을 가능한 피하는 태도는 일견 문화적인 것으로 보일 수 있지만 전근대 세계에서는 시간적으로 멀리 떨어져 있고 공간적으로도 가로막혀 있어 쓴 사람과 읽는 사람의 커뮤니케이션을 확보하기 위해서는 전통적인 쓰기를 충실하게 지키는 것이 사실은 실용적인 의미가 있다.

ture of our language, and most of all in the language and methodology of modern scholarship. Some would banish the word *progress* itself to the hinterlands: but *development* and *evolution* remain behind to plague them, with their tinge of something very similar. Difficulties such as these – above all, the assumption that all change is necessarily 'progressive' – are especially inherent in our present subject. A very helpful pictographic diagram, carelessly used or interpreted, can give the impression of a vast river of script churning purposefully and irrevocably towards the modern alphabet. Such misunderstandings must be anticipated now if we are to be free to use a good many common verbs in later chapters, and to introduce any concept of progress.

> The struggle for survival is the principal condition for the existence of a script, as for so many other things; and *on the whole*, barring severe interference of any kind, a script will 'evolve' in the direction of simplicity and utility (which, in the case of writing not intended for mere physical impressiveness, is *ipso facto* an improvement), and the fittest scripts will survive: the scripts which are most useful and adaptable, and which best meet the needs of the men who use them. Yet, in the course

of history, how much 'severe interference' there has been! The invasion of a land by foreign people may have untold consequences in obliterating a native script, introducing a new one, or in making the invaders literate for the first time. Sometimes the use of a particular script for ritual and religious purposes – as, say, in the Rabbinic, Samaritan and Coptic transmission of Biblical texts – effectually removes it from ordinary forms of competition and use, ensuring that it will survive at least as long as those who revere it. The movement of religious conversion has often introduced a script into use throughout vast land-areas, to which it may perhaps have penetrated without such 'severe interference,' but only at an immensely slower pace: and good examples of this are the transmissions of the Arabic alphabet to all the lands from Spain to Indonesia.

Diringer, Writing　　**17**

다른 많은 현상과 마찬가지로 어떤 문자체계가 존재하기 위한 근본적인 조건은 생존경쟁이다. 대체로 어떤 종의 심한 간섭이 없는 한 문자는 간소함과 편리성을 향해 진화하며(그것은 시각적인 권위가 없어도 된다면 사실상 개선과 같다), 그리고 여러 조건에 가장 잘 적응한 문자가 승리하여 남는다. 適者의 문자라는 것은 가장 사용하기 쉽고 모든 경우에 적용할 수 있으며 사용하는 인간의 요청에 가장 알맞은 문자이다.

자료⑤. 데이비드 디링거의 『쓰기(Writing, 1962)』

요컨대 표어성이 중시되어 표음화가 일어나지 않거나 또는 제한된 표음화 밖에 일어나지 않는 현상을 문화의 영향에서 원인을 찾게 되면, 동일하게 표음화가 일어난 경우에도 그 원인으로 문화의 영향을 인정해야 할 것이다.

2. 「동양사에서 비극」

이상과 같은 한계를 가진 문자 사관을 통해 일본의 문자사 전체를 평가하려고 한 유명한 사례를 다음에서 소개하고자 한다. 자료⑥을 봐주기 바란다. 구미에 일본사 연구 분야를 개척한 G.B.산섬(Sir.

George Baily Sansom: 1883~1963. 영국의 외교관 겸 역사학자)의 『일본-그 문화의 변천』 (Japan: A Short Cultural History)[일본어 역 『日本文化史』(福井利吉郎 譯, 創元社)]에서 잘 인용된 발언이다.

이 책을 시작으로 하여 산섬의 여러 일본사 관련 저서에서는 70년 전에 썼다는 것을 잊어버릴 정도로 지금도 신선하며 많은 가르침을 준다. 그러나 지금 인용한 발언은 세간에 유통되고 있는 일본 문자사의 다양한 오해를 집대성하고 있다. 바꾸어 말하면 일본의 문자, 훨씬 더 넓게 말하면 세계 문자사에서 잘못된 어프로치의 본보기라고 할 수 있다.

산섬의 발언을 단적으로 요약하면 그는 동양의 비극(tragedy)과 서양의 위대한 승리(triumph)의 대립으로 일본의 문자체계와 서양의 알파벳을 위치시키고 있다. 그러나 생각해보면 산섬의 머리 속에서 알파벳은 音節文字 등에 대한 音素文字라는 좁은 의미로 사용되고 있는 것이 아니라 이상적인 〈表音文字〉로 보고 있는 것이다.

물론 앞서 말한 알파벳 신화의 영향이 엿보이지만 그것 이상으로 산섬이 비극으로 보는 것은 일본어를 쓰는데 간단한 표음문자만을 사용하는 방법을 취하지 않은 것이다. 일본어에서는 표어문자를 훈독하거나 한 문자에 복수의 음독과 훈독을 쓰거나 표음문자인 만요가나·히라가나·가타카나를 동시에 섞어 쓰거나 혹은 순수하게 사용하거나 하고 있다. 산섬이 한탄한 "설명할 수 없을 정도로 복잡한 고안"은 확실히 성인이 되어 일본어를 배우기 시작하는 원어민이 아닌 사람들에게는 비극적인

1. THE NATIVE LITERATURE

If there is one feature that time after time impresses a student of the cultural history of the Japanese, it is the malign influence of the linguistic handicap under which they have always suffered. We have already noticed that, in taking over the elements of Chinese learning, they were at once faced with difficulties arising from the inadequacy of their own language and the lack of a native script. These difficulties were overcome in part by various makeshift devices too complicated to describe here. They were ingenious, almost heroic devices; but it followed from their very complexity that, sooner or later, some easier method had to be worked out for representing Japanese sounds. Those sounds, simple and few in number, are very well suited to notation by an alphabet, and it is perhaps one of the tragedies of oriental history that the Japanese genius did not a thousand years ago rise to its invention. Certainly when one considers the truly appalling system which in the course of centuries they did evolve, that immense and intricate apparatus of signs for recording a few dozen little syllables, one is inclined to think that the western alphabet is perhaps the greatest triumph of the human mind.

Having no script of their own, the Japanese, if they wished to write down a word of their mother language, must have recourse to the Chinese characters. If they wished merely to record its meaning, there was as a rule no difficulty; for, to take a simple example, the symbol which stands for "mountain," and will serve as well for the Japanese word *yama* as the Chinese word *shan*, since both have the same meaning—just as the symbol 5 stands equally for "five," "cinq" or "fünf," according to the language of the context. But when they wished to record the sound of a native Japanese word, they were obliged to employ the Chinese character as a phonetic sign, without reference to its meaning. This necessity arose at an early date, since one of the first domestic uses to which they put the Chinese script was the recording of Japanese personal and place-names. Thus the place-name Nara could be written by means of any two Chinese characters of which the

136

George Sansom, Japan: A Short Cultural History

일본문화사 연구자가 평소 감명을 받는 것의 하나가 일본인을 항상 괴롭히는 언어적 곤란의 악영향이다. 이미 살펴본 것처럼 중국의 학문을 배울 때 일본인은 자신의 언어적 결점이나 고유한 언어가 없는 것에서 생기는 문제에 곧바로 직면하게 되었다. 이러한 문제를 어느 정도 뛰어넘을 수 있게 된 것은 여기서는 설명할 수 없을 정도로 다양한 임시응변적인 고안 덕분이었다. 그러한 기발한 고안은 과감한 조치였지만 대단히 복잡했기 때문에 어차피 일본어의 음을 나타내기 위한 훨씬 간편한 방법을 만들어내지 않을 수 없었다. 그 일본어의 음은 단순하고 적기 때문에 알파벳으로 쓰는 데도 대단히 적합하다고 생각되며, 천년 전 일본인의 재능을 가지고도 알파벳과 같은 문자체계를 발명하는데 이르지 못한 것은 동양사에서 비극의 하나라고 할 수 있다. 확실히 일본에서 수백 년 사이에 발달한 대단히 가혹한 문자체계—수 십의 단순한 음절을 나타내는 방대하고 치밀한 기호 장치—를 생각하는 것은 누구라도 서양 알파벳이 인간 발명력의 최대 승리라고 생각하지 않을 수 없다.

자료⑥. G.B.산섬 『일본-그 문화의 변천』(Japan: A Short Cultural History, 1931)

요소가 있다(이것은 내 자신도 스스로의 경험에서 증명할 수 있다). 그러나 "복잡한 고안"을 한탄하는 관

점에서는 문자의 역사를 객관적으로 평가할 수 없다는 것은 말할 필요도 없다.

산섬의 발언에는 훨씬 근본적인 문제가 있다. 산섬은 단일한 국민국가는 단일 국어와 그것을 쓰기 위한 言文一致的인 문제, 그것을 기록하기 위한 표준적인 문자체계를 가진다고 하는 근대 내셔널리즘의 이상을 믿고 있었기 때문에, 이 입장에서 전근대의 일본 문자의 다양성을 보았을 때 비판적이 되어 '비극'이라고까지 낮게 평가했던 것은 어떤 의미에서 무리도 아니었을 것이다.

3. 당연하지 않은 '언문일치'

그렇다고 해도 산섬 식의 근대 국민국가의 이상을 20세기나 21세기의 세계 여러 나라 언어나 문자의 사실로 적용하더라도 실제로 설명할 수 없는 사례가 많다. 하물며 전근대가 되면 서양이나 동양을 막론하고 말과 문자가 '言文一致'적인 관계를 가진 경우는 거의 없다.

알파벳이 사용된 지역에서도 라틴어나 그리스어 등의 古典的·雅言的 언어(classical 또는 elegant language)가 전혀 다른 口語·俗語的인 언어(spoken 또는 vernacular language)와 동시에 이야기되고 있거나 경우에 따라서는 별도의 기능을 가진 쓰기 언어로서 사용되는 예도 있다.

일반적으로는 전근대의 어떤 지역에서든지 동일 언어에서 언문일치라는 이상과 동떨어진 다양한 口語와 文語 스타일, 또는 사회 방언(sociolect)으로도 부를 수 있는 언어가 있어 대단히 복잡한 양상을 띠고 있는 것은 전혀 이상한 것이 아니다.

최근 인도 고전학자인 셸든 폴락(Sheldon Pollock, 콜롬비아 대학 교수)이 쓴 『신들의 언어와 인간세계(The Language of the Gods in the World of Men)』라는 책에서는 이러한 전근대 언어와 쓰기의 상황을 古典語의 출현, 그리고 거기에 구어나 속어가 더해지는 과정을 서로 다른 지역들을 비교하면서 분석하고 있다.

고전어와 구어의 다양한 관계를 다룬 이 大著에 대해 난폭함을 무릅쓰고 간추려 말하면, 어떤 지역이나 언어를 들춰보아도 고전어와 구어가 밀접한 관계를 갖고 있으며, 20세기 이전의 역사에서는 쓰기 언어로서 구어의 출현은 보편적인 현상이 아니었다. 유럽과 인도를 비교해 보면, 문학이나 정치를 위한 미디어가 되도록 문자로 대체할 수 있는 구어는 1000년경 이후부터 출현한다. 구어의 성립에는 지역을 뛰어넘는 공통점이 있기는 하지만 일률적인 과정을 거치지는 않았고, 이러한 변화가 전혀 일어나지 않은 문명도 있다.

4. '위대한 승리'로서 複數의 리터러시의 병존

전근대에서 말과 문자의 복잡한 상태를 다른 각도에서 보면 이것은 읽고 쓰기 능력, 즉 리터러시란 무엇인가라는 문제와 연계되어 있다.

종래의 어프로치에서는 리터러시를 통일되어 있는 현상으로 보고, 어린이나 교양이 그다지 없는 성인을 부분적인 리터러시밖에 획득하지 못한 인간으로 다루었다. 그러나 근대의 교육이나 내셔널리즘에서 떨어져 생각해 보면, 사회에서 행해지고 있는 읽고 쓰기 활동 전반을 불완전한 리터러시와 완전한 리터러시는 아니지만 다양한 리커러시가 병존하고 있는 것으로 설명하는 것이 유효하고 설득력이 있다.

이처럼 복수의 리터러시가 병존한다는 입장에서 산섬이 비극으로 보았던 복잡성을 생각해 보면, 역으로 복잡성이야말로 '위대한 승리'라고 생각해야 할 것이다. 왜냐하면 표어문자와 표음문자의 조합은 그 문자체계와 관련된 다양한 사회층이나 거기에서 행해진 읽고 쓰는 행위의 목적과 대단히 탄력적으로 융통성 있는 관계를 가지고 있기 때문이다.

예를 들어 에도 시대의 전반적인 쓰기 상황이라는 것은 해서에서 행서, 중국식 한문에서 候文(주로 편지에 쓰는 문어체), 가타카나와 히라가나를 혼용한 한문, 草双紙(삽화가 있는 통속 소설책)나 와카(和歌)의 책에 사용된 가나 주체의 쓰기, 쓰기나 문자의 모양에는 여러 가지 형태가 있다. 이러한 상황이 산섬의 눈에는 카오스로 비칠지 모르지만 그 다양성은 에도의 복잡한 사회나 사회에서 복수의 리터러시에는 대단히 적합한 것이었다. 전근대를 근대의 이상에 의해 평가하는 시대착오를 벗어나 역사적인 현상으로 보면 '비극'은 어디에도 없었던 것이다.

산섬의 발언에서 볼 수 있는 것처럼 알파벳 신화의 지지자들은 표음화되지 않거나 혹은 완전하게 표음화되지 않은 복잡한 문자체계를 가진 나라의 역사적 전개에는 그 복잡함 때문에 악영향(malign influence)이 있었을 것으로 예측했다. 그러나 일본의 역사를 살펴보아도 그러한 마이너스 측면을 찾는 것이 대단히 어렵다. 전근대부터 현대에 이르기까지 문서 등의 실용적인 텍스트에서든 문학 작품에서든 일본만큼 풍부한 축적을 가진 나라는 없다고 생각한다. 또한 에도 시대의 출판 문화나 식자율, 幕末부터 고도 경제 성장기까지의 근대화 · 경제의 발전 등을 보면 '복잡'한 문자체계가 나쁜 영향을 주었다고 논하는 것은 지극히 어려운 일이다.

5. 영어 스펠링의 표어성

원래 '복잡함' 혹은 '어려움'이라는 것은 일본의 문자체계, 또는 더 넓게 모든 표음화되지 않은 문자체계를 논할 때 강조되는 경향이 있다.

'복잡함'이나 '어려움'은 객관성을 결한 막연한 개념이라는 비판이 있지만 그것은 차치하고라도 영어의 문자체계에도 또한 '복잡함'과 '어려움'은 익숙한 것으로, 알파벳을 매체로서 하고 있어도 일본어 등 표어문자를 포함한 문자체계의 상황과 충분히 비교할 수 있다. 자료⑦을 봐주기 바란다. 이것은 유명한 아동문학자인 수스 박사(Dr.Seuss, 본명 Theodor Seuss Geisel, 1904~1991. 미국의 작가 · 시인 · 풍자만화가)의 문집 표지이다.

이 책의 타이틀은 『난폭자가 빵 반죽을 일구며 기침한다』고 하는 부조리한 문장이다. 이 문장은 단어의 철자가 관건이다. 〈탈락〉이라고 하는 것은 네 가지 단어를 구성하는 문자가 모두 「o-u-g-h」라는 철자로 되어 있지만 이 네 철자 모두 각각 다르게 읽는다는 것이다. "The Tough Coughs as he Ploughs the Dough"로 '아프' '오프' '아우' '오우'가 되는 셈이다.

또 다른 하나의 스펠링에 관한 조크가 있는데 자료⑧을 봐주기 바란다.

19세기 후반 영어의 철자법 개혁운동(spelling reform movement) 중에 잘 알려진 사례지만 물고기를 의미하는 fish의 새로운 철자가 쓰였다. 다른 철자가 동일한 음을 나타내기 때문에 피쉬라는 음이 되지만 별도의 철자가 사용된 사례이다.

이러한 두 가지 사례는 농담이기는 하지만 극단적인 것으로 영어 철자 전체를 보면 〈표음〉이라고 말할 수 없는 요소가 생각보다 훨씬 많은 것은 분명하다. 실제로 영어의 문자체계를 표의적(ideographic)이라고 부르는 연구자조차 있다.

알파벳을 사용할 경우에도 표어성-즉 표음문자의 표어화-가 인정된다. 이와 관련하여 프랑스어의 철자도 동일한 정도, 혹은 영어 이상으로 표어성을 갖고 있다고 할 수 있다. 공교롭게도 영어의 철자법 개혁운동의 논의에서는 산섬이 일본의 문자를 비극으로 본 것처럼 영어 스펠링의 '비극'을 한탄했다.

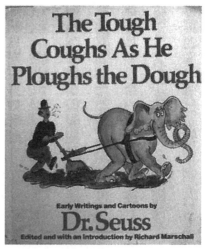

자료⑦. 수스 박사 문집의 표지

GHOTI (="FISH")
(ENOU)GH + W(O)MEN + (TI)ON

자료⑧. 영어 철자법 개혁자에게 사랑받은 조크

그렇다고 해도 영어의 스펠링은 적어도 워드 프로세서나 컴퓨터 시대가 도래하기 전까지 쓰는 사람에게는 힘들었던 것이 분명하지만 읽는 사람에게는 대단히 편리한 면도 있었다. 同音異議語의 분별이나 速讀 언어의 인식이라는 점에서 알파벳의 표어화는 대단히 실용적이라고 할 수 있다.

6. 문자체계를 어떻게 파악해야 할까

같은 알파벳을 사용하는 스칸디나비아의 언어나 스페인어 등에서는 이러한 변칙적인 철자가 거의 없어 알파벳 신화의 표음성의 이상에 훨씬 가깝다고 할 수 있다. 그러나 중요한 것은 이 차이가 같은 알파벳끼리의 차이이기 때문에 문자 그것에 내재된 본질적인 상위점이 아니라 사용 방법의 차이라 할 수 있다. 한자는 수 천자, 가나는 수 십자, 그리고 알파벳은 겨우 26자라고 자주 말해지지만, 이러한 숫자 비교 자체에는 거의 의미가 없다. 알파벳 26자는 영어에서는 표어적으로 사용할 수 있으며, 원래 표어문자인 한자도 소위 만요가나로서 완전히 표음문자로서 사용할 수 있다. 문자체계라고 하는 것은 단순한 기호체계가 아니라 복수의 리터러시 속에서 기능하는 읽고 쓰기의 총체적인 활동의 일부로 생각하지 않으면 안되는 것이다.

여기에서 미리 양해를 구하고 싶은 것이 있다. 나는 소위 상식을 구실삼아 한자 또는 표어문자 쪽이 알파벳 등 보다 더 본질적으로 뛰어나다고 논하려는 생각이 전혀 없다. 뛰어난 면이나 열등한 면을 상상할 수 없는 것은 아니지만 우열의 판단을 가능하게 하는 것은 극히 한정된 역사적·사회적인 좁은 문맥뿐이라고 생각하고 있다.

이상에서 언급한 것은 일본의 문자와 세계 문자사와의 관계를 대략적으로 논한 것으로 『만엽집』과 관계가 없다고 질책을 받을지 모르겠다. 하지만 『만엽집』에 보이는 문자의 다양성을 역사적으로 고찰하고자 할 때 표어문자와 표음문자의 관계나 일본 문자사의 전통적인 평가에서 의식적이든 무의식적이든 기본적인 연구 틀을 만들고 있는 전제에 대해 말하고자 했던 것이다. 이러한 틀 자체가 안고 있는 문제를 염두에 두고서 화제를 『만엽집』으로 돌아가고자 한다.

Ⅳ. 『만엽집』과 세계의 문자사

1. 표음문자 주체의 쓰기가 적은 『만엽집』

주지하는 것처럼 『만엽집』의 전권을 검토하면 자료①부터 자료⑥(187~193쪽)에 보이는 것처럼 표어문자 주체 쓰기와 표음문자 주체 쓰기 패턴이 각 권, 또는 복수의 권으로 그루핑 할 수 있는 것을 알 수 있다.

자료⑨를 봐 주기 바란다. 권1부터 권4, 권6부터 권13, 그리고 권16은 표어문자 중심의 쓰기이며, 권5·권14, 그리고 권17·권18·권20은 표음문자, 상세하게는 온카나를 중심으로 한 쓰기로 되어 있다(권19

자료⑨. 『만엽집』의 구성(佐佐木信綱 『萬葉集事典』에서)

는 양자가 섞여 있으며 어디가 주류인지 말하기 어려운 예외적인 케이스다).

'만요가나'라는 용어가 보여주는 것처럼 『만엽집』은 표음문자와 시켜볼 수 있지만 사실은 표음문자 주체 쓰기로 표기된 것은 歌의 1/4 이하이다. 천 수 이상 있다고는 하지만 역시 소수파라 하겠다.

문자사를 고려할 경우 『만엽집』에 실제로 표음문자 주체의 쓰기가 적은 현상은 다음 두 가지 사항과 함께 고찰할 필요가 있다.

첫 번째는 歌라고 하는 것은 구두 언어의 예술로서 5·7음절의 리듬, 카케 코토바(掛け詞: 한 낱말에 둘 이상의 뜻을 갖게 하는 수사법)나 頭音 등의 음에 의한 표현이 본질이기 때문에 각 음절을 충실하게 기록하는 표음문자 쓰기 쪽이 적당하고 유효하다고 생각된다.

두 번째는 『만엽집』과 기타 歌의 텍스트 쓰기의 차이에 관한 것이다. 『만엽집』 이외의 일본 문학 작품을 검토하면 역시 표음문자는 歌와 강한 관계를 가지고 있다. 『고사기』나 『일본서기』의 歌謠는 『만엽집』의 표음문자 중심 卷과 유사한 온카나 쓰기로 쓰여 있고, 헤이안 시대 이후의 歌集 등 와카 문학의 텍스트에서도 『新撰萬葉集』의 드문 사례를 제외하면 歌는 모두 가나로 쓰여 있다.

이처럼 『만엽집』 이외에서는 압도적으로 표음문자가 歌의 쓰기로 사용되고 있음에도 불구하고, 『만엽집』 속에는 역으로 표어문자가 주류를 이루고 있는 것은 어떤 이유에서일까. 이 근본적인 물음에 대해 나에게는 결정적인 답이 없지만 지금까지 말한 세계 문자사, 또는 세계 문자사에서 일본 문자사의 위상에 관한 다양한 논의에 근거하여 어떻게 이 물음에 대답해야 할 것인지 방법론을 생각 중에 있다.

2. 표어문자 주체에서 표음문자로라는 1970~80년대의 정설

『만엽집』에서 표어문자·표음문자 주체 두 종류의 쓰기의 관계를 생각할 때 먼저 사실 관계를 정리하기 위해 歌의 연대에 폭이 있다는 것을 확인할 필요가 있다. 즉 東歌(아즈마우타)를 모은 권14를 제외하면 표음문자의 卷은 題詞나 左注의 날짜에 의해 그 권의 歌 연대를 상세하게 알 수 있다.

자료⑨를 봐주기 바란다. 권5에는 728년부터 733년까지, 권15에는 736년과 738년 이후, 그리고 권17부터 권20은 730년부터 759년까지의 歌가 들어 있다. 이에 대해 표어문자 주체의 권은 전설적인 유랴쿠(雄略) 천황과 닌토쿠(仁德) 천황 대의 歌도 있지만, 일단 7세기 후반 텐지(天智) 조 이후의 歌부터 그 시대의 작품으로 생각해도 좋을 것이다. 이 권에는 작가나 연대가 기록되지 않은 歌가 많지만 연대순으로 되어 있는 권의 歌는 쇼무(聖武) 조 보다 나중에 된 것은 없다.

712년 성립된 『고사기』와 720년 성립된 『일본서기』에서 나타난 가요의 쓰기를 합쳐보면 표음문자 쓰기의 새로움은 한층 진실성을 띠는 것으로 보인다. 여기에 더하여 금석문을 비롯하여 1960년대부터 1990년대 초반까지 출토된 목간 등의 고고학적인 자료에는 이러한 '표음문자로의 진화'라는 모델에 모순되는 자료가 없었다. 즉 8세기 初頭 이전으로 소급되는 표음문자 주체의 텍스트는 없었던 것이다.

거기에서 이나오카 코지(稲岡耕二: 1929~, 만엽학자. 도쿄대학 명예교수. 저서로 『萬葉表記論』 『人麻呂의 표현 세계(人麻呂の表現世界)』 등)의 유명한 가설이 발표되었다. 자료③ⓑ(187쪽)에 제시했지만 人麻呂歌集의 略體歌를 歌 쓰기의 첫 실험이라고 하였다. ③ⓐ에서 드러나는 것처럼 그것에 표음문자가 더해지면 人麻呂歌集의 非略體歌의 쓰기가 되고, 다시 『만엽집』 일반의 표어문자 중심의 스타일로 나아가며, 이어서 표어문자 주체 스타일도 가능하게 되고, 8세기 후반까지는 표어문자 주체 스타일로 바뀐다는 장대한 역사적 흐름을 상정한 것이다. 歌의 문학적 발달과 人麻呂라는 歌人의 많은 다대한 공헌을 포함시킨 설득력이 풍부한 가설로서 1970년대부터 20여 년 정도 和歌史나 上代文學 연구에서 정설적인 존재였다.

3. 歌木簡의 발견에 의해 뒤집힌 정설

그러나 1990년대 중반부터 표음문자로 일본어를 기록한 목간이 아스카 이케(飛鳥池)나 간논지(觀音寺)

番号	呼称	a面の文字	b面の文字	出土場所	木簡の年代
1	はるくさ木簡	皮留久佐乃皮斯米之刀	なし	前期難波宮内南西隅 付近	7世紀中
2	なにはつ木簡	奈尓 己 矢	墨書	観音寺遺跡徳島南環 状道路自然流路	7世紀後半の土器が伴出
3	なにはつ木簡	奈尓波ツ尓…	□ 倭ア物ア…	石神遺跡 北側 SR1001V層	天武朝ごろ
4	とくとさだめて木簡	□止求止佐田目手…（2行書き）羅久於母閇皮（2行書き）	皮皮職職職	飛鳥池遺跡南北溝 SD4089	大宝初年
5	なにはつ木簡	奈尓皮ツ尓…（2行書き）／佐久□	馬来田評 □職職（行書き）	藤原京左京7条1坊 西南坪の池状遺構 SD1110	7世紀末~8世紀初め
6	たたなづく木簡	多ゝ那都久…（習書・落書）行書き		藤原宮内から北流す る溝 SX501	7世紀初頭~8世紀の木製品が伴出
7	両面なにはつ木簡	□矢己乃者奈夫由…	伊己冊利伊…	平城宮第1次大極殿 院の南西部 SD105	和銅~養老期
8	あさかやま木簡	奈迩波ツ尓…夜己能…	波□由己 流夜真	宮町遺跡西大溝 SD3825A	天平16年末から17年初以前
9	玉に有らば木簡	玉尓有皮手尓麻伎母知	□皮伊加尓□	平城宮東張出部東南 隅左京2坊 坊間大 路西側溝 SD5781	天平19年木簡が伴出
10	なにはつ木簡	□尓佐久也…	□知知屋…	河川跡 旧夢前川 SD22113	出土土抗は天平宝字末年に埋没
11	あまるとも木簡	阿万留止毛…（2行書き）墨書	□□□	平城宮跡土坑 SK219	出土土坑は天平宝字末年に品が伴出
12	あきはぎ木簡	□□□	馬馬馬馬	馬場南遺跡川 SR1	第二期（760年~長岡京期）に埋没
13	ものさし転用木簡	阿支波支乃之多波毛美（きと推定）	□□□	平城宮東院地区南北 SD32236B	宝亀5年木簡が伴出
14	なにはつ木簡	目毛美須流安保連紀我「奈尓」	…（削屑）	西河原宮ノ内遺跡 溝	奈良時代後半
15	はるなれば木簡	波流奈礼波伊万志…	由米余伊母波夜久	秋田城跡 外郭東門 跡外 土取り穴 SG1031	延暦10~14年ごろ
16	はるべと木簡	はルマ止左くや古乃は	なし	東木津遺跡溝 SD60	9世紀後半~10世紀前半

자료⑩. 우타 목간의 사례(榮原永遠男 『만엽 우타 목간을 찾아(萬葉歌木簡を追う)』에서

등의 유적에서 발견되는 등 이러한 자료가 계속해서 출토되었다. 최근 자주 보도되고 또 논란이 되고 있는 소위 '우타 목간(歌木簡)'이라는 출토자료의 카테고리가 생겨났다. 자료⑩을 봐주기 바란다.

『만엽집』이나 『고사기』·『일본서기』 등은 문학 작품으로, 상당히 후세에 와서 寫本으로만 존재하지만, 이러한 목간은 단편적이기는 해도 7·8세기 노래의 장과 표기 등을 명확히 하는 살아 있는 귀중한 자료이다. 자료⑩은 협의의 '우타 목간', 즉 처음부터 歌를 쓰기 위해 이용되었다고 할 수 있는 목간의 일람표이기 때문에 여기에는 習書 등의 사례 전체가 빠져 있지만 歌가 쓰여 있는 대표적인 목간을 보여주고 있다.

이러한 자료 속에 표어문자가 전혀 없다는 뜻은 아니다. 자료⑩의 제9번 「옥에 있으면 목간(玉に有らば木簡)」은 표음문자가 조금 있기는 하지만 『만엽집』에 많은 표어문자 주체의 쓰기 범주에 넣어도 좋을 것이다. 여기에 더하여 표어문제 주체의 쓰기로 쓰여 진 歌일 가능성이 지적되고 있는 다른 목간이 두세 점 있다.

그리고 자료⑪ 정창원문서의 歌 斷片도 거론할 수 있다. 여기에서는 맨 마지막의 '鴨'이라는 군카나 이외는 표음문자가 사용되지 않고 人麻呂歌集의 쓰기와 유사하다. 이처럼 적지 않은 표어문자 사용의 예외적인 사례를 무시할 수 없지만, 현시점에서는 목간 등에 보이는 7·8세기 歌의 대부분이 표어문자로 기록되어 있는 것은 분명한 사실이다.

이러한 표음문자 목간은 『만엽집』에 보이는 표어문자 주체 쓰기를 표음성으로 발전하는 이른 단계로 위치시킨 기존의 정설을 뒤집는 것이다. 현재 알려진 7·8세기의 문자자료를 개관해 보면 전통적인 문자사의 표어문자에서 표음문자로 진화한다는 것과는 반대로, 歌의 쓰기는 7세기 중엽부터 표음문자 주체의 가나 쓰기 표기로부터 『만엽집』에 보이는 표어문자 주체 쓰기로라는 말하자면 역방향으로 발전했을 가능성도 나오게 되었다. 그러나 훨씬 엄밀하게 보면 원래 상정했던 진화든지 그 역방향의 발전이든지 어느 쪽도 뒷받침하기 어려워지고 있다고 해야 할 것이다.

이나오카 설에서는 人麻呂歌集 등에 나타난 표어문자의 표현적인 사용에 대해, 歌를 그렇게 밖에 쓰지 못한 단계에서 표기 제한과 힘겹게 싸운 흔적으로 위치시켰다. 출토 자료에 의해 이러한 발전 단계론적인 필연성이 『만엽집』의 표어문자 주체의 쓰기에서 구할 수 없게 되었다.

그러나 우타 목간에 보이는 것처럼 표음문자의 쓰기도 가능했던 시기에 人麻呂歌集 등의 표어문자 주체 스타일이 의도적으로 선택되었다면, 이나오카 씨가 논했던 表現性은 선택을 결정하는 요인이었을지도 모른다. 선택의 훨씬 근본적인 요인으로 한자를 통한 漢詩 등 중국 고전문학과 그 주석의 풍부한 이미지나 레토릭과 관계를 유지하는 것이 가능한 점도 거론할 수 있게 되었다. 나중에 말하는 것처럼, 전통적

자료⑪. 正倉院文書의 표어문자 주체 쓰기의 歌

인 문자사적 어프로치가 반드시 타당하다고 말할 수 없지만, 그 입장에서 보면 7세기 후반에 歌가 이러한 연속성을 가진 표어문자에 적극적으로 접촉하게 된 것은 〈쓰여진 문학으로서의 歌書〉라는 장르의 발생에 도움이 되었다고 생각할 수 있을 것이다.

4. 다양한 요인에 의해 선택된 표어문자 쓰기·표음문자 쓰기

여기에서 말하는 『만엽집』의 쓰기와 그밖의 7·8세기 출토자료의 쓰기에 관한 문제는 전술한 세계 문자사에서 표어문자와 표음문자와의 역사적 관계와 함께 생각해야 한다.

원래 표음문자는 표어문자를 기원으로 하여 발전하지만 '표어를 중심으로 하는 쓰기는 완전한 표음성으로 〈진화〉해 간다'고 하는 원칙은 필연적이지도 자연스럽지도 않다. 문자의 역사적인 변화에는 여러 가지 요인이 있기 때문에 표어화를 촉진하는 요인을 디링거가 말한 것처럼 문화적인 〈간섭〉으로 볼 것이 아니라 표어화를 재촉하는 요인과 마찬가지로 다루어야 한다.

歌의 구두 언어 예술적 성질을 강조하지 않고, 음절을 하나하나 철한 표음문자를 자연스러운 표기로 생각하면 『만엽집』에 보이는 표어화—적어도 표어의 선택—를 예외적, 의외의 사건으로 생각하기 쉽다. 그러나 歌를 표음문자로 쓴 것에도 여러 가지 요인이 있기 때문에 결코 일반적으로 생각할 수 있을 정도의 단순하고 자연스러운 현상은 아니다.

물론 歌를 표음문자로 쓴 것에는 어느 정도의 타당성과 필연성을 인정하지 않으면 안된다. 앞서 말한 것처럼 5·7음절의 리듬, 카케 코토바(掛け詞)나 頭音 등의 음에 의한 표현은 歌의 본질이기 때문에 그 음을 충실하게 철한 것은 歌를 위해서 유효하다.

그러나 문자의 변화와 마찬가지로 복수의 쓰기 스타일의 경우에도 복수의 요인이 반드시 있으며 대체로 그것들의 요인 속에는 모순도 있을 것이다.

자료③ⓑ(187쪽)에 제시한 것처럼, 人麻呂歌集의 소위 略體歌 쓰기를 가능하게 한 요인은 어느 정도 그 歌의 내용이 이미 알려져 있었기 때문이다. 이것은 口誦으로 그 歌가 이미 유통되고 있었든지 佳人의 기억에 남는 名歌·古歌였든지, 또는 헤이안 시대 이후의 萬葉學과 마찬가지로 다른 표기로 기록되어 있는 수많은 歌와 합쳐져 解讀되었든지 여러 가지 요인을 상상할 수 있다. 적어도 이러한 쓰기가 원래 人麻呂歌集에 있었던 것으로 여겨지는 시기나 현재 남아 있는 『만엽집』에 모여진 시기에도 존재했을 것이다. 완전한 표어문자 쓰기가 이유를 차치하고라도 歌의 쓰기로서 가능했다고 하면, 음절을 하나하나 철하는 일의 필연성·필요성을 다시 생각하지 않으면 안된다.

人麻呂歌集의 약체가와 같이 표어문자 쓰기로 歌를 쓴 경우에는 간략함, 표어라는 원칙의 정당성을 좇고, 그리고 한시·한문 표현과의 관련 등 쓰기의 효과가 충분히 발휘되지만, 동시에 소리 내어 읽는 구두 언어의 歌와의 면밀한 관계가 희생되게 된다. 카메이 타카시 씨(龜井孝, 1911~1995. 일본어학자·언어학자. 『龜井孝論文集』(전6권)에 논문 「古事記는 읽을 수 있는가(古事記はよめるか)」를 수록)가 『고사기』 쓰기의 본질을 요약한 말을 빌리면 "읽지 않아도 읽을 수 있다(ヨメなくても読める)"는 쓰기이다. 즉 텍스트의 문자만을 살피면 일단 〈옳다〉고 할 수 있는 읽기(読み)가 가능하지만, 복수의 가능성 속에서 각 음절

레벨까지 유일한 읽기(ヨミ)를 재구축하는 것은 불가능하다. 물론 사물의 형편을 말하는 『고사기』의 散文은 표어문자 주체 쓰기로 기록되어 있는 歌와는 이질적이지만, 언어의 세부적인 것에 구애받지 않고 쓴 것에는 공통점이 있다고 할 수 있다.

다만 歌를 오직 가나만을 사용한 표음문자 주체 쓰기로 기록할 경우에도, 소리 내어 읽는 歌의 음절을 일일이 표시하는 한편으로, 표어문자라면 명확했을 말의 단락이나 歌의 구문론, 동음어의 分別, 古語의 의미 등을 희생하고 만다.

사실 자료①ⓑ와 ②, ③ⓐ에 제시한 표음문자를 포함하고 있는 표어문자 주체의 쓰기가 가장 읽기 쉬운 것이다. 그러니까 이러한 쓰기는 『만엽집』이나 고사기의 산문만이 아니라 나라 시대부터 현대에 이르기까지 일본어 쓰기의 주류를 이룬다(물론, 한문의 경우는 표어문자만의 쓰기가 많지만 乎古止点[오코토텐, 한자 字面에「‧」「/」등의 도장을 찍어 그 모양과 위치에 따라 訓讀하는 방법을 보여주는 부호])이나 가타카나의 訓点 등이 붙여진 텍스트도 동일한 표음문자가 섞인 표어문자 주체 스타일이다). 필요에 따라 표어문자에 조사나 조동사‧古語 등을 철자한 표음문자를 덧붙인 쓰기는 양 쪽의 이점을 합친 쓰기라 할 수 있다.

歌를 표기할 경우에도 모든 것을 표음문자로 쓰면 오히려 이해하기 어려운 경우가 의외로 많아진다. 헤이안 시대 말기부터 가마쿠라에 걸쳐 후지와라노 키요스케(藤原淸輔, 1104~1177. 歌人‧歌學者. 저서로 『奧義抄』『袋草子』 등)나 켄죠(顯昭, 1130 무렵~1209 무렵. 歌人‧歌學者. 저서로 『袖中抄』 등)가 가나만으로 쓰여 있는 와카의 본격적인 주석을 만들기 시작하면서, 그 기본적인 전략의 하나로 읽기 어려워진 가나 말에 표어문자로서의 한자, 즉 振漢字(후리 한자)를 충당한 것이다.

마찬가지로 자료⑫에 기록된 것처럼 『釋日本紀』(우라베 카네카타: 卜部兼賢(兼方)의 일본서기 주석서. 1302년경 성립된 것으로 추정)의 『일본서기』 가요에 대한 주석은 그 노랫말을 표어문자로서의 한자로 바꿔 쓰고 있다.

자료⑫. 『釋日本紀』(新訂增補國史大系本의 본문에 의함) (할주가 兼賢의 주석)

夜句茂多兎. 八雲立也. 伊弩毛夜覇餓岐. 出雲八重墻也. 兎磨語昧尔. 妻籠也. 夜覇餓枳菟倶盧. 八重墻造也. 贈迺野覇餓岐廻. 其八重墻也.

카메이 씨의 고사기에 관한 발언에 빗대어 말하면, 가나만으로 된 歌는 '읽어도 읽을 수 없다(ヨメも読めない)'고 할 수 있는 사례가 많은 것 같다. 즉 음절마다 소리로서의 읽기(ヨメ)가 명확해도 歌로서의 의미가 불명료한 것이 남게 된다.

정리하면 표어문자 주체의 쓰기가 다른 가능한 쓰기 속에서 선택된 경우에는 여러 가지 이점이나 불이익이 선택의 요인이었다고 말할 수 있지만, 표음문자 주체 쓰기가 歌를 쓰기 위해 선택되었을 때에도 그것은 歌의 본질에 맞는 자연스러운 쓰기였기 때문이 아니라 동일하게 다양한 요인을 배경으로 하여 선택된 결과였다고 할 것이다.

5. 표음문자 주체 쓰기의 다양성

한편 지금까지의 이야기는 '표음문자 주체 쓰기'를 목간 등의 출토자료와 『만엽집』, 『고사기』, 『일본서기』 등 사본으로 전해지는 문학 작품에 나타난 한 글자, 한 음의 만요가나의 사용을 동일한 타입의 것이자 동질의 쓰기로 보아 왔다. 최근의 연구에서 이것들을 동일한 카테고리로 넣게 되어, 새로운 문자사가 가능하게 되었다고 해도 과언이 아니다.

그러나 이것들을 단순히 〈같은 쓰기〉로서 다뤄도 좋을지 어떨지의 문제가 남아 있다. 자주 지적되고 있는 것처럼 자료⑩의 제4번·제8번에 있는 것처럼 목간 등에서는 『만엽집』에 보이지 않는 군카나의 字母나 군카나와 온카나의 倂用 등이 있다. 이러한 차이점에 어떤 의미를 붙일 수 있을까에 의해 동일한 카테고리로 묶어 온 '표음문자 주체 쓰기'가 실제로는 복수의 다른 쓰기였다는 것, 적어도 다른 用字의 위상이나 범위로서 파악하는 것이 가능하게 된다.

그러나 이러한 가나의 질보다 더욱 더 근본적인 문제가 있다.

文脈에 따라 말이나 문자의 의미가 바뀌는 것은 대단히 보편적인 현상이다. 예를 들어 동일한 한자가 표어문자인지, 표음문자인지를 결정하는 것은 그것을 사용한 문맥에 의해서이다. 이러한 소위 문맥성은 쓰기의 선택에도 미치게 된다. 동일한 〈표음문자 주체 쓰기〉가 사용되었다고 해도 문맥이 달라지면 선택의 요인, 또는 사용의 의미는 크게 바뀌게 된다.

『만엽집』 중에서도 권5의 다자이후(大宰府) 歌壇의 歌, 권14의 東歌, 권15의 遣新羅使·나카토미노 야카모리(中臣宅守)와 사노노치가미노 오토메(狹野茅上娘子)의 贈答歌, 권17부터 권20의 오토모노 야카모치(大伴家持)의 소위 『歌日誌』(권17부터 권20에서는 家持의 歌를 중심으로 하여 연대순으로 日誌처럼 歌를 편찬하고 있음)의 歌에서는, 표음문자 주체 쓰기에 여러 가지 문맥이 있고, 字母 등의 차이를 차치하더라도 결코 일률적인 쓰기라고는 할 수 없다.

하물며 복수의 歌를 모은, 그 속의 歌와 歌 사이에서 생기는 울림이나 의미 차이를 문학적으로 구성한 〈歌集〉과는 달리 歌를 단편적으로 알려주는 목간 등의 자료를 비교해 보면 표면적으로는 유사하지만 일괄적으로 '표음문자'의 쓰기로 취급하는 것은 있을 수 없다고 하는 문제가 있다.

이제 〈표어〉와 〈표음〉이라는 개념에 의거하여 『만엽집』과 세계의 문자를 연계시키고자 한 본고의 한계가 엿보인다고 할 수 있을지 모르겠다. 물론 이러한 한계를 인정하더라도 적어도 〈표음문자 주체 쓰기〉를 歌의 쓰기로서 지극히 당연하고, 자연스러운 쓰기라고 하는 일면적인 상정은 피해야 한다는 점은 아무리 강조해도 지나치지 않다.

V. 맺음말

1. 표어문자의 배제라는 문제

본고의 앞 부분에서 세계 문자사 속에서 표어문자와 표음문자의 관계에 대해서 말하면서 대조적으로 보이는 두 가지 어프로치를 참조하였다.

하나는 표어문자를 표음문자의 전단계로 의미 짓고, 문자사 전체에 표음화로라고 하는 〈진화〉를 상정한다. 많은 경우 알파벳을 이상적인 것으로 보고, 그러한 문자로 나아가는 필연적·자연적인 〈진화〉가 일어나지 않는 경우에는 어떤 부자연스러움, 문화적인 〈간섭〉이 있다고 한다.

이것에 대하여 다른 하나의 어프로치는 문자에 〈표어〉와 〈표음〉의 바란스를 인정하면서도, 문자사 전체를 표음으로의 발전으로서 파악하지 않고, 문자의 변화에 영향을 미친 요인에 대해 문맥을 중요시하면서 〈간섭〉이나 악영향이라는 가치 판단으로부터 떨어져서 생각한다.

말할 것도 없이 나는 후자의 입장에서 세계 문자사를 고찰하려고 하고 있다. 『만엽집』의 문자, 그리고 『만엽집』과 고대 일본의 일반적인 문자사와의 관계를 말한다면, 후자의 입장에 서서 〈표음〉 또는 〈표음화〉라는 현상을 냉정하게 고찰해야 한다고 생각한다.

일본의 문자사 또는 현대 일본의 한자에 가나가 섞인 문장이라는 〈복잡〉해지기 쉬운 쓰기를 생각할 경우에는, 표어문자로서의 한자 사용이 수백 년 이어진 것—즉 일본어를 쓴 문자에서 표어문자가 그 중요성을 유지하는 것—을 산섬처럼 이상하다거나 발달을 방해한다고 한탄하는 어프로치도 있다.

그러나 이미 말한 것처럼 표어문자와 표음문자를 함께 사용하는 쓰기는 전근대의 세계 문자사를 볼 때 매우 보편적인 현상이며, 일본 문자사를 볼 때 그 유효성—특히 텍스트를 읽을 때의 유효성—은 더욱 분명해진다.

이러한 입장에서 『만엽집』이나 기타 고대 歌의 쓰기를 고찰해 보면 『만엽집』에서 주류인 표어문자 주체 쓰기는 아직 확실하게 또 완전하게 해명되지 않은 면이 있지만, 이쪽도 어떤 의미에서는 비교적 자연스러운 쓰기로 볼 수 있다.

역으로 지금까지는 비교적 자연스럽다고 보아온 표음문자 주체 쓰기는 그 쓰기의 선택에 대해서 설명할 수 없는 요소가 사실은 많이 있다. 물론 구두 언어에 의한 예술로서의 歌를 한 글자 한 음의 가나로 표기하는 것 자체를 부자연스럽다고 말할 계획은 없지만, 표어문자와 표음문자를 동시에 사용해도 충분히 구두 언어를 나타내는 것이 가능하고, 이 경우는 말의 단락이나 歌의 구문론, 동음어의 分別, 古語의 의미 등의 기능을 희생하지 않아도 해결된다.

바꾸어 말하면 문제가 되는 것은, 표음문자의 사용이라기보다는 표어문자의 배제이다. 일본에서는 한정된 문맥에서밖에 일어나지 않는 표어문자의 배제를 어떻게 생각하면 좋을까라는 것은 커다란 문제이다. 말할 것도 없이 이것은 7·8세기 歌의 쓰기만이 아니라 그 뒤 헤이안 시대의 와카나 모노가타리(物語)의 히라가나 주체 쓰기에 관해서도 해당한다고 말할 수 있다.

2. 『만엽집』에서 세계의 문자사로

헤이안 시대 이후 『만엽집』 등 나라 시대 텍스트에 관한 학문적 축적은 풍부하며, 특히 20세기 중반부터 국문학이나 국어학이라는 학문 분야에서 뛰어난 연구가 진행되어, 격동하는 현대 일본 학계로 계승되고 있다. 여기에 더하여 과거 반세기의 고고학적 발견, 그리고 그것을 다루는 목간학 등의 학제적인 분야도 출현하였다.

　본고에서 언급한 우타 목간 등 출토 자료와 〈歌集〉으로서의 『만엽집』 쓰기의 질적인 차이 등 앞으로 더욱 몰두해야 할 과제는 있지만, 『만엽집』을 포함한 고대 일본 문자사의 지식은 최근 눈부시게 발전하고 있다. 이처럼 새롭게 얻어진 知見은 세계 문자사와의 비교를 통해 더욱 깊어질 것으로 생각한다. 그리고 역으로 『만엽집』을 중심으로 고대 일본의 텍스트에 기초한 로컬한 문자사에서 세계 문자사를 바라본다면, 문자와 리터러시의 일반적인 문제의 이해도 더욱 더 진전될 것으로 기대된다. 대단히 대범하고 아직은 말할 수 없는 것까지 말씀드린 것이 있지만, 고대 일본의 문자사와 세계 문자사라는 서로 다른 학문을 늘어놓고 상호 비교해 본 것이 본고의 목적이었다.

　※ 이 논문은 일본 아오야마 가쿠인 대학(靑山學院大學) 문학부 오가와 야스히코(小川靖彦)가 기획하고, 같은 대학 일본문학과에서 주최하여 2012년 8월 10일 개최한 "世界의 文字史와 『萬葉集』"이라는 강연회를 바탕으로, 2013년 3월 카사마쇼인(笠間書院)에서 간행한 同名의 서적을 번역한 것이다. 이 문고판에는 강연회를 개최하게 된 배경과 강사 소개, 오가와 씨의 코멘트 및 질의응답 내용이 포함되어 있으므로 함께 참고하기 바란다.

원서: ディヴィッド・ルーリー, 2013, 『世界の文字史と『萬葉集』』(靑山學院大學文學部日本文學科 編), 笠間書院

투고일: 2016. 4. 5.　　심사개시일: 2016. 4. 22.　　심사완료일: 2016. 5. 22.

참/고/문/헌

稻岡耕二, 1976, 『萬葉表記論』, 塙書房.

稻岡耕二, 1999, 「人麻呂歌集と人麻呂」, 『セミナー萬葉の歌人と作品』 2, 和泉書院.

乾善彦, 2003, 『漢字による日本語書記の史的研究』, 塙書房.

乾善彦, 2007, 「仮名の位相と萬葉集仮名書歌卷」, 『萬葉集研究』 29.

乾善彦, 2009, 「歌表記と仮名使用」, 『木簡研究』 31.

犬飼隆, 2008, 『木簡から探る和歌の起源』, 笠間書院.

上野誠, 2009, 「難波津歌典禮唱和說批判」, 『國文學』 54권 6호.

龜井孝, 1962, 「古事記はよめるか」, 『古事記大成』 3권, 平凡社(『龜井孝論文集』 재수록).

龜井孝·河野六郎·千野榮, 2001 『言語學大辭典』 7권(「別冊·世界文字辭典」, 三省堂).

神野志隆光, 2010, 「『歷史』としての『萬葉集』ー『萬葉集』のテキスト理解のために」, 『國語と國文學』 87권 11호.

神野志隆光, 2010, 「『人麻呂歌集』の書記についてー『萬葉集』のテキスト理解のために」, 『萬葉集研』 31.

榮原永遠男, 2010, 『萬葉歌木簡を追う』, 和泉書院.

Colulmas, Florian. *Writing Systems: An Introduction to Their Linguistic Analysis*. Cambridge: Cambridge University Press, 2003.

Colulmas, Florian. "Evaluating Merit: The Evolution of Writing Reconsiderde. *Writing Systems*1: 1(2009), 5–17.

Daniels, Peter T. and William Bright, eds. *The World's Writing Systems*. New York: Oxford University Press, 1996.

Dringer, David. *Writing*. New York: Praeger, 1962.

Gelb, I. J. *A Study of Writing*. Rev.ed. Chicago: University of Chicago Press, 1963.

Havelock, Eric. *The Muse Learns to Write: Reflections on Orality from Antiquity to the Present*. New York: Yale University Press, 1986.

〈Abstract〉

The *Man'yōshū* and the World History of Writing

David Barnett Lurie

Until recently, studies of the history of writing were shaped by the assumption that it continually evolved toward greater phonography. Ancient scripts—Mesopotamian, Egyptian, Chinese, and Mayan—had pictographic origins, but developed logographs(word-signs) as they became fully functioning writing systems. In those early systems, logographs were accompanied by phonographic indications of the sounds of language, whether as separate graphs or as components of compound graphs, but most later-developing scripts are largely or entirely phonographic. Since the early modern period, western scholars saw this progression towards greater phonography as an evolution towards more efficient and rational methods of writing, culminating in the development of the Latin alphabet. Less phonographic scripts, and especially those that maintained large logographic components, were accordingly seen as inferior and backward products of cultural interference with this "natural" evolutionary process.

Contemporary scholarship has called into question much of this narrative. There are many cases of scripts progressing toward greater phonography, but there are also numerous examples of the persistence of logography, or even of shifts toward greater logography. Notions of the alphabet as a uniquely superior system of writing, or as the culmination of evolution toward greater efficiency and rationality, are products of Eurocentric models of human history rather than neutral descriptions of the principles of inscription.

One of the great counter-examples to the old narrative of progression towards greater phonography is provided by the early Japanese experience of writing, especially as exemplified in the voluminous 8th century poetry anthology, the *Man'yōshū*. The poetry of this anthology is written in a variety of styles, from purely(or nearly purely) logographic, to a mixture of logographic and phonographic, to purely phonographic. Under the influence of the now outmoded evolutionary paradigm for writing in general, scholars of the *Man'yōshū* once saw this variety as the product of a historical development toward phonography, but this perspective was overturned by late 20th and early 21st century archaeological discoveries of all-phonograph poems that predate the compilation of the anthology itself. It is now clear that the variety of this work, and more generally of premodern Japanese inscription in general, was the product of complex decisions made by authors and scribes who selected among multiple co-existing styles of inscription, corresponding to different textual genres and modes of literacy. In this context there were rational reasons to preserve, or even to increase, the logographic components of writing.

▶ Key words: world history of writing, logography, phonography, *Man'yōshū*, historiography of writing, alphabetic myth, evolution of scripts

신/출/토 문/자/자/료

부여 쌍북리 백제유적 출토 목간의 성격
蔚珍 聖留窟 巖刻 銘文의 검토
일본 출토 고대 목간

부여 쌍북리 백제유적 출토 목간의 성격
- 201-4번지 및 328-2번지 출토 목간을 중심으로 -

정훈진[*]

〈국문초록〉

목간은 문서나 편지 등의 글을 일정한 모양으로 깎아 만든 나무 조각에 적은 것(木牘 혹은 木牒)을 말하며, 종이가 발견되기 이전에 죽간과 함께 문자기록을 위해 사용하였다.

백제시대의 목간은 대부분 후기 사비도성인 부여읍내에서 나왔으며, 출토된 목간의 연대는 대략 6세기 전반에서 7세기 중반에 해당한다.

최근 부여 쌍북리 백제유적 소규모 발굴조사(한국문화재재단 실시)에서도 5점의 목간이 출토되었는데 328-2번지의 3점과 201-4번지의 2점이 그것이다. 2013년도와 2015년도에 발간된 정식보고서에는 출토된 목간에 대해 육안판독이 가능한 것(328-2번지 출토 목간B)도 있어 적외선 촬영을 통한 1차 판독과 보존처리를 통한 2차 판독 결과를 수록하였으나 육안판독이 가능한 것(328-2번지 출토 목간B)도 있었으나 대부분은 목간 및 목서의 보존상태가 좋지 않아 정확한 판독이 이루어지지 않았다. 하지만 한국목간학회의 도움으로 두 유적 출토 목간에 대한 사례발표 및 토론과정을 거쳐 묵서의 재판독이 실시된 결과 목간의 성격을 보다 구체적이고, 새롭게 파악할 수 있게 됨으로써 목간이 지니는 학술적인 중요성을 인식하게 되었다.

즉, 201-4번지의 목간 2점(목간1·2)은 주로 인명과 장정을 뜻하는 丁이 1+3의 형태로 조합되어 장정의 편제와 밀접한 관련을 가지는 것으로 생각된다. 특히 각종 부역 및 균역의 징발을 위한 호적 정리와

---

* 한국문화재재단

연관되어 백제 후기 사비기의 율령제 시행을 보여주는 자료로 생각된다. 목간2의 경우에는 '兄習利丁'의 '兄'자가 형제관계로 풀이될 경우 가족관계에 따른 丁의 편제양상을 보여주는 좋은 자료가 되며, '習利'라는 인명은 인근 쌍북리 280-5번지 유적에서 출토된 좌관대식기 목간에도 적혀 있어 그 연유가 무척 흥미롭다. 한편 328-2번지 구구표 목간(목간C)은 한반도에서 구구단이 적힌 최초·최고의 실물자료이다. 또한 그동안 중국과 일본에서 주로 출토되고 목간에 적힌 문자의 유사성을 예로 들어 일부에서 제기되어온 중국-일본으로의 직접적인 전파 가능성을 반박하는 자료일 뿐만 아니라 한-중-일로 대표되는 고대 동아시아에 있어서 교역 네트워크의 일반성을 재차 입증해주는 귀중한 자료이다. 특히 목간C는 중국과 일본의 대표 목간에 비해 훨씬 전문적이고 체계적인 면모를 보여줌으로써 백제시대 수리체계의 수준을 보여주는 중요한 유물일 뿐만 아니라 우리나라 구구단의 역사 및 한국수학사 연구에 중요한 기초자료로 평가할 수 있다.

결국 본고에서 다룬 쌍북리 백제유적 출토 목간은 그 자체가 백제시대의 문화적 우수성을 단적으로 보여주는 학술자료이며, 앞으로 보다 전문적인 연구가 계속된다면 지금까지 알려진 성격보다 더 다양한 특징들이 드러나 목간의 성격이 보다 구체화될 것으로 기대해본다.

▶ 핵심어: 목간, 사비도성, 장정, 편제, 부역 및 군역, 율령제, 구구표, 동아시아, 교역 네트워크, 수리체계, 구구단, 한국수학사, 문화적 우수성

I. 머리말

목간은 문서나 편지 등의 글을 일정한 모양으로 깎아 만든 나무 또는 대나무 조각에 적은 것이지만 특히 나무에 새긴 것(木牘 혹은 木牒)을 지칭한다. 이 목간은 종이가 발견되기 이전에 죽간과 함께 문자기록을 위해 사용하던 목편이다.

백제 목간은 전부 사비시대, 즉 6세기 전반에서 7세기 중반의 것으로 대부분 왕경인 부여에서 나왔다. 왕실사원인 능산리사지에서는 종교, 의약 및 물품운송과 관련된 다양한 내용의 목간이 많이 출토[1]되었다. 관청으로 보이는 관북리[2]와 쌍북리에서는 관청에서 사용된 문서와 기록들이 보인다. 특히 쌍북리 280-5번지 유적에서는 관청에서 운영한 환곡 기록[3]이 보인다. 또한 궁남지에서는 율령제와 관련된 내용

---

1) 朴仲煥, 2002, 「扶餘 陵山里 發掘 木簡 豫報」, 『韓國古代史硏究』 28, 韓國古代史硏究會.
國立扶餘博物館, 2007, 『陵寺 6~8차 발굴조사 보고서』.
國立扶餘文化財硏究所, 2008, 『陵寺』.
2) 尹武炳·忠南大學校博物館·忠淸南道, 1985, 『扶餘官北里百濟遺蹟發掘報告書 I』, 忠南大學校博物館.
國立扶餘文化財硏究所, 2009, 『扶餘 官北里百濟遺蹟 發掘報告 III -2001~2007年 調査區域 百濟遺蹟篇-』.
3) 쌍북리 280-5번지 유적에서는 戊寅年(618년) 6月에 작성된 관청의 장부인 佐官貸食記의 내용이 적혀 있었다.

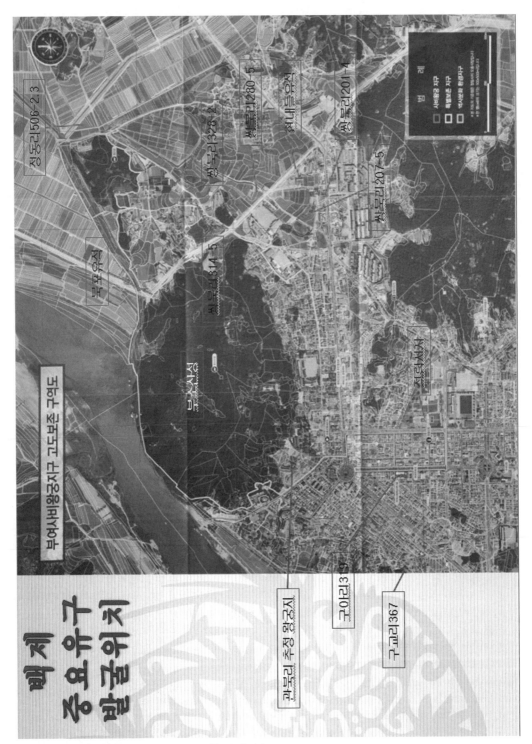

도면 1. 부여읍내 중요유적 분포 및 국비조사 목간출토유적 위치도

이 적힌 목간[4]이 출토되기도 하였다.

백제후기 사비도성이 위치했던 부여읍은 지형적으로 북쪽에서 서쪽을 거쳐 남쪽으로 굽이쳐 흐르는 백마강의 범람에 따른 도성의 침수가 잦아 많은 유적들이 지하에 잘 보존되어 있기 때문에 유기질인 목간의 보존에도 아주 좋은 환경을 제공한다.

최근 한국문화재재단에서 실시한 부여지역 소규모 국비지원 발굴조사에서도 현재까지 모두 5점의 목간이 출토되었으며, 2011년 쌍북리 328-2번지 유적의 3점[5]과 2012년 쌍북리 201-4번지 유적의 2점[6]이다. 이 목간에 대해서는 2013년도[7]와 2015년도[8]에 발간된 소규모 발굴조사 보고서에 각각 수록되어 있는데 목간에 대한 적외선 촬영을 통한 1차 판독과 보존처리를 통한 2차 판독 작업을 실시하였으며, 그 결과는 보고서에 수록된 바 있다.

출토 목간은 일부는 육안관찰을 통해서도 판독 가능한 것(328-2번지 출토 목간B)도 있었으나 대부분은 보존상태가 양호하지 못하고 묵서가 흐려져 불분명한 부분이 적지 않을 뿐만 아니라 전문판독 작업을 거치지 못한 탓에 정확한 판독은 이루어지지 않았다. 하지만 한국목간학회에서의 출토목간의 사례발표[9] 및 토론과정에서 328-2번지 구구표 목간(목간C)처럼 새로운 각도에서 판독됨으로써 한국문화재재단 주관의 검증절차[10]를 거쳐 학술적으로 조명됨으로써 그 실체가 확인되기도 하였다. 또한 201-4번지의 묵서명 목간 2점은 주로 인명과 丁의 조합으로 인해 장정의 편제와 밀접한 관련을 가지는 것으로 생각된다.

따라서 본고에서는 쌍북리의 두 유적에서 출토된 목간에 대한 사례발표 이후 추가로 판독되거나 새로운 각도에서 판독된 결과를 정리하여 목간의 성격을 파악하고자 노력하였다. 하지만 여러 차례의 시도에도 불구하고 묵서된 명문이 판독되지 않았거나 전문학자에 따라 판독에 의견이 일치되지 않는 글자 또한 존재하기 때문에 본고에서는 쌍북리 유적에서 출토된 목간의 묵서 판독보다는 목간의 성격을 파악하는

　백제문화재연구원, 2010, 『부여 쌍북리 280-5번지 유적』.

4) 崔孟植·金容民, 1995, 「扶餘 宮南池內部 發掘調査 槪報 : 百濟木簡 出土 意義와 成果」, 『韓國上古史學報』 제20호, 韓國上古史學會.
　　國立扶餘文化財研究所, 1999, 『宮南池 發掘報告書』.
　　國立扶餘文化財研究所, 2001, 『宮南池Ⅱ -現 宮南池 西北便一帶-』.

5) 한국문화재보호재단, 2011, 『부여 쌍북리 328-2번지 단독주택 신축부지내 유적 국비지원 발굴조사 약보고서』.
　　정훈진·김지혜·남선영·원대운·윤종철·한철민·김민수·최민석, 2012, 「부여 쌍북리 328-2번지 단독주택 신축부지 내 유적」, 『제26회 호서고고학회 학술대회 호서지역 문화유적 발굴성과』, 湖西考古學會.

6) 한국문화재보호재단, 2012, 『부여 쌍북리 201-4번지 농업시설(창고시설) 신축부지 내 유적 국비지원 발굴조사 약보고서』.
　　정훈진·이진호·김지혜·정홍선·남선영·윤종철, 2012, 「부여 쌍북리 201-4번지 농업시설(창고시설) 신축부지 내 유적」, 『제26회 호서고고학회 학술대회 호서지역 문화유적 발굴성과』, 湖西考古學會.

7) 한국문화재보호재단, 2013, 『2011년도 소규모 발굴조사 보고서Ⅳ-3. 부여 쌍북리 328-2번지 유적』.

8) 한국문화재재단, 2015, 『2012년도 소규모 발굴조사 보고서Ⅴ-1. 부여 쌍북리 201-4번지 유적』.

9) 정훈진, 2016, 「부여 쌍북리 국비조사 유적 출토 목간 사례」, 『한국목간학회 제23회 정기발표회』.

10) 2016년 1월 21일 쌍북리 328-2번지의 구상유구 1호에서 출토된 목간의 내용이 구구단을 적은 목간이 맞는지의 여부를 공식적으로 검증하는 회의였으며, 학계의 관련 전문가들로 구성되었다. 이 회의에서는 해당 목간이 구구단공식을 규칙적으로 적은 구구표 목간으로서 한반도 최초의 출토사례임을 확정하였다.

데 주력하였다. 그럼에도 불구하고 쌍북리 국비지원 발굴조사에서 출토된 목간으로 말미암아 지금까지 간과했던 백제 후기 사비기를 중심으로 한 고대문화의 복원에 중요한 학술적인 성과를 거둘 수 있었다.

II. 유적의 현황과 목간 출토 상황

소규모 국비지원 발굴사업[11]은 일정 규모 이하의 개인단독주택, 농어업 시설물, 개인사업자의 건축물, 그리고 소규모 공장 건축부지 내의 지역 지하에 분포하고 있거나 분포할 가능성이 많은 문화재 조사비용을 국비에서 전액 지원하는 제도이다. 이 사업은 복권위원회 복권기금의 지원을 받아 문화재청에서 시행하고 있으며, 해마다 민원건수가 증가하는 추세에 있고 사업규모도 이에 걸맞게 증가하였다. 한국문화재재단에서는 2010년부터 소규모 국비지원 발굴조사를 전담하여 진행하고 있다.

이 국비지원 발굴조사에서 목간이 출토된 유적은 쌍북리 201-4번지와 쌍북리 328-2번지로 모두 쌍북리에 소재하고 있다.

1. 쌍북리 201-4번지 유적

- 유 적 명 : 부여 쌍북리 201-4번지 농업시설(창고시설) 신축부지 내 유적
- 조사지역 : 충남 부여군 부여읍 쌍북리 201-5번지
- 조사면적 : 987㎡
- 조사기간 : 2011. 12. 12 ~ 2012. 2. 17(시굴 : 2011. 10. 5~10. 7)
- 유적성격 : 백제시대 건물지 2동·수혈유구 10기·구상유구 7기 등 총 14기의 생활유구
　　　　　　와 다수의 주혈(목주) 확인

이 유적은 부여읍의 북쪽에 위치한 부소산(해발 106m)의 동쪽에 형성된 저지대에 위치하고 있다. 유적의 북쪽에는 북나성 구간이 지나가며 동쪽에는 청산성이, 남쪽에는 월함지가 인접하여 있다. 현재 주변지역 일대는 북쪽으로 쌍북3리 마을이 조성되어 있으며, 남쪽으로는 대부분 논으로 이루어진 경작지대에 해당한다. 조사지역의 원래 지형은 서쪽의 부소산성과 동쪽의 청산성 사이에 펼쳐진 얕은 구릉지대로 남쪽으로 가면서 점차 경사가 낮아지는 저평한 지형에 해당되었으나, 마을의 조성과 도로 개설로 인해 2~3m 가량 복토되어 있는 상태이다.

주변유적으로는 쌍북리 183-1번지 유적(정미소 부지), 쌍북리 184-11번지 사비119 안전센터 신축부지 내 유적, 백제큰길 연결도로 부지내 유적, 쌍북리 280-5번지 창고신축(신성전기) 부지내 유적, 쌍북

---

11) 정훈진, 2015, 「부여지역 소규모 발굴조사 최신 성과」, 『건물지로 본 사비고고학』, 서경문화사.

〈기준 토층도〉

층	토질	문화층
1층	적갈+황갈색사질부식토	복토층
2층	회청+회록색사질점토	구 표토 및 근세 경작층
3층	회청+암회갈색사질점토	근세 경작층
4층	회청+암회색사질점토	
5층	회갈색사질점토	백제5문화층
6층	흑회색사질점토	
7층	회청색사질점토	백제4문화층
8층	흑갈색사질점토	백제3문화층
9층	암회색사질점토	백제2문화층
10층	회청색사질점토	
11층	암회색사질토	
12층	회갈색사질(점)토	백제1문화층

207-5번지 단독주택 신축부지내 유적, 쌍북리 155-4번지 다세대주택 신축부지내 유적 등 다양한 유적이 분포하고 있다.

　발굴조사 결과, 백제시대 문화층이 5개 확인되었다. 유적의 토층을 세분하여 보면 상부에서부터 '최근 복토층-근세 경작층(회갈색점토)-백제시대 제5문화층(지표하 330~340㎝)-백제시대 제4문화층(지표하 370~380㎝)-백제시대 제3문화층(지표하 380~390㎝)-백제시대 제2문화층(지표하 400~410㎝)-백제시대 제1문화층(지표하 430~450㎝)'의 순으로 퇴적되어 있었으며, 그 하부로는 모래층이 퇴적되어 있는 양상이다.

　조사결과 최하층인 제1문화층에서는 상층인 제2문화층 건물지 1호 탐색조사 중 1기의 석렬과 3기의 목주가 30~40㎝ 하부에서 노출되어 별도의 문화층으로 설정하였다. 하지만 이 문화층을 조사하기 위해서는 제2문화층의 건물지 1호 및 제4문화층의 건물지 2호를 제거해야 하였기에 학술자문회의를 거쳐 최하층인 제1문화층에 대해서는 그 양상만 파악하고 조사를 마무리하라는 의견에 따라 노출된 현상만 파악하고 지하에 보존하게 되었다. 제2문화층에서는 제3문화층 서쪽 구상유구의 내부에 평면 ㄷ자형의 목주열로 이루어진 건물지 1동이 확인되었는데 건물지 서변의 경우에는 제4문화층의 건물지 2호의 중요성으로 인해 더 이상 조사를 진행하지 못하였다. 제3문화층에서는 수혈유구 1기와 구상유구 4기가 조사되었으며, 그 주변을 따라 다수의 목주열이 확인되었다. 제4문화층에서는 1동의 건물지가 조사되었는데 건물지는 석축기단을 조성한 후 기단부 위에 별다른 시설없이 주혈만을 파고 건물을 세웠다. 그리고 건물지 주변을 따라 'ㄱ'자 형태로 목주열이 정형성을 띠고 이어지고 있는데 건물지의 담장(울타리)과 연관된 시설로 파악된다. 그리고 최상층인 제5문화층에서는 9기의 수혈유구과 3기의 구상유구가 확인되었으며, 이와 더불어 다수의 주혈과 목주가 조사되었다.

목간은 최상층인 제5문화층의 구상유구 5호에서 출토되었다.

〈구상유구 5호〉

조사구역의 중앙을 가로지르며 '—'자형으로 길게 이어지며, 장축방향은 남-북(N-2°-E)향이다. 조사구역 남쪽과 북쪽의 벽면 토층에서도 유구의 윤곽이 그대로 확인되는 것으로 보아 조사구역 남쪽과 북쪽

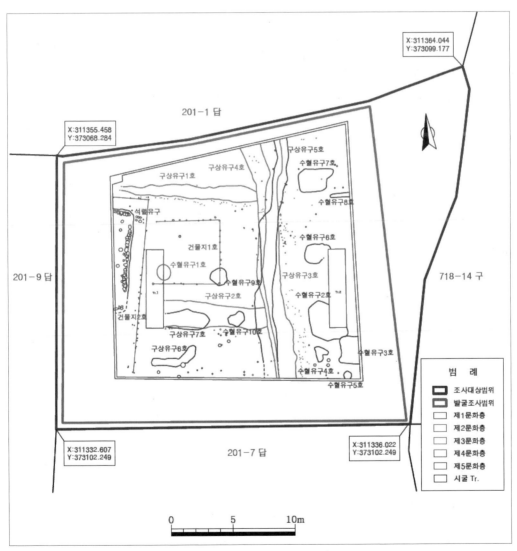

도면 2. 쌍북리 201-4번지 발굴조사 유구배치도

유물종류	내용
목제품	· 목간 2점- 정확한 명문판독 어려움 · 목간형 목제품, 이형목제품(가공목), 칠기 · 기타 - 표주박
토도제품	· 토기 - 기종(개, 소완, 완, 대부완, 직구 호, 호편 등) · 소문수막새, 암키와편 등 소량의 와전류 · 도가니(유리도가니)

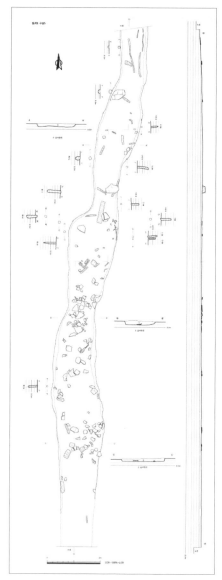

도면 3. 쌍북리 201-4번지 구상유구 5호

외곽으로도 길게 연결될 것으로 추정된다. 내부에는 니사질 성분에 가까운 갈색 계통의 점토가 충전되어 있었는데 주변의 토양이 회색 계통의 사질 및 사질점토인 것과 비교하면 육안으로 뚜렷하게 구별된다. 내부는 너비가 넓은 단면상 'U'자형으로 굴착되었으며, 잔존규모는 길이 1,920㎝, 너비 188㎝, 깊이 15㎝이다.

장축 및 진행방향이 남북방향과 거의 일치하며, 직선에 가까운 형태를 보이는 등 인위적으로 조성된 흔적이 강하다. 또한 조사구역 내에 5호만 한정적으로 노출되어 정확한 성격을 규명하기가 어렵지만 하부의 구상유구들을 고려하면 과거부터 존재했던 구상유구를 계속해서 반복적으로 이용했음을 알 수 있다. 특히 같은 문화층의 유구배치상 이 구상유구를 중심으로 그 측면에 불명 수혈들이 배치되어 있고, 중소형 목주들이 다수 박혀 있는 것으로 보아 의도적인 성격을 엿볼 수 있다.

바닥의 해발은 남단부가 약 8.70m, 북단이 8.45m로 측정되며, 실제로 남쪽에서 북쪽으로 갈수록 바닥이 낮아지는 것을 보아 유수방향은 '남→북'이다. 즉, 남쪽이 금성산에서 북쪽으로 뻗어 내린 구릉의 말단부에 해당하고 북쪽은 부소산과 금성산 사이에 형성된 중앙부 저지대에 해당하기 때문에 이러한 유수방향은 자연스러운 현상으로 보인다. 따라서 구의 성격은 수로나 배수구와 연관된 시설로 추정할 수 있다.

유물은 내부조사 도중 중앙부근과 서쪽 바닥에서 다량의 토기류(개, 완, 대부완, 호, 직구호, 기대편 등)가 노출되었는데, 유물수습 후 복원 결과 몇 개체의 중·대형호로 접합되는 경우도 확인되며, 수막새와 기와편 등도 출토되었다. 목재의 경우 중앙부 동쪽에서 목간(목간1, 목간2)과 목간형 목제품 및 칠기처럼 인위적으로 가공된 흔적이 관찰되기도 하며, 가공되지 않은 자연목들이 군데군데 모여서 쌓인 것도 확인된다. 이외에도 중앙부에서 유리 도가니 1점이 출토되었다.

2. 쌍북리 328-2번지 유적

- 유 적 명 : 부여 쌍북리 328-2번지 단독주택 신축부지 내 유적
- 조사지역 : 충남 부여군 부여읍 쌍북리 328-2번지
- 조사면적 : 660㎡
- 조사기간 : 2011. 6. 13~10. 6(시굴 : 2011. 2. 7~2. 11)
- 유적성격 : 백제시대 목주열 1기, 수혈유구 3기, 구상유구 3기 등 총 7기의 생활유구와
  소수의 목주 확인

유적은 조정대씨의 단독주택 신축부지로 행정구역상 충남 부여군 부여읍 쌍북리 328-2번지에 해당하며, 조사면적은 660㎡이다. 조사대상지를 포함하는 주변 일원은 백마강에 연해서 부소산성-북나성-청산성-동나성이 병풍처럼 돌려져 있는 곡부성 저지대로서 바로 동편에 저습지인 월함지가 위치하고 있다.

주변유적으로는 쌍북리 346-4번지 유적과 쌍북리 252-1번지 유적, 쌍북리 280-5번지(신성전기신축부지) 유적, 백제역사재현단지 연결도로 유적 등이 각각 인접해 있다. 특히 이번 조사지역의 서쪽에 접해 있는 쌍북리 328-3번지(녹색환경신축부지) 유적에서는 백제시대 남북수로 1기가 확인된 바 있다.

시굴조사는 자연지형과 주변지역에서 확인되는 유구의 깊이 및 제토된 토사의 처리 등을 감안하여 폭 6m, 길이 25m의 트렌치 1개를 조사지역의 동쪽부분에 설정하여 조사를 진행하였다.

시굴조사 시의 토층양상은 총 4개의 층위로 나누어져 복토층(1~3층, 표토하 130㎝까지) - 근세 논층(4층) - 사비~조선시대 문화층(표토하 150~210㎝, 상부 부식토/하부 망간집적층) - 사비기 문화층

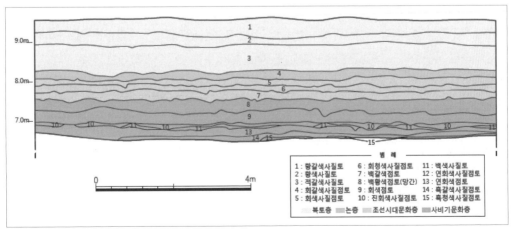

도면 4. 쌍북리 328-2번지 시굴조사 트렌치 동벽 토층도

〈발굴조사 기준 토층도〉

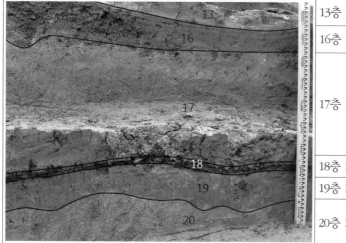

13층 : 연회색점토	
16층 : 회청색다짐토	백제 상층
17층 : 명회색사질점토	백제 중층
18층 : 흑갈색유기물	
19층 : 회백색점토	
20층 : 황갈색점토	백제 하층

(8~12층, 표토하 210~300㎝, 유기물층과 부엽층·사질토층 반복, 목간·짚신 출토)순으로 퇴적되어 있었으며, 그 아래의 토층양상은 발굴조사를 통해 확인되었다.

시굴조사 결과 백제시대 사비기 문화층에서 수혈유구 1기와 목주 6개 등이 확인되었으며, 유물은 토기·기와편과 더불어 짚신·목간 등이 출토되었다.

또한 발굴조사는 시굴조사시 백제시대 문화층에서 수혈·목주 등이 확인되고 짚신·목간이 출토된 면을 중심으로 진행하였다. 발굴조사 이전에 국립(부여)문화재연구소의 도움을 받아 사전 지하물리탐사를 실시하였으나 하부에서 특별한 유구나 목주 및 유물의 흔적은 탐지되지 않았다.

발굴조사 결과 시굴조사에서 확인된 13층 아래로 총 5개의 층이 확인되었는데, 연회색점토(13층) - 회청색사질점토(16층) - 명회색사질점토(17층) - 흑갈색유기물(18층) - 회백색점토(19층) - 황갈색점토(20층)의 순으로 퇴적되어 있었다.

발굴조사 결과 총 3개의 백제시대 문화층에서 확인된 유구는 목주열 1기·수혈유구 3기·구상유구 3기 등과 소수의 목주들이다. 유물은 백제시대에 해당하는 토기(뚜껑·완·직구호·기대·시루·이형토기 등), 와제품(범심·원반형), 인장와·기와편, 철제품(고리·슬래그), 목제품(목간·가공목), 식물유체(밤·호두·왕겨) 등이 출토되었다.

〈시굴조사〉

시굴조사 결과 백제시대 사비기 문화층에서 수혈 1기, 목주 6개소 등의 유구가 조사되었으며, 와편·토기편과 함께 짚신, 목간(목간A) 등이 출토되었다.

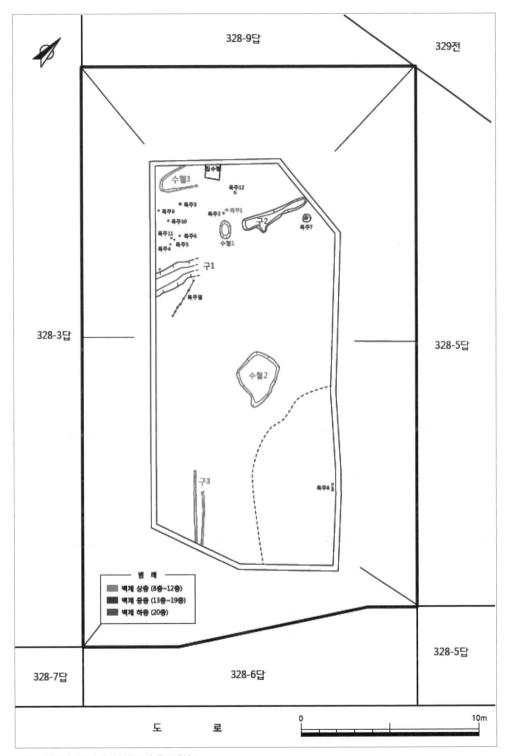

도면 5. 쌍북리 328-2번지 발굴조사 유구배치도

<백제시대 하층 수혈유구 2호>

조사구역의 북동쪽 중앙부에서 확인되었고 황갈색점토(20층)를 굴착하여 조성된 유구이다. 유구는 바닥에서 물이 지속적으로 용출되고 북동쪽 경계벽면이 밀려내려와 기준토층과 벽면까지 와해되어 원형이 상당부분 변형되는 등 많은 곡절을 겪었다.

유물종류	내용
목제품	· 목간 1점- 편철공 아래에 '上ㅇ'자명 · 목제 자(눈금 길이 1.6㎝, 눈금 사이 간격 0.6㎝), 가공목

평면형태는 부정형이며, 장축방향은 남-북(N-10°-E)향이다. 규모는 길이 460㎝, 너비 400㎝, 깊이 27㎝이다. 내부에는 회청색점토(1층) - 암회색점토(2층) - 흑회색사질점토(3층) 순으로 퇴적되어 있었다. 벽면은 비스듬히 처리하였으며, 바닥은 울퉁불퉁하게 처리하였다.

유물은 유구의 상면에서 가공목이 노출되었으며, 내부에서 목간(목간B)과 가공목이 출토되었다.

<백제시대 중층 구상유구 1호>

조사구역의 중앙부 서쪽 경계에서 확인되었으며, 북쪽부분은 일부 파괴된 상태였고 남쪽부분은 조사경계 외곽으로 연장된다. 북쪽의 하부층에는 선축된 수혈유구 1호가 인접해 있다. 명회색사질점토를 굴착하고 조성하였다.

평면형태는 '一'자형이고 장축방향은 남쪽에서 북쪽으로 진행하는 북동-남서(N-35°-E)향이다. 내부에는 모두 2번의 사용면이 확인되었다. 우선 최초의 1차면은 벽면이 경사진 역제형의 단면으로 굴착되었

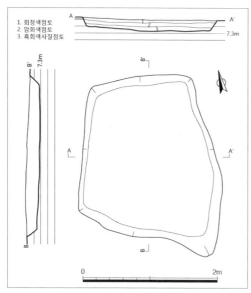

도면 6. 쌍북리 328-2번지 수혈유구 2호

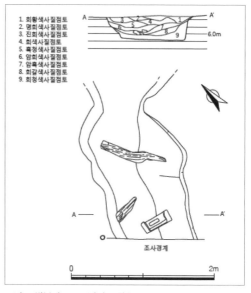

도면 7. 쌍북리 328-2번지 구상유구 1호

유물종류	내용
목제품	· 목간 1점– 구구단 공식이 체계적으로 기록된 구구표 　목간 · 이형목제품(건축부재?)
토도제품	· 토기 – 기종(개, 완, 대부완, 직구호, 호편 등) · 암키와편 등 와전류

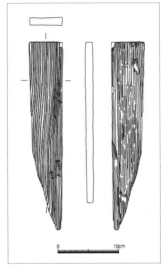

도면 8. 목간C 실측도(구구표목간)

으며, 남쪽 조사경계 부근에서는 서쪽 어깨선이 급경사를 이루고 있다. 이어 1차면이 퇴적된 상부에 2차면이 완만한 'U'자형으로 조성되었다. 구의 규모는 1차가 길이 234㎝, 너비 150㎝, 깊이 28㎝이며, 2차는 길이 132㎝, 너비 116㎝, 깊이 50㎝로 1차보다 짧은데 이는 바로 위에 백제시대 상층의 회청색다짐층이 존재하기 때문이다. 구의 내부에는 회황색사질점토(1층) – 명회색사질점토(2층) – 진회색사질점토(3층) – 흑회색사질점토(4층) – 흑청색사질점토(5층) – 암흑색사질점토(6층) – 암회색사질점토(7층, 이상 2차면) – 회갈색사질점토(8층) – 회청색사질점토(9층, 이상 1차면)의 순으로 위에서 아래로 퇴적되어 있었다. 내부에서 확인된 시설은 없었다.

내부 상층과 하층에서 채취한 목탄시료에 대한 AMS 분석결과 상층 1570±40B.P., 하층 1600±50B.P.의 절대연대와 하층 A.D.470년, 상층 A.D.490년의 보정연대가 각각 도출되었다. 또한 2차면의 가공목에 대한 수종분석 결과 굴피나무인 것으로 밝혀졌다.

유구 노출당시 상면에서 가공목 및 토기편이 출토되었다. 내부에서는 1차면 바닥에서 개·완·호·기대 등 토기류와 목간(목간C)을 비롯해 건축부재로 추정되는 가공목이 확인되었으며, 내부토에서 식물유체(호두·밤·씨앗·왕겨 등)가 확인되었다.

2차면에서는 1차면과는 달리 토기편이 출토되었다.

III. 목간의 판독 및 성격

목간은 "문자를 기록하기 위해 만든 목제품[12]"으로 고대 동아시아에서 종이가 보편화되기 이전에 대나무를 이용한 죽간과 함께 문자를 기록하는데 사용되었다. 보통 이 목간은 중국에서 최초로 사용되던 것

---

12) 尹善泰, 2007, 「韓國古代木簡의 形態와 分類」, 『한국목간학회 제1회 국제학술대회 한국고대목간과 고대 동아시아세계의 문화교류』, 한국목간학회.
　　윤선태, 2007, 「한국고대목간의 형태와 분류」, 『역사와 현실』 65.

이 한반도를 거쳐 일본으로 전파된 것으로 알려져 있다. 우리나라에서는 6~7세기경의 목간이 다수를 차지하고 있다.

한국 고대 목간의 형태와 용도 분류와 관련해서는 연구자마다 차이는 있지만 본고에서는 편의상 윤선태의 최근 분류[13]에 기초하여 용어를 사용하였다. 즉, 그는 목간의 형태를 크게 Ⅰ.긴 막대형태의 세장형목간(길이나 장폭비를 고려하여 세분), Ⅱ.목간에 홈을 판 부찰목간(홈의 위치에 따라 세분), Ⅲ.목간에 구멍을 뚫은 부찰목간(구멍의 위치에 따라 세분), Ⅳ.사면목간 등 다면목간(단면형태에 따라 세분), Ⅴ.세장형목간의 하단이 첨형인 목간, Ⅵ.목간 부스러기 등으로 구분하였으며, 괄호안의 속성별로 다시 세분하였다. 또한 용도에 대해서는 편철용 목간, 문서용 단독목간, 부찰용 목간(하찰 및 표지용 등), 주술용목간, 습서용 목간(학습 및 글자 연습용), 기타 목간(서간 및 제침축 등) 등으로 구분하였다.

본고에서 다루고자 하는 목간은 소규모 국비지원 발굴조사가 이루어진 부여 쌍북리 201-4번지와 328-2번지에서 출토된 5점의 묵서명 목간이다. 학회의 목간 사례발표 당시 함께 보고했던 328-2번지의 1점은 편철공이 상부에 있는 부찰용 목간으로 생각되지만 묵서가 확인되지 않아 본고에서는 제외하였다.

1. 쌍북리 201-4번지 유적 출토 목간

1) 목간1(사진 1좌)

세장형의 Ⅲ식 부찰목간으로서 완형이다. 용도는 편철용 목간으로 생각된다. 목간은 칼을 이용하여 표면을 납작하고 매끄럽게 다듬었다. 상단부는 둥글고 하단부는 각 지게 처리하였다. 상부 중앙에 편철공이 있다. 표면에서만 묵서가 확인되며, 상하 3단으로 나누어져 있다. 1단과 3단은 1행이고 2단은 3행으로 구성되어 있는데 매 행에는 주로 네 글자 정도가 쓰여 있다. 글자는 모두 19자 정도가 보이는데 이 중 판독 가능한 글자는 9자이다. 크기는 37.5×4.2×0.7㎝이며 수종은 소나무(경송류)이다.

묵서판독

前面「   恍時子丁   □□彡
            ◎   □□□丁 □珎久丁
                    □真相丁   」(19자)

묵서는 남아 있는 상태가 그다지 양호한 편은 아니어서 묵서의 내용을 완전히 파악하는 것은 쉽지 않다. 묵서는 3단으로 나뉘어져 있고 1행-3행-1행 등 모두 5행이 적혀 있다. 각 행에는 주로 4글자가 조합된 양상을 보인다. 비록 3단의 마지막 글자는 불분명하지만 나머지 행의 경우 마지막 글자가 丁으로 되어

---

13) 윤선태, 2013, 「한국목간의 형태와 용도 분류에 관한 기초적 제안」, 『제17회 한국목간학회 정기발표회』, 한국목간학회·국립중앙박물관.

있음을 알 수 있다. 이 '丁'자는 학회 발표 당시에는 고문서나 물목의 종결사로 사용되는 용례를 상정하였으나 이보다는 壯丁을 뜻하는 글자로 보는 편이 전체적인 조합이나 맥락에 자연스러워진다. 또한 행의 배치를 보면, 첫 번째 단의 행 아래에 두 번째 단의 배치는 1단의 행을 중심으로 그 좌우에 1행씩 배치함으로써 마치 '1+3'으로 조합되는 것처럼 보인다. 여기에다 행의 끝 글자가 장정을 뜻하는 丁임을 주목한다면 단편적이지만 장정의 편제와의 관련 가능성을 상정할 수 있다.

이 丁이 적힌 목간은 궁남지에서 최초 발굴된 이후 사비도성 내부유적과 능산리사지, 멀리는 나주 복암리 고분군에서까지 출토되고 있어서 백제시대에는 중앙과 지방 모두 동일하게 율령제가 시행되었을 것으로 추정된다.

특히 이 丁에 대해서는 이용현[14]은 부여 궁남지에서 출토된 295번[15] 목간의 표면('西□丁 阝夷')과 후면('西阝後巷巳達巳斯丁依舌□丁')에 적혀 있어 이를 백제시대 호구와 관련한 내용으로 해석하고 연령별로 구분된 호적이 존재하였음과 백제 전지왕과 동성왕대의 징벌기록을 들어 15세 이상의 연령구분이 존재했을 것이라고 보았다. 더 나아가 윤선태[16]는 중국의 율령제 정립과정을 통해서 丁을 중심으로 한 연령등급제의 변천을 일목요연하게 정리하였는데 정중제에 따르면, 丁은 20세 이상 60세 이하의 남자를 지칭하였다고 주장하였다. 이후 백제지역에서 목간출토사례가 증가하면서 많은 연구가 이루어지고 정에 대해서도 다루어졌는데 이 중 홍승우[17]는 윤선태의 연구내용을 보다 진전시켜 사비시기 백제 율령을 다루면서 編戶(戶籍)와 賦役 징발이라는 내용으로 丁에 대해 언급하였다.

한편 궁남지 295번 목간의 후면기록에서는 5부제의 거주지를 뜻하는 西阝後巷 뒤에 이어지는 '巳達巳斯丁依舌(?)□(□)丁'을 정 2인으로 판독할 수 있다. 丁으로 편제된 자가 巳達巳斯와 依舌(?)□(□)인 셈인데 뒤의 이름은 연구자에 따라 적게는 3자[18], 많게는 5(?)자[19]까지 판독하고 있다. 결국 이름+丁으로 표기되어 있음을 알 수 있다.

이를 쌍북리 목간1과 연관시켜 보면 1·2단의 글자는 丁으로 편제된 인물을 4명 나열한 것으로 볼 수 있다. 이 4인의 丁은 '1+3'의 구조로 배열되어 있다. 즉, 1단의 □□□을 중심으로 그 아래(2단)에 3행으로 나누어 恍時子·□珎久·□眞相 등 3인이 배속 혹은 예속된 것처럼 기록하였다. 한편 3단의 경우에는 2

---

14) 李鎔賢, 1999, 「扶餘 宮南池 出土 木簡의 年代와 性格」, 『宮南池』, 國立扶餘文化財研究所.
15) 이 궁남지 295번 목간은 '서부후항'명 목간으로 알려져 있는데 이 번호는 아래의 도록에 수록된 목간번호를 그대로 따온 것이다.
   국립부여박물관· 국립가야문화재연구소, 2009, 『나무 속 암호 목간』.
16) 윤선태, 2007, 『목간이 들려주는 백제이야기』, 주류성.
17) 洪承佑, 2011, 「韓國 古代 律令의 性格」, 서울대학교 국사학과 박사학위논문.
18) 崔孟植· 金容民, 1995, 앞의 논문.
   國立扶餘文化財研究所, 1999, 앞의 보고서.
19) '依□(舌?)□□□'의 5자로 판독한 사람은 이용현이며, 이후 박민경이 그의 판독문을 그대로 인용하였다.
   李鎔賢, 1999, 앞의 논문.
   박민경, 2009, 「百濟 宮南池 木簡에 대한 재검토」, 『목간과 문자』 4, 한국목간학회.
   홍승우, 2011, 앞의 논문.

단에서 한단 정도의 공백을 두고 적혀있는 것을 보면 위의 1·2단과는 무언가 구분됨을 인지할 수 있는데 3단 역시 또 다른 편제를 나타내는 구조의 잔존 행으로 생각할 수 있으나 3글자만 남아 있고 丁자가 보이지 않아 단정할 수는 없다.

다만 여기서 특이한 점은 인명이 모두 3글자로 표기되어 있다는 점이다. 이는 3~5자 정도로 적혀 있는 궁남지 295번 목간과 차이가 나며, 쌍북리 목간1 출토지점과 멀지 않은 거리에 있는 쌍북리 280-5번지 출토 좌관대식기 목간에도 이름이 2자에서 4자까지 존재하는 것으로 보아 인명을 표기하는 자수가 일정하지 않았음을 알 수 있다.

이상을 종합하면, 쌍북리 목간1에 적힌 묵서는 백제시대 장정의 편제를 나타내는 내용으로 구성되어 있으며, 이러한 편제는 부역 및 군역의 징발을 위해 호적을 정리하면서 만든 호적목간일 가능성도 상정할 수 있다. 인명의 기재방식이 1+3의 구조를 보이는 만큼 이 4인이 일정한 유대관계 혹은 친연관계를 가지는 구성원이었을 가능성도 배제할 수는 없다.

2) 목간2(사진 1우)

세장형 목간이나 목간1과 유사한 문서용 목간에 해당한다. 상하 양단이 결실되어 정확한 형태는 알 수 없으며, 목간의 상부 일부도 파손되었다. 목간은 칼을 이용하여 표면을 납작하고 매끄러운 판재의 형태로 다듬었다. 표면에서만 묵서가 확인되었다. 상하 2단으로 구분되며, 각 단에는 1행씩의 글자가 쓰여 있다. 글자는 상단 7자, 하단 4자 등 모두 11자가 관찰되며, 이 중 판독 가능한 글자는 7~8자 정도이다. 크기는 28.5×4.4×0.5㎝이며 수종은 소나무(경송류)이다.

묵서판독

前面 兄習利丁

× □諸之□□臣丁 × (11자)

이 목간 역시 위의 목간1과 비슷하게 3글자로 이루어진 인명을 나열하여 丁의 편제를 표기한 목간으로 생각된다. 모두 2단으로 구성되어 있지만 각 단 사이에 일정한 공백이 존재하는 점은 목간1과 유사하다.

1단은 어조사 之를 사이에 두고 '□諸의 □□臣'로 판독할 수 있는데 앞의 □諸는 지역이나 지위를 뜻하는 글자로, 뒤의 □□臣은 인명을 적은 글자로 각각 생각된다. 또한 아래의 2단에도 丁인 兄習利라는 인명으로 판독할 수 있는데 인명 중 '習利'라는 글자가 주목된다. 이 '習利'는 쌍북리 280-5번지 유적에서 출토된 좌관대식기 목간에도 등장하는 인물이다. 즉, 좌관대식기 목간 표면의 3단 3행에 '習利一石五斗上一石未一'라 기재되어 있다. 이를 풀이하면, '습리는 1섬 5말 (빌려가서) 1섬은 갚고 1섬 남음[20]'는 내용으로 대식 이자가 5말임을 알 수 있다. 양자의 목간에서 보이는 습리가 동일인물일 가능성이 어느 정도인지

---

20) 국립부여박물관·국립가야문화재연구소, 2009, 앞의 도록.

는 알 수 없지만 두 유적이 가까운 거리에 위치한 점으로 보아 동일인물일 가능성을 전연 배제할 수 없다.

한편 습리 앞에 적힌 '兒'자는 관직이나 성 혹은 형제관계 등을 나타내는 것으로 생각되지만 현재로서는 연속해서 3글자로 표기된 하나의 인명을 생각할 수밖에 없다. 만일 형제관계를 나타내는 兒으로 본다면 가족을 중심으로 한 군역이나 부역을 위한 편제로 해석할 수 있으며, 현재까지 출토된 목간 중 가족을 단위로 丁을 편제하는 모습을 보여주는 중요한 자료라고 생각된다.

2. 쌍북리 328-2번지 유적 출토 목간

1) 목간A(사진 2좌)

장방형의 목간으로 완형복원은 가능하다. 한쪽 측면은 상하 양단과 중앙부에 결실된 부분이 있다. 칼로써 표면을 납작하고 매끄럽게 다듬었다. 상부에는 편철공[21]이 뚫려 있다. 전면에서만 묵서가 확인되며, 거의 중앙부에 1행이 확인되었다. 글자는 모두 6자가 확인되며, 위쪽 글자는 흐릿하여 윤곽이 뚜렷하지 않다. 크기는 14.8×2.3×0.4~0.6㎝이다.

    묵서판독
    前面 「   ◎   中□□子 三○   」(6자)

이 목간은 상부에 구멍이 뚫려 있어 편철할 수 있는 부찰형 목간으로 생각되나 묵서가 분명하지 않아 정확한 판독이 어렵다. 추후 시간을 두고 여러 각도로 판독을 시도한 다음 그 결과를 발표할 예정이다.

2) 목간B(사진 2우)

장방형의 부찰용 목간으로 상단 모서리 일부가 결실되었지만 거의 완형에 가깝다. 칼로써 표면을 납작하고 매끄럽게 다듬었다. 상부에는 편철공[22]이 뚫려 있다. 표면에서만 묵서가 확인된다. 글자는 상부의 편철공 아래에서 2자 모두 확인되는데 육안으로도 '上ㅇ'이 관찰된다. 크기는 12.2×2.0×0.4㎝이며, 수종은 소나무(경송류)이다.

---

21) 목간A는 기 발간된 보고서에는 편철공이 없는 것으로 보고하였으나 적외선 사진의 결실된 부분을 정밀 관찰한 결과 적외선 사진에서 편철공의 흔적이 일부 남아 있음을 확인하였다.
22) 목간B 역시 기 발간된 보고서에 편철공이 없는 것으로 보고하였으나 적외선 사진을 정밀 관찰한 결과 내부가 이물질로 메워진 편철공의 흔적을 확인하였다.

묵서판독

前面　「　◎上●　　　　　」(2자)

　　　「　~에(게) 올림　　」

　　이 부찰형 목간은 주로 관청에서 문서나 물건 등을 운송하는데 사용되는 목간의 한 형태로 보인다. 즉, 운송할 물품의 포장이나 문서꾸러미 상부에 올려놓거나 편철공의 구멍에다 끈을 꿰어 고정시킨 상태로 사용되었을 것으로 보인다.

　　표면의 '上'으로 적힌 글자는 나주 복암리의 목간 6[23]과 거의 동일하나 이 목간B는 上자 뒤에 종결을 의미하는 부호인 '●'가 추가로 존재한다. 이 종결부호는 연구자에 따라 '部'자의 약자 흔적처럼 보이기도 하는데 양자를 조합하여 5部의 하나인 '上部'를 의미하는 글자로 해석하기도 한다. 즉, 上部에 올리는 진상품을 표시하는 부찰형 목간을 말한다. 반면 두 번째 묵서인 '●'를 종결부호로 보더라도 목간이 출토된 유적의 소재가 지역적으로 사비도성 내부, 즉 백제의 중앙임을 고려한다면 역시 上部와 같은 관청 등에 진상하는 용도로 사용된 목간이었을 가능성이 많다.

3) 목간C(도면 8, 사진 3)

　　구구단공식이 적힌 구구표 목간으로 평면형태는 칼(刀)의 신부와 유사하며, 단면은 세장방형으로 표면은 매끄럽게 다듬어져 있었다. 목간은 소재인 소나무를 칼 모양의 얇은 판재 형태로 가공한 것으로 발굴 당시 노출되지 않은 前面 한쪽에서만 묵서 명문이 확인되었다. 목간 출토시의 노출면인 後面에는 오목하게 수축된 나이테 추재에도 묵서가 베인 흔적이 전혀 없어 원래부터 묵서가 존재하지 않았을 가능성이 많다. 묵서의 판독은 출토유물에 대한 육안관측과 국립가야문화재연구소 촬영의 적외선사진에 대한 분석을 통해 이루어졌다. 적외선 사진을 통해 부분적으로 구분선이 그어지고 그 내부에 여러 가지 숫자가 적혀 있어 정확한 판독은 어려웠으므로 정식보고서에는 물표로 사용된 하찰의 성격이 강한 것으로 기술하였다. 하지만 한국목간학회의 사례발표 및 토론과정에서 구구단 의견이 제기[24]되어 전문가검증회의를 통해 최종적으로 한반도 최초이자 최고의 구구표 목간으로 확정되었다. 최종적으로 묵서로 적힌 글자는 103자이고 그 중 불분명한 5자를 제외한 나머지 98자는 판독된다. 목간의 크기는 30.1×5.5×1.4㎝이며, 수종은 소나무(경송류)이다.

---

23) 金聖範, 2010, 「羅州 伏岩里 木簡의 判讀과 釋讀」, 『목간과 문자』 5, 한국목간학회.
24) 2016년 1월 16일에 개최된 제23회 한국목간학회 사례발표는 이병호 익산미륵사지유물전시관장의 제안으로 이루어졌으며, 토론과정에서 제기된 구구단공식이 적힌 목간의 성격을 파악하는데 주보돈 회장을 비롯하여 윤선태 · 최연식 동국대학교 교수와 김재홍 국민대학교 교수 및 이병호 관장 등 많은 연구자들의 도움과 협조가 있었음을 지면을 빌어 적시해둔다.

목간은 9단부터 2단까지 좌서의 형태로 기록되어 있으며, 각 단 사이에는 횡선을 한 줄씩 그어 구획하였다. 명문은 9단을 가장 상단에 배치하였으며, 아래쪽으로 갈수록 하위 단들을 순서대로 기록하였다. 각 단의 오른쪽 끝에 그 단의 숫자를 반복하는 공식부터 기록하였고 공식의 첫 번째 숫자를 하나씩 줄여 해당 단을 규칙적으로 써내려감으로써 중복된 공식을 생략하는 절제감도 보여준다. 또한 각 단의 첫 행에서 동일한 숫자의 중복을 피하기 위해 반복부호(〻)를 사용하였고, 십 단위는 20(廿), 30(卅), 40(卌?) 등으로 표기하였다. 한편 목간은 총 4행까지 남아 있는데 상위 단의 경우 5행부터는 재가공과정에서 결실된 것으로 판단된다.

이러한 구구단이 언제, 어디서 유래되었는지는 정확하게 알 수 없으나 중국의 경우 문헌기록상 기원전 10세기 즈음부터 존재한 것으로 확인되고 있으며, 실물자료로는 기원전 3세기경의 里耶유적 출토품[25]이 대표적이다. 일본에서는 7~8세기경부터 구구단이 사용되었음을 7~8세기경의 平城宮과 七社유적 등의 실물자료를 통해 구구단 사용시기를 가늠할 수 있다.[26] 여기에 적힌 구구단 공식은 모두 '九九八十一'부터 시작하고

적외선 촬영본

판독결과(□: 미판독)
(「」: 희미한 판독, ∏ ∐: 불분명)

七九六十三	八九七〇	九八一
五八卅	七八五十六	八〻六十四
四七廿八	六七卅二五	七〻卅九六
□□	五六□卅	六〻卅六
∐∐	四五廿	五〻廿五
∐	三四十二二三六	四〻十六
		口口
		∐〻
		∐四
		∐

25) 2002년 6월 湖南省 龍山縣 里耶鎭에서 출토된 중국 최고의 목간으로 '里耶秦簡'으로도 불린다. 여기서는 36,000여 매의 죽간과 목간이 함께 출토되었다. 여기에는 秦王朝의 정사 및 역사를 기록하였다.
　饒宗頤, 2005, 『新出土文獻論証』, 上海古籍出版社.
26) 미카미 요시타카(三上喜孝), 2011, 「일본 출토 고대목간 -근년(2008~2011) 출토목간-」, 『목간과문자』 7, 한국목간학회.

'八九七十二' '七九六十三'…의 순서로 나아가는 것은 고대 구구단 목간에 공통된 기재양식[27]인데 명칭에 대해서는 중국 고대의 문헌인 『易經』에 오늘날의 구구단이 숫자 九를 숭배하는 관념과 관련이 있으며, '구구'로 시작하여 '九九歌, 九因歌, 九九表'라고 불린다고 적혀 있다.[28]

구구단 공식이 적힌 실물자료 중에서도 기술형태가 비교적 정연하고 대표적인 사례가 위에 열거한 두 목간인데 실물자료는 기술방식과 기술형태에 따라 백제 목간과 차이를 보인다. 우선 기술방식의 경우 중국 리야유적의 세장방형 목간이나 일본 칠사유적의 제형 목간[29]에는 한정된 공간에 각 단끼리 특별한 구분 없이 9단부터 연속적으로 적어 내려가고 있어 백제 목간에서 발견되는 정형성과는 거리감이 있다.

또한 구구단 공식의 기술형태를 보면 두 유적의 자료에서는 백제목간에서 보이지 않는 등호(=)가 사용되고 있음을 알 수 있다. 즉, 리야유적 목간에는 '二五而十(2×5=10)'에서처럼 '而'자의 등호가, 칠사유적의 경우 '一九又九(1×9=9)'처럼 '又'자의 등호가 각각 사용되고 있다. 사실 이러한 등호표현은 중국의 당대 이전 고문헌에서는 리야유적 목간의 표현과 동일한 '而'자가 적혀 있으나 돈황에서 발견된 목간[30]과 남송인 洪邁의 『容齊隨筆』 이후의 문헌[31]에는 '而' 대신 같을 '如'자가 주로 표기되었다. 이후 일본에서도 비슷한 시기에 해당하는 '如'자가 적힌 목간이 출토되자 일본학계에서는 중국과 동일한 등호표현의 용례를 근거로 구구단이 중국에서 한반도를 거치지 않고 일본으로 직접 전래되었을 가능성을 주장하게 되었지만 이번에 출토된 백제 구구표 목간으로 인해 그들의 주장은 더 이상 성립할 수 없게 되었다.

다만 일본의 칠사유적 목간의 경우 의도적으로 종방향의 두 쪽으로 분리된 것을 다시 복원할 수 있었던 것처럼 구구단이 적힌 유물 원형을 나중에 재가공하였다는 점에서는 백제목간과 유사하며, 양자 간의 상호관련성과 상징적인 면모를 엿볼 수 있다.

우리나라에서도 고려시대에 편찬된 『삼국유사』 고조선조에 기록된 '三七日'의 기록[32]에서 '3×7=21'과 같은 구구단 공식의 표현을 확인할 수 있으며, 역시 고려시대 문헌인 『삼국사기』에는 신라 신문왕대에 國學을 설치하고 算學을 가르쳤다[33]고 기록되어 있는 것을 보면 늦어도 삼국시대에는 구구단을 실제 사용했다고 생각된다. 보다 이른 시기의 실제적인 자료는 고구려 광개토왕릉비문에서 찾을 수 있는데 '二九登祚[34]'라 새기고 있어 왕으로 등극한 해(391년)를 '2×9=18'과 같이 구구단 공식대로 표현하였다. 이는 당

---

27) 미카미 요시타카(三上喜孝), 2011, 앞의 논문.

28) 所以以九九開始為由, 稱爲九九歌.九因歌.九九表.

29) 新發田市教育委員會, 2011, 『七社遺跡發掘調査報告書』.

30) "九九八十一, 八九七十二, 七九六十三……一二如二, 一一如一"

31) 洪邁, 『容齊隨筆』续笔卷七「俗語算數」에 "三三如九, 三四十二, 二八十六, 四四十六, 三九二十七, 四九三十六, 六六三十六, 五八四十, 五九四十五, 七九六十三, 八九七十二, 九九八十一, 皆俗语算数, 然《淮南子》中有之."라고 실려 있다.

32) 一然, 『三國遺事』古朝鮮條, "… 熊虎得而食之忌三七日 …"

33) 金富軾, 『三國史記』卷 第八 新羅本紀 第八 神文王條, "… 二年春正月 親祀神宮 大赦 夏四月 置位和府令二人 掌選擧之事 五月 太白犯月 六月 立國學 置卿一人 又置工匠府監一人 彩典監一人 …"

34) 廣開土好太王碑의 제1면 대왕의 생애부분에 "大朱留王紹承基業, 還至十七世孫, 國岡上廣開土境平安好太王, 二九登祚, 号爲永樂. …"라고 새겨져 있다.

시 고구려에서도 이른 시기부터 구구단의 셈법을 실생활에서 사용했음을 알 수 있다. 하지만 실제 유물로서 출토된 것은 백제 구구표 목간이 처음이다.

특히 이 구구표 목간은 동아시아 문물의 전파경로가 '중국-한반도-일본(왜)'이라는 일반적인 방향성을 그대로 공유하고 있음을 증명해 주며, 구구단 기록법에 있어서도 각 단별로 구획선을 넣어 별도로 구분할 정도이다. 이는 비록 단편적이라 하더라도 쌍북리에서 출토된 백제 구구표 목간이 중국과 일본의 사례와 비교하여 보았을 때 그보다 훨씬 전문적이고 체계적임을 보여준다. 또한 이 목간은 백제시대 수리체계의 정도를 보여주는 중요한 유물이며, 우리나라 구구단의 역사뿐만 아니라 한국수학사 연구에 중요한 기초자료로 평가할 수 있다.

IV. 맺음말

이상과 같이 부여지역에서 진행된 발굴조사 중 국비지원 사업을 통해 보고된 유적에서 목간이 출토된 유적은 현재까지 2개소이다. 즉, 쌍북리 201-4번지와 328-2번지 유적이 그것이다. 출토된 목간은 201-4번지 2점과 328-2번지 3점 등 모두 5점이다. 목간은 모두 前面에 묵서가 남아 있는데 부분적으로 희미해진 글자도 있고 일부는 결실되기도 하였으며, 탈락되어 적외선사진으로도 관찰되지 않는 글자도 존재한다. 이에 남아 있는 명문이 알려주는 메시지를 통해 목간에 적힌 의미나 맥락을 파악하는데 주력하였다. 전체 5점 가운데 학술적인 중요성이 많은 3점에 대해서만 그 성격을 되짚어보는 선에서 본고를 마무리하고자 한다.

우선 쌍북리 201-4번지의 목간 2점은 모두 건물지가 아니라 구상유구 5호에서 출토되었고 단편적이기는 하지만 남아 있는 묵서로 보아 3글자를 기본으로 한 인명과 인명 뒤에 장정 丁자를 1+3의 형태로 배치하고 있음을 알 수 있다. 이는 장정의 편제와 유관하며, 백제 후기 사비기의 율령제 시행의 일단을 보여주는 자료로 생각된다. 즉, 각종 부역 및 군역의 징발을 위해 호적을 정리하면서 만든 호적목간일 가능성도 상정된다. 또한 목간2의 경우에는 '兄習利丁'의 '兄'자가 형제관계를 의미할 경우 가족관계에 따른 丁의 편제양상을 보여주는 좋은 자료가 되며, '習利'라는 인명은 인근 쌍북리 280-5번지 유적에서 출토된 좌관대식기 목간에도 존재하여 앞으로 백제 사비기의 문화양상을 연구하는데 있어 흥미로운 단서를 제공할 것으로 기대된다.

한편 쌍북리 328-2번지에서 출토된 목간C는 구구단 공식을 단을 구분하여 9단부터 차례대로 적은 구구표 목간으로 한반도에서 구구단이 적힌 최초·최고의 실물자료이다. 또한 그동안 중국과 일본에서 주로 출토되었고 기재된 문자와 관련한 양자 간의 유사성으로 인해 중국-일본으로의 직접적인 전파 가능성이 제기되었지만 백제후기 사비도성 내부에서 목간C가 출토됨으로써 한-중-일로 대표되는 고대의 동아시아에 있어서 교역 네트워크의 일반성을 다시한번 입증해주었다는 점에서 더욱 귀중한 자료일 수밖에 없다. 특히 목간C는 중국과 일본의 대표적인 목간에 비해 훨씬 전문적이고 체계적인 면모를 보여줌으로써 백제시대 수리체계의 수준을 보여주는 중요한 유물일 뿐만 아니라 우리나라 구구단의 역사 및 한국 수학사 연구에 중요한 기초자료로 평가할 수 있다.

투고일: 2016. 2. 3.　　　심사개시일: 2016. 2. 10.　　　심사완료일: 2016. 4. 6.

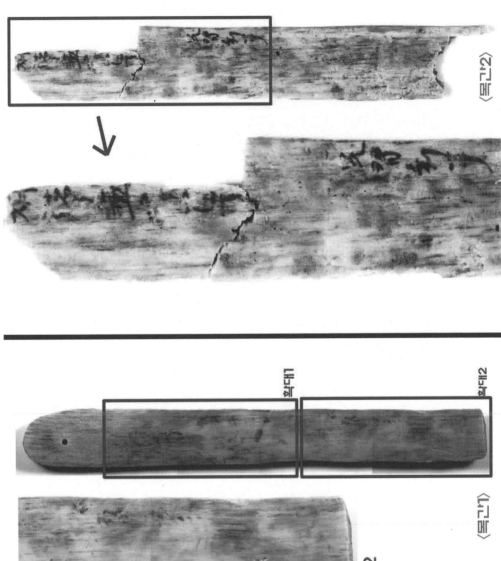

사진 1. 쌍북리 201-4번지 유적 목간1(좌) 및 목간2(우)

〈목간B〉

〈목간A〉

사진 2. 쌍북리 328-2번지 유적 목간A(좌) 및 목간B(우)

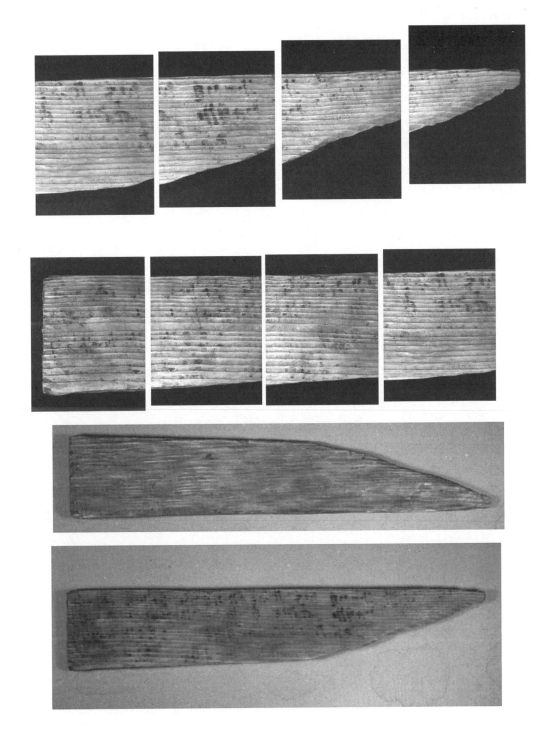

사진 3. 쌍북리 328-2번지 유적 목간C

참/고/문/헌

1. 발굴보고서 및 도록류

國立扶餘文化財研究所, 1999, 『宮南池 發掘報告書』.

國立扶餘文化財研究所, 2001, 『宮南池Ⅱ -現 宮南池 西北便一帶-』.

國立扶餘文化財研究所, 2008, 『陵寺』.

國立扶餘文化財研究所, 2009, 『扶餘 官北里百濟遺蹟 發掘報告Ⅲ -2001~2007年 調査區域 百濟遺蹟篇-』.

國立扶餘博物館, 2007, 『陵寺 6~8차 발굴조사 보고서』.

국립부여박물관·국립가야문화재연구소, 2009, 『나무 속 암호 목간』.

백제문화재연구원, 2010, 『부여 쌍북리 280-5번지 유적』.

손환일 편저, 2011, 『(韓國)木簡字典』, 國立加耶文化財研究所.

新發田市教育委員會, 2011, 『七社遺跡發掘調查報告書』.

尹武炳·忠南大學校博物館·忠淸南道, 1985, 『扶餘官北里百濟遺蹟發掘報告書Ⅰ』, 忠南大學校博物館.

한국문화재보호재단, 2013, 『2011년도 소규모 발굴조사 보고서Ⅳ -3. 부여 쌍북리 328-2번지 유적』.

한국문화재재단, 2015, 『2012년도 소규모 발굴조사 보고서Ⅴ -1. 부여 쌍북리 201-4번지 유적』.

2. 논저

金慶浩, 2010, 「한·중·일 동아시아 3국의 목간 출토 및 연구현황」, 『한국고대사연구』 59, 한국고대사연구회.

金聖範, 2010, 「羅州 伏岩里 木簡의 判讀과 釋讀」, 『목간과문자』 5, 한국목간학회.

미카미 요시타카(三上喜孝), 2011, 「일본 출토 고대목간 -근년(2008~2011) 출토목간-」, 『목간과문자』 7, 한국목간학회.

박민경, 2009, 「百濟 宮南池 木簡에 대한 재검토」, 『목간과문자』 4, 한국목간학회.

朴仲煥, 2002, 「扶餘 陵山里 發掘 木簡 豫報」, 『韓國古代史研究』 28, 韓國古代史研究會.

饒宗頤, 2005, 『新出土文獻論証』, 上海古籍出版社.

윤선태, 2007, 『목간이 들려주는 백제이야기』, 주류성.

윤선태, 2007, 「한국고대목간의 형태와 분류」, 『역사와 현실』 65.

윤선태, 2013, 「한국목간의 형태와 용도 분류에 관한 기초적 제안」, 『제17회 한국목간학회 정기발표회』, 한국목간학회·국립중앙박물관.

정훈진, 2015, 「부여지역 소규모 발굴조사 최신 성과」, 『건물지로 본 사비고고학』, 서경문화사.

정훈진, 2016, 「부여 쌍북리 국비조사 유적 출토 목간 사례」, 『한국목간학회 제23회 정기발표회』.

정훈진·김지혜·남선영·원대운·윤종철·한철민·김민수·최민석, 2012, 「부여 쌍북리 328-2번지 단독주택 신축부지 내 유적」, 『제26회 호서고고학회 학술대회 호서지역 문화유적 발굴성과』, 湖西考古學會.

정훈진·이진호·김지혜·정홍선·남선영·윤종철, 2012, 「부여 쌍북리 201-4번지 농업시설(창고시설) 신축부지 내 유적」,『제26회 호서고고학회 학술대회 호서지역 문화유적 발굴성과』, 湖西考古學會.

崔孟植·金容民, 1995,「扶餘 宮南池內部 發掘調査 槪報 : 百濟木簡 出土 意義와 成果」,『韓國上古史學報』 제20호, 韓國上古史學會.

洪承佑, 2011,「韓國 古代 律令의 性格」, 서울대학교 국사학과 박사학위논문.

〈日文要約〉

扶余・双北里の百済遺跡から出土した木簡の性格
－ 201-4番地および328-2番地出土木簡を中心に －

鄭勛晉

木簡は文書や手紙など、一定の形状を帯びている木片に文字を書いたもの(木牘または木牒)を指し、紙が登場する前までは竹簡とともに文字記録のために使用された。

百済時代の木簡はそのほとんどが泗沘都城であった扶余邑内から出土しており、制作年代はおおむね6世紀前半から7世紀半ばまでに当たる。

最近、扶余・双北里で行われた百済遺跡の小規模な発掘調査(韓国文化財財団が実施)からも5点の木簡が出土したが、328－2番地より出た3点と201－4番地から出た2点がそれである。2013年度および2015年度に発刊された正式報告書では、出土木簡に対して、肉眼判読が可能なもの(328－2番地から出土した木簡B)もあり、赤外線撮影を通じた第1次の判読、そして保存処理を通じた第2次の判読の成果を収録しているが、ほとんどの木簡は保存状態がよくなかったため、現段階までも正確な判読がなされていない。そのなかで、韓国木簡学会の支援のもと、両遺跡出土の木簡についての事例報告および討論が行われ、さらに墨書の再判読もなされるようになった。その結果、木簡の性格をめぐる新たな事実が明らかになり、木簡がもつ学術的な重要性を改めて認識するようになった。

まず、201－4番地出土の木簡2点(木簡1、2)は、主に人名と、壮丁を意味する「丁」が「1＋3」の形で組み合わせとなっていることがわかった。壮丁の編制に関わるものと考えられる。特に、賦役および軍役の徴発のための戸籍を整理することと関わっており、百済後期である泗沘期の律令制施行を示すものと判断される。木簡2の場合は、「兄習利丁」の「兄」字が兄弟関係として解釈できるのであれば、家族関係による丁の編制様相とみることも可能であろう。また「習利」という人名は近所の双北里280－5番地遺跡から出土した、いわゆる「佐官貸食記」木簡にも記されており、非常に興味深い。

ついで、328－2番地出土の「九九表」木簡(木簡C)は、韓半島から出土した「九九」の初事例である。従来は「九九」が中国や日本を中心に出土し、また木簡に記載されている文字列の類似性から、「九九」の文化は中国から日本へ直接的に伝来したと言われてきたが、木簡Cの出土により、他の伝来ルートが考えられるようになった。その意味でも木簡Cは韓・中・日と代表される古代東アジアにおける交易ネットワークの一般性を裏付ける貴重な資料であると言えよう。さらに、木簡Cの記載方式は、中国や日本の「九九」木簡よりも専門的で体系的であるため、百済時代における数理体系の水準をよく示すものと評価できよう。

以上のように、双北里の百済遺跡から出土した木簡群は、それ自体が百済文化の優秀性を端的に示している学術資料である。今後、さらなる検討・研究が行われ続けば、これまで明らかになった点よりも、木簡群が持っている多様な特徴がわかるようになるだろう。

▶ キーワード: 木簡、泗沘都城、壮丁、編制、賦役および軍役、律令制、九九表、東アジア、交易ネットワーク、数理体系、九九、韓国数学史、文化的な優秀性

蔚珍 聖留窟 巖刻 銘文의 검토

李泳鎬[*]

Ⅰ. 머리말
Ⅱ. 발견과 조사
Ⅲ. 명문의 판독
Ⅳ. 연대와 내용
Ⅴ. 맺음말

〈국문초록〉

2015년 12월 6일 성류굴 입구에서 확인한 암각 명문은 울진봉평리신라비 이후 거의 30년 만에 울진에서 발견된 신라 금석문이다. 이로써 성류굴의 중요성과 고대 울진 지역의 역사상이 학계의 주목을 받게 되었다. 아직 판독이 완전하지 않아 정확한 전문 해석은 어렵지만, 판독이 분명한 구절을 중심으로 대체적인 내용을 파악해 보았다. 먼저 서두의 '계해년 3월 8일'에서, 계해년을 543년(진흥왕 4)이 아닌 663년(문무왕 3)으로 추정하였다.

나아가 663년 3월 8일의 의미를 추구하였다. 이를 태양력으로 환산한 결과 4월 20일이 되어 24절기의 6번째인 곡우임을 밝혔다. 나아가 곡우의 성격에 비추어 봄날 풍년을 기원하는 축제가 이곳에서 거행되었다고 파악하였다. 굴신을 모신 성류굴과 그 주변에서 제의나 잔치가 베풀어졌으며, '此京'과 '大息食'을 연결하여, 창고를 열고 크게 쉬고 먹었다는 의미로 해석해 보았다.

강원도 및 울진 동해안 지역은 절경으로서 총석정, 사선봉, 금란굴, 삼일포, 사선정, 영랑호, 경포대, 한송정, 금강산, 오대산, 월송정 등 신라 화랑도의 유오지가 많이 위치하였다. 더욱이 월송정이 성류굴의 인근에 있다든가, 제천 점말동굴이 화랑도의 유오지였다는 사실에서, 성류굴도 화랑이나 낭도들이 즐겨

* 경북대 사학과 교수

찾던 명소일 가능성을 제시하였다.

또한 성류굴에는 이 명문 외에도 크고 작은 글자가 굴 안팎에서 여럿 확인되었다. 대부분 단편적인 것이지만, 작성연대는 반드시 근현대의 것만은 아닐 것으로 짐작되었다. 따라서 이에 대한 정밀 조사 결과에 따라 성류굴의 가치가 확연히 달라질 가능성도 배제할 수 없었다. 성류굴 명문 발견을 계기로 당대인들이 남긴 낙서에 대한 관심을 높이고, 낙서를 통해 정사나 공식 문서에서 파악할 수 없는 다양한 인간 활동의 모습을 복원하려는 노력이 요청된다고 하겠다.

▶ 핵심어: 蔚珍, 聖留窟, 穀雨, 窟神, 花郎, 落書

I. 머리말

성류굴은 경상북도 울진군 근남면 왕피천 하류에 위치한 천연동굴이다. 동해안에 인접하고 주변 경치가 아름다워 고대로부터 많은 사람들이 찾는 명소였다. 이 거대한 석회암 동굴의 생성 시기는 대략 2억 5천만 년 전이라고 하지만, 한편에서는 50만년 이내로 내려 파악하기도 한다. 동굴 안에서는 석검이 발견된 적이 있고, 인골과 곱돌로 만들어진 호신불도 출토되었다.

성류굴이 문헌자료에 등장한 것은 『삼국유사』로부터 비롯된다. 일연은 『삼국유사』권3, 탑상4, 臺山五萬眞身 조와 溟州五臺山寶叱徒太子傳記 조에서 淨神大王의 태자 寶川(寶叱徒)과 孝明의 전설을 적으면서, 성류굴을 처음 언급하였다. 성류굴의 당시 이름은 掌天窟이었고, 蔚珍國의 장천굴 또는 蔚珍大國의 장천굴로 묘사하였다. 울진을 '울진국' 또는 '울진대국'이라 한 것이 주목된다.

고려 말기의 학자 李穀(1298~1351)은 관동 지방을 답사한 후 「東遊記」(「關東遊記」라고도 함)라는 기행문을 남겼다. 이 가운데 성류굴에 관한 자세한 내용이 전한다. 이는 우리나라 최초의 동굴 탐사라 할 수 있는 것으로, 사실적 묘사가 매우 뛰어나다. 조선시대에 들어와서는 세조 때에 크게 활약한 천재시인 김시습이 「宿蔚珍聖留窟」 시를 남겼으며, 성현과 김창흡, 류세명, 신즙, 이광정, 이수인, 정기안, 황여일 등도 「聖留窟」 시를 지었다. 또한 조선 후기 성해응 등의 記文이 있고, 진경산수화로 유명한 겸재 정선의 「聖留窟」 그림과 단원 김홍도의 「聖留窟」 그림도 전한다. 이는 성류굴이 줄곧 명소로서 널리 알려져 왔음을 말한다.

그런데 성류굴 암벽에서 신라시대의 귀중한 명문이 새겨져 있음이 확인되었다. 2015년 12월 6일, 성류굴에 들렀던 위덕대학교 박물관장 박홍국 교수가 이곳에서 40자 가량의 신라시대 명문을 발견하였던 것이다. 이로써 성류굴은 자연과학적 가치에다 역사적 현장으로서의 의미를 더하여 보다 중요성을 띠게 되었다. 여기서는 성류굴 암각 명문의 발견 경위를 소개하고, 판독에 대한 고찰, 그리고 연대와 내용에 대한 검토를 진행하려 한다. 이로써 이 명문의 가치를 밝힘과 동시에, 고대 울진 지역의 역사를 재조명하는 기초를 마련하고자 한다.

II. 발견과 조사

성류굴은 경상북도 울진군 근남면 구산리 산 30번지 일대에 위치하고 있다. 1963년 5월 7일에는 국가 문화재인 천연기념물 제155호로 지정되었다. 울진읍에서 국도를 따라 남쪽으로 내려가다가, 수산리와 지음동을 거쳐 구릿재인 銅峴을 넘어 선 곳에서 500m 정도 북서쪽 강변으로 가면 도달할 수 있다. 이곳은 聖留峰의 西麓이며, 동해로 유입하는 王避川의 東岸에 위치하고 있다.

이 석굴은 앞을 흐르는 맑은 물이 산과 나무가 어우러진 계곡 아래쪽에 자리한, 기나긴 석회 동굴이다. 관동팔경 중의 하나인 왕피천 입구의 望洋亭과는 3㎞ 밖에 떨어져 있지 않으며, 굴 입구는 확 터져 있어 절경을 이룬다. 그러나 관광지로 개발되기 전의 성류굴은 희귀한 동식물의 보고였다. 동굴의 길이는 약 472m에 이르고, 입구에서 동굴 끝까지의 사이에 모습이 기이한 곳을 골라 오작교, 만불상, 로마궁전 등 재미있는 이름을 붙인 12개의 광장이 있다. 이와 같은 광장이나 내부 통로에는 형형색색의 다양한 鍾乳石과 石筍, 石柱가 발달하고, 군데군데 깊은 연못이 형성되어 경관이 매우 아름답다.[1]

〈사진 1〉 성류굴 전경

---

1) 이상은 울진군지편찬위원회, 2001, 『蔚珍郡誌』(上), 울진군, pp.505-506을 참고하였다. 현재 성류굴 안내판에는 굴의 길이를 870m로 소개하고 있다.

성류굴은 성류봉의 깎아지른 듯한 절벽 아래에 있다. 굴 입구로 가기 위해서는 지붕을 인 긴 통로를 거쳐야 한다. 종종 낙석이 흘러내리므로 이에 대비하여 2~3년 전에 가설한 것이다. 굴 앞에는 입구와 출구의 2개의 구멍이 있다. 암벽에 '聖留窟'이라 새긴 돌을 박아둔 명패 오른쪽이 입구이고, 그 왼편이 출구이다. 신라 당시에도 이들이 출구와 입구였는지는 확인이 필요하다. 입구의 암벽에 착암기의 흔적이 보이기 때문이다. 굴 안으로 들어가기 위해서는 머리 부상을 막기 위해 입구에 비치된 안전모를 착용해야 한다. 굴 내부에는 여러 개의 좁은 통로와 넓은 광장이 교차하고 있으며, 안전을 위해 설치한 철제 가설물을 밟고 줄을 서서 관람하도록 되어 있다. 특히 입구와 출구는 통로가 매우 좁다. 허리를 많이 굽혀야 한 사람이 겨우 드나들 수 있다. 성류굴을 처음 掌天窟이라 한 것은 안에서 밖을 보면 하늘이 손바닥만큼 작게 보이기 때문이었을 것이다.[2]

명문은 굴 앞 작은 광장의 출구 우측 70cm, 높이 170cm 지점 위에 펼쳐져 있다. 조금만 관심을 기울이면 누구나 쉽게 명문을 확인할 수 있는 자리였다. 비교적 평편한 암면 가운데서도 치석을 한 부분에 문자를 새겼다. 글자는 7행으로 가로 30cm, 세로 20cm 정도의 면적에 음각되었다. 명문의 자획 안에 얇은 종유가 덮인 곳이 있고, 군데군데 돌 표면이 얕게 떨어져 나갔다.

박홍국 교수가 이 명문을 발견한 것은 2015년 12월 6일 오전 11시경이었다.[3] 가족들과 함께 영주·봉화 지역 마애불 답사를 가다가 성류굴을 구경하기 위해 잠시 들렀다가 명문을 확인하였다. 그는 성류굴 관람이 처음이었으며, 글자의 형태와 크기, 마모상태 등으로 보아 삼국시대의 것일 가능성이 매우 높은 것으로 직감하였다. 그러나 마침 일요일이어서 관람객이 많았으므로 정밀조사는 보류하였다. 12월 7일(월) 오후에 박교수는 울진군 심현용 학예연구사에게 성류굴에 대한 조사 협조를 요청하고, 12월 9일(수) 오전 11시 30분부터 현장조사와 탁본, 사진촬영 및 1차 명문 판독작업을 진행하였다. 이 자리에는 울진군 심현용 학예연구사, 경주문화원 향토문화연구소 전임 소장인 최민희 선생이 함께하였다.

필자가 박교수로부터 명문 발견 소식을 접한 것은 이날 오후 2시 15분이었다. 대뜸 필자에게 울진 성류굴에 올 수 있느냐고 물었다. 대학시절부터 인연이 있던 터라[4] 무슨 일인가 물으면서 3시부터 6시까지는 수업이라고 말하였다. 그러자 중요한 암벽 명문이 있다고 일러주었다. "각행 6~8자, 행수 6줄 반, 각 글자 크기 3~4cm, 연호 없이 '계해년 3월 8일'은 분명하다"고 하였다 '癸亥' 글자는 울주천전리서석 글자체와 같다고 하였다. 그러면서 휴대폰으로 사진 한 장을 전송해 주었다. 울진은 대구에서 승용차로 가도 3시간은 걸리는데, 도착할 즈음에는 어두워 판독이 쉽지 않을 것이란 생각이 들었다. 그렇지만 명문에 대

---

2) 掌天窟을 撑天窟로 쓴 경우도 있다(『新增東國輿地勝覽』 권45, 江原道 蔚珍縣 佛宇). 그러나 '撑'자 또한 手(손 수)와 掌(손바닥 장)의 합자이다.

3) 발견과 공개 과정은 박홍국 교수가 문화재청에 보고한 「매장문화재 발견신고서」(2016.12.15)와 박홍국·심현용이 작성한 「울진군 보도자료 ─울진 성류굴 입구 암벽에서 삼국시대 신라 명문 발견!─」(2015.12.16)을 많이 참고하였다. 후자는 뒤에 울진문화원에서 발행한 『울진문화』 제29집(2015.12.31)에도 실렸다.

4) 필자는 1980년 12월 26~27일, 제5회 전국대학생 학술발표대회(인문분야)에 참가하였다. 문교부(현재의 교육부) 후원으로 고려대학교에서 열렸는데, 역사분야 심사위원은 서울대 한영우 교수, 박홍국과 필자는 각각 발표자였다.

한 호기심과 한국고대사 연구에서 금석문의 중요성을 잘 알고 있던 터라 기꺼이 가겠다고 답했다.

3시부터 대학원 수업이 예정되어 있었다. 학생들에게 연락하니 모두들 현장에 가보고 싶다고 했다. 그래서 필자의 차에 이재두, 박진영 두 학생을 태워 울진으로 향하였다. 울진에 도착하니 이미 어두워져 사방이 캄캄하였다. 울진읍 東林寺 부근 한식당에서 박교수와 최민희 선생, 필자, 그리고 동행한 두 대학원생 등 5명이 같이 저녁을 먹고, 인근 커피숍에서 차를 한 잔씩 마시면서 이야기를 나눈 뒤, 성류굴로 이동하였다. 박교수가 후래쉬로 문제의 명문을 이리저리 비추면서 설명해 주었다. 밤중에 갑작스레 보았지만 그런대로 글자를 확인하였다. 박교수는 굴 안팎의 다른 곳에도 명문이 있다고 일러주었다. 함께 불빛 속의 각자들을 살펴보았다. 암벽 여러 곳에 크고 작은 글씨가 낙서처럼 적혀 있었다. 놀라웠다. 명문을 살핀 지 얼마간 시간이 지나자 심현용 학예연구사가 도착하였다. 낮에 뜬 탁본을 실물 크기로 복사하여 몇 장 가지고 왔으므로, 수산교 입구 동원다방에서 6명이 함께 검토하는 기회를 가졌다. 밤 9시 50분 울진을 출발하여 자정을 넘어 대구로 돌아왔다.

12일(토) 오전 11시 20~30분 무렵 박교수는 오세윤 문화재 전문 사진가를 대동하여 명문에 대한 정밀 촬영을 실시하였다. 13일(일)에는 노중국·주보돈 교수에게 명문 발견 사실을 알리는 한편, 오후 5시 30분부터 10시 무렵에는 대구로 가서 노중국 교수와 함께 탁본 및 사진으로 2차 판독을 실시하고, 15일(화)에는 울진군을 통해 문화재청에 명문 발견 사실을 신고하였다.

필자는 경북대학교 인문대학과 중국 河北大學 文學院과의 학술교류협정 체결 및 '中韓文化의 認知와 對話' 학술대회 참가단의 일원으로, 11일 오전 교수·대학원생들과 함께 중국으로 출발하였다. 중국에서는 미리 짜둔 일정에 따라 바쁜 나날을 보냈다. 15일 오후 북경을 출발하여 김해공항을 통해 귀국, 밤늦게 대구로 돌아왔다. 그런데 박교수가 울진군청에서 16일 「보도자료」가 나갈 것 같다고 알려주었다. 이튿날, 중국을 다녀온 여독으로 12시경에야 울진봉평신라비전시관에 도착하였다. 「울진군 보도자료」는 이미 각 언론사에 배포된 뒤였다.

박홍국 교수, 심현용 학예연구사와 함께 죽변항구의 식당에서 점심을 먹은 뒤, 바닷가에 있는 까페(Le Cafe Marlie)에서 오세윤 선생이 촬영한 사진을 보며 판독에 대한 의견을 나누었다. 그리고 다시 성류굴로 가서 의심스런 글자들을 살펴보았다. 박교수는 두 줄로 그은 테두리 안에 큰 글자로 쓴 "縣令 李熙虎 운운"한 조선 말기의 명문도 원래 있던 글씨를 지우고 쓴 것 같다고 하였다. 굴 앞 맨 우측에서 반듯하게 쓰였지만 종유가 흘러내린 鄭△△ 李△△의 이름도 보였다. 굴 안팎에서 다시 소소한 문자들을 확인하였다. 한자로 이름을 쓴 것이 많았다.[5] 물론 한글도 있었다.[6] 출구 밖 좌측에서 '吉林省' 등의 문자가 보였다. '길림성'은 중국에서 온 사람들이 남겼을 것이다. 이들 각자의 상당수는 근현대의 것으로 추정되지만, 신라시대의 명문이 있을 가능성도 없지 않았다. 성류굴 암벽에 대한 전면적인 조사가 시급함을 느꼈다.

박홍국 교수는 지금까지 여러 종류의 역사 및 고고자료들을 발견하였다. 이는 학계에 널리 알려진 사

---

5) '張△」△△年生」南周△」林盛大」田秀岩」■基大」(입구), '尙根' '弼」(출구) 등이다.
6) '장연」윤병억」청송 월막동」(출구) 등이다.

실이거니와, 경상북도 칠곡군 松林寺 경내에서 수습한 '道使' 명 명문석도 그 가운데 하나였다.[7] 이번에 새로 발견한 금석문에 대한 소개는 명문의 발견자인 박홍국 교수가 하는 것이 바람직할 것이다. 그러나 박홍국 교수는 자신은 고고학을 전공하는 사람으로 발견 신고까지만 하겠으며, 본격적인 검토는 신라사 전문가에게 맡기겠다고 하였다. 그러면서 필자에게 논문으로 발표할 것을 부탁하였다. 동행한 심현용 학예연구사 또한 같은 의견이었다. 그리하여 필자가 신발견 울진 성류굴 암각 명문을 처음 연구하는 무거운 책임을 맡게 되었다.

대구로 돌아온 뒤, 『한겨레신문』 노형석 기자가 주보돈 교수에게 명문에 대해 문의하였다. 주교수는 이영호 선생이 다녀왔으므로 같이 가서 취재하라고 일러주었다. 그래서 12월 26일(토) 함께 가서 살피기로 예정하였다. 마침 국립대구박물관 이용현 선생과도 연락이 닿아 1박하며 이틀간 함께 조사하기로 일정을 맞추었다. 필자와 경북대 대학원생 최준식 군, 노형석 기자, 이용현 선생과 전문 사진가인 석진화 선생 등 5명이 울진 버스터미널에서 만나 점심식사 후 성류굴로 이동하였다. 명문에 대한 조사는 26일 오후, 밤, 그리고 27일(일) 새벽에 각각 실시하였다. 시차를 달리하여 조사한 것은 정확한 판독을 위해서였다. 아침 식사 후에는 울진봉평신라비전시관으로 가서 울진봉평리신라비를 조사한 뒤, 오후에는 읍남리 고분군, 북면의 덕천리 유적지, 근남면의 배잠사지 당간지주, 구산리 삼층석탑 등을 함께 답사하고 대구로 돌아왔다. 이틀간의 판독에서 이용현 선생은 '窟', '村', '食'자에 대한 의견을 밝히는 등 유익한 점이 많았다. 특히 석진화 선생이 촬영한 정밀사진은 연구에 매우 유익했다.

III. 명문의 판독

명문은 성류굴 출구의 오른 편 위쪽 부분에 치석을 한 뒤 글자를 새겼다. 각 행별로 글자 수가 일정하지 않은 것은 암면의 상태를 고려한 때문일 것이다. 그러나 표면을 정돈한 뒤에 새긴 것으로 보아, 자신들이 다녀간 것을 기념하여 장난삼아 쓴 글은 아니었다. 일종의 공문서라 할 수 있는 귀중한 자료였다.

이 명문에 대해서는 이미 두 차례 판독문이 제시되었다. 2015년 12월 16일자 「울진군 보도자료」에 실린 박홍국·심현용의 판독과, 2015년 12월 30일자 『한겨레신문』에 실린 이용현의 판독이 그것이다. 따라서 여기서는 이 두 가지를 참고하면서 명문을 검토하기로 한다. (단, 종서는 횡서로 고침)

---

7) 金昌鎬, 2001, 「慶北 漆谷 松林寺의 창건 연대 -위덕대학교박물관 소장품의 소개와 함께-」 『美術資料』 66, 國立中央博物館; 2007, 『한국고대 불고고학의 연구』, 서경문화사, p.274.

〈사진 2〉 성류굴 암각 명문의 위치

〈사진 3〉 성류굴 암각 명문 확대 사진

* 박홍국·심현용의 판독

癸亥年三月

八日△〔또는 △△〕丑付智

大奈麻未△△

此時我沂大思

△古〔또는 右〕五十(?)持△

知人夫息〔또는 見〕信

刀尒△咎△

* 이용현의 판독

癸亥年三月

八日窟主荷智

大奈麻未△△

此山△△△大尺△

二十日五十九村

△人大息食

刀人△△

* 이영호의 판독

癸亥年三月

八日壤主荷智

大奈麻未△疋?

此京△△斤?大△大?

△△五十?△△

知?人大息食

刀人△△

1행-3: '年'자이다. 울진봉평리신라비에서 '秊'으로 쓴 것과 대비된다.

1행-4: '二'자의 잘못이 아닐까 의심하였다. 2월 8일이면 석가의 탄생일과 연관될 가능성이 있기 때문이다. 그러나 이는 분명 '三'자였다.

1행-5: '月'자 아래에는 여백이 있지만 글자를 새기지 않았다. 당시에도 글자를 새길 수 없는 상황이었던 것 같다.

2행-3: 글자의 형체가 애매한 데다 오른쪽 일부 글자가 떨어져나가 판독이 어렵다. '窟'자로 읽기도 했으나, 얼핏 보아 巖, 壁, 塵, 廛 등의 글자와 비슷해 보였다. 그러나 맨 아래 부분은 '出'이 아니라 '士' 내지 '土'자가 분명했다. 따라서 섣불리 窟자로 판독할 수는 없다. '崑'자와 '嵒'자는 같은 글자인데 '山'변의 위치가 다르다.[8] '嶋'자와 '島'자의 '山'변도 마찬가지이고,[9] '檣'와 '橐'의 '木'변 또한 같다. '巖'자에서는 '山'변이 嚴자 위쪽이 아닌 좌변에 붙기도 하였다.[10] 그렇다면 필자는 '壚'자에서 '土'가 좌변이 아닌 맨 아래 부분에 쓰여진 글자로 파악하고 싶다. 그렇다면 이는 '巖'자의 異體字가 된다.[11] 巖은 '바위'란 뜻이지만, 또한 '穴'의 의미도 있다고 한다.[12] 후자의 뜻을 존중한다면, 이용현이 읽은 '窟'자와도 의미가 통한다. 여기서는 뒤에 이어지는 글자와 함께 壚主로 읽고, 직명으로 파악한다.

2행-4: '丑'자로 읽기도 했으나, 역상으로 보아 '主'자가 분명하다.

2행-5: 앞서 '付'자 또는 '荷'자로 읽었다. 그러나 '付'자 또는 '何'자의 윗부분에 필획이 보인다. '艹'의 우변은 보이지 않으나 좌변이 분명하므로, '荷'자로 읽는다.

2행-6: 자세히 살핀 결과 '智'자가 확실하였다. 박홍국·심현용의 炯眼으로 판단한다.

3행-4: 赤, 未 양자 가운데 '未'자로 판독한다.

3행-6: '疋'자 비슷하게 보였으나 단정할 수 없다.

4행-1: '此'자의 이체자로 판독하였다.

4행-2: '時'자의 古字인 '旹'자, 또는 '山'과 '△'의 두 글자로 파악하기도 한다. 그러나 필자는 창고 '京'자로 판독하였다. 그렇다면 뒤에 나오는 大息食과 연관될 가능성이 있다.

4행-5: 우측에 斤변이 보인다. 그러나 아래의 '大'자와 함께 한 글자였을 가능성도 있다.

4행-7: '尺'자로 판독한 견해가 있으나 확실치 않다.

5행-1·2: '二十'으로 읽기도 하였으나, 신라 금석문에서는 20을 '二十'으로 쓰지 않고 '卄'으로 표기하였다.[13] 따라서 '二十' 판독은 재고되어야 한다. 그러나 이 부분이 한 자인지 두 자인지 애매하다.

5행-3·4·5·6: '五十九村'으로 읽기도 하였다. 그러나 '村'자는 확실치 않다. 寸 위에 가로획이 하나 더 보이기 때문이다. 추독이지만, 필자는 '五老街'로 읽힐 수 없을까 한다. 『輿地圖書』蔚珍縣 方里 近南面 조

8) 王平 主編, 2008, 「唐 留別南溪詩刻」, 『中國異體字大系·楷書編』, 上海書畵出版社, p.91.

9) 「北魏 元瞻墓誌」·「隋 孔神通墓誌」, 『위의 책』, p.91.

10) 「隋 范高墓誌」, 『위의 책』, p.93.

11) 단국대 동양학연구소, 2008, 『漢韓大辭典』 권3, p.725.

12) 위와 같음.

13) 포항 냉수리비(癸未年 九月卄五日)를 비롯하여, 명활산성작성비(十二月卄日), 황초령 진흥왕순수비(八月卄一日癸未), 무술오작비(廣卄步), 남산신성비(二月卄六日) 울주천전리서석 계사명(癸巳 六月卄二日), 임신서기석(七月卄二日), 송림사 출토 명문석(十一月卄一日), 계유명 아미타삼존석상(化佛像卄也), 문무왕릉비(卄五日景辰), 황복사금동사리함기(七月十七日), 감산사아미타조상기(四月卄二日), 황룡사구층목탑찰주본기(十一月卄五日)도 마찬가지이다. 다만 선방사탑지(헌강왕 5년, 879)에 '佛舍利二十三', 봉림사진경대사비(경명왕 7년, 927)에 '龍德三年 四月二十四日 詰旦' 에서만 卄이 아닌 二十으로 표기하였다. 신라 말기에는 '卄' 대신 '二十'으로도 표기한 것 같다. 주 14)의 자료 참조.

에 '五老街里'와 '屯山里'가 관아에서 남쪽 10리에 있다고 하고, 동 山川 조에서는 성류굴이 관아의 남쪽 10리쯤에 있음을 밝히고 있기 때문이다. 5행의 전체 글자 수는 자세한 검토가 필요하다.

6행-1: '姑'자 또는 '女+占'한 글자처럼 보이기도 한다. 여기서는 '知'자에 가깝게 판독하였다.

6행-5: '食'으로 판독한 견해를 따랐다. 이용현의 炯眼으로 판단한다.

7행-2: '人'자로 파악된다.

이상 판독을 시도해 보았지만 일부 글자는 여전히 불확실하다. 따라서 전문에 대한 정확한 해석은 어렵다. 부실한 판독으로 선입견에서 무리하게 해석하는 것은 지양하고, 차후 시간을 두고 수정 보완할 예정이다. 그렇지만 癸亥年, 三月八日, △主, △智, 大奈麻, 此京, 大息食, 刀人 등은 확실하다고 생각된다. 따라서 다음 장에서는 이들 단어를 중심으로 내용을 살피고자 한다.

IV. 연대와 내용

금석문 연구에서 연대의 판별은 매우 중요하다. 성류굴 암각 명문은 처음 발견 시부터 삼국시대의 것으로 관심을 모았다. 그렇다면 계해년은 543년, 603년, 663년 가운데 어느 하나에 해당할 것이다. 그러나 여기서는 넉넉하게 723년이나 그 이후의 해도 함께 검토하고자 한다. 「울진군 보도자료」에서는 543년인 진흥왕 4년일 가능성이 크다고 추정하였다. 이에 대해서는 작년 12월 26일 현장을 조사한 이용현도 동의하였다. 계해년은 과연 어느 해였을까? 이를 살피기 위해 6세기~8세기 초 신라 금석문에 나타난 연대표기를 뽑아 정리하면 다음과 같다.[14]

---

14) 국립경주문화재연구소, 2009, 「浦項 中城里新羅碑」.

국립청주박물관, 2013, 「불비상, 염원을 새기다」.

韓國古代社會研究所, 1992, 「譯註 韓國古代金石文」(II)(III), 駕洛國史蹟開發研究院.

강진원, 2014, 「癸酉銘 阿彌陀三尊四面石像 銘文 검토」, 「木簡과 文字」 12.

金昌鎬, 2001, 「慶北 漆谷 松林寺의 창건 연대」, 「美術資料」 66; 2007, 「한국고대 불고고학의 연구」, p.274.

李道學, 2009, 「提川 점말동굴 花郎 刻字에 대한 考察」, 「충북문화재연구」 2, p.48.

李泳鎬, 2015, 「新羅 國學의 成立과 變遷」, 「歷史教育論集」 57, p.76.

<표 1> 6세기~8세기 초 신라 금석문에 나타난 연월일

금석문, 목간		연월일 표기	추정연대
포항 중성리신라비		辛巳	지증왕 2년(501)
포항 냉수리신라비		癸未年 9월 25일	지증왕 4년(503)
울진 봉평리신라비		甲辰年 정월 15일	법흥왕 11년(524)
울주 천전리서석	−원명	乙巳△(?)	법흥왕 12년(525)
	−추명	乙巳年 6월 18일 己未年 7월 3일	법흥왕 12년(525) 법흥왕 26년(539)
	−癸巳명	癸巳 6월 22일	지증왕 14년(513)
	−乙卯명	乙卯年 8월 4일	법흥왕 22년(535)
	−乙丑명	乙丑年 9월중	진흥왕 6년(545)
	−癸亥명	癸亥年 2월 8일	진흥왕 4년(543)
	−甲寅명	甲寅大王寺中	법흥왕 21년(534) 또는 진평왕 16년(594)
	−丁酉명	丁酉年 2월 11일	
	−丙申명	丙申載 5월 11일	경덕왕 15년(756)
	−辛亥명	辛亥年 9월	
	−乙卯명	乙卯年甲子 4월 11일	
	−癸亥명	癸亥年 2월 2일 △亥年 4월 4일	
	−壬午명	壬午年 6월 10일	
	−乙未명	乙未年 9월 5일	
	−丙戌명	丙戌載 6월26?일	경덕왕 5년(746)
	−辛亥명	辛亥年 9월중	
	−戌年명	戌年 6월 2일	
	−上元 2년명	上元二年乙亥 3월△일	문무왕 15년(675)
	−上元 4년명	上元四年 10월 4일	문무왕 17년(677)
영천 청제비	−丙辰명	丙辰年 2월 8일	법흥왕 23년(536)
영주 읍내리묵서		己未中	법흥왕 26년(539)
단양 적성비		△△△△월중	진흥왕대(545~550년경)
경주 명활산성작성비		癸未年 11월중 11월 15일 12월 20일	진흥왕 12년(551)

금석문, 목간	연월일 표기	추정연대
경주 임신서기석	壬申年 6월 16일	진흥왕 13년(552) 또는 진평왕 34년(612)
창녕 진흥왕척경비	辛巳年 2월 1일	진흥왕 22년(561)
황초령 진흥왕순수비	[太昌元年歲次戊子] 8월 21일 癸未	진흥왕 29년(568)
마운령 진흥왕순수비	太昌元年歲次戊子 [8월] 21일 [癸未]	진흥왕 29년(568)
북한산 진흥왕순수비	탈락	진흥왕 29년(568) 이후
대구 무술오작비	戊戌年 11월 朔14일	진지왕 3년(578)
경주 남산신성비	辛亥年 2월 26일	진평왕 13년(591)
영주 어숙지술간묘	乙卯年	진평왕 17년(595)
하남 이성산성 목간	壬辰年 정월 12일	진평왕 20년(603)
제천 점말동굴	癸亥年 5월 3일 癸亥年 11월 20일	진평왕 25년(603)
칠곡 송림사 명문석	[甲]申年 11월 21일	진평왕 46년(624)
연기 계유명 아미타삼존사면석상	△△癸酉年 4월 15일 歲[癸]△年 5월 15일	문무왕 13년(673)
연기 계유명 삼존천불비상	歲癸酉年 4월 15일	문무왕 13년(673)
경주 의봉 2년명 기와	儀鳳二年 三月三日作康	문무왕 17년(677)
연기 무인명 연화사석상	戊寅年 7월 9일	문무왕 18년(678)
경주 의봉 4년명 기와	儀鳳四年皆土	문무왕 19년(679)
경주 조로 2년명 전	調露二年	문무왕 20년(680)
경주 문무왕릉비	[垂拱三年歲次丁亥八月壬辰 朔] 25일景辰	신문왕 7년(687)
연기 기축명 아미타불비상	己丑年 2월 15일	신문왕 9년(689)
경주 황복사 석탑사리함기	天授三年壬辰 7월 2일 聖曆三年庚子 6월 1일 大足二年壬寅 7월 27일 神龍二年丙午 5월 30일	효소왕 원년(692) 효소왕 9년(700) 성덕왕 원년(702) 성덕왕 5년(706)
경주 신룡 2년명 금동사리함기	神龍二年景午 3월 8일	성덕왕 5년(706)

금석문, 목간	연월일 표기	추정연대
경주 감산사 미륵보살조상기	開元七年己未 2월 15일	성덕왕 18년(719)
경주 감산사 아미타상조상기	開元七年歲在己未 2월 15일 庚申年 4월 22일	성덕왕 18년(719) 성덕왕 19년(720)
평창 상원사종	開元十三年乙丑 3월 8일	성덕왕 25년(725)

[ ]는 추정임.

1. 계해년

첫째는 543년(진흥왕 4)일 가능성이다. 계해년의 '亥'자가 울주천전리서석 계해년 題名에 보이는 글자와 유사하다는 점에서 연대를 올려볼 가능성이 있다. 울진봉평리신라비의 건립이 524년(법흥왕 11)이므로, 이와 관련하여 543년이 주목된다. 더구나 인명 끝에 존칭 접미사인 '智'가 사용되었고, 干支로써 연대를 표기하였다. 또한 후술할 大奈麻의 '麻'자의 사용도 유의된다. 그러나 部名이 보이지 않는 것이 이상하다. 신라 중고기 금석문에서 왕경인의 인명표기는 직명, 부명, 인명, 관등명의 순으로 적는 것이 원칙이기 때문이다. 그렇다면 543년은 물론, 그 위로 연대가 올라갈 가능성은 낮아 보인다. 603년(진평왕 25), 663년(문무왕 3), 심지어 723년(성덕왕 22) 또는 그 이후 시기까지 고려할 수 있겠다.

둘째는 603년(진평왕 25)일 가능성이다. 干支로서 연대를 표기한 것, 존칭 접미사 '智'를 사용한 것 등은 삼국시대 신라 금석문의 일반적 경향과 일치한다. 그러나 중고기 금석문에서 경위를 가진 인물에게 部名이 보이지 않는다는 것은 치명적이다. 당시 금석문에서 왕경인의 부명을 기록하지 않은 것은 사례가 없기 때문이다. 따라서 603년 설 또한 희박하다.

셋째는 663년(문무왕 3)이다. 신라 금석문의 연대표기는 중고기는 干支로서, 중대·하대에는 중국의 연호를 사용하였다. 다만 중고기인 진흥왕대 건립된 황초령순수비와 마운령순수비는 신라의 독자적 연호를 사용하여 연대를 표기하였다. 이는 매우 특수한 사례로서, 오히려 예외적 현상으로 이해해야 할 것이다.[15]

중대 초에도 신라 금석문에서는 간지로서 연대를 표기하였다. 충남 연기군 일대(현 세종특별자치시)에서 발견된 불비상 명문들이 그것이다. 이 가운데 시기가 가장 늦은 己丑銘 아미타불비상의 기축년은 689년으로, 이 무렵까지 간지로서 연대를 표기한 사실을 보여주고 있다.[16] 그러나 충남 부여군 부소산성에서 발견된 '儀鳳二年'銘 기와,[17] 월성과 동궁을 비롯한 경주 여러 곳에서 발견된 '儀鳳四年皆土'銘 기와,[18] 동

---

15) 이 같은 점에서 황초령·마운령 진흥왕순수비의 가치는 매우 크다고 생각된다. 진흥왕의 영토확장과 동 순수비 건립은 대외적 과시로서 그의 위대한 업적이었던 것이다. 그렇다면 그 이전, 이후 신라의 연호 사용은 국내용이었을 가능성이 있다.

16) 물론 울주천전리서석 제명기나 목간 등에서 간지로서 중대기의 연대를 표기한 사례를 찾을 수 있다. 그러나 이는 국가의 공식 문서로 보기 어렵거나 일시적 용도로 사용된 예들이다.

17) 국립경주박물관, 2002, 『文字로 본 新羅』, p.108.

궁 월지에서 출토된 '調露二年'銘 塼 등의 연대는 각각 677년, 679년, 680년으로서, 이때 중국의 연호가 사용되었음을 말해주고 있다. 또한 울주천전리서석 제명기에서는 '上元 2년'과 '上元 4년'명 기사가 보여[19] 그보다 이른 675년, 677년에 이미 중국의 연호를 사용하였다. 그렇다면 중대 초 연기 지방에서 나타난 이러한 현상을 어떻게 이해하여야 할까? 신라 왕경이나 그 부근, 백제의 수도였던 부여에서는 670년대 중반부터 중국의 연호를 사용하였으나, 문화의 전파가 늦은 지방에서는 689년에도 간지로써 연대를 표기하였다고 해석할 수 있지 않을까 한다. 더구나 대나마의 관등을 가진 인물에게 부명을 표기하지 않았다는 점, 그러면서도 존칭 접미사인 '智'가 사용되었음을 고려한다면, 계해년은 663년일 가능성이 가장 크다고 생각한다.

마지막으로 723년(성덕왕 22) 또는 그 이후일 가능성이다. 『삼국유사』 권3, 탑상4, 대산오만진신 조에는 정신대왕의 아들 보천태자와 효명태자의 설화가 전한다. 보천태자는 항상 신령한 골짜기의 물을 길어 마셨으므로 만년에 육신이 공중을 날아 流沙江 밖 울진국의 장천굴에 이르러 수구다라니를 외는 것으로 업을 삼았다. 窟神이 말하기를, "내가 굴신이 된 지 2천년이 되었으나 오늘에야 수구다라니의 참 도리를 들었으니 보살계를 받기를 청합니다"라고 하였다. 이에 보천태자는 굴신에게 보살계를 준 뒤 오대산 神聖窟로 돌아가 50년 동안 수도하였다고 한다. 이 설화의 내용을 상기하고, '大奈麻'의 용례에 주목한다면, 723년일 가능성도 전혀 없는 것은 아니다. 그러나 이 설화의 사실성 문제와, 8세기에 접어들어서도 중국 연호를 사용하지 않고 간지로서 연대를 표기하였을까 하는 점, 그리고 인명표기에서 존칭 접미사 '智'가 여전히 사용되고 있다는 점 등을 고려하면, 723년이나 그 이후까지 내려갈 가능성은 낮다고 생각된다.

한편에서는 대나마의 인물을 지방민으로 추정하여, 지방민에게도 경위를 부여한 것으로 해석할 수도 있겠다. 7세기 중엽을 경계로 지방민에게 차별적으로 부여되던 外位 관등이 소멸되고[20] 왕경인에게만 부여되던 경위가 수여되었기 때문이다. 이 경우 부명이 나오지 않는 문제도 자연 해결될 수 있다. 그러나 문무왕 8년(668)에 고구려 평양성 전투에서 세운 군공에 따라 지방인에게 述干, 高干 등의 외위를 수여하고 있음을 보면,[21] 울진 지역의 지방민 유력자에게 먼저 경위를 주었다는 것은 잘 이해되지 않는다.[22]

2. 3월 8일

계해년이 663년이라면, 그해 3월 8일은 어떤 날이었을까? 신라 종묘에서는 일년에 여섯 번 제사를 지

18) 이동주, 2008, 「기와로 본 신라왕경의 공간변화」, 『역사와 현실』 68, pp.139-140 〈도표 2〉 참고.

19) 한국고대사회연구소, 1992, 『역주 한국고대금석문』(Ⅱ), p.169.

20) 武田幸男, 1965, 「新羅の骨品體制社會」, 『歷史學硏究』 299, pp.11-12.
    三池賢一, 1971, 「新羅官位制度」(下), 『駒澤史學』 18, pp.24~28.

21) 『삼국사기』 권6, 신라본기 문무왕 8년 동 10월조.

22) 대야성 전투에서 죽죽이 전사한 것은 선덕여왕 11년인 642년이었다. 아버지는 撰干으로 외위를 가졌으나, 자신은 경위인 舍知를 지녔다는 지적이 참고 된다(하일식, 2006, 『신라 집권관료제 연구』, 혜안, p.259). 그러나 이를 울진 지역과 비교할 수 있을지는 의문이다.

냈는데, 곧 정월 2일·5일, 5월 5일, 7월 상순, 8월 1일·15일이었다. 『삼국유사』 권2에 실린 「가락국기」에서는 수로왕이 죽자 거등왕이 정월 3일과 7일, 5월 5일, 8월 5일과 15일에 제사를 지내게 하였다고 한다. 그러나 이들 날짜는 성류굴 명문의 날짜와 일치하지 않는다.

또한 신라에서는 12월 寅日에 新城北門에서 八禮에 제사지냈는데, 풍년에는 大牢를 쓰고 흉년에는 小牢를 썼다. 立春 후 亥日에는 明活城 남쪽 熊殺谷에서 先農에 제사지내고, 立夏 후 亥日에는 新城北門에서 中農에 제사지내고, 立秋 후 亥日에는 蒜園에서 後農에게 제사지냈다. 立春 후 丑日에는 犬首谷門에서 風伯에게 제사지냈고, 立夏 후 申日에는 卓渚에서 雨師에게 제사지내고, 立秋 후 辰日에는 本彼遊村에서 靈星에게 제사지냈다. 그러나 543년의 3월 8일은 戊戌, 603년의 3월 8일은 庚戌, 663년의 3월 8일은 辛酉, 723년의 3월 8일은 癸酉이므로 이 또한 일치하지 않는다.

앞서 제시한 표에서 삼국시대부터 삼국통일 직후까지 신라 금석문에 나타나는 월일을 살필 수 있다. 이를 정리하면 정월(12일, 15일), 2월(1일, 2일, 8일, 11일, 15일, 26일), 3월(3일, 8일), 4월(4일, 11일, 15일, 22일), 5월(3일, 11일, 15일, 30일), 6월(1일, 2일, 10일, 16일, 18일, 22일, 26일), 7월(2일, 3일, 9일, 27일), 8월(4일, 21일, 25일), 9월(중, 5일, 25일), 10월(4일), 11월(중, 14일, 15일, 20일, 21일), 12월(20일) 등으로 나타났다.

겨울철의 빈도가 적게 나타났을 뿐, 전체적인 면에서 일정한 통일성은 없다. 더구나 사망 날짜는 불가항력적이다. 따라서 이 통계가 전체적인 상황을 정확히 반영한다고 하기는 어렵다. 그렇지만 정월 대보름인 정월 15일이 있고, 석가의 열반일인 2월 8일이나 성도일인 2월 15일 등 불교 관련 절일도 있다. 또한 삼월 삼짇날인 3월 3일이 있고, 3월 8일에도 행사를 거행한 사실을 찾을 수 있다.[23]

『삼국유사』 권3, 탑상4, 명주오대산보질도태자전기 조에서는 효명태자가 왕위에 있은 지 20년이었고, 신룡 원년(705) 3월 8일에는 오대산에 眞如院을 개창했다고 하였다.[24] 또한 경덕왕은 3월 3일에 귀정문 누각에서 충담사를 만났고,[25] 道場寺에서는 매월 3월 14일 점찰법회를 여는 것을 항규로 삼았다.[26] 3월에 중요한 일들이 많이 행해지고 있었던 것이다. 따라서 성류굴 명문에 나타난 3월 8일도 분명 유의미한 날이었을 것이다. 663년 3월 8일은 음력일 것이므로 태양력으로 환산하면 4월 20일이 된다. 이날은 1년 24절기의 여섯 번째인 穀雨이다.[27] 곡우의 의미가 봄비가 내려 百穀을 기름지게 한다는 뜻이니, 본격적인 농사철을 맞아 지역의 풍년을 기원한 행사 날로 추측할 수 있지 않을까 한다.

---

23) 「신룡 2년명 금동사리함기」는 "神龍二年景午 三月八日" 이하 3행이 탈락되었지만, 사리함기를 제작한 날일 것이다. 또한 「상원사종명」은 "開元十三年乙丑 三月八日鍾成記之"라 하여 종을 주조한 날임을 밝히고 있다.

24) 자료에 따라 약간의 차이가 있는데, 『삼국유사』 권3, 탑상4, 대산오만진신 조에서는 초4일, 『오대산사적』에서는 초3일로 전한다.

25) 『삼국유사』 권2, 기이2, 경덕왕 충담사 표훈대덕.

26) 『삼국유사』 권4, 의해5, 蛇福不言.

27) 태양력으로 환산하면 543년 3월 8일은 4월 27일, 603년 3월 8일은 4월 24일, 663년 3월 8일은 4월 20일, 723년 3월 8일은 4월 17일이다. 곡우는 매년 4월 20일 또는 21일이다. 그 밖에 한식을 상정할 수도 있겠지만, 고려 후기에는 동지 후 105일이었고, 전기에는 그보다 7일 정도 빠른 양력 3월 30일 무렵이었다고 한다. 따라서 이는 해당되지 않는다.

3. △主△智

우선 '△主△' 3자를 인명으로, '智'자를 존칭 접미사로 파악할 수 있다. 삼국시대 신라 금석문에서는 '智' 또는 '知'가 인명에 대한 존칭 접미사로 사용되었다. 이는 상고 말인 중성리비(501), 냉수리비(503)를 비롯하여, 중고시기의 봉평리비(524), 청제비 병진명(536), 적성비(545~550년경), 창녕비(561), 북한산비(568 이후), 황초령비(568), 마운령비(568), 천전리서석 원명·추명(525, 539) 및 계사명 題記(513) 등에서 사용되었고, 창녕비, 어숙묘(595)에서처럼 외위를 가진 인명에도 사용되었다. 그러나 명활산성작성비(551), 오작비(578) 등에는 존칭 접미사가 사용되지 않았다.[28] 문무왕릉비(687)에서 보듯이, 통일신라시기에 와서는 완전히 소멸되었던 것이다. 그러나 둘째 자가 '主'자로 판독되므로, '△主△' 전체가 인명이라기보다는 '△主'가 직명, '△'가 인명일 가능성이 더 크다.

△主의 예로는 왕실과 관련된 것으로 國主, 君主, 妃主, 公主, 宮主 등이 있다. 중앙 관부나 관원으로 租主, 稟主, 水主, 禾主 등이, 불교와 관련하여 寺主, 院主, 法主 등이 있다. 또한 화랑과 관련하여 花主, 6부와 관련하여 部主, 지방통치와 관련하여 軍主, 幢主, 州主, 郡主, 城主, 鎭主, 村主, 埤主 등의 사례를 찾을 수 있다. 그렇다면 △主는 郡主, 城主, 村主, 埤主[29] 정도의 직명이 아닐까 한다. 그러나 앞서 살폈듯이 △主의 '△'자를 '壤'자로 판독한다면, 이곳 성류굴 일대를 관할하는 우두머리 정도로 파악할 수 있겠다. 당시 행사를 주관한 임시 직명일 가능성을 배제할 수 없다.

마지막으로 '△智'는 △主의 인명표기였다. △智를 荷智로 읽으면, 荷가 인명이 되는 셈이다. 드물긴 하지만, 한 글자로 된 인명은 포항중성리신라비, 황초령·마운령 진흥왕순수비 등의 금석문에도 나타나고 있음이 상기된다. 따라서 직명, 부명, 인명, 관등명의 순으로 적던 중고기의 인명표기에서 부명만 사라졌다고 하겠다.

그러면 금석문에서 부명이 없어진 시기는 언제였을까? 기왕의 견해에서는 문무왕의 유조가 발표된 681년을 주요 기준으로 삼았다. 『일본서기』에 나타난 신라인의 인명을 분석하여 610~681년을 부명 사용 최후의 한 시기로 파악하기도 하였고,[30] 『삼국사기』나 『삼국유사』 등의 문헌자료에 근거하여 681년을 부명이 사라진 시기로 파악한 견해도[31] 있었다. 후자에서는 고구려·백제 사람과 신라 지방민이 왕경인화되는 배경과, 문무왕의 유조를 주요 근거로 삼았다. 그러나 한편에서는 울주천전리서석 上元 2년(675) 제명의 인명표기 '巴世大阿干'을 주목하고, 태종무열왕릉비의 건립시기를 추론하여, 681년 이전 곧 문무왕 재위기인 660년대에 작성된 무열왕릉비의 인명표기에는 부명이 없었을 것이라고 하였다.[32] 실물이 남아 있

---

28) 남산신성비(591)에서는 '之'가 많이 사용되었다. 이들은 대체로 村 출신으로 외위를 가진 인물들이다.

29) 벽주의 예로는 法幢埤主가 있다. 이는 법당에 두었던 군관으로 추측되는데, 촌주로 파악하는 견해(井上秀雄, 1974, 「新羅兵制考」『新羅史基礎研究』, 東出版, pp.166-167)와 군과 현에 배치된 군관으로 보는 견해(李仁哲, 1993, 「新羅 法幢軍團과 그 性格」, 『新羅政治制度史研究』, 일지사, pp.308-310)가 있다.

30) 末松保和, 1954, 「新羅六部考」『新羅史の諸問題』, 東洋文庫, p.276.

31) 李文基, 1981, 「金石文資料를 통하여 본 新羅의 六部」, 『歷史敎育論集』 2, p.124.

32) 金昌鎬, 2007, 「部名의 使用時期」, 『고신라 금석문의 연구』, 서경문화사, p.150.

지 않은 무열왕릉비의 건립시기에 대해서는 별도의 논의가 필요할 것이다. 그렇지만 681년 이전 시기에 부명이 사라졌음은 성류굴 명문으로 증명되었다고 하겠다. 아마 부명의 소멸 시기는 백제가 멸망하던 660년이나 부흥운동이 실패로 돌아간 663년 무렵을 경계로 삼아야 하지 않을까 한다. 존칭 접미사 '智' 또한 이와 멀지 않은 시기에 사라졌다고 추측된다.[33]

4. 大奈麻

성류굴 명문에서 관등 '大奈麻'의 표기는 매우 유려한 필치로 적혀 있어 그 중요성을 알 수 있다. 대나마는 나마에서 분화된 것이다. 이는 경위 10등으로 5두품이 오를 수 있는 최고의 관등이었다. 신라 관등에 대한 주요 연구에 의하면, 지증왕대 이전에는 아찬과 나마로부터 대아찬과 대나마가 각각 분화되지 않았다. 이들은 지증왕대 중반 이후에서 6세기 초엽에 이르는 시기에 비로소 분화 설치되었으며, 잡찬도 이때 두어졌다고 한다.[34]

나아가 이 연구에서는, 아찬과 나마의 관등표기 변천을 다음과 같이 5시기로 구분하였다. 阿干支−奈麻(Ⅰ기), 阿(尺)干−奈(乃)末(Ⅱ기), 阿湌(飡)−奈麻(Ⅲ기), 阿干−奈(乃)末(Ⅳ기), 그리고 아찬이 阿湌, 阿干, 關湌 등[35] 일정한 통일성 없이 표기되던 시기(Ⅴ기) 등이 그것이다.

Ⅰ기는 지증왕 4년(503)부터 진흥왕 12년(551)까지, Ⅱ기는 창녕 진흥왕순수비가 만들어지던 진흥왕 22년(561)부터 울주천전리서석 '上元 2년'명 題名이 새겨진 문무왕 15년(675)까지, Ⅲ기는 신문왕대의 문무왕릉비 건립에서 고선사서당화상비가 건립되던 애장왕대(800~808)까지, Ⅳ기는 헌덕왕 5년(813)에 세워진 산청 단속사신행선사비에 阿湌이, 애장왕 5년(804)에 만들어진 양양 선림원종명에 乃末 혹은 奈末이 표기되었으므로, 이 무렵부터 阿湌이 표기된 하동 쌍계사진감선사비가 건립된 정강왕 2년(887)까지, 그리고 마지막 Ⅴ기는 진성여왕대 이후라고 파악하였다.

나아가 각 시기의 변화요인을 다음과 같이 추정하였다. Ⅰ기에서 Ⅱ기로의 변화는 진흥왕 12년(551)의 開國 연호의 제정을, Ⅱ기에서 Ⅲ기로의 변화는 문무왕 21년(681) 왕의 유조를, Ⅲ기에서 Ⅳ기로의 변화는 애장왕 6년(805)의 공식 20여 조 반포를, Ⅳ기에서 Ⅴ기로의 변화는 진성여왕대의 정치적 혼란을 각각의 원인으로 지적하였다. 이 연구는 관등표기를 상세히 검토한 결과라는 점에서 주목할 만하다. 大奈麻란 용례로 보면 성류굴 암각 명문은 Ⅰ기 또는 Ⅲ기에 해당한다고 하겠다. 그렇다면 계해년은 543년과, 723년 또는 783년이 될 것이다.

그러나 Ⅲ기에서, 청주운천동사적비의 '阿干'과 비석의 건립시기 문제는 검토가 필요하므로[36] 뒤로 미루거니와, 영천 청제비 정원명(798)의 경우 奈麻 아닌 乃末이 적혀 있어 제Ⅱ기 또는 제Ⅳ기에 나타나는

---

33) 『日本書紀』 권26, 齊明天皇 6년(655) 7월조에 '春秋智'라 한 표현이 보인다.
34) 權悳永, 1991, 「新羅 官等 阿湌·奈麻에 對한 考察」, 『國史館論叢』 21, p.35.
35) 권덕영, 「위의 논문」에서는 韓粲도 포함하였으나, 이는 대아찬으로 봄이 일반적이다.
36) 윤경진, 2013, 「'청주운천동사적비'의 건립 시기에 대한 재검토」, 『사림』 45.

표기였다.[37] 또한 Ⅳ기에 속하는 황룡사구층목탑찰주본기에서는 阿干 명칭을 사용하였으면서도, 奈末·
大奈末·柰·大柰 등이 아닌 奈麻, 大奈麻로 표기하였다. 아찬과 나마 관등표기에 시기별로 경향성이 있
었음은 유의되지만, 반드시 정형화된 변화를 보인 것은 아니었던 것이다. 따라서 연대에 관해 앞에서 밝
힌 여러 근거들을 상기하면, 大奈麻 표기는 오히려 663년에도 사용되었던 것이 아닐까 한다.[38]

5. 大息食

대식식은 크게 쉬고 먹었다 정도로 해석된다. 누가 어떤 목적으로 이곳에서 그렇게 하였을까? 그리고
3월 8일 이 행사를 주관한 사람은 누구였을까? 먼저 이 행사를 주관한 사람에 대해서는 추정이 가능하
다. 앞서 살핀 바와 같이, 대나마의 관등을 가진 壞主 荷智 大奈麻가 행사를 주관한 중심인물로 파악되기
때문이다. 나아가 제4행 둘째 글자가 '京'자로 판독되고, 그 날이 곡우로서 풍년을 기원한 행사였다면, 이
는 성류굴 일대에서는 매우 중요한 사건이었을 것이다. 그렇다면 그 내용은 사람들이 '이 창고를 열어 크
게 쉬고 먹었다' 또는 '이 창고의 곡식으로 크게 쉬고 먹었다' 정도로 해석할 수 있을 것이다.

신라시대 성류굴에는 굴신이 존재하였다. 앞에서 언급한 『삼국유사』의 기록이 그것이다. 굴신은 2000
년 동안 이곳에 있었지만, 부처의 이름을 듣지 못하였다. 그러다가 보천태자가 수구다라니 외는 것에 감
동하여 비로소 자신의 형체를 드러내고 보살계 받기를 청하였다. 굴신이 보살계를 받자 다음날 굴은 형
적없이 사라졌다고 한다. 여기서의 굴신은 울진 지역의 전통적인 토착신으로 해석되고 있다.[39] 아직 불교
가 들어오기 전인만큼 이때 암주인 하지 대나마가 굴신에게 풍년을 기원하는 제의를 거행하였을 것으로
추측된다. 그러나 이후 울진 지역의 토착적인 신앙체계가 불교신앙 체계로 흡수·정리되면서, 토착신앙
을 숭앙하는 세력들은 해체되거나 약화되었다고 하겠다.[40]

6. 刀人

이는 명문을 새긴 사람이란 뜻으로 해석된다. 포항중성리신라비 말미의 '沙喙 心刀哩△', 울진봉평리
신라비의 '新人 喙部 述刀 小烏帝智', 울주천전리서석 계사명 제기의 '沙喙 △凌智 小舍 婦 非德刀' 등과
비교할 수 있겠다. 이들은 모두 '刀'자를 사용했다는 공통이 있다. 그러나 心刀哩△와 述刀, 非德刀가 인

---

37) 더구나 여기에는 통일기의 금석문에서 사라진 사탁(須喙)이란 부명까지 나타났다. 한국고대사회연구소, 1992, 『역주 한국
   고대금석문』(Ⅱ), p.31.
38) Ⅱ기 가운데서도 진흥왕 4순수비에서는 奈末과 大奈末이 사용되고, 계유명 아마타불사면석상에서는 乃末로 표기되었다.
   따라서 몇 개의 한정된 자료로 일반화할 수 있을지는 의문이다. 4순수비 가운데서도 북한산비·창녕비와 황초령비·마운령
   비의 관등표기는 서로 차이가 있다. 전자는 [阿尺干, (大阿尺干)]이라 한데 비해 후자는 (阿干), 大阿干으로 표기하고 있기
   때문이다.
39) 울진군지편찬위원회, 2001, 『울진군지』(상), pp.186~187.
40) 울진군지편찬위원회, 2001, 『울진군지』(상), p.190. 한편, 『삼국사기』 권6, 신라본기 문무왕 2년 조에는 "3월에 죄수들을 크
   게 사면하였다. 왕은 이미 백제를 평정하였으므로 담당관청에 명하여 큰 잔치를 베풀고 술과 음식을 내려주게 하였다"고 한
   다. 이와의 관련성도 생각할 수 있지만, 1년의 차이가 있다.

명이라면, 刀人은 직명으로 추정된다. 울진봉평리신라비의 '新人'에 해당한다고 하겠다.

7. 성류굴의 명소적 성격

성류굴은 울주 천전리 서석곡이나 제천 점말동굴과 함께 주목할 필요가 있다. 성류굴 암각 명문은 울주천전리서석 題名記나 제천 점말동굴 명문과 비교되기 때문이다. 먼저 울주천전리서석 여러 題名記에는 화랑과 낭도로 추정되는 많은 인명들이 열거되어 있다. '戊年六月二日 永郎成業', '水品罡世 好世' 등의 명문에서 永郎과 好世의 이름이 등장한다. 영랑은 후대에 신라 四仙의 하나로 추앙되었고, 호세는 진평왕대의 화랑인 好世郎이다. 호세와 함께 뒷날 上大等을 역임한 水品의 이름도 기록되어 있는바, 그 또한 화랑이었을 것이다.[41] 그 밖에 金仔郎, 夫帥郎, 渚峯郎, 金郎 등도 화랑으로 추정되는데, 이들이 화랑으로 이곳에 遊娛하였을 때에 刻字한 것으로 추정된다.

더욱이 이들 외에도 여러 사람들이 이곳을 다녀갔음은 다음과 같이 '遊行時 書' 또는 '...等 見記'라고 명기한 사실에서 분명히 알 수 있다.

> 癸亥年二月八日 沙喙 △凌智 小舍 婦 非德刀 遊行時 書
> 乙卯年八月四日 聖法興大王節 道人比丘僧安及以 沙彌僧首乃至 居智伐村衆士 △人等 見記

또한 제천 점말동굴 명문에는 '烏郎徒」祥蘭宗得行」', '孝彌行', '金郎行', '香本行' 등이 적혀 있거니와, 이는 또한 화랑과 낭도들이 다녀갔다는 뜻으로 해석된다.[42] 이들 명문들을 일종의 낙서라고 한다면, 성류굴 암각 명문은 이곳에서 거행한 행사를 기념하여 새긴 정형화된 글이었다는 점에서 차원을 달리한다.

울주 천전리 서석곡과 충북 제천 점말동굴은 신라 화랑도의 주요 遊娛地였다. 이들은 당시 신라의 명소였던 것이다. 울진과 그 북방의 동해안 일대 또한 화랑도의 유오지로서 이름 높았다. 동해안의 수려한 절경이 화랑도의 수도처로 알맞았기 때문이다.

강원도 통천의 叢石亭·四仙峰·金蘭窟, 고성의 三日浦와 四仙亭, 속초의 永郎湖, 강릉의 鏡浦臺와 寒松亭, 금강산의 永郎峰, 평창의 五臺山, 울진 越松亭 등은 화랑과 낭도들의 주요 유오지였다.[43] 특히 월송정은 성류굴의 인근에 위치하였다. 신라에서는 주요 산천제사를 대·중·소사의 체계로 편제하였다. 이 가운데 울진의 岳髮(髮岳)은 小祀의 대상으로 숭배되었다는 점도 주목할 수 있다.[44] 대·중·소사가 행해지는 祭場은 곧 화랑들의 유오지로 추정되기 때문이다.[45]

---

41) 李基東, 1984, 「新羅 花郎徒의 社會學的 考察」 『新羅 骨品制社會와 花郎徒』, 일조각, p.346.
42) 李道學, 2009, 「提川 점말동굴 花郎 刻字에 대한 考察」 『충북문화재연구』 2, pp.47~48.
43) 신라 화랑 유적지에 대해서는 문경현 외, 2005, 『花郎 遺蹟地의 調査 研究』, 경상북도·경북대 인문과학연구소가 참고 된다.
44) 『삼국사기』 권32, 제사. 울진군지편찬위원회, 2001, 『울진군지』(상), p.186에서는 악발을 안일왕산에 비정하였다.
45) 李文基, 2014, 「『三國史記』·『三國遺事』에서 본 新羅 花郎徒의 旅行」 『東方漢文學』 58, p.27.

고려·조선시대 성류굴에는 聖留寺가 있었다.[46] 성류굴의 존재로 미루어 성류사는 성류굴 바로 앞에 위치하였고, 前室이 설치된 석굴사원의 형태였을 것으로 추측된다. 그러나 이 절은 이때 창건된 것이 아니라, 이미 신라 당시부터 내려온 것이라고 판단된다.

그렇다면 아름다운 경관을 갖추었고, 굴신이 존재하였으며, 제의가 베풀어지고, 석굴사원의 존재가 추정된다는 점에서, 성류굴도 신라의 성소였다고 할 수 있다. 거기에다 기기묘묘하고 형형색색의 종유석과 석순, 석주는 보는 이들에게 경이롭고 신비한 느낌을 자아내게 하였을 것이다. 성류굴은 화랑의 유오지로 모자람이 없으며, 화랑도의 순례 코스 가운데 하나였음이 분명하다고 생각된다. 성류굴 암벽 각자에서 신라 화랑과 낭도들의 이름이 검출되기를 기대한다.

V. 맺음말

울진 성류굴 암각 명문은 2015년 12월 6일 위덕대학교 박물관장 박홍국 교수가 발견하였다. 1988년 4월에 발견된 울진봉평리신라비에 이어 거의 30년 만에 울진에서 새로운 신라 금석문이 추가되었다. 이로써 문헌자료만으로는 알 수 없는 다수의 사실들을 확인하여 성류굴과 고대 울진 지역의 역사상이 다시 한 번 학계의 주목을 받게 되었다.

이 명문은 아직 판독이 완전하지 않아 정확한 전문 해석은 어렵다. 그렇지만 확실한 구절을 중심으로 대체적인 내용을 파악해 보았다. 먼저 이 명문의 작성연대이다. 연대 판별은 비문 이해의 기준이 된다는 점에서 매우 중요하다. 서두의 '계해년 3월 8일'에서, 계해년을 삼국시대로 파악하여 진흥왕 4년인 543년일 가능성이 처음 제시되었다. 그러나 여기서는 543년, 603년, 663년, 723년 등 몇 가지 연대를 검토하여 오히려 문무왕 3년인 663년일 가능성이 크다고 보았다. 간지로 연대를 표기한 점, 존칭접미사인 '智'가 여전히 사용되고 있다는 점, 더욱이 중고기 금석문이라면 보여야 할 부명이 나타나지 않는다는 점 등을 주요 근거로 하였다.

다음으로 3월 8일의 의미를 추구하였다. 이를 태양력으로 환산한 결과 4월 20일이 되어 24절기의 6번째인 곡우로 판단하였다. 곡우의 성격에 비추어 봄날 풍년을 기원하는 축제가 이곳에서 거행되었다고 파악하였다. 따라서 굴신을 모신 석류굴과 그 주변에서 제의나 잔치가 베풀어졌으며, '此京'과 '大息食'을 연결하여, 창고를 열고 크게 쉬고 먹었다는 의미로 해석해 보았다.

나아가 성류굴의 명소적 성격에 대해서도 살펴보았다. 강원도 및 울진 동해안 지역은 총석정, 사선봉, 금란굴, 삼일포, 사선정, 영랑호, 경포대, 한송정, 월송정 등이 절경으로 유명하거니와, 이들은 화랑의 주요 유오지였다. 더욱이 월송정은 성류굴의 인근에 위치하였다. 아름다운 경관을 갖추었고, 굴신이 존재

---

46) 李穀, 『稼亭集』 권5, 記 「東遊記」; 『東文選』 권71, 記 「東遊記」.
  『新增東國輿地勝覽』 권45, 江原道 蔚珍縣 佛宇 聖留寺.

하였으며, 제의가 베풀어지고, 사원이 존재했다는 점에서, 성류굴도 명소로서 화랑이나 낭도들이 즐겨 찾는 유오지일 가능성을 제시하였다.

성류굴의 중요성은 이에 그치지 않는다. 이 명문 외에도 굴 안팎에서 크고 작은 글자가 여럿 확인되었기 때문이다. 대부분 단편적인 것이지만, 작성연대는 반드시 근현대의 것만은 아닐 것으로 짐작되었다. 따라서 이에 대한 정밀 조사 결과에 따라 그 가치가 확연히 달라질 가능성도 배제할 수 없었다.

최근 일본에서는 고대인들이 남긴 낙서를 통해 당시의 역사상을 밝히려는 연구가 활발하게 진행되고 있다.[47] 우리나라도 성류굴 암각 명문 발견을 계기로 당대인들이 남긴 낙서에 대한 관심을 제고할 필요가 있다. 그리하여 정사나 공식 문서에서 파악할 수 없는 인간 활동의 다양한 모습을, 낙서를 통해 복원하려는 노력이 요청된다고 하겠다.[48]

| 투고일: 2016. 4. 2. | 심사개시일: 2016. 4. 28. | 심사완료일: 2016. 6. 6. |

---

47) 三上喜孝, 2014, 『落書きに歴史をよむ』(歴史文化ライブラリー 375), 吉川弘文館.

48) 이 글은 위덕대학교 박물관장 박홍국 교수의 도움으로 이루어졌다. 필자에게 명문의 발견 사실을 처음 알려주고, 현장을 소개하였다. 울진군 심현용 학예연구사 또한 방문조사 시 도움을 아끼지 않았다. 그리고 석진화 선생은 양질의 사진을 촬영해주었다. 세 분 선생께 깊이 감사한다.

참/고/문/헌

1. 사료

『三國史記』

『三國遺事』

『東文選』

『新增東國輿地勝覽』

李穀, 『稼亭集』.

韓國古代社會研究所 編, 1992, 『譯註 韓國古代金石文』(전3권), 駕洛國史蹟開發研究院.

『日本書紀』

2. 보고서, 도록, 사전, 기타

국립경주문화재연구소, 2009, 『浦項 中城里新羅碑』.

國立慶州博物館, 2002, 『文字로 본 新羅』.

檀國大 東洋學研究所, 2008, 『漢韓大辭典』(전16권), 檀國大學校出版部.

王平 主編, 2008, 『中國異體字大系·楷書編』, 上海書畵出版社.

박홍국, 2016.12.15, 「매장문화재 발견신고서」.

박홍국·심현용, 2015.12.16, 「울진군 보도자료 −울진 성류굴 입구 암벽에서 삼국시대 신라 명문 발견!−」,
　　울진군; 2015, 『울진문화』 29, 울진문화원.

3. 단행본

金昌鎬, 2007, 『고신라 금석문의 연구』, 서경문화사.

金昌鎬, 2007, 『한국고대 불고고학의 연구』, 서경문화사.

문경현 외, 2005, 『花郎 遺蹟地의 調査 研究』, 경상북도·경북대 인문과학연구소.

蔚珍郡誌編纂委員會, 2001, 『蔚珍郡誌』(上), 울진군.

李基東, 1984, 『新羅 骨品制社會와 花郎徒』, 일조각.

李仁哲, 1993, 『新羅政治制度史研究』, 일지사.

하일식, 2006, 『신라 집권관료제 연구』, 혜안.

井上秀雄, 1974, 『新羅史基礎研究』, 東出版.

末松保和, 1954, 『新羅史の諸問題』, 東洋文庫.

三上喜孝, 2014, 『落書きに歴史をよむ』(歴史文化ライブラリー─ 375), 吉川弘文館.

4. 논문

강진원, 2014, 「癸酉銘 阿彌陀三尊四面石像 銘文 검토」, 『木簡과 文字』 12.

權惠永, 1991, 「新羅 官等 阿湌·奈麻에 對한 考察」, 『國史館論叢』 21.

윤경진, 2013, 「'청주운천동사적비'의 건립 시기에 대한 재검토」, 『사림』 45.

李道學, 2009, 「提川 점말동굴 花郎 刻字에 대한 考察」, 『충북문화재연구』 2.

이동주, 2008, 「기와로 본 신라왕경의 공간변화」, 『역사와 현실』 68.

李文基, 2014, 「『三國史記』·『三國遺事』에서 본 新羅 花郎徒의 旅行」, 『東方漢文學』 58.

李泳鎬, 2015, 「新羅 國學의 成立과 變遷」, 『歷史敎育論集』 57.

武田幸男, 1965, 「新羅の骨品體制社會」, 『歷史學研究』 299.

三池賢一, 1971, 「新羅官位制度」(下), 『駒澤史學』 18.

〈Abstract〉

Rock Inscriptions of Seongnyugul Cave, Uljin

Lee, Young-ho

On December 6, 2015, a series of inscriptions were discovered in and around Seongnyugul Cave in Uljin. This paper presents the results of a preliminary analysis of one of the inscriptions, based on the portions of it that are clearly legible.

The date of the inscription, arguably the single most important piece of data, is estimated to be 663. More precisely, the text is presumed to have been carved on the eighth day of March 663 on the lunar calendar, which corresponds to April 20 of the same year on the Gregorian calendar. This was the day of gogu or 'grain rain,' the sixth of the twenty-four terms into which the ancient East Asian calendar was divided. Accordingly, a vernal festival to pray for an abundant harvest is thought likely to have taken place here on this day.

Dotted with numerous scenic spots, the eastern seaboard was once the home of many pilgrimage sites of the Hwarang Corps, the elite group of male youth of Silla. Seongnyugul Cave is also presumed to have been one such site, frequently visited by the Hwarang Corps.

Aside from this text, several other inscriptions have also been identified both inside and outside the cave, in characters carved in various different sizes. Although most of them are short phrases composed of just a few characters, the possibility that some of them date from a much earlier time than the modern or contemporary period has been suggested. Further analysis should help establish their dates more precisely and ultimately determine the historical significance of Seongnyugul Cave.

It is to be hoped that the discovery of rock writings in Seongnyugul Cave will spark new interest in ancient inscriptions, including informal inscriptions as a documentary heritage. Insofar as they mirror the various human activities of historical times, they deserve closer attention and efforts for their restoration.

▶ Key words: Uljin, Seongnyugul Cave, gogu, gulsin (cave gods), Hwarang, informal rock inscriptions

일본 출토 고대 목간
-9세기 의료시설에 관한 목간들-

三上喜孝 著[*]

오택현 譯[**]

〈국문초록〉

본고에서는 최근 일본에서 발견된 고대 목간 중에서 가장 주목되는 것을 선택해, 그 내용과 의의를 소개하고자 한다. 여기에서는 2014년에 발견되어 『木簡研究』 37호(2015년) 등에 공표되었던 京都府·平安京 左京九条 三坊十町(施薬院御倉跡) 출토 목간에 대해서 소개한다.

목간의 출토지점은 平安京의 左京九条 三坊十町에 해당하고, 鎌倉時代의 古文書에 의하면 「施薬院御倉」이 있었던 장소다. 施薬院이란 仏教思想에 기반해서 병자에게 약을 시행하고, 치료를 행했던 시설이다. 발굴조사에 의하면 平安前期와 後期의 연못이 검출된 것 외에 平安時代 末期부터 鎌倉時代까지의 건물지 등도 검출되었다. 이 중 9세기 초에 속하는 연못에서 16점의 목간이 출토되었다.

비교적 명확하게 문자가 확인되는 목간 중에는 武蔵国(지금의 東京都와 埼玉県 지역)이 施薬院으로 薬物인 蜀椒 一斗를 진상했을 때 사용된 荷札木簡(꼬리표 목간)과 「六物干薑丸」라고 하는 薬物 이름이 쓰여진 목간, 그리고 施薬院의 田에서 耕作에 종사했던 「客作児」(고용노동자)의 사망을 기록한 목간 등이 있다. 이것들은 9세기에 있어서 施薬院의 실태를 알려주는 것으로 모두 귀중한 내용을 담고 있는 자료이다.

한국 출토 목간과의 관련으로 본다면 백제의 수도가 있던 부여 泗沘城의 東羅城 大門 부근에 위치한 陵山里寺址에서 출토된 「支薬児食米記」라 불리는 목간이 떠오른다. 고용노동자를 「○○児」로 부르는 용

---

* 國立歷史民俗博物館

** 동국대학교 사학과 박사수료

례는 한반도와 일본열도에 공통하고 있었을 가능성이 있고, 더욱이 모두 의료관련 시설에 관련된 사례가 확인되는 것은 우연이라고는 하지만 흥미로운 것이기 때문이다.

▶ 핵심어: 施薬院, 薬物名木簡, 客作児

I. 서론

본고에서는 최근 日本에서 출토된 木簡 중에서 주목되는 것을 선정해 소개하고자 한다. 이번에는 『木簡研究』37號(2015)에 공개된 平安京의 左京九条 三坊十町 출토 목간을 소개하고자 한다.

2014년 공익재단 법인 京都市 매장문화재연구소에 의해 京都市 南區 九条 殿田町에서 발굴조사가 행해졌다. 이 지역은 平安의 左京九条 三坊十町에 해당하고, 鎌倉時代의 九条家 문서에 의하면 「施藥院御倉」이 있었다고 여겨지는 곳이다.

施藥院이란 불교사상에 기반해서 병자에게 약을 처방하고, 치료를 행하는 시설로 日本에는 730년 光明皇后에 의해 平城京에 施薬·悲田 2院이 설치되었던 것에서 비롯된다. 平城京 천도 후에도 계속해서 施薬院과 悲田院이 두어졌다. 施薬院은 病氣를 치료하는 시설이었지만, 悲田院은 孤子과 貧窮者를 수용해 飢餓를 구제하는 시설이었다.

발굴조사에 의하면 平安 전기와 후기의 연못이 발견된 것 외에 平安時代 末期부터 鎌倉時代까지의 건물지 등도 발견되었다.

이 중 9세기 초에 속하는 연못에서 16점의 木簡이 출토되었다. 이하 『木簡研究』에 공개된 판독문과 내용분석을 토대로 본 木簡의 의미에 대해서 소개하고자 한다.[1]

II. 木簡의 판독문

9세기 초의 연못 유적에서 출토된 16점의 목간 중 문자가 비교적 명확하게 확인이 가능한 것은 다음과 같다.

---

1) 小檜山一良, 2015, 「京都・平安京跡左京九条三坊十町・烏丸町遺跡」, 『木簡研究』 37; 吉野秋二, 2015, 「平安京跡左京九条三坊十町(施薬院御倉跡)出土の木簡」, 『古代文化』 67-2.

(1)

悲田院解 申請□□

(2)

・×進食□事 」

・ 安都□足」

(3)

□□〔出〕黒米肆升 [   ]

　　　　　　弓削男宗

(4)

「＜武蔵国施薬院蜀椒一斗」

(5)

「讚支白米五斗宮道□□」

(6)

「＜猪□大二斗」

(7)

「六物干薑丸」

(8)

「□物干□丸」

(9)

・「　　　　大男大伴□□年□〔卅〕　七

　　○死亡貳人　　　　　　　　　左京人去月四日来

　　　　　大女土師浄女年五十六

・「　　　□□□逶死亡四人

　　○客作児捌人　　　施薬院田作

　　　　　弘仁二年三月十日□小治田□」

내용은 모두 9세기에 존재했던 施藥院에 관한 것으로 생각된다.

(1)은 「解 申請」이 보이기 때문에 悲田院이 보낸 上申 木簡이다. 悲田院이 上申했던 수신인은 施藥院으로 생각된다. 이것 때문에 9세기부터 施藥院이 悲田院을 관장하고 있었던 것이 알려지게 된다.

(2)는 상부가 결실되어 있어, 내용을 알 수가 없다.

(3)은 黑米 4升을 지급했던 기록 木簡으로 생각된다.

(4)는 武蔵国(현재의 東京都 埼玉縣)에서 施藥院에 보냈던 蜀椒 1斗에 달려있던 荷札 木簡(꼬리표 목간)이다. 『延喜式』 典藥式에 의하면 「諸国進年料雜藥」으로 武蔵国이 典藥寮에 매년 「蜀椒三斗」를 공진하는 것이 정해져 있다.

본 木簡에 의해 武蔵国은 典藥寮 외에 施藥院에도 蜀椒를 공진하고 있는 것이 알려지게 되었다. 蜀椒는 朝倉山椒의 다른 이름으로 天皇·中宮의 元日御藥과 臘月御藥 등으로 사용되어, 기본적인 生藥이었다.

(5)는 讚岐国(현재의 香川県)에서 보냈던 白米 5斗에 붙여졌던 荷札 木簡(꼬리표 목간)이다.

(6)은 상단부에 절입부가 있는 付札 木簡이다. 「猪」의 아래의 「□」는 「脂」 또는 「腊」로 생각되고, 「猪脂」 또는 「猪腊」에 붙여졌던 木簡으로

| 1번 목간 | 3번 목간 | 4번 목간 | 5번 목간 | 6번 목간 |

7번 목간

생각된다. 「猪脂」는 「猪膏」로도 기록되어 있어 『延喜式』 典薬式 등에 의하면 薬의 原料였다고 생각된다. 膏薬 외의 다른 原料로 조합되었던 해열제에도 사용되었다.

(7)은 상단부가 뾰족하게 되어 있는 付札 木簡이다. 「六物干薑丸」는 6種의 生薬을 조합했던 丸薬으로, 『延喜式』 典薬式에는 左右近衛府条에 「六物干薑丸」라는 글이 보이기도 한다. (8)도 같은 내용의 木簡일 것이다.

左右近衛府各卅七種

(中略)

右府別白散八十八剤. 茯苓散三剤. 水道散七剤. 芍薬丸二剤. 大棗丸. 黄連丸各七剤. 六物干薑丸四剤. 当帰丸十五剤. 万風膏. 万病膏各二剤. 千瘡万病膏三剤料.

(9)는 施薬院이 수용했던 인물의 사망에 대해 弘仁 6年(815) 3月 10日에 보고했던 木簡이라고 생각된다. 표면은 2명의 사망자의 이름과 나이가 기록되어 있다. 이 2명의 사람은 平安京 左京의 사람으로 2月 4日에 왔던 것을 기록하고 있다. 이름 앞의 위에 있는 「大男」「大女」는 연령으로 생각되어, 성인의 남녀를 의미하는 용어인 것 같다.

뒷면은 施薬院의 「田作」(田地의 耕作)에 종사하고 있던 「客作児」 8명 중 4명이 사망한 내용을 기록하고 있다. 「客作児」란 일반적으로 고용노동자로 『延喜式』을 비롯한 平安時代의 사료에서 광범위하게 보인다.[2] 여기에서는 「客作児」로서 施薬院의 「田作」에 종사하고 있던 施薬院 収容者가 사망했던 것을 기록한 것이라고 생각되며, 施薬院 収容者가 노역에 종사하고 있던 것을 살펴볼 수 있는 史料이다.

木簡 상부에는 구멍이 뚫려져 있어, 같은 種의 木簡이 묶여져 보관되고 있었던 것을 추정할 수 있다.

9번 목간 앞면   9번 목간 뒷면

---

2) 瀧浪貞子, 1991(初出1975), 「客作児役の史的意義」, 『日本古代宮廷社会の研究』, 思文閣出版.

III. 木簡에 보이는「客作児」

발견된 木簡들은 平安時代 초기(9世紀) 施薬院의 실태와 医薬文化의 상황을 알려주는 귀중한 자료들이다. 그 중에서도 한국 출토 木簡과의 관련되어 흥미로운 것은 사망자를 기록했던 목간 (9)이다. 이 목간에는 고용노동자로 보이는「客作児」라는 단어가 보이고, 이를 통해 施薬院에「客作児」이라고 불리는 고용노동자가 존재하고 있던 것이 확인된다.

「客作児」의 어원에 대해서는 瀧浪貞子가 언급한 바에 따르면『南村輟耕録』(원나라 말의 陶宗儀에 의해 随筆)에 있는「今人之指傭工者日客作」라고 하는 것이 이 단어가 처음으로 보이며,「客作」이란「傭工者」를 의미하는 것이라고 한다. 그러나 이 단어에 대해서는「江西俚俗, 罵人日客作児」(『能改斎漫録』(1162年 성립)『称謂録』(清의 梁章鉅에 의해 저작)『野客叢書』(南宋의 王楙에 의해 저작) 등에 기록되는 등 중국에서는 멸시의 뉘앙스를 담고 있었다.

그런데 일본에서「客作児」는 당시 유행했던 漢風名称의 하나로써 중국에서의 語義를 자세하게 이해하지 않고 語句만이 移入되어, 천한 의미를 포함하는 것이 아니라「雇工」보다 오히려 세련된 호칭이었다고 瀧浪貞子는 보고 있다.

하지만 본 木簡에 의하면 施薬院 収容者를「客作児」로 예상한 瀧浪貞子의 이야기처럼 멸시의 뉘앙스가 없었다고 이야기 할 수 있는가는 검토의 여지가 있다.『日本三代実録』元慶 2年(878) 3月 5日 条에는 豊前国 規矩郡의 採銅을 大宰府에 命했으며, 그중에서「그의 郡의 徭夫 100명을 보내 採銅客作児로 삼았다」라고 指示하고 있다. 이 경우의「客作児」는 특수기능을 가졌던 기술자라는 것은 아니지만, 採銅 때문에 모였던 단순한 雇夫였던 것으로 생각할 수 있다. 결국 특수기능을 필요로 하지 않은 단순노동자를 가르키는 단어이며, 거기에 멸시의 뉘앙스가 포함되지 않았다고 단정할 수는 없는 것이다. 어느 쪽이든 단순하게 경미한 노동을 행한 사람을「客作児」로 호칭했을 가능성이 높다.

그런데 백제의 수도가 위치했던 扶余의 泗沘城의 東羅城 대문 부근에 위치한 陵山里寺址에서「支薬児食米記」라고 불리는 木簡이 출토되었다.

· 支薬児食米記 初日食四斗 二日食米四斗小升一 三日食米四斗×
· 五日食米三斗大升 六日食米三斗大二 七日食三斗大升二 九日食米四斗大×
· □道使□□次如逢使猪耳其耳其身如黒也 道使□□弾耶方牟氏牟祋祋耶×
· ×又十二石又十二石又十二石又十二石又十二石又十二石又十二石(天地逆)

사각형 기둥으로 4면에 모두 묵서가 기재되어 있으며 일부의 습서들이 부분 보인다. 그러나 이 목간은「支薬児」의 하루하루 食米 지급을 기록했던 木簡이었다고 생각된다.

주목되는 것은「支薬児」라고 하는 용어인데, 이미 윤선태는『延喜式』에 보이는「客作児」(神祇6 斎院司),「嘗薬小児」(神祇5 斎宮),「造酒児」(神祇7 践祚大嘗祭) 등의 용어에 주목해「児」가 국가의 다양한 잡무를 수

행했던 최말단의 사역인을 의미하는 용어라고 추정했다.[3]

平安時代의 施薬院跡에서「客作児」에 관계된 木簡이 출토되어 다시금 이 견해에 주목할 필요가 있다. 더욱 깊게 생각하면「支薬児」는「客作児」와 같으며, 경미하게 단순한 노동을 행한 고용노동자를 의미하는 존재로 볼 수는 없는 것일까. 平安時代의 施薬院에는 경영을 유지하기 위한 田地가 있고, 거기에는「客作児」가 田地의 耕作에 해당하는 업무를 수행하고 있다는 것이 木簡에 기재된 것이다. 게다가 그「客作児」는 施薬院 収容者에 있었다고 생각된다. 또 한편으로 讃岐国에서 白米가 공진되었다는 것을 기록한 木簡과 黒米를 지급했던 것을 기록한 木簡 등도 출토되고 있어, 이것들에 의해 施薬院에 있는 田地를 耕作할 때 노동자와 米의 수급·지급이 행해졌을 가능성을 추정할 수 있는 것이다.

「支薬児食米記」도 그렇게 医薬과 관련된 시설을 유지하기 위해서 어떤 노동을 했던 고용노동자「支薬児」에게 食料를 지급했던 것을 기록한 木簡으로 파악할 수는 없을까. 물론 여기에서 보이는「客作児」와「支薬児」는 시기적으로도 큰 차이가 있고,「支薬児」가 구체적으로 어떠한 노동에 종사하고 있었는지는 정확하지 않지만「児」가 고용노동자를 의미하는 용어로서 古代의 한반도와 일본열도에서 공통적으로 사용되고 있었을 가능성은 높다. 혹은 백제에 있어서도 医薬 관련 시설의 収容者가 医薬施設을 유지하기 위해서 노역에 종사하고 있었을 가능성을 상정하는 것이 가능할 수도 있지 않을까.

다음「支薬児」木簡의 기재양식에서도 다시 한번 살펴보고자 한다. 여기에 기록된「又十二石」라고 하는 것처럼 지급기록이라고 생각되는 수량을「又」으로 연결하는 기재양식은 徳島県 徳島市 観音寺遺跡 출토 木簡에도 보이고 있다(『木簡研究』35).

```
「〔年〕               一升日一升米
「  □四月廿□×
            又日一升又日一升又日□
   板野国守大夫 分米三升小子分用米〔  〕
            此月数〔
                                (273)×59×5 019
```

「又日一升又日一升…」라고 하는 기재양식이 支薬児 木簡의「又十二石又十二石…」라고 하는 기재양식과 유사하다.

支薬児 木簡 전체의 내용에 대해서는 아직까지 정확하게 해명되지 못한 부분도 많은데, 日本의 古代 木簡과의 比較檢討를 통해서 지속적으로 검토할 여지가 있다고 생각된다.

투고일: 2016. 4. 26.   심사개시일: 2016. 5. 6.   심사완료일: 2016. 6. 3.

---

3) 윤선태, 2007, 『목간이 들려주는 백제이야기』, 주류성.

참/고/문/헌

瀧浪貞子, 1991(初出1975), 「客作児役の史的意義」, 『日本古代宮廷社会の研究』, 吉川弘文館.

윤선태, 2007, 『목간이 들려주는 백제이야기』, 주류성.

小檜山一良, 2015, 「京都·平安京跡左京九条三坊十町·烏丸町遺跡」, 『木簡研究』 37.

吉野秋二, 2015, 「平安京跡左京九条三坊十町(施薬院御倉跡)出土の木簡」, 『古代文化』 67-2.

〈日文要約〉

近年発見された日本古代木簡
−9世紀の医療施設に関する木簡群−

三上喜孝

　本稿では、近年、日本で発見された古代木簡の中から、とくに注目されるものを選んで、その内容と意義を紹介する。ここでは、2014年に発見され、『木簡研究』37号(2015年)等で公表された、京都府・平安京左京九条三坊十町(施薬院御倉跡)出土木簡について紹介する。

　木簡の出土地点は、平安京の左京九条三坊十町に相当し、鎌倉時代の古文書によれば「施薬院御倉」があった場所とされる。施薬院とは、仏教思想に基づいて病者に薬を施し、治療を行う施設のことである。発掘調査により、平安前期と後期の池が検出されたほか、平安時代末期から鎌倉時代までの建物跡などが検出された。このうち、九世紀初頭に属する池から16点の木簡が出土した。

　比較的明瞭に文字が確認できる木簡の中には、武蔵国(いまの東京都と埼玉県の地域)が施薬院へ、薬物である蜀椒一斗を進上した際の荷札木簡や、「六物干薑丸」という薬物名が書かれた木簡、そして施薬院の田の耕作に従事していた「客作児」(雇傭労働者)の死亡を記録した木簡などがある。これらは、9世紀における施薬院の実態を知る上で、いずれも貴重な内容をもつ資料である。

　韓国出土木簡との関連でいえば、百済の都が置かれた扶余の泗沘城の東羅城大門付近に位置する陵山里寺址から出土した「支薬児食米記」と呼ばれる木簡が想起される。雇傭労働者を「○○児」と呼ぶ用例は、韓半島と日本列島で共通している可能性があり、しかも、いずれも医療関連施設にそうした事例が確認できることは、偶然とはいえ興味深い。

▶ キーワード: 施薬院, 薬物名木簡, 客作児

금/석/문 다/시 읽/기

    문헌 사료가 충분하지 못한 한국 고중세사 연구에 있어서는 金石文과 같은 非문헌 사료가 대단히 중요하다. 다행히 근래에 이에 대한 관심과 연구도 점차 심화되고 있다. 여러 종류의 자료 모음집과 역주서 등이 나왔고, 개별 금석문을 대상으로 한 새로운 판독과 해석 연구들도 많이 나오고 있다. 하지만 아직도 충분히 세밀하게 검토되고 있다고는 이야기하기 힘들다. 기존의 자료집과 역주서 등에서 충분히 판독, 해석되지 않았거나 미심쩍은 부분들이 있고, 그에 따라 해당 금석문 자체의 성격이 전혀 새롭게 이해될 수 있는 경우들을 발견하게 된다. 이런 상황을 고려할 때 금석문에 대한 면밀한 재검토는 고중세사에 관한 새로운 사실들을 적지 않게 밝혀줄 수 있을 것으로 생각된다. 〈금석문 다시 읽기〉에서는 고중세의 금석문들 중에서 그 내용과 성격이 제대로 알려지지 못하였거나 기존의 판독, 해석과 다르게 판독, 해석될 수 있는 자료들을 소개하고자 한다. 고중세 금석문에 대한 학계의 보다 많은 관심과 면밀한 검토를 촉구하기 위한 〈금석문 다시 읽기〉에 연구자들의 관심과 질정을 부탁하는 바이다.

集安高句麗碑文의 판독과 해석[*]

權仁瀚[**]

〈국문초록〉

이 글은 孫仁杰·徐建新 선생이 제시한 摹本 3종과 『集安高句麗碑』 圖錄 및 『東北史地』 2013-3期에 실려 있는 定拓·江拓·于拓의 原石拓本 3종에 의거하여 「集安高句麗碑文」에 대한 새로운 판독·해석안을 제출한 것이다. 이를 위하여 旣往에 제출된 13인의 판독안과 5인의 해석안을 정리한 후, 판독상의 쟁점 문자(열)이나 해석상의 문제 구절에 대한 管見을 제시하면서 필자 나름대로의 판독 및 해석안을 導出해내고자 노력하였다.

본고의 논의를 통하여 특별히 새로운 글자를 발견해낸 판독이나 종전과는 다른 특이 해석을 도출해낸 바는 없으나, 한·중 내지 국내학자들 사이에 의견이 통일되지 못한 문자(열)에 대한 正解를 모색한 점에 의의를 두고자 한다. 다만, 비문 7행 제4~8자에 대하여 "丁卯歲刊石"로 판독됨을 강조하였을 뿐만 아니라, '干支+歲' 표현이나 '各於+NP(場所)+上' 구문이 魏晉南北朝代 史書에 散見됨을 밝힘으로써 집안비의 427년 建碑說을 지지한 점은 새로운 관점의 제시로 생각한다.

---

[*] 이 글은 2016년 4월 8일 동국대학교에서 열린 한국목간학회 제24회 정기발표회에서 발표하였던 원고를 수정·보완한 것이다. 발표회 당시 지정토론을 해주신 여호규 교수님을 비롯하여 발표장 안팎에서 여러가지 비판적 검토 의견을 내주신 윤용구, 최연식, 고광의 선생님 등 모든 분들께 사의를 표한다. 다만, 당시 제기된 모든 문제들에 대하여 시간적인 여유를 가지고 바로잡아야 마땅할 것이나, 필자의 능력 내지 시간 부족으로 다 미치지 못한 부분도 있음을 밝혀 양해를 구하고자 한다. 앞으로 비문 실견이나 탁본 열람 등을 통하여 좀 더 정확한 판독 및 해석안을 도출할 수 있는 기회가 주어지기를 바랄 뿐이다.

[**] 성균관대학교 국어국문학과 교수

본고의 논의 결과는 향후 필자가 목표로 하는 국어학적 고찰을 위한 정본 텍스트로 이용될 것인 바, 다른 한편으로 集安碑 논의의 재활성화를 위한 하나의 계기가 될 수 있기를 기대한다.

▶ 핵심어: 集安高句麗碑文, 모사문, 원석탁본, 판독과 해석, "丁卯歲刊石"

I. 머리말

集安高句麗碑(이하 '集安碑'로 줄임)가 발견된 지도 만 4년에 가까워진다. 그 동안 우리 학계에서는 2013년 1월 4일자 『中國文物報』에 중국 측의 140자 비문 판독문이 처음 공개된 이후, 한국고대사학회·동북아역사재단·고구려발해학회·한국목간학회·성균관대 동아시아학술원 등 유관 단체 및 학회의 회원들을 중심으로 비문 연구에 돌입하여 단기간에 걸쳐 다양한 연구 성과들이 발표된 바 있다. 대체로 2013~2015년 사이에 나온 논문 편수가 50여 편 정도에 이르고 있으니(중국 학술지 포함), 이 비문에 대한 세간의 관심이 어느 정도였는지를 짐작하기에 충분하다고 하겠다.

그런데 이러한 성과에도 불구하고 아직까지 解讀의 단계에서조차 의견의 일치를 보지 못하고 있는 文字(列)이 존재하고 있음은 엄연한 사실이다. 더욱이 국어학계에서는 아직까지 이 비문에 대한 논의가 전혀 이루어지지 못하고 있는 실정이다. 본고는 이러한 점을 염두에 두면서 후발주자로서의 利點을 최대한 살려 「集安高句麗碑文」에 대한 판독을 새롭게 함과 동시에 가능한 한 문면에 충실한 해석안을 제출함을 목표한 것이다. 이를 위하여 기왕에 제출된 13인의 판독안과 5인의 해석안을 정리한 후, 판독상의 쟁점 문자(열)이나 해석상의 문제 구절에 대한 필자의 管見을 제시하여 필자의 판독 및 해석안을 도출할 것이다. 본고의 논의 결과는 향후 필자가 목표로 하는 국어학적 고찰[1]을 위한 정본 텍스트로 이용될 것인 바, 이와 동시에 集安碑의 건립 시기 추정을 위한 논의에도 조금이나마 이바지할 수 있기를 기대한다.

아직까지 集安碑를 실견하지 못하였을 뿐만 아니라 한문 문리도 제대로 깨치지 못한 필자로서는 문제되는 글자들의 판독과 해석에 혹여 잘못된 판단을 하지 않을까 두렵다. 그럼에도 불구하고 본고의 논의가 고대국어 연구자들의 관심을 환기하는 한편, 집안비 관련 연구자들에게도 논의의 재활성화를 위한 하나의 계기가 될 수 있기를 빌어본다. 관심있는 분들의 아낌없는 叱正을 기대해마지 않는다.

---

1) 이 비문에 대해서는 졸저(2015: 364)에서 "여기서 중요한 것은 이 비문의 6행 "先聖功勳 弥高悠烈…(先聖의 功勳이 아주 높고 매우 빛나며…)"라는 문장 속에 바로 '弥高'라는 漢字語句가 등장한다는 점이다. 비록 이 표현이 『論語』에만 있는 것은 아니어서 이를 『論語』를 활용한 최초 사례로 단정할 수는 없지만, 시기적으로나 지리적으로 보아서 낙랑으로의 『論語』의 전래와 상당한 연관성을 지닌 고구려 한자문화의 一端으로 볼 수 있지 않을까 한다."고 소개한 것이 거의 유일한 것이 아닌가 한다.
필자가 앞으로 행하고자 하는 국어학적 고찰의 내용은 ①문체론적 고찰로서 字數律과 平仄法에 대한 분석, ②어휘론적 고찰로서 비문 속의 각종 한자어(구)에 대한 분석을 통하여 광개토왕비문과의 異同을 살피고자 하는 것임을 밝혀둔다(비문 내용상 음운론적·문법론적 고찰은 제외될 것이다).

II. 비문 판독안 수립

이 장에서는 지금까지 集安碑 앞면[2]에 대한 판독안을 제시한 13인의 논저들[3]에서의 판독 결과를 정리한 다음, 필자의 판독안(잠정)을 보이고자 한다.[4] 각 행 뒤에는 쟁점이 되고 있는 주요 文字列에 대한 模寫文·原拓의 이미지를[5] 보인 후에 각 글자의 판독에 관한 필자의 생각을 덧붙일 것이다.

〈주요 탁본 일람〉

ⓐ定拓(周榮順, 20121025) ⓐ周拓(20121025) ⓑ江拓(20121111~12) ⓒ于拓(20130112)

※각 탁본의 출처는 각주 5) 참조.

---

2) 集安碑 뒷면에 대한 판독은 孫仁杰 선생이 『東北史地』 2013_3期의 圖版欄에서 "□□國烟□守墓烟戶合卄家石工四烟戶頭六人 /國六人"으로 模寫하여 제시한 것이 거의 전부가 아닌가 한다. 비면 사진이나 탁본의 부족으로 본고의 논의 대상에서 제외될 수밖에 없었음을 밝혀둔다.

3) 集安碑에 대한 기존 판독안(原拓 대상 한정)의 약호와 그 출처는 다음과 같다.

　[報]: 『集安高句麗碑』, p.11, [耿]: 耿鐵華·董峰(2013), pp.2-3, [林]: 林澐(2013), p.14,

　[徐]: 徐建新(2013), p.25, [孫a]: 孫仁杰(2013a), p.51, [張]: 張福有(2013), p.46,

　[孫b]: 孫仁杰(2013b), pp.225-226, [선]: 선주선(2013), p.15, [윤]: 윤용구(2013), p.43,

　[여]: 여호규(2013), p.72, [홍]: 홍승우(2013), p.88, [강]: 강진원(2013), p.110,

　[기]: 기경량(2014), p.207, [김]: 김창석(2015), p.79.

4) ※판독 약호 □: 未判讀字, X: 推讀字, Y: 再構·補釋字, ■: 難讀字/判讀 留保字, ▨: 缺損字

5) 모사문 및 탁본 약호

　墓文A/B/C: 孫仁杰(2013a), p.51/孫仁杰(2013a), p.53/徐建新(2013), p.19,

　[定拓]: 『集安高句麗碑』, pp.12-39, 191-193; 周榮順拓, 20121025(林澐(2013)의 서술에 의함. 따라서 周榮順의 별도 탁본(= ⓐ)은 제시하지 않았음.),

　[江拓]: 『集安高句麗碑』, pp.208f.; 江化國·李光夫拓, 20121111~12,

　[于拓]: 『東北史地』 2013_3期, 〈圖版1〉; 于麗群拓(3호), 20130112.

〈제1행〉

[報]: □□□□世必授天道自承元王始祖鄒牟王之創基也 =[林]·[徐]·[孫a·b]·[홍]·[기][6]

[耿]: 惟太王之世必授天道自承元王始祖鄒牟王之創基也

[張]: 惟雄才不世必授天道自承元王始祖鄒牟王之創基也

[선]: ■■■■世必授天道自承元王始祖鄒牟王之創基也 =[윤]·[여]·[강]·[김]

[권]: ■■■■世必授天道自承元王始祖鄒牟王之創基也

〈제2행〉

[報]: □□□子河伯之孫神靈祐護蔽蔭開國辟土繼胤相承 =[林]

[耿]: 日月之子河伯之孫神靈祐護蔽蔭開國辟土繼胤相承

[徐]: □□□子河伯之孫神□□□假蔭開國辟土繼胤相承

[孫a]: □□□子河伯之孫神靈祐護假蔭開國辟土繼胤相承 =[孫b]

[張]: 天帝之子河伯之孫神靈祐護假蔭開國辟土繼胤相承

[선]: ■■■子河伯之孫神□於甄假熊開國辟土繼胤相承

[여]: 日月之子河伯之孫神靈祐護蔽蔭開國辟土継胤相承

[홍]: □□□子河伯之孫神靈祐護假蔭開國辟土継胤相承

[강]: ■■■子河伯之孫神靈祐護◪蔭開國璧土継胤相承

[기]: 日月之子河伯之孫神□□□假蔭開國辟土繼胤相承

[김]: ■■■子河伯之孫神靈□□假蔭開國辟土継胤相承

[권]: ■■■子河伯之孫神靈祐護假蔭開國辟土継胤相承 =[윤]

---

6) 단, 중국 측 논문들에서의 일부 簡體字는 繁體字로 환원하여 비교한 것이다. 이하 동일.

	摹文A	摹文B	摹文C	定拓	江拓	于拓
Ⅱ·10			欠			
Ⅱ·11			欠			
Ⅱ·12			欠			
Ⅱ·13						

①~④ Ⅱ·10~13: 제10자의 특이한 자형에 대하여 윤용구(2013: 32)에서 先秦古文에서 연유한 것임을 논증한 이후, 대다수가 이 판독안을 따르고 있다. 上部 '雨'의 특이한 형상은 ⬚, ⬚[7] 등 先秦古文의 사례를 수용하여 고구려적인 변용을 일으킨 것이 아닌가 추정해본다. 다만, 「광개토왕비문」에는 '雨'를 부수로 하는 글자가 없는 관계로 이와 직·간접인 비교는 불가능함이 아쉽다. 제11자 역시 대다수의 논자들과 마찬가지로 윤용구(2013: 32)의 논증을 존중하여 '祐'자로 판독한 것이다. [선]에서는 '於'자로 판독한 바 있으나, 비문 속에 나오는 '於'자의 자형(⬚ Ⅶ·22_摹文C)로 보거나 문맥으로 판단하거나 받아들이기 어렵다. 제12자도 윤용구(2013: 32)에서 지적한 것처럼, 특히 于拓에서 좌변 '言'의 형상이 先秦古文(⬚)과 흡사할 뿐만 아니라 右上의 '艹'(초두)와 이어지는 '隹'(새추)의 형상까지 어느 정도 찾을 수 있어서 '護'자로 판독할 수 있는 기본적인 조건을 갖춘 것으로 판단된다. 따라서 다수의 의견에 따라 '護'자로 추독한 것이다. [선]에서는 '甄'자로 판독한 바 있지만, 세 원탁 共히 左下部의 자형이 '土'가 아닐 뿐만 아니라 문맥상으로도 인정되기 어려운 견해이다. 제13자는 孫仁杰의 摹文B에 가까운 것으로 보이는데, 이는 漢代의 사례(⬚, ⬚)에 유사한 특징을 지니는 것으로 보아 '假'자로 판독한 것이다. 여호규 교수는 토론회 당시 于拓2호를 기준으로 이 글자의 상부에 '艹'의 느낌이 있다고 지적한 바 있으나, 위의 세 원탁에서 이에 해당되는 실획의 흔적을 찾기 어렵다고 판단되어 받아들이지 않았음을 밝혀둔다.

---

7) 본고에서 설명없이 제시되는 자형 자료는 『大書源』에서 인용한 것이다. 이하 동일.

〈제3행〉

[報]:　□□□□□□烟戶以此河流四時祭祀然而□備長烟　=[耿]

[林]:　□□□□各家烟戶以此河流四時祭祀然萬世悠長烟　=[孫a·b]

[徐]:　□□□□各家烟戶以此河流四時祭祀然□世悠長烟

[張]:　<u>遠近舊民</u>各家烟戶以此河流四時祭祀然萬世悠長烟

[선]:　■■■□各家烟戶以□河流四時祭祀然而世備長烟

[윤]:　■■■□各□烟戶以<u>安</u>河流四時祭祀然而世悠長烟

[여]:　■■■□各墓烟戶以■河流四時祭祀然而世悠長烟

[홍]:　□□□各□烟戶以□河流四時祭祀然而世悠長烟

[강]:　■■■□各■烟戶以■河流四時祭祀然而世悠長烟

[기]:　□□□□各家烟戶以□河流四時祭祀然<u>而</u>世悠長烟

[김]:　■■□□各<u>家</u>烟戶以□河流四時祭祀然而世悠長烟

[권]:　■■■□各<u>家</u>烟戶以■河流四時祭祀然而世悠長烟

※쟁점 문자열: <u>家</u>, ■

	摹文A	摹文B	摹文C	定拓	江拓	于拓
Ⅲ·06	欠	家	家			
Ⅲ·10	世	世	此			

⑤Ⅲ·06: 이 글자에 대하여 윤용구(2013: 33)에서는 '家'자 추독안에 대하여 비문의 자형상 성립하기 어렵다고 한 바 있으나, 세 원탁에서의 전체적인 자형이 漢代 字形(家 居延漢簡)과 유사한 느낌임을 살려 '家'자로 추독한 것이다.

⑥Ⅲ·10: 이 글자에 대해서는 '此'자로 판독하는 안, 未詳字/難讀字로 보는 안, '安'자로 추독하는 안 등 의견이 분분하다. 세 원탁상의 이미지로는 윤용구(2013: 33)에서 제안한 대로 '安'자로 추독하는 안에 左祖하고 싶다. 그러나 여호규 교수의 지적대로 'ㅗ'(갓머리) 모양이 이 비문의 다른 글자들에서와는(富: 富 Ⅳ·11, 富 Ⅸ·14 / 守: 守 Ⅳ·18, 守 Ⅸ·1, 摹文C) 달리 2, 3획 전체가 둥근 형상을 보인다거나, '女'의 가로획이 명확치 않다는 문제점이 있으므로, 문맥상으로는 '安'자가 어울린다고 보이나, 판독 단계에서는 난독자로 두어야 할 것으로 수정한 것이다.

<제4행>

[報]: □□□□烟戶□□□□富足□轉賣□□守墓者以銘

[耿]: 戶□□□烟戶□□□□富足者轉賣韓穢守墓者以銘

[林]: □□□□烟戶□□□□富□□轉賣□□守墓者以銘 =[徐]

[孫a]: □□□□烟戶□現禁有富足者轉賣轉買守墓者以銘

[張]: 戶亦轉賣烟戶爲禁舊民富庶擅轉賣韓穢守墓者以銘

[선]: ▨□□□烟戶□□□□□□轉賣□□守墓者以銘

[孫b]: □□□□烟戶□□□□富足□轉賣轉買守墓者以銘

[윤]: 戶□□□烟戶爲劣甚衰富足□轉賣數衆守墓者以銘

[여]: 戶守□□烟戶▣劣甚衰當買□轉賣數□守墓者以銘

[홍]: 戶□□□烟戶□□□□富足□轉賣□□守墓者以銘

[강]: 戶守□□烟戶□□□□富▣□轉賣▣▣□守墓者以銘

[기]: 戶守□□烟戶□□□□富□□轉賣□□守墓者以銘

[김]: 戶□□□烟戶□□□□富□□轉賣□□守墓者以銘

[권]: 戶守□□烟戶爲劣甚衰富足□轉賣數衆守墓者以銘

※쟁점 문자열: 戶守, 爲劣甚衰, 足, 數衆

	摹文A	摹文B	摹文C	定拓	江拓	于拓
Ⅳ·01	欠		欠			
Ⅳ·02	欠		欠			

⑦~⑧Ⅳ·01~02: 4행 제1자는 3행의 끝 글자가 '烟'임에 비추어 문맥적으로 '戶'를 기대할 수 있을 뿐만 아니라, 실제 하단부 좌측으로 삐침(丿)이 남아 있어서 다수의 의견을 따름에 아무런 문제가 없다. 문제는 제2자인데, 일단 江拓의 이미지를 중시하여 [여]·[강]의 의견을 따른 것이기는 하나, ⑥에 보인 다른 곳의 '守'와 자형에 다소 차이가 남은 문제의 소지가 될 수 있을 듯하다.

	摹文A	摹文B	摹文C	定拓	江拓	于拓
Ⅳ·07	欠	□	欠			
Ⅳ·08	欠	親	欠			
Ⅳ·09	欠	禁	欠			
Ⅳ·10	欠	有	欠			

⑨~⑫Ⅳ·07~10: 이 네 글자에 대해서는 미상자들의 연속으로 견해가 우세하나, 소수 '爲禁舊民/□覞禁有/爲劣甚衰/□劣甚衰'([張]/[孫a]/[윤]/[여])로 판독하는 안들이 제안된 바 있다. 필자는 여러 가능성 중에서 [윤]의 견해를 받아들여 '爲劣甚衰'로 판독하고자 한다. 제8~10자는 여호규 교수가 처음 제안한 대로 '劣甚衰'로 판독할 만한 특징들을 갖추고 있으므로 큰 문제는 아니다(자세한 논의는 여호규(2013: 64, 69), 윤용구(2013: 35)을 참조). 문제는 제7자인데, 이에 후속되는 '劣甚衰' 부분이 「광개토왕비문」 수묘인연호조에서의 "轉當羸劣"(점점 몰락하게 되다)라는 구절을 상기시킨다는 점에서 문맥상으로나 남아 있는 자형상으로나 '爲'자로 판독될 가능성이 있다고 판단하여 [윤]의 견해를 받아들인 것이다. 상단 '灬'(손톱조)의 모양이 後漢代의 사례들(爲, 爲 등)과 유사함을 참조.

	摹文A	摹文B	摹文C	定拓	江拓	于拓
Ⅳ·12	足	足	曱			
Ⅳ·16	欠	轉	欠			
Ⅳ·17	欠	買	欠			

⑬Ⅳ·12: 이 글자에 대해서는 '足'자로의 판독이 우세한 가운데, 소수 '庶'/'買'자로의 판독안([張]/[여])

도 제출된 바 있다. 定拓에서의 자형이 일견 '旦'자처럼 보임에서 이러한 다양한 판독안이 제기된 원인이 겠으나, 江拓에서 보면 상부가 '日'의 자형과는 차이가 나는 것으로 보임이 중요하다. 이런 점에서 于拓을 자세히 보면, 이 글자는 발이 달린 '口' 아래에 '之'가 있는 것처럼 보이므로(昰 _필자 모사) '足'의 이체자로 추독한 것이다. 이에 대하여 여호규 교수는 이 글자가 이웃하는 행의 글자들보다 아래쪽으로 치우쳐 있다는 문제점을 지적한 바 있다. 그러나 이 비문의 글자들 중에는 이웃하는 행의 글자들보다 위쪽으로 치우친 글자들도 있을 뿐만 아니라(3행 제9자 '以', 5행 제9자 '上', 5행 제18자 '亡' 등) 아래쪽으로 치우친 글자도 있다는 점에서(3행 제18자 '而') 크게 문제되지는 않는다고 판단하여 필자의 판독안을 유지한 것임을 밝혀둔다.

⑭~⑮ Ⅳ·16~17: 이 두 글자에 대해서는 미상자의 연속으로 판독하는 안이 우세한 가운데, '韓穢'/'轉買'/'數衆'/'數□'([耿]·[張]/[孫a]/[윤]/[여])으로 판독하는 안들도 제출된 바 있다. 제16자는 江拓에서 '數'자로 추독할 만한 특징을 갖춘 것으로, 제17자는 于拓에서 '衆'자의 특징들을 갖춘 것으로 보고 싶다(자세한 것은 윤용구(2013: 35-36)의 논의를 참조).

〈제5행〉

[報]: □□□□□□□罡□太王□□□□王神□□興東西

[耿]: □□□□□唯國罡上太王□□□□王神□□興東西

[林]: □□□□□唯國罡□太王□乎□太王神武車興東西

[徐]: □□□□□□國罡上太王□平□□王神□□與東西

[孫a]: □□□□□□國罡上太王號平安太王神武乘興東西

[張]: 守墓人標然唯國罡上太王號平安太王神武乘興東西

[선]: □□□□□王國罡上太王國平安太王神廟不與東西

[孫b]: □□□□□□罡□太王□□□□王神□乘興東西

[윤]: □□□□□王國岡上太王國平安太王神亡□興東西

[여]: □□□□■國岡上太王□平□■王神亡■興東西

[홍]: □□□□□□國罡上太王□平安太王神□□興東西

[강]: □□□□□王國岡上太王■平安太王神亡□興東西

[기]: □□□□□王□罡上太王□平□太王神亡□興東西

[김]: □□□□□□國罡上太王□平□太王神亡□興東西

[권]: □□□□□■國罡上太王□平安太王神亡□興東西

※쟁점 문자열: ■, 罜, □, 興

	摹文A	摹文B	摹文C	定拓	江拓	于拓
Ⅴ·06	欠	□	欠			
Ⅴ·08	罜	罜	罜			
Ⅴ·12	欠	虢	欠			
Ⅴ·20	興	興	興			

⑯ Ⅴ·06: 이 글자에 대해서는 주로 중국 측에서는 '唯'자로, 한국 측에서는 '王'자로 판독함으로써 의견이 갈리고 있다. 필자는 세 원탁 공히 左上에 작은 입구(口)의 존재가 분명해보일 뿐만 아니라, 그 우측에 '口'와는 이어지지 않은 중앙 세로획과 몇 개의 가로획의 존재 등으로 보아(특히 定拓 참조) 전체적으로 '唯'자로 판독할 만한 조건을 갖춘 것으로 판단한 것이다. 그러나 여호규 교수의 지적대로 우측의 자형이 '隹'(새추)로 보기에는 가로획 한 획이 부족할 뿐만 아니라, 하단 가로획이 좌측으로까지 뻗어 있어서 '唯'자로 판독하기는 어렵다고 본 것이다. 그렇다고 해서 '王'자로 판독하기에도 좌상의 작은 입구(口)의 존재가 뚜렷하다고 보아 최종적으로는 난독자로 둔 것이다.

⑰ Ⅴ·08: 이 글자에 대해서는 세 원탁의 자형이 摹文B와 유사하다고 보아 '罜'자로 본 것이다.

⑱ Ⅴ·12: 이 글자에 대해서는 '虢'자나 '國'자로 판독하는 의견이 있으나, 어떤 글자인지를 판단하기 어려워 다수의 의견대로 미상자로 본 것이다.

⑲ Ⅴ·20: 이 글자에 대해서는 크게 '輿'자로 보느냐, '興'자로 보느냐의 의견이 갈리고 있다. '臼'(절구구) 안의 자형이 무엇인지가 문제의 핵심인데, '車'라기보다는 '同'에 가깝다고 보아 '興'자로 판독하는 의견을 좇은 것이다.

〈제6행〉

[報]: □□□□□追述先聖功勳彌高悠烈繼古人之慷慨
[耿]: □□□□□追述先聖功勳弥高悠烈繼古人之慷慨
[林]:　廿 家巡故國追述先聖功勳弥高悠烈継古人之慷慨 =[張]
[徐]: □□□□國追述先聖功勳弥高悠烈継古人之慷慨

[孫a]: □□□□□國追述先聖功勳弥高悠烈継古人之慷慨

[孫b]: □□□□□追述先聖功勳弥高悠烈継古人之慷慨 =[홍]

[선]: □□□□□追述先聖功勳弥高㳘烈繼古人之慷慨

[윤]: 廟□□□室追述先聖功勳弥高悠烈継古人之慷慨

[여]: ■□□□世室追述先聖功勳弥高休烈繼古人之慷慨

[강]: ■□□□世室追述先聖功勳弥高悠烈継古人之慷慨

[기]: □□□□□追述先聖功勳彌高㳘烈繼古人之慷慨

[김]: 祠□□□□室追述先聖功勳彌高㳘烈繼古人之慷慨

[권]: 祠□□□世室追述先聖功勳弥高㳘烈繼古人之慷慨

※쟁점 문자열: 祠, 世室, 㳘

	摹文A	摹文B	摹文C	定拓	江拓	于拓
Ⅵ·01	欠	欠	欠			
Ⅵ·05	欠	□	欠			
Ⅵ·06	欠	國	國			
Ⅵ·15	悠	悠	怂			

⑳Ⅵ·01: 이 글자에 대해서는 대다수 미상자로 보는 가운데, '廟'자나 '祠'자로 판독하는 안이 제출되어 있다. 필자는 특히 于拓에서 우측 '司'의 자형이 비교적 분명한 가운데, 좌측 '礻'(보일 시)의 자형도 어느 정도 보이므로 '祠'자로 본 김창석 교수의 판독안을 따른 것이다.

한편, 6행 상단부에 大字로 된 '卅家'가 있다는 주장이 [林]·[張]에 제기된 바 있으나(왼편의 이미지 참조) 마멸된 泐痕들에 의해 우연히 그렇게 보이는 것으로 판단된다. 왜냐하면 문제의 '卅'자로 보이는 글자의 일부가 '祠'자로 판단될 뿐만 아니라, '家'자로 보이는 글자는 5행에까지 걸쳐있

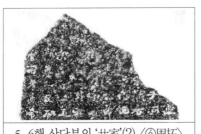

5, 6행 상단부의 '卅家'(?) 〈ⓐ周拓〉

다는 점에서 지금까지 알려진 비문들에서는 類例를 찾아보기 어려울 만큼 특이한 刻字에 해당되기 때문이다.

㉑~㉒Ⅵ·05~06: 이 두 글자에 대해서는 江·于拓의 자형에 따라 '世室'로 추독하는 의견을 좇은 것이다. 제5자는 于拓에서 긴 가로획과 작은 '卄'의 존재가 비교적 뚜렷하므로, 제6자는 江·于拓에서 '室'자에 유사한 형상이 드러나기 때문이다.

㉓Ⅵ·15: 이 글자는 현재 세 원탁에서 보듯이 右上部가 뭉개져 있어서 '悠'자인지 '休'자인지를 판단하기 어렵게 되어 있다. 그런데 林澐(2013: 11f.)에서 이 글자는 '休'자로서 '休'와 통하는 글자이고, '休烈'이 고인의 업적을 기리는 상용어라는 견해에 주목하여 '休'자로 추독한 것이다. 실제 자형상으로도 이 가능성이 클 뿐만 아니라, 선행하는 "先聖功勳彌高"에 후행하는 표현으로도 '悠烈'보다는 '休烈=休烈'이 좀더 잘 어울린다는 판단에 의한 것이다.

〈제7행〉

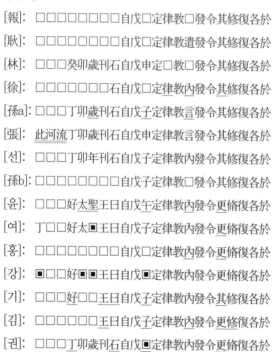

[報]: □□□□□□□自戊□定律教□發令其修復各於

[耿]: □□□□□□□自戊□定律教遣發令其修復各於

[林]: □□□癸卯歲刊石自戊申定□教□發令其修復各於

[徐]: □□□□□□石自戊□定律教內發令其修復各於

[孫a]: □□□丁卯歲刊石自戊子定律教言發令其修復各於

[張]: 此河流丁卯歲刊石自戊申定律教言發令其修復各於

[선]: □□□丁卯年刊石自戊子定律教內發令其修復各於

[孫b]: □□□□□□□自戊子定律教□發令其修復各於

[윤]: □□□好太聖王日自戊午定律教內發令更脩復各於

[여]: 丁□□好太◼王日自戊子定律教內發令更脩復各於

[홍]: □□□□□□□自戊□定律教內發令更脩復各於

[강]: ◼□□好◼◼王日自戊◼定律教內發令更脩復各於

[기]: □□□好□□王日自戊子定律教內發令其修復各於

[김]: □□□□□王日自戊子定律教內發令更修復各於

[권]: □□□丁卯歲刊石自戊◼定律教內發令更脩復各於

※쟁점 문자열: 丁卯歲刊石, ▣, 更

	摹文A	摹文B	摹文C	定拓	江拓	于拓
Ⅵ·01	欠	丁	欠			
Ⅵ·05	欠	卯	欠			
Ⅵ·06	欠	歲	欠			
Ⅵ·15	欠	刊	欠			
	欠	石	石			

㉔~㉘Ⅶ·04~08: 이 다섯 글자에 대해서는 중국 측의 '丁(/癸)卯歲刊石'의 판독([張]/[林])과 한국 측의 '好太聖(/▣)王曰'([윤]/[여])의 판독이 대립되어 있다. 그러나 위의 세 원탁에서 제7, 8자는 '王曰'이라기보다는 摹文B와 유사한 '刊石'의 자형이 거의 분명해 보인다는 점, 제5자도 摹文B와 유사한 '卯'자로 보인다는 점에서 새로운 판독의 필요성을 느끼게 되었다. 문제는 제4자와 제6자인데, 제4자는 江·于拓에서 '丁'에 유사한 자형이 보인다는 점에서(단, '丁'의 제2획은 摹文B와는 달리 좀더 중앙에서 내려와 좌로 흘러간 획을 인정함) [張]의 판독안에 가깝게 된다. 그러나 제6자에 대한 판단은 쉽지 않다. 필자의 첫 판단은 江拓에서 좌우측에 '彡'와 'ㅊ'에 유사한 자형이 있음을 보아 '年'자의 本字인 '秊'에 가까운 것으로 생각하였다. 그러나 于拓을 자세히 볼 때 글자 중앙에서의 縱線이 보이지 않을 뿐만 아니라, 상부와 우측의 필획은 가늠하기 어려운 대신, 좌측에서 '厂'(민엄호) 아래에 '示'의 형상만은 분명하므로 결국은 [張]의 판독안을 인정하게 된 것이다.

이러한 필자의 판독안에 대하여 여호규 교수는 특히 제8자가 于拓2호의 확대 이미지로 보아 左上 부분이 트인 '曰'자로 보아야 한 반면, 필자는 제7자가 '王'자가 될 수 없으며, 제8자도 '石'자에 더 가깝다는 것이었다. 다만, 문제 해결의 키는 제8자를 어떻게 보느냐에 있음에는 공감한 바 있다. 이에 필자가 현재 확보하고 있는 于拓2, 3호에서의 제8자의 이미지를 비교해보기로 하였다. 그 결과 于拓3호에서는 제8자의 하부 역사다리꼴의 윗변 중앙에서 위쪽으로 솟은 획이 분명하나, 于拓2호에서는 분명하지 않은 점을 제외하고는 전체적으로 큰 차이가 없는 것으로 판단됨으로써 필자의 눈에는 이 글자가 여전히 摹文B와

VII·04~08에 대한 모사문
張(좌), 林(우)
〈林澐 2013: 13〉

유사한 형상으로 그려진다. 이에 따라 이 글자가 '石'자라는 생각에 변함이 없음을 밝혀두고 싶다([부록]의 사진 참조. 于拓2호: 김재홍 교수 제공〈일본의 國立歷史民俗博物館 전시본, 20141101〉, 于拓3호: 필자 촬영〈『東北史地』2013-3期 所載本〉).

앞으로 비문 실견이나 탁본 열람 등을 통하여 논의의 보완을 기다려야 할 것이나, 현재까지 이 부분의 각 글자들에 대하여 필자가 파악하고 있는 모사문을 제시하면서 독자들의 평가를 기다리고자 한다(왼편의 모사문 및 앞서의 摹文B 등 참조).

VII·04: 丁 =[張]

VII·05: 卯 =[張]·[林]

VII·06: 歲 ≒[林]

VII·07: 刊 ≒摹文B

VII·08: 石 ≒摹文B

	摹文A	摹文B	摹文C	定拓	江拓	于拓
VII·11	欠	子	中			
VII·18	其	其	其			

㉙VII·11: 이 글자에 대해서는 '子', '申', '午' 등으로 다양한 판독안이 제기된 바 있다. 이에 대해서는 林澐(2013)에 비문의 실제 사진들을 제시한 것이 있어 참조가 된다. 그러나 문제는 사진 1, 2로는 摹文C와 유사하게 '申'자로의 판독이 가능한 듯하나, 사진 3으로는 오히려 摹文B 또는 원탁들의 이미지에 유사하게 '子'자로의 판독도 가능한 듯하여 어느 글자인지를 가리기 어렵다는 데에 있다. 필자로서는 원탁의 이미지를 중시하여 '子'자로 보고 싶지만, 그 결정이 어려워 판독을 보류한 것임을 밝혀둔다.

VII·11자에 대한 사진 1, 2, 3(좌로부터)
〈林澐 2013: 14〉

㉚Ⅶ·18: 이 글자에 대해서는 중국 측에서는 '其'자로, 한국 측에서는 '更'자로 판독함으로써 의견이 갈리고 있다. 세 원탁의 자형은 '其'자로 판독하기에는 Ⅸ·21(其_模本B) 등에 보이는 자형과 차이가 크므로 '更'자로 본 판독안을 따른 것이다.

〈제8행〉

[報]: □□□□立碑銘其烟戶頭卄人名以示後世自今以後 =[홍]

[耿]: <u>先王墓上</u>立碑銘其烟戶頭卄人名以示後世自今以後 =[張]·[孫a]

[林]: □□□□立碑銘其烟戶頭卄人名□示後世自今以後

[徐]: □□□□立碑銘其烟戶頭卄人名<u>以</u>示後世自今以後 =[윤]

[선]: □□□□立碑銘其烟戶頭卄人名是示後世自今以後

[孫b]: □□□□立碑銘其烟戶頭卄人名以示後世自今以後

[여]: <u>先王墓上</u>立碑銘其烟戶頭卄人名以垂後世自今以後

[강]: □□□□立碑銘其烟戶頭卄人名◼示後世自今以後

[기]: □□□□<u>立</u>碑銘其烟戶頭卄人名<u>以</u>示後世自今以後

[김]: □□□□<u>立</u>碑銘其烟戶頭卄人名□示後世自今以後

[권]: <u>先王</u>◼<u>上</u>立碑銘其烟戶頭卄人名以示後世自今以後

※쟁점 문자열: <u>先王◼上</u>

	摹文A	摹文B	摹文C	定拓	江拓	于拓
Ⅷ·01	欠	先	欠			
Ⅷ·02	欠	王	欠			
Ⅷ·03	欠	墓	欠			
Ⅷ·04	欠	上	欠			

㉛~㉞Ⅷ·01~04: 이 네 글자에 대해서는 미상자의 연속으로 보는 견해가 다수이나, 소수 '先王墓上'으로 추독 내지 補釋하는 의견이 제출되어 있다. 현재 실획이 확실한 것은 제4자 '上'자이다. 이는 이어지는

"立碑"와 연결해볼 때 「광개토왕비문」 수묘인연호조에서의 "盡爲祖先王, 墓上立碑"(총력을 다하여 조왕 선왕들을 위하여 묘역에 비를 세우고 …)에 대응되는 구절임이 중요하다. 이러한 의미에서 제1, 2자를 자세히보면, 특히 江拓에서 '先王'으로 추독할 만한 특징들을 갖춘 것으로 판단된다. 제3자는 상단부의 '艹'(초두)와 중단부의 '日'의 일부 형상이 찾아지는 듯하나, 하단부 '土'의 자형은 찾아지지 않아 판독을 유보하되, 문맥상 '墓'자로 추독할 만한 약간의 특징을 갖춘 것으로 판단한 것이다. 결국 필자도 [耿]·[張]·[孫a]·[여]의 추독안을 거의 받아들인 셈이다.

〈제9행〉

[報]: 守墓之民不得擅自更相轉賣雖富足之者亦不得其買 =[耿]·[林]·[孫b]

[徐]: 守墓之民不得擅買更相擅賣雖富足之者亦不得其買 =[윤]

[孫a]: 守墓之民不得擅自更相轉賣雖富足之者亦不得其買

[張]: 守墓之民不得擅買更相轉賣雖富足之者亦不得其買 =[여]

[선]: 守墓之民不得□□更相轉賣趁富足之者亦不得其買

[홍]: 守墓之民不得擅買更相擅賣雖富足之者亦不得其買 =[강]

[김]: 守墓之民不得擅買更相轉賣雖富足之者亦不得其買

[권]: 守墓之民不得擅買更相轉賣雖富足之者亦不得其買

※쟁점 문자열: 轉

	摹文A	摹文B	摹文C	定拓	江拓	于拓
Ⅸ·11	轉	轉	揰			

㉟Ⅸ·11: 이 글자에 대해서는 초고에서 '擅'자로 추독하는 안을 제시한 바 있으나, 세 원탁에서 우측 '專'의 형상이 분명하므로 '轉'자로 추독하는 것으로 수정한 것이다.

〈제10행〉

[報]: 賣如有違令者後世□嗣□□看其碑文與其罪過

[耿]: 賣如有違令者後世継嗣幷罰看其碑文与其罪過

[林]: 賣□有違令者後世□嗣□□看其碑文与其罪過

[徐]: 賣□若違令者後世□嗣之□看其碑文与其罪過

[孫a]: 賣如有違令者後世継嗣之者看其碑文与其罪過

[張]: 賣向若違令者後世継嗣之者看其碑文与其罪過

[선]: □如有違令者後世□嗣□□看其碑文与其罪過

[孫b]: 賣如有違令者後世継嗣之者看其碑文与其罪過

[윤]: 賣□有違令者後世継嗣□墓看其碑文与其罪過

[여]: 賣因若違令者後世継嗣◼■看其碑文与其罪過

[홍]: 賣□□違令者後世□嗣□□看其碑文与其罪過

[강]: 賣■有違令者後世■嗣□■看其碑文与其罪過

[기]: 賣□若違令者後世□嗣□□看其碑文与其罪過

[김]: 賣□若違令者後世□嗣之□看其碑文与其罪過

[권]: 賣因若違令者後世継嗣之者看其碑文与其罪過

※쟁점 문자열: 因若, 之者

	摹文A	摹文B	摹文C	定拓	江拓	于拓
X · 02	如	如	欠			
X · 03	有	有	若			

㊱~㊲ X · 02~03: 이 두 글자 중 제3자에 대해서는 [徐]·[張]에서 '若'자로의 판독안이 제출된 이후 [여]·[김]에서 인정되고 있는데, 위의 세 원탁의 자형상 이를 인정하기에 충분하므로 필자도 '若'자로 판독한 것이다. 그러나 제2자는 [孫a·b]에서의 '如'자 판독안은 원탁의 자형상 인정하기 어렵다고 판단하되, 于拓에서 좌측 종선을 제외한 큰 입구(□)의 형상 속에 '大'에 가까운 자획이 그려진다는 점에서 [여]의 판독안을 받아들여 '因'자로 추독한 것이다.

	摹文A	摹文B	摹文C	定拓	江拓	于拓
X · 11	欠	之	之			
X · 12	欠	者	欠			

㊳~㊴ X · 11~12: 이 두 글자 중 제12자는 于拓에서 거의 '者'자에 근사한 자형이 드러나므로 '者'자 판독안을 인정한 것이다. 제11자도 좌측부가 크게 훼손되어 있으나, 于拓에서 摹文C에 유사한 '者'자의 자형이 드러나므로 '之'자 판독안을 인정한 것이다. [윤]에서는 제11자를 '墓'자로 추독하고 있으나, 상단부

의 'ᄊ'(초두)와 하단부의 '土'의 자형이 찾아지지 않으므로 받아들이지 않았다.

III. 비문 해석안 도출

이 장에서는 앞 장에서 수립한 필자의 190자 판독안에 대한 해석안을 도출할 것이다. 전반적으로 비문 上端部에 미판독자들이 많은 관계로 정확한 해석안을 제출하기가 쉽지 않은 형편에 있는 것이지만, 기존 5人의 논의를 바탕으로 적절한 標點의 시행, 문맥에 맞는 해석안 도출 및 譯註에 힘쓰고자 한다.

〈序詞〉(Ⅰ·01~Ⅱ·22)[8]
㉠■■■■世, 必授天道, 自承㉡元王, 始祖鄒牟王之創基也. ㉢日月之子, 河伯之孫, ㉣神靈祐護假蔭, 開國辟土, 繼胤相承.

[여] □□□□世, 필연적으로 天道를 내려주시니, 스스로 元王을 계승하여, 始祖 鄒牟王이 나라를 개창하셨도다. 日月之子, 河伯之孫으로서 神靈의 보호와 도움을 받아 나라를 건국하고 강토를 개척하셨다. 後嗣로 이어져 서로 계승하였다.

[홍] △△△△[惟剖卵降]世 필연적으로 하늘의 도가 내려져 스스로 元王을 계승한 시조 추모왕이 나라를 세웠다. (추모왕은) △△[天帝 혹은 日月]의 아들이자 河伯의 (外)孫으로 신령의 도움과 보호에 힘입어 나라를 열고 영토를 만들었다. 후왕들이 계승하여 이어져 지금에 이른다.

[강] □□□□世, 필연적으로 天道가 내려져 스스로 元王을 계승한 始祖 鄒牟王이 創基하셨다. □□□子, 河伯의 外孫으로 神靈의 보호와 도움을 받아 나라를 열고 강토를 개척하셨으며, 뒤를 이어 서로 계승하셨고, □□□□

[기] ……世, 필연적으로 하늘의 도를 받아 스스로 원왕을 이은 시조 추모왕이 나라를 세웠다. [해와 달의] 아들이며 하백의 손자인 (추모왕이) 神…… 덕택으로 나라를 열고 영토를 개척했으며, 자손에게 이어져 서로 계승하였다.

[김] …… 때에 天道를 내려 받고 스스로 元王을 이었으니, 시조 추모왕이 왕업을 창업한 땅이다. (추모왕은) ……의 아들이고 河伯의 손자로서, 신령이 …… 하고 빌려 보호하여 나라를 열고 땅을 개척했다. 후계자가 서로 이어 …….

[권] …… 때에 (하늘에서) 필연적으로 天道를 내려주시니, 스스로 大王을 계승하여 始祖 鄒牟王이 나라를 세우셨도다. (추모왕은) [日月의] 아들이자 河伯의 손자이시니 神靈님이 保佑하사 蔭德을 빌려 나라를 세우고 영토를 개척하셨으며, 계속해서 後嗣가 서로 이어졌다.

---

8) 碑文의 단락 구성에 대한 것은 여호규(2013: 77)의 논의를 따른다.

㉠▨▨▨▨: 첫 네 파손자들을 [耿]: 惟太王之, [張]: ▨▨刃乑, [홍]: 惟剖卵降 등 다양하게 再構 내지 補釋하고 있다. 각자 나름대로의 논리성을 갖추고 있으나, 추정 이상으로 나아가기는 어렵다.

　㉡元王: '元王'의 사전적 의미에 충실하게 '大王'으로 해석한 것인데,[9] 문맥상 始祖 鄒牟王에 앞선 존재 라는 점에서 '고구려 왕실의 조상신'(노태돈 1988: 38 참조) 정도로 이해하고자 한다.[10]

　㉢日月之子: 2행의 첫 세 파손자들을 [耿]·[여]: 日月之, [張]: 因菌之, [홍]: 天帝之 또는 日月之로 재구하고 있는데, 이어지는 '河伯之孫'이 순서는 다르지만 「牟頭婁墓誌銘」의 첫머리와 일치한다는 점에서 [耿]·[여]의 재구안을 따른 것이다.

　㉣神靈祐護假蔭: 이 구절에 대하여 여호규(2013: 77)에서 "神靈의 보호와 도움을 받아"로 해석한 이래 다수 연구자들이 이를 따르고 있다. 한편, 윤용구(2013: 32)에서는 "그런데 '假蔭'의 假를 葭와 通假字로 본다면, 이 문장은 『續日本紀』 延曆9年(790) 7月條의 「夫百濟太祖都慕大王者. 日神降靈. 奄扶餘而開國. 天帝授籙. 惣諸韓而稱王.」의 奄(掩)과 같은 의미로 쓰인 듯하다."라는 新說을 제기한 바 있다. 전체적인 의미는 여호규 교수의 해석에 동의할 만하나 '假蔭'을 '蔽蔭'으로 판독하고 있음이 문제이고, 윤용구 박사 의 제안도 전통적으로 '假'자와 통가자 관계에 있는 글자는 '遐'자라는 점에서 문제가 될 수 있다. 그리하 여 필자는 '假蔭'을 "蔭德[11]을 빌리다"로 직역하는 안을 제안하고자 한다.

〈本論1〉(Ⅲ·01~Ⅵ·22)

　㉠▨▨▨▨口, 各家烟戸, ㉡以安河流, 四時祭祀. 然而世悠長, 烟戸㉢守口口, 烟戸爲劣甚衰, 富足口轉賣 數衆, ㉣守墓者以銘, 口口口口口. 唯國岡上太王·▩平安太王神亡口, 興東西㉤祠, 口口口世室, 追述'先聖 功勳, 彌高休烈, 繼古人之慷慨'.

[여] 口口口口各墓烟戸, 以◎河流, 四時에 祭祀를 거행하였다. 그렇지만 세월이 오래되어 烟戸守口口, 烟戸가 '△劣甚衰'해져 팔리거나 되팔리는 자가 많아졌다. 이에 守墓者를 口하여 口口에 새겼다. 口口口 △, 國岡上太王, 口平口△王神亡, '東西△口口口世室'을 作興하고, '先聖의 功勳이 아주 높고 빛나며 古人 의 굳센 의지를 계승하였다'고 追述하였다.

[홍] △△△△ 각△ 연호 … △河流 … 四時에 제사를 지내게 하였다. 그러나 세월이 오래 지나면서 (수 묘인) 연호 △△△△ 되어 연호 △△△△ 부유한 자들이 守墓者를 轉賣하는 일도 생겨났다. …를 새겨서 …

---

9) 【元王】大王. 宋 蘇軾《告文宣王文》: "嗟嗟元王, 以道而鳴."《漢語大詞典》.
　초고에서는 이 '元王'을 '대왕/태왕'으로 해석하였으나, 여호규 교수로부터 "'태왕'은 실재했던 왕에 대한 칭호로 사용되었다 는 점에서 유의할 필요가 있"다는 지적을 받아 수정한 것이다.

10) 이밖에 조우연(2013: 168-169)에서는 '桂婁部 왕실 시조'나 '始祖母=夫餘神' 또는 '북부여의 건국자=解慕漱' 등의 가능성들 을 제시한 바 있다.

11) 【蔭德】先輩遺下的德澤. 梁斌《播火記》二一: "自從明朝時代, 老輩爺爺們建下了基業, 子子孫孫豐衣足食, 都是老人們的蔭德." 여기서는 '조상의 덕' 정도의 의미.

國岡上太王, △平安太王의 神△ △興하고 東西에 △△△△△하여 선성(선왕)들의 공훈이 아주 높고 빛나 고인의 慷慨를 이었음을 追述하였다.

[강] □□□□各△烟戸가 河流 … 四時로 제사지냈으나, 세월이 길고 오래되니 烟戸[守]□□烟戸□□□□, 富… 轉賣하고 △△하니 守墓者以銘, □□□□□[王], 國岡上太王, △平安[太]의 神亡□, 東西… 일으키고 [世]室을 …하여, 先聖의 功勳이 아주 높고 빛나 古人의 慷慨를 계승하였음을 追述하였다.

[기] …… 각 家의 연호가 河流를 □하여 사시에 제사하였다. 그런데 세월이 오래 되어 烟戸守……부유한……轉賣……守墓者……새겨서…… □□王, □罡上太王, □平□太王 神亡……興東西…… 先聖의 공훈이 매우 높고 아름다움을 추술하고, 옛 사람의 강개함을 계승하였다.

[김] …… 각 무덤의 烟戸는 … 河流로써 四時에 제사를 지냈다. 그러나 긴 세월이 흘러 연호가 ……하고 연호가 ……했다. 부유한 …는 (이들을) 轉賣했다. (이 때문에) 수묘자를 …하여 새겨 …… ……했다. 某王, 國岡上太王, □平□太王의 신령이 훼손되니, 東西의 祠에 수레를 …하고 ……했다. (이로 인해) 선왕의 공훈이 점차 높아지고 경사로와(休) 뜨거워짐을 좇아 기리고 옛 사람의 慷慨를 이어받아 ……했다.

[권] …… 각 家의 烟戸가 河流에 [安居]하면서 四時로 제사를 지냈다. 그러나 세월이 오래되어 烟戸가 □□을 지켰음에도 불구하고 烟戸가 (형편이) 劣惡해지고 심히 衰落해지자 부유한 자들이 轉賣하는 수가 늘어났다. 이에 守墓者 (명단)을 새겨 ……하였다(/守墓者 (명단)을 ……하여 …에 새겼다). 國岡上太王과 ■平安太王의 신령이 훼손되니, 東西의 祠堂을 일으키고 世室(=宗廟)를 ……하여, 先聖의 功勳이 아주 높고 빛남을 追述하고, 古人의 慷慨를 계승하였다.

㉠■■■□: 3행의 첫 네 글자에 대하여 [張]: 遠近舊民으로 補釋하고 있으나, 특별한 근거가 있는 것은 아닌 듯하다.

㉡以■河流: 이 구절에서 판독 보류자 '■'는 述語로 판단되는데, 문맥상 '安'자로 추독할 수 있을 것으로 본 것이다. '安'자에 '安居'의 뜻으로 쓰인 예가 상당하기 때문이다.[12) 그리하여 이 구절을 "河流[13)]에 安居하면서" 정도로 해석한 것이다. 여기서의 '河流'는 문맥상 '河川 流域'의 준말이 아닐까 한다.

㉢守□□: 이 부분도 해석에 어려움을 겪기는 마찬가지이지만, 일단 동사 '守'를 인정한 이상 후속하는 두 글자는 그 목적어가 되어야 할 것으로 본 것이다.

㉣守墓者以銘, □□□□□.: 이 부분에서 우선 '守墓者以銘'은 "이에 守墓者 (명단)을 새겨서"로 해석함은 크게 어려움은 없다. 문제는 그 다음 다섯 미상자들을 어떻게 처리하느냐에 있다. 이들을 하나의 동사구로 보면, 이 부분을 "이에 守墓者 (명단)을 새겨서 ……하였다"로 해석하거나, [여]의 해석안에 따라

---

12) *安[《廣韻》烏寒切, 平寒, 影.]亦作"侒".

　　1.安居；居處.《左傳·文公十一年》: "鄋大子朱儒自安於夫鍾, 國人弗徇." 杜預注 : "安, 處也." 晉法顯《佛國記》: "若有客比丘到, 悉供養三日, 三日過已, 乃令自求所安." 唐元稹《鶯鶯傳》: "張生賦《會眞詩》三十韻, 未畢, 而紅娘適至, 因授之, 以貽崔氏. 自是復容之. 朝隱而出, 暮隱而入, 同安於曩所謂西廂者, 幾一月矣."

13)【河流】1.指黃河水流. 南朝宋傅亮《爲宋公至洛陽謁五陵表》: "河流遄疾, 道阻且長."

"이에 守墓者 (명단)을 ……하여 …에 새겼다."라고도 해석할 수 있을 것으로 본 것이다. 뒷 부분의 다섯 글자를 [張]에서는 '守墓人標然'으로 추독하고 있으나, 역시 근거가 있는 것은 아니다. 오히려 앞의 "守墓者以銘"과 동어 반복의 느낌이어서 어색한 듯하다.

ⓙ이 부분을 [張]·[林]: '卅家(※大字)巡故國'으로 판독하고 있으나, 이는 인정되기 어렵다. 앞 장 의 설명에서 '卅家'의 문제점을 지적한 것을 참조.

한편, 이 부분에서의 '世室'은 『한어대사전』에 따라[14] '宗廟'를 뜻하는 단어로 본 것이다.

〈本論2〉(Ⅶ·01~Ⅹ·20)
㉠□□□丁卯歲刊石: 自戊▣定律, ㉡教內發令更修復. ㉢各於先王墓上立碑, 銘其㉣烟戶頭卅人名, 以示後世. 自今以後, 守墓之民, 不得擅買, 更相擅賣, 雖富足之者, 亦不得其買賣, ㉤因若違令者, 後世繼嗣之者, 看其碑文, ㉥與其罪過.

[여] 丁□년에 好太△王이 이르시기를 "戊子年에 律을 制定한 이래 朝庭에 教하여 令을 발포하여 다시 修復하였다. 각 先王의 墓上에 비석을 건립하고 烟戶頭 20명의 명단을 새겨 후세에 전하여 보인다. 지금 이후로 守墓之民은 함부로 사거나 다시 서로 되팔지 못하며, 비록 富足之者라도 買賣할 수 없다. 그러므로 만약 令을 어긴 자는 후세토록 ◎◎를 繼嗣하도록 하고, 碑文을 보아 罪過를 부여한다."고 하셨다.

[홍] △△△△△△△△ 戊△년에 율을 만든 이래로 교를 내려 영을 발하여 다시 수복하게 하였으니, 각 △△△△에 비를 세우고 그 烟戶頭 20인의 이름을 새겨 후세에 보이게 하였다. 지금 이후로 수묘에 종사하는 民은 함부로 살 수 없으며, 다시 함부로 팔 수도 없다. 비록 부유한 자라 할지라도 사고 팔 수 없다. 만약 영을 어기는 자가 있으면 후세에 대대로 △△(수묘하게?)하고 그 비문을 보고 罪過를 준다.

[강] △□□, 好△△王께서 가로되, "戊△(年)에 律을 정한 이래 教內發令하여 다시 수복케 하였다. 各於□□□□…碑를 세우고 烟戶頭 20인의 名을 새겨 후세에 △示하라. 지금 이후부터 守墓之民은 함부로 사거나 서로 함부로 팔 수 없게 한다. △만약 令을 어긴 자가 있다면 후세에 대를 이어 …하도록 하고, 그 碑文을 보아 罪過를 주어라"고 하셨다.

[기] ……好……王이 말하시길, 무자년에 율을 정한 이래 내린 교에서 영을 발하여 각 ……를 수복하였다. ……비를 세우고 그 연호두 20명의 이름을 새겨 후세에 보인다. 지금 이후로 수묘하는 백성은 함부로 살 수 없고, 서로 바꿔 팔 수도 없다. 비록 부유한 자라 하더라도 역시 그 매매를 할 수 없다. ……만약 영을 위반한다면 후세……嗣……그 비문을 보아 그 죄과를 준다.

---

14) 【世室】2.指宗廟.《周禮·考工記·匠人》: "夏后氏世室, 堂脩二七, 廣四脩一." 鄭玄注: "世室者, 宗廟也."《公羊傳·文公十三年》: "世室者何? 魯公之廟也. 周公稱大廟, 魯公稱世室, 羣公稱宮. 此魯公之廟也, 曷爲謂之世室? 世室, 猶世室也, 世世不毀也." 宋文瑩《湘山野錄》卷上: "皇祐中明堂大享, 時世室亞獻, 無宮僚, 惟杜祁公衍以太子太師致仕南京, 仁宗詔公歸以侍祠."《明史·廖紀傳》: "光祿署丞何淵請建世室, 祀興獻帝, 下廷議."

[김] ……했다. 某王이 이르시길, "무자년에 守墓法을 정한 이래로 권역 내에 敎를 내리고 슘을 발하여 (훼손된 왕릉을) 다시 수복했다. (그러므로) 각 (무덤의) 주변에 비석을 세우고 연호의 우두머리 20인의 이름을 새겨 후세에 보이도록 한다. 이제부터는 수묘하는 백성을 함부로 사거나 다시 서로 돌려 팔 수 없다. 비록 부유한 자라고 할지라도 또한 (그들을) 매매할 수 없다. 만약 이 슘을 어긴 자는 후세에 (守墓役을) 잇도록 하고, 그 비문을 …하고 보아서 그 죄과를 부여한다."고 하셨다.

[권] □□□ 丁卯年에 [다음과 같은 내용을(/으로)] 돌에 새겼다(/비석을 세웠다). 戊■年에 律을 制定한 이래 朝廷에 敎하여 슘을 내려 (律을) 다시 修復하게 하였으니, 각기 先王의 墓域에 비석을 세우고 烟戶頭 20명의 명단을 새겨서 후세에 전하여 보이라. 지금 이후로 守墓之民은 함부로 사거나 다시 서로 되팔지 못하며, 비록 富足之者라도 買賣할 수 없다. 그러므로 만약 슘을 어긴다면, 후세에 繼嗣하는 자에게도 碑文을 보아 罪過를 부여한다.

㉠앞 부분을 [張]: '此河流'로 추독하고 있으나, 역시 특별한 근거가 있는 것은 아닌 듯하다. 뒷 부분을 "丁卯歲刊石"으로 판독함에 있어서 '丁卯年'이 아니라 '丁卯歲'인 점이 문제점으로 지적하는 여론이 있는 듯하나, 臺灣 中央硏究院·歷史語言硏究所의 '漢籍電子文獻資料庫'에서 '子/丑/寅/卯…+歲'의 문자열로 검색해보면, 『魏書』·『晉書』·『南齊書』 등 위진남북조대 사서류에 散見되는 표현이기에[15] 큰 문제는 아닌 것으로 판단된다.

㉡이 구절에서의 '內'는 여러 의미 중에서 '朝廷' 가리키는 용법[16]을 살린 것이다. 이에 대해서는 졸고(2013)에서 간단히 언급한 바 있다.

㉢이 구절은 「광개토왕비문」 수묘인연호조에서의 "唯國岡上廣開土境好太王, 盡爲祖先王, 墓上立碑" (오직 국강상광개토경태왕만이 총력을 다하여 조왕 선왕들을 위하여 묘역에 비를 세우고 …)에 대응되는데, 한문 구문상 약간의 차이를 보임이 눈에 띈다. 그것은 광개토왕비문과는 달리 집안비문에서는 '各於+NP(장소)+上' 구문으로 실현된다는 점인데, 둘 다 처소사 '上'의 정격용법이라는 점에서 차이는 없지만, '各於+NP(장소)+上' 구문이 일부 불경류(『增壹阿含經』·『大方廣佛華嚴經』)나 사서류(『宋書』·『晉書』)에 주로 보인다는 점에서[17] 집안비의 건립 시기 추정에 일정한 도움을 줄 수 있을 것이다.

---

15) 壬子歲入甲申紀以來, 至今孝昌二年歲在丙午, 積四萬六千五百五十四, 算外.《『魏書』志107上·律曆志3上8》, 始, 元帝以丁丑歲稱晉王, 置宗廟, 使郭璞筮之, 云 ……《『晉書』帝紀10·元熙2년》, 太祖以元嘉四年丁卯歲生.《『南齊書』本紀1·高帝上》 등.

16) 內①[nèi ㄋㄟˋ][《廣韻》奴對切, 去隊, 泥.]
   6.指朝廷.《史記·汲鄭列傳》: "以數切諫, 不得久留內, 遷爲東海太守."《後漢書·陳忠傳》: "延光三年, 拜司隷校尉. 糾正中官外戚賓客, 近倖憚之, 不欲忠在內, 明年, 出爲江夏太守."

17) 普與彼八萬四千眾而說此法, 各於座上, 諸塵垢盡.《『增壹阿含經』14》
   普與此眾生說之, 彼各於坐上, 諸塵垢盡, 得法眼淨.《『增壹阿含經』22》
   化作無量種種寶蓮華師子之座, 各於其上, 結跏趺坐…《『大周新譯大方廣華嚴經』5》
   時勝音菩薩坐蓮華臺, 諸菩薩眾, 坐蓮華鬚, 各於其上, 次第而住.《『大周新譯大方廣華嚴經』6》
   侍中·中書令·尚書令各於殿上上壽酒, 登歌樂升, 太官令又行御酒.《『宋書』14·志4·禮1》

ⓔ'煙戶頭'는 '연호 1가의 우두머리' 정도의 의미일 듯. 자세한 것은 여호규(2013: 93-94), 홍승우(2013: 93-95)의 논의를 참조.

ⓜ에서의 '若……者' 구문과 ⓗ에서의 '與罪過'은 포항 중성리비에서의 "若後世更導人者 与重罪"와 흡사한 구조를 보인다는 점에서 고구려와 신라 간의 한문 어법상의 밀접한 관련성을 입증하는 最古(?)의 비문으로 보아도 좋을 듯하다. "若 … 者"라는 가정 구문은 『三國志』 정도에나 보이는(따라서 이 구문은 이두문으로 보기 어렵다), 중국에서 "若 … 者"나 "若 … 者"에 비하여 少數인 구문을 고구려에서 선택적으로 수용하여 신라에 보급시킨 사례에 해당하기 때문이다(若吾萬年之後, 安守墓者 …〈광개토왕릉비문〉, 若更導者 敎其重罪耳.〈영일 냉수리비〉 등).[18] 또한 "与其罪過"와 "与重罪"에서도 수여동사 '與'를 '罪'와 결합하여 쓰는 구조로서 역시 중국에서의 少數例를 선택 수용한 점에서는 비슷한 사정에 있기 때문이다.

IV. 맺음말

지금까지 필자는 孫仁杰·徐建新 선생이 제시한 模本 3종과 『集安高句麗碑』 도록 및 『東北史地』 2013-3期에 실려 있는 定拓·江拓·于拓의 원석탁본 3종에 의거하여 『集安高句麗碑文』에 대한 새로운 판독·해석안을 제출하였다. 본고의 논의를 통하여 특별히 내세울 만한 새로운 문자의 발견이나 창의적인 해석안의 제출에 이르지는 못하였으나 가능한 범위 내에서의 正解案을 추구한 점에서 집안비 관련 연구자들에게 논의의 재활성화를 위한 하나의 계기가 될 수 있기를 기대하면서 본론의 내용을 정리하는 것으로 본고의 결론을 대신하고자 한다.

(1) 판독안 정리:

■■■■世必授天道自承元王始祖鄒牟王之創基也」01■■■子河伯之孫神靈祐護假蔭開國辟土継胤相承」02■■■□各家烟戶以■□河流四時祭祀然而世悠長烟」03戶守□□烟戶爲劣甚衰富足□轉賣數衆守墓者以銘」04□□□□□■國罡上太王□平安太王神亡□興東西」05祠□□□世室追述先聖功勳弥高烋烈継古人之慷慨」06□□□丁卯歲刊石自戊■定律敎內發令更脩復各於」07先王■上立碑銘其烟戶頭廿人名以示後世自今以後」08守墓之民不得擅買更相轉賣雖富足之者亦不得其買」09賣因若違令者後世継嗣之者看其碑文与其罪過■■」10

(2) 해석안 정리:

■■■■世, 必授天道, 自承元王, 始祖鄒牟王之創基也. 日月子, 河伯之孫, ⓔ神靈祐護假蔭, 開國辟土, 繼胤相承.

侍中·中書令·尚書令各於殿上上壽酒, 登歌樂升, 太官又行御酒.〈『晉書』21·志11·禮下〉 등.

18) 자세한 것은 졸저(2015), pp.358-359의 논의를 참조.

■■■□, 各家烟戶, 以臣河流, 四時祭祀. 然而世悠長, 烟戶守□□, 烟戶爲劣甚衰, 富足□轉賣數衆, 守墓者以銘, □□□□□. 唯國岡上太王·■平安太王神亡□, 興東西祠, □□□世室, 追述'先聖功勳, 彌高休烈, 繼古人之慷慨'.

□□□丁卯歲刊石: 自戊■定律, 教內發令更修復. 各於先王墓上立碑, 銘其烟戶頭廿人名, 以示後世. 自今以後, 守墓之民, 不得擅買, 更相擅賣, 雖富足之者, 亦不得其買賣, 因若違令者, 後世繼嗣之者, 看其碑文, 與其罪過.

(…… 때에 (하늘에서) 필연적으로 天道를 내려주시니, 스스로 大王을 계승하여 始祖 鄒牟王이 나라를 세우셨도다. (추모왕은) [日月의] 아들이자 河伯의 손자이시니 神靈님이 保佑하사 蔭德을 빌려 나라를 세우고 영토를 개척하셨으며, 계속해서 後嗣가 서로 이어졌다.

…… 각 家의 烟戶가 河流에 [安居]하면서 四時로 제사를 지냈다. 그러나 세월이 오래되어 烟戶가 □□을 지켰음에도 불구하고 烟戶가 (형편이) 劣惡해지고 심히 衰落해지자 부유한 자들이 轉賣하는 수가 늘어났다. 이에 守墓者(명단)을 새겨 ……하였다(/守墓者(명단)을 ……하여 …에 새겼다). 國岡上太王과 ■平安太王의 신령이 훼손되니, 東西의 祠堂을 일으키고 世室(=宗廟)를 ……하여, 先聖의 功勳이 아주 높고 빛남을 追述하고, 古人의 慷慨를 계승하였다.

…… 丁卯年에 [다음과 같은 내용을(/으로)] 돌에 새겼다(/비석을 세웠다). 戊■年에 律을 制定한 이래 朝庭에 教하여 令을 내려 (律을) 다시 修復하게 하였으니, 각기 先王의 墓域에 비석을 세우고 烟戶頭 20명의 명단을 새겨서 후세에 전하여 보이라. 지금 이후로 守墓之民은 함부로 사거나 다시 서로 되팔지 못하며, 비록 富足之者라도 買賣할 수 없다. 그러므로 만약 令을 어긴다면, 후세에 繼嗣하는 자에게도 碑文을 보아 罪過를 부여한다.)

(3) 논의의 의의:
'丁卯歲刊石', '干支+歲' 표현, '各於+NP+上' 구문 ⇒ 427년설 지지

투고일: 2016. 4. 24.   심사개시일: 2016. 4. 29.   심사완료일: 2016. 5. 23.

참/고/문/헌

1. 圖錄·工具類

集安市博物館(編), 2012, 『集安高句麗碑』, 長春: 吉林大學出版社.

編輯部(編), 2007, 『大書源』, 東京: 二玄社.

漢語大詞典編纂處(編), 2003, 『漢語大詞典』, 上海: 漢語大詞典出版社.

尙友千古(http://www.s-sangwoo.kr)

漢籍電子文獻資料庫(http://hanchi.ihp.sinica.edu.tw/ihp/hanji.htm)

2. 論著類

강진원, 2013, 「신발견 〈집안고구려비〉의 판독과 연구 현황」, 『목간과 문자』 11, pp.105-134.

耿鐵華·董峰, 2013, 「新發現的集安高句麗碑初步研究」, 『社會科學戰線』 2013·5, pp.1-11.

권인한, 2013, 「"集安 高句麗碑의 判讀과 釋文"에 대한 지정 토론」, 한국고대사학회(편), 『신발견 「集安 高句麗비」 종합 검토』 별지 pp.1-2.

권인한, 2015, 『廣開土王碑文 新研究』, 박문사.

기경량, 2014) 「집안고구려비의 성격과 고구려의 수묘제 개편」, 『한국고대사연구』 76, pp.203-240.

김창석, 2015, 「고구려 수묘법의 제정 경위와 포고 방식 −신발견 집안고구려비의 분석−」, 『동방학지』 169, pp.75-100.

노태돈, 1988, 「5세기 금석문에 보이는 고구려인의 천하관」, 『韓國史論』 19, pp.31-66.

林澐, 2013, 「集安麻線高句麗碑小識」, 『東北史地』 2013·3, pp.7-16.

徐建新, 2013, 「中國新出"集安高句麗碑"試析」, 『東北史地』 2013·3, pp.17-31.

선주선, 2013, 「〈集安高句麗碑〉의 판독 검토」, 『신발견 〈集安高句麗碑〉 판독 및 서체 검토』, 원광대학교 서예문화연구소, pp.12-17.

孫仁杰, 2013a, 「集安高句麗碑文識讀」, 『東北史地』 2013·3, pp.50-53.

孫仁杰, 2013b, 「집안 고구려비의 판독과 문자 비교」, 『한국고대사연구』 70, pp.219-247.

여호규, 2013, 「신발견 〈집안고구려비〉의 구성과 내용 고찰」, 『한국고대사연구』 70, pp.51-100.

여호규, 2015, 「집안고구려비와 광개토왕릉비 서두의 단락구성과 서술내용 비교」, 『신라문화』 45, pp.35-66.

윤용구, 2013, 「집안 고구려비의 탁본과 판독」, 『한국고대사연구』 70, pp.5-49.

張福有, 2013, 「集安麻線高句麗碑碑文補釋與識讀解析」, 『東北史地』 2013·3, pp.40-49.

정현숙, 2013, 「서예학적 관점으로 본 〈集安高句麗碑〉의 건립 시기」, 『서지학연구』 56, pp.297-326.

조우연, 2013, 「집안 고구려비에 나타난 왕릉제사와 조상인식」, 『한국고대사연구』 70, pp.139-179.

홍승우, 2013, 「〈집안고구려비〉에 나타난 고구려 율령의 형식과 수묘제」, 『한국고대사연구』 72, pp.83-117.

[부록] '丁卯歲刊石' 부분 확대

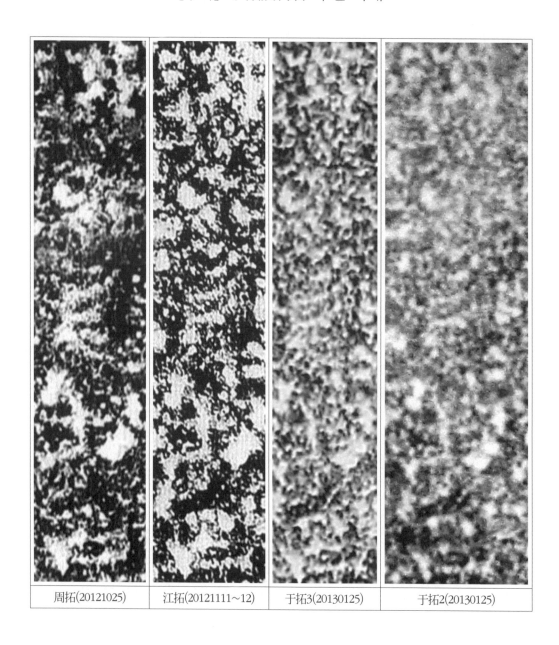

| 周拓(20121025) | 江拓(20121111~12) | 于拓3(20130125) | 于拓2(20130125) |

〈中文摘要〉

集安高句麗碑文的釋讀與分析

權仁瀚

本文根據孫仁傑, 徐建新二位先生所提出的三種摹本,《集安高句麗碑》圖錄, 以及載於《東北史地》2013-3期的定拓, 江拓, 于拓三種原石拓本, 對"集安高句麗碑文"提出新的釋讀與分析. 爲此, 首先對此前十三位學者的釋讀以及五位學者的分析進行整理, 然後針對釋讀上有爭議的文字(行列)或分析上有問題的句子提出筆者之淺見, 並由此引出筆者個人的釋讀與分析方案.

儘管並未發現與此前釋讀有所不同的文字或提出與前人研究不同的獨特分析, 但本文嘗試對韓, 中兩國乃至韓國國內學者之間意見不一的文字(行列)提出某種"正解", 這一點還是頗具意義的. 此外, 對於碑文的第七行第四至八字, 本文不僅強調應釋讀爲"丁卯歲刊石", 而且還指出"干支+歲"的説法或"各於+NP(場所)+上"的句型散見於魏晉南北朝的史書類文獻中, 以此爲支持"集安碑427年建碑説"之論據, 此乃本文提出之新觀點.

本文所探討之成果既可作爲一種定本文獻内容, 用於筆者日後所欲進行之韓語語言學研究, 同時亦有望引起集安碑研究者的注意, 再次帶動這一方面的討論熱潮.

▶ 關鍵詞: 集安高句麗碑文, 摹文, 原石拓本, 解讀與分析, "丁卯歲刊石"

휘/보

학회소식, 정기발표회, 한국고대문자자료 연구모임, 신년휘호, 자료교환

학회소식, 정기발표회, 한국고대문자자료 연구모임, 신년휘호, 자료교환

1. 학회소식

1) 제24차 운영회의
* 일시 및 장소 : 2016년 1월 16일 국립중앙박물관 나무
* 정기발표회 및 하계워크샵 주제 논의
* 회칙개정 논의

2) 제25차 운영회의
* 일시 및 장소 : 2016년 4월 8일 동국대학교 상록원
* 하계워크샵 및 학술대회 주제 논의

2. 정기발표회

1) 제23회 정기발표회
* 일시 : 2016년 1월 16일(토) 오후 1:00 – 6:30
* 장소 : 국립중앙박물관 제1강의실
* 주최 : 한국목간학회 · 국립중앙박물관

  • 1부 연구발표 – 사회 : 김재홍 (국민대학교)
    정훈진 (한국문화재보호재단), 부여 쌍북리 출토 목간
    손명순 (신라문화유산연구원), 경주 노동동 12번지 유적 발굴조사 성과와 명문토기
  • 2부 신년휘호 – 사회 : 최연식 (동국대학교)
    경부 송종관

- 3부 연구발표 – 사회 : 윤선태 (동국대학교)

  이영호 (경북대학교), 울진 성류굴 안각 명문의 검토

  권인한 (성균관대학교), '夫=大夫'의 연원을 찾아서

  박부자(성신여자대학교)·정경재(고려대학교), 華嚴寺 서오층석탑 출토 무구정광다라니의 문헌학적 연구

2) 제24회 정기발표회

　* 일시 : 2016년 4월 8일(금) 오후 2:00~6:30

　* 장소 : 동국대학교 서울캠퍼스 신공학관 4층 대강당

　* 주최 : 한국목간학회

　* 후원 : 국사편찬위원회

- 1부 연구발표 – 사회 : 김재홍 (국민대학교)

  노태돈 (서울대학교), 再論, 삼한일통의식의 성립 시기

  홍승우 (명지대학교), 고구려 율령의 형식과 수찬 과정

- 2부 연구발표 – 사회 : 이병호 (국립미륵사지유물전시관)

  주보돈 (경북대학교), 광개토왕비와 장수왕

  권인한 (성균관대학교), 集安高句麗碑文의 판독과 해석

  최일례 (전남대학교), 집안고구려비에 보이는 '守墓人 買賣 禁止' 규정의 실상

3. 한국고대문자자료 연구모임

1) 월례발표회

　* 주제 : 한국고대문자자료 역주

　* 일시 : 매월 4째주 토요일

　* 장소 : 성균관대 600주년 기념관 동아시아학술원 408호

　* 주최 : 한국목간학회·동아시아학술원 인문한국(HK)연구소

- ■ 제25회 월례발표(2016년 1월 18일)

  발표자 : 채민석(서강대학교 사학과)

  주　제 : 왕경요 묘지명 검토

  발표자 : 최상기(서울대학교 국사학과)

주　제 : 고현 묘지명 검토

발표자 : 이정빈(연세대학교)

주　제 : 고요묘 묘지의 이해

■ 제26회 월례발표(2016년 2월 19일)

발표자 : 백다해(이화여자대학교 사학과)

주　제 : 「점제현신사비」의 검토

발표자 : 김대장(성균관대학교)

주　제 : 황해 신천군 출토 문자자료

발표자 : 임혜경(국립청주박물관)

주　제 : 북한 출토 목조삼존불상과 북조대 고구려 유민의 불상조성기 검토

발표자 : 오택현(동국대학교 사학과)

주　제 : 환인 지역 및 정릉사지 출토 문자자료 검토

■ 제27회 월례발표(2016년 3월 25일)

발표자 : 안정준(연세대학교 사학과)

주　제 : 덕흥리벽화고분 전실 서벽의 태수내조도와 관련 묵서 검토

발표자 : 정동준(한성대학교)

주　제 : 고을덕 묘지명(상)

발표자 : 박경원(성균관대학교)

주　제 : 출토지·문자 미상 낙랑 문자자료 검토

■ 제28회 월례발표(2016년 4월 29일)

발표자 : 정동준(한성대학교)

주　제 : 고을덕 묘지명(하)

■ 제29회 월례발표(2016년 6월 24일)

발표자 : 권순홍(성균대학교 사학과)

주　제 : 이인덕 묘지명 검토

발표자 : 오택현(동국대학교 사학과)

주　제 : 정릉사지 출토 문자자료 검토

4. 신년휘호

* 2016년 1월 8일 국립중앙박물관 제1강의실

* 경부 송종관

5. 자료교환

日本木簡學會와의 資料交換

* 日本木簡學會『木簡研究』(2016년 3월)

* 韓國木簡學會『木簡과 文字』15호 일본 발송 (2016년 3월)

* 日本木簡學會『木簡研究』수령 (2016년 2월)

부/록

학회 회칙, 간행예규, 연구윤리규정

학회 회칙

제1장 총칙

제 1 조 (명칭)   본회는 한국목간학회(韓國木簡學會, The Korean Society for the Study of Wooden Documents)라 한다.

제 2 조 (목적)   본회는 목간을 비롯한 금석문, 고문서 등 문자자료와 기타 문자유물을 중심으로 한 연구 및 학술조사를 통하여 한국의 목간학 발전에 이바지함을 목적으로 한다.

제 3 조 (사업)   본회는 목적에 부합하는 다음의 사업을 한다.
1. 연구발표회
2. 학보 및 기타 간행물 발간
3. 유적·유물의 답사 및 조사 연구
4. 국내외 여러 학회들과의 공동 학술연구 및 교류
5. 기타 위의 각 사항의 사업을 수행하기 위해 필요한 사업

제 4 조 (회원의 구분과 자격)
① 본회의 회원은 본회의 목적에 동의하여 회비를 납부하는 개인 또는 기관으로서 연구회원, 일반 회원 및 학생회원으로 구분하며, 따로 명예회원, 특별회원을 둘 수 있다.
② 연구회원은 평의원 2인 이상의 추천을 받아 평의원회에서 심의, 인준한다.
③ 일반회원은 연구회원과 학생회원이 아닌 사람과 기관 및 단체로 한다.
④ 학생회원은 대학생과 대학원생으로 한다.
⑤ 명예회원은 본회의 발전에 크게 기여한 회원 또는 개인 중에서 운영위원회에서 추천하여 평의원 회에서 인준을 받은 사람으로 한다.
⑥ 특별회원은 본회의 활동과 운영에 크게 기여한 개인 또는 기관 중에서 운영위원회에서 추천하여 평의원회에서 인준을 받은 사람으로 한다.

제 5 조 (회원징계)　회원으로서 본회의 명예를 손상시키거나 회칙을 준수하지 않았을 경우 평의원회의 심의와 총회의 의결에 따라 자격정지, 제명 등의 징계를 할 수 있다.

제 2 장 조직 및 기능

제 6 조 (조직)　본회는 총회·평의원회·운영위원회·편집위원회를 두며, 필요한 경우 별도의 위원회를 구성할 수 있다.

제 7 조 (총회)

① 총회는 정기총회와 임시총회로 나누며, 정기총회는 2년에 1회 정기적으로 개최하고 임시총회는 필요한 때에 소집할 수 있다.

② 총회는 회장이나 평의원회의 의결로 소집한다.

③ 총회는 평의원회에서 심의한 학회의 회칙, 운영예규의 개정 및 사업과 재정 등에 관한 보고를 받고 이를 의결한다.

④ 총회는 평의원회에서 추천한 회장, 평의원, 감사를 인준한다. 단 회장의 인준이 거부되었을 때는 평의원회에서 재추천하도록 결정하거나 총회에서 직접 선출한다.

제 8 조 (평의원회)

① 평의원은 연구회원 중 평의원회의 추천을 받아 총회에서 인준한 자로 한다.

② 평의원회는 회장을 포함한 평의원으로 구성한다.

③ 평의원회는 회장 또는 평의원 4분의 1 이상의 요구로써 소집한다.

④ 평의원회는 아래의 사항을 추천, 심의, 의결한다.

　1. 회장, 평의원, 감사, 편집위원의 추천

　2. 회칙개정안, 운영예규의 심의

　3. 학회의 재정과 사업수행의 심의

　4. 연구회원, 명예회원, 특별회원의 인준

　5. 회원의 자격정지, 제명 등의 징계를 심의

제 9 조 (운영위원회)

① 운영위원회는 회장과 회장이 지명하는 부회장, 총무·연구·편집·섭외이사 등 20명 내외로 구성하고, 실무를 담당할 간사를 둔다.

② 운영위원회는 평의원회에서 심의·의결한 사항을 집행하며, 학회의 제반 운영업무를 담당한다.

③ 부회장은 회장을 도와 학회의 업무를 총괄 지원하며, 회장 유고시에는 회장의 권한을 대행한다.

④ 총무이사는 학회의 통상 업무를 담당, 집행한다.

⑤ 연구이사는 연구발표회 및 각종 학술대회의 기획을 전담한다.

⑥ 편집이사는 편집위원을 겸하며, 학보 및 기타 간행물의 출간을 전담한다.

⑦ 섭외이사는 학술조사를 위해 자료소장기관과의 섭외업무를 전담한다.

제 10 조 (편집위원회) 편집위원회는 학보 발간 및 기타 간행물의 출간에 관한 제반사항을 담당하며, 그 구성은 따로 본회의 운영예규에 정한다.

제 11 조 (기타 위원회) 기타 위원회의 구성과 활동은 회장이 결정하며, 그 내용을 평의원회에 보고한다.

제 12 조 (임원)
① 회장은 본회를 대표하고 총회와 각급회의를 주재하며, 임기는 2년으로 한다.

② 평의원은 제 8 조의 사항을 담임하며, 임기는 종신으로 한다.

③ 감사는 평의원회에 출석하고, 본회의 업무 및 재정을 감사하여 총회에 보고하며, 그 임기는 2년으로 한다.

④ 임원의 임기는 1월 1일부터 시작한다.

⑤ 임원이 유고로 업무를 수행할 수 없게 된 때에는 평의원회에서 보궐 임원을 선출하고 다음 총회에서 인준을 받으며, 그 임기는 전임자의 잔여임기가 1년 미만인 경우는 잔여임기에 규정임기 2년을 더한 기간으로 하고, 잔여임기가 1년 이상인 경우는 잔여기간으로 한다.

제 13 조 (의결)
① 총회에서의 인준과 의결은 출석 회원의 과반수로 한다.

② 평의원회는 평의원 4분의 1 이상의 출석으로 성립하며, 의결은 출석한 평의원 과반수의 찬성으로 한다.

제 3 장 출판물의 발간

제 14 조 (출판물)
① 본회는 매년 6월 30일과 12월 31일에 학보를 발간하고, 그 명칭은 "목간과 문자"(한문 "木簡과 文字", 영문 "Wooden documents and Inscriptions Studies")로 한다.

② 본회는 학보 이외에 본회의 목적에 부합하는 출판물을 발간할 수 있다.

③ 본회가 발간하는 학보를 포함한 모든 출판물의 저작권은 본 학회에 속한다.

제 15 조 (학보 게재 논문 등의 선정과 심사)

   ① 학보에는 회원의 논문 및 본회의 목적에 부합하는 주제의 글을 게재함을 원칙으로 한다.

   ② 논문 등 학보 게재물은 편집위원회에서 선정한다.

   ③ 논문 등 학보 게재물의 선정 기준과 절차는 따로 본회의 운영예규에 정한다.

제 4 장 재정

제 16 조 (재원)   본회의 재원은 회비 및 기타 수입으로 한다.

제 17 조 (회계연도)   본회의 회계연도 기준일은 1월 1일로 한다.

제 5 장 기타

제 18 조 (운영예규)   본 회칙에 명시하지 않은 운영에 필요한 사항은 따로 운영예규에 정한다.

제 19 조 (기타사항)   본 회칙에 규정되지 않은 사항은 일반관례에 따른다

부칙

1. 본 회칙은 2007년 1월 9일부터 시행한다.

2. 본 회칙은 2009년 1월 9일부터 시행한다.

3. 본 회칙은 2012년 1월 18일부터 시행한다.

4. 본 회칙은 2015년 10월 31일부터 시행한다.

편집위원회에 관한 규정

제1장 총칙

제 1 조 (명칭)   본 규정은 '편집위원회에 관한 규정'이라 한다.

제 2 조 (목적)   본 규정은 한국목간학회 편집위원회의 조직 및 편집 활동 전반에 관한 세부 사항을 규정하는 것을 목적으로 한다.

제2장 조직 및 권한

제 3 조 (구성)   편집위원회는 회칙에 따라 구성한다.

제 4 조 (편집위원의 임명)   편집위원은 세부 전공 분야 및 연구 업적을 감안하여 평의원회에서 추천하며, 회장이 임명한다.

제 5 조 (편집위원장의 선출)   편집위원장은 편집위원 전원의 무기명 비밀투표 방식으로 편집위원 중에서 선출한다.

제 6 조 (편집위원장의 권한)   편집위원장은 편집회의의 의장이 되며, 학회지의 편집 및 출판 활동 전반에 대하여 권한을 갖는다.

제 7 조 (편집위원의 자격)   편집위원은 다음과 같은 조건을 갖춘자로 한다.
   1. 박사학위를 소지한 자.
   2. 대학의 전임교수로서 5년 이상의 경력을 갖추었거나, 이와 동등한 연구 경력을 갖춘자.
   3. 역사학·고고학·보존과학·국어학 또는 이와 관련된 분야에서 연구 업적이 뛰어나고 학계의 명망과 인격을 두루 갖춘자.

4. 다른 학회의 임원이나 편집위원으로 과다하게 중복되지 않은 자.

제 8 조 (편집위원의 임기)　편집위원의 임기는 2년으로 하되, 연임할 수 있다.

제 9 조 (편집자문위원)　학회지 및 기타 간행물의 편집 및 출판 활동과 관련하여 필요시 국내외의 편집자문위원을 둘 수 있다.

제 10 조 (편집간사)　학회지를 비롯한 제반 출판 활동 업무를 원활히 하기 위하여 편집간사 약간 명을 둘 수 있다.

제 3 장　임무와 활동

제 11 조 (편집위원회의 임무와 활동)　편집위원회의 임무와 활동 내용은 다음과 같다.
　1. 학회지의 간행과 관련된 제반 업무.
　2. 학술 단행본의 발행과 관련된 제반 업무.
　3. 기타 편집 및 발행과 관련된 제반 활동.

제 12 조 (편집간사의 임무)　편집간사는 편집위원회의 업무와 활동을 보조하며, 편집과 관련된 회계의 실무를 담당한다.

제 13 조 (학회지의 발간일)　학회지는 1년에 2회 발행하며, 그 발행일자는 6월 30일과 12월 31일로 한다.

제 4 장　편집회의

제 14 조 (편집회의의 소집)　편집회의는 편집위원장이 수시로 소집하되, 필요한 경우에는 3인 이상의 편집위원이 발의하여 회장의 동의를 얻어 편집회의를 소집할 수 있다. 또한 심사위원의 추천 및 선정 등에 필요한 경우에는 전자우편을 통한 의견 수렴으로 편집회의를 대신할 수 있다.

제 15 조 (편집회의의 성립)　편집회의는 편집위원장을 포함한 편집위원 과반수의 출석으로 성립된다.

제 16 조 (편집회의의 의결)　편집회의의 제반 안건은 출석 위원 과반수의 찬성으로 의결하되, 찬반 동수인 경우에는 편집위원장이 결정한다.

제 17 조 (편집회의의 의장)　편집위원장은 편집회의의 의장이 된다. 편집위원장이 참석하지 아니한 경우에는 편집위원 중의 연장자가 의장이 된다.

제 18 조 (편집회의의 활동)　편집회의는 학회지의 발행, 논문의 심사 및 편집, 기타 제반 출판과 관련된 사항에 대하여 논의하고 결정한다.

부칙

제1조 이 규정은 운영위원회의 의결을 거쳐 2007년 11월 24일부터 시행한다.

제2조 이 규정은 운영위원회의 의결을 거쳐 2009년 1월 9일부터 시행한다.

제3조 이 규정은 운영위원회의 의결을 거쳐 2012년 1월 18일부터 시행한다.

학회지 논문의 투고와 심사에 관한 규정

제 1 장 총칙

제 1 조 (명칭) 본 규정은 '학회지 논문의 투고와 심사에 관한 규정'이라 한다.

제 2 조 (목적) 본 규정은 한국목간학회의 학회지인 『목간과 문자』에 수록할 논문의 투고와 심사에 관한 절차를 정하고 관련 업무를 명시함에 목적을 둔다.

제 2 장 원고의 투고

제 3 조 (투고 자격) 논문의 투고 자격은 회칙에 따르되, 당해 연도 회비를 납부한 자에 한한다.

제 4 조 (투고의 조건) 본 학회에서 발표한 논문에 한하여 투고하는 것을 원칙으로 한다.

제 5 조 (원고의 분량) 원고의 분량은 학회지에 인쇄된 것을 기준으로 각종의 자료를 포함하여 30면 내외로 하되, 자료의 영인을 붙이는 경우에는 면수 계산에서 제외한다.

제 6 조 (원고의 작성 방식) 원고의 작성 방식과 요령 등에 관하여는 별도의 내규를 정하여 시행한다.

제 7 조 (원고의 언어) 원고는 한국어로 작성함을 원칙으로 하되, 외국어로 작성된 원고의 게재 여부는 편집회의에서 정한다.

제 8 조 (제목과 필자명) 논문 제목과 필자명은 영문으로 附記하여야 한다.

제 9 조 (국문초록과 핵심어) 논문을 투고할 때에는 국문과 외국어로 된 초록과 핵심어를 덧붙여야 한다. 요약문과 핵심어의 작성 요령은 다음과 같다.

1. 국문초록은 논문의 내용과 논지를 잘 간추려 작성하되, 외국어 요약문은 영어, 중국어, 일어 중의 하나로 작성한다.
2. 국문초록의 분량은 200자 원고지 5매 내외로 한다.
3. 핵심어는 논문의 주제 및 내용을 대표할 만한 단어를 뽑아서 요약문 뒤에 행을 바꾸어 제시한다.

제 10 조 (논문의 주제 및 내용 조건)　논문의 주제 및 내용은 다음에 부합하여야 한다.
1. 국내외의 출토 문자 자료에 대한 연구 논문
2. 국내외의 출토 문자 자료에 대한 소개 또는 보고 논문
3. 국내외의 출토 문자 자료에 대한 역주 또는 서평 논문

제 11 조 (논문의 제출처)　심사용 논문은 편집이사에게 제출한다.

제 3 장　원고의 심사

제 1 절 : 심사자

제 12 조 (심사자의 자격)　심사자는 논문의 주제 및 내용과 관련된 분야에서 박사학위를 소지한 자를 원칙으로 하되, 본 학회의 회원 가입 여부에 구애받지 아니한다.

제 13 조 (심사자의 수)　심사자는 논문 한 편당 2인 이상 5인 이내로 한다.

제 14 조 (심사 의뢰)　편집위원장은 편집회의에서 추천·의결한 바에 따라 심사자를 선정하여 심사를 의뢰하도록 한다. 편집회의에서의 심사자 추천은 2배수로 하고, 편집회의의 의결을 거쳐 선정한다.

제 15 조 (심사자에 대한 이의)　편집위원장은 심사자 위촉 사항에 대하여 대외비로 회장에게 보고하며, 회장은 편집위원장에게 이의를 제기할 수 있다. 심사자 위촉에 대한 이의에 대하여는 편집회의를 거쳐 편집위원장이 심사자를 변경할 수 있다. 다만, 편집회의 결과 원래의 위촉자가 재선정되었을 경우 편집위원장은 회장에게 그 사실을 구두로 통지하며, 통지된 사항에 대하여 회장은 이의를 제기할 수 없다.

제 2 절 : 익명성과 비밀 유지

제 16 조 (익명성과 비밀 유지 조건)　심사용 원고는 반드시 익명으로 하며, 심사에 관한 제반 사항은 편집위원장 책임하에 반드시 대외비로 하여야 한다.

제 17 조 (익명성과 비밀 유지 조건의 위배에 대한 조치)　위 제16조의 조건을 위배함으로 인해 심사자에게 중대한 피해를 입혔을 경우에는 편집위원 3인 이상의 발의로써 편집위원장의 동의 없이도 편집회의를 소집할 수 있으며, 다음 각 호에 따라 위배한 자에 따라 사안별로 조치한다. 또한 해당 심사자에게는 편집위원장 명의로 지체없이 사과문을 심사자에게 등기 우송하여야 한다. 편집위원장 명의를 사용하지 못할 경우에는 편집위원 전원이 연명하여 사과문을 등기 우송하여야 한다. 익명성과 비밀 유지 조건에 대한 위배 사실이 학회의 명예를 손상한 경우에는 편집위원 3인의 발의만으로써도 해당 편집위원장 및 편집위원에 대한 징계를 회장에게 요청할 수 있으며, 이 경우 그 처리 결과를 학회지에 공지하여야 한다.

    1. 편집위원장이 위배한 경우에는 편집위원장을 교체한다.
    2. 편집위원이 위배한 경우에는 편집위원직을 박탈한다.
    3. 임원을 겸한 편집위원의 경우에는 회장에게 교체하도록 요청한다.
    4. 편집간사 또는 편집보조가 위배한 경우에는 편집위원장이 당사자를 해임한다.

제 18 조 (편집위원의 논문에 대한 심사)　편집위원이 투고한 논문을 심사할 때에는 해당 편집위원을 궐석시킨 후에 심사자를 선정하여야 하며, 회장에게도 심사자의 신원을 밝히지 않는 것을 원칙으로 한다.

제 3 절 : 심사 절차

제 19 조 (논문심사서의 구성 요건)　논문심사서에는 '심사 소견', 그리고 '수정 및 지적사항'을 적는 난이 포함되어야 한다.

제 20 조 (심사 소견과 영역별 평가)　심사자는 심사 논문에 대하여 영역별 평가를 감안하여 종합판정을 한다. 심사 소견에는 영역별 평가와 종합판정에 대한 근거 및 의견을 총괄적으로 기술함을 원칙으로 한다.

제 21 조 (수정 및 지적사항)　'수정 및 지적사항'란에는 심사용 논문의 면수 및 수정 내용 등을 구체적으로 지시하여야 한다.

제 22 조 (심사 결과의 전달)　편집간사는 편집위원장의 지시를 받아 투고자에게 심사자의 논문심사서와 심사용 논문을 전자우편 또는 일반우편으로 전달하되, 심사자의 신원이 드러나지 않도록 각별히 유의하여야 한다. 논문 심사서 중 심사자의 인적 사항은 편집회의에서도 공개하지 않는다.

제 23 조 (수정된 원고의 접수)　투고자는 논문심사서를 수령한 후 소정 기일 내에 원고를 수정하여 편집위원장에게 송부하여야 한다. 기한을 넘겨 접수된 수정 원고는 학회지의 다음 호에 접수된 투고 논

문과 동일한 심사 절차를 밟되, 논문심사료는 부과하지 않는다.

제 4 절 : 심사의 기준과 게재 여부 결정

제 24 조 (심사 결과의 종류)   심사 결과는 '종합판정'과 '영역별 평가'로 나누어 시행한다.

제 25 조 (종합판정과 등급)   종합판정은 ①게재 가, ②수정후 재심사, ③게재 불가 중의 하나로 한다.

제 26 조 (영역별 평가)   영역별 평가 기준은 다음과 같다.
   1. 학계에의 기여도
   2. 연구 내용 및 방법론의 참신성
   3. 논지 전개의 타당성
   4. 논문 구성의 완결성
   5. 문장 표현의 정확성

제 27 조 (게재 여부의 결정 기준)   심사용 논문의 학회지 게재 여부는 심사자의 종합판정에 의거하여 이들을 합산하여 시행한다. 게재 여부의 결정은 최종 수정된 원고를 대상으로 한다.

제 28 조 (게재 여부 결정의 조건)   게재 여부 결정의 조건은 다음과 같다.
   1. 심사자의 2분의 1 이상이 위 제25조의 '①게재 가'로 판정한 경우에는 게재한다.
   2. 심사자의 2분의 1 이상이 위 제25조의 '③게재 불가'로 판정한 경우에는 게재를 불허한다.

제 29 조 (게재 여부에 대한 논의)   위 제28조의 경우가 아닌 논문에 대하여는 편집회의의 토의를 거친 후에 게재 여부를 확정하되, 이 때에는 영역별 평가를 참조한다.

제 30 조 (논문 게재 여부의 통보)   편집위원장은 논문 게재 여부에 대한 최종 확정 결과를 투고자에게 통보하여야 한다.

제 5 절 : 이의 신청

제 31 조 (이의 신청)   투고자는 심사와 논문 게재 여부에 대하여 이의를 신청할 수 있다. 이 때에는 200자 원고지 5매 내외의 이의신청서를 작성하여 심사 결과 통보일 15일 이내에 편집위원장에게 송부하여야 하며, 편집위원장은 이의 신청 접수일로부터 15일 이내에 이에 대한 처리 절차를 완료하여야 한다.

제 32 조 (이의 신청의 처리)   이의 신청을 한 투고자의 논문에 대해서는 편집회의에서 토의를 거쳐 이의 신청의 수락 여부를 의결한다. 수락한 이의 신청에 대한 조치 방법은 편집회의에서 결정한다.

제 4 장 게재 논문의 사후 심사 및 조치

제 1 절 : 게재 논문의 사후 심사

제 33 조 (사후 심사)   학회지에 게재된 논문에 대하여는 사후 심사를 할 수 있다.

제 34 조 (사후 심사 요건)   사후 심사는 편집위원회의 자체 판단 또는 접수된 사후심사요청서의 검토 결과, 대상 논문이 그 논문이 수록된 본 학회지 발행일자 이전의 간행물 또는 타인의 저작권에 귀속시킬 만한 연구 내용을 현저한 정도로 표절 또는 중복 게재한 것으로 의심되는 경우에 한한다.

제 35 조 (사후심사요청서의 접수)   게재 논문의 표절 또는 중복 게재와 관련하여 사후 심사를 요청하는 사후심사요청서를 편집위원장 또는 편집위원회에 접수할 수 있다. 이 경우 사후심사요청서는 밀봉하고 겉봉에 '사후심사요청'임을 명기하되, 발신자의 신원을 겉봉에 노출시키지 않음을 원칙으로 한다.

제 36 조 (사후심사요청서의 개봉)   사후심사요청서는 편집위원장 또는 편집위원장이 위촉한 편집위원이 개봉한다.

제 37 조 (사후심사요청서의 요건)   사후심사요청서는 표절 또는 중복 게재로 의심되는 내용을 구체적으로 밝혀야 한다.

제 2 절 : 사후 심사의 절차와 방법

제 38 조 (사후 심사를 위한 편집위원회 소집)   게재 논문의 표절 또는 중복 게재에 관한 사실 여부를 심의하고 사후 심사자의 선정을 비롯한 제반 사항을 의결하기 위해 편집위원장은 편집위원회를 소집할 수 있다.

제 39 조 (질의서의 우송)   편집위원회의 심의 결과 표절이나 중복 게재의 개연성이 있다고 판단된 논문에 대해서는 그 진위 여부에 대해 편집위원장 명의로 해당 논문의 필자에게 질의서를 우송한다.

제 40 조 (답변서의 제출)   위 제39조의 질의서에 대해 해당 논문 필자는 질의서 수령 후 30일 이내

편집위원장 또는 편집위원회에 답변서를 제출하여야 한다. 이 기한 내에 답변서가 없을 경우엔 질의서의 내용을 인정한 것으로 판단한다.

제 3 절 : 사후 심사 결과의 조치

제 41 조 (사후 심사 확정을 위한 편집위원회 소집)　편집위원장은 답변서를 접수한 날 또는 마감 기한으로부터 15일 이내에 사후 심사 결과를 확정하기 위한 편집위원회를 소집한다.

제 42 조 (심사 결과의 통보)　편집위원장은 편집위원회에서 확정한 사후 심사 결과를 7일 이내에 사후 심사를 요청한 이 및 관련 당사자에게 통보하여야 한다.

제 43 조 (표절 및 중복 게재에 대한 조치)　편집위원회에서 표절 또는 중복 게재로 확정된 경우에는 회장에게 지체 없이 보고하고, 회장은 운영위원회를 소집하여 다음 각 호와 같은 조치를 집행할 수 있다.
1. 차호 학회지에 그 사실 관계 및 조치 사항들을 기록한다.
2. 학회지 전자판에서 해당 논문을 삭제하고, 학회논문임을 취소한다.
3. 해당 논문 필자에 대하여 제명 조치하고, 향후 5년간 재입회할 수 없도록 한다.
4. 관련 사실을 한국연구재단에 보고한다.

제 4 절 : 제보자의 보호

제 44 조 (제보자의 보호)　표절 및 중복 게재에 관한 이의 및 논의를 제기하거나 사후 심사를 요청한 사람에 대해서는 신원을 절대적으로 밝히지 않고 익명성을 보장하여야 한다.

제 45 조 (제보자 보호 규정의 위배에 대한 조치)　위 제44조의 규정을 위배한 이에 대한 조치는 위 제17조에 준하여 시행한다.

부칙
제1조(시행일자) 본 규정은 2007년 11월 24일부터 시행한다.
제2조(시행일자) 본 규정은 2009년 1월 9일부터 시행한다.
제3조(시행일자) 본 규정은 2015년 10월 31일부터 시행한다.

학회지 논문의 투고와 원고 작성 요령에 관한 내규

제 1 조 (목적)   이 내규는 본 한국목간학회의 회칙 및 관련 규정에 따라 학회지에 게재하는 논문의 투고와 원고 작성 요령에 대하여 명시하는 것을 목적으로 한다.

제 2 조 (논문의 종류)   학회지에 게재되는 논문은 심사 논문과 기획 논문으로 나뉜다. 심사 논문은 본 학회의 학회지 논문의 투고와 심사에 관한 규정에 따른 심사 절차를 거쳐 게재된 논문을 가리키며, 기획 논문은 편집위원회에서 기획하여 특정의 연구자에게 집필을 위촉한 논문을 가리킨다.

제 3 조 (기획 논문의 집필자)   기획 논문의 집필자는 본 학회의 회원 여부에 구애받지 아니한다.

제 4 조 (기획 논문의 심사)   기획 논문에 대하여도 심사 논문과 동일한 절차의 심사를 시행하는 것을 원칙으로 하되, 편집위원회의 의결을 거쳐 심사를 면제할 수 있다.

제 5 조 (투고 기한)   논문의 투고 기한은 매년 4월 말과 10월 말로 한다.

제 6 조 (수록호)   4월 말까지 투고된 논문은 심사 과정을 거쳐 같은 해의 6월 30일에 발행하는 학회지에 수록하며, 10월 말까지 투고된 논문은 같은 해의 12월 31일에 간행하는 학회지에 수록하는 것을 원칙으로 한다.

제 7 조 (수록 예정일자의 변경 통보)   위 제6조의 예정 기일을 넘겨 논문의 심사 및 게재가 이루어질 경우 편집위원장은 투고자에게 그 사실을 통보해 주어야 한다.

제 8 조 (게재료)   논문 게재의 확정시에는 일반 논문 5만원, 연구비 수혜 논문 30만원의 게재료를 납부하여야 한다.

제 9 조 (초과 게재료)   학회지에 게재하는 논문의 분량이 인쇄본을 기준으로 30면을 넘을 경우에는

1면 당 1만원의 초과 게재료를 부과할 수 있다.

제 10 조 (원고료) 학회지에 게재되는 논문에 대하여는 소정의 원고료를 필자에게 지불할 수 있다. 원고료에 관한 사항은 운영위원회에서 결정한다.

제 11 조 (익명성 유지 조건) 심사용 논문에서는 졸고 및 졸저 등 투고자의 신원을 드러내는 표현을 쓸 수 없다.

제 12 조 (컴퓨터 작성) 논문의 원고는 컴퓨터로 작성함을 원칙으로 하며, 문장편집기 프로그램은 「훈글」을 사용할 것을 권장한다.

제 13 조 (제출물) 원고 제출시에는 입력한 PC용 파일과 출력지 1부를 함께 송부하여야 한다.

제 14 조 (투고자의 성명 삭제) 편집간사는 심사자에게 심사용 논문을 송부할 때 반드시 투고자의 성명과 기타 투고자의 신원을 알 수 있는 표현 등을 삭제하여야 한다.

제 15 조 (출토 문자 자료의 표기 범례 등 기타) 출토 문자 자료의 표기 범례를 비롯하여 위에서 정하지 않은 학회지 논문의 투고와 원고 작성 요령 및 용어 사용 등에 관한 사항들은 일반적인 관행에 따르거나 편집위원회에서 결정한다.

부칙
제1조(시행일자) 이 내규는 2007년 11월 24일부터 시행한다.
제2조(시행일자) 이 내규는 2009년 1월 9일부터 시행한다.
제3조(시행일자) 이 내규는 2012년 1월 18일부터 시행한다.
제4조(시행일자) 이 내규는 2015년 10월 31일부터 시행한다.

韓國木簡學會 研究倫理 規定

제 1 장 총칙

제 1 조 (명칭) 이 규정은 '한국목간학회 연구윤리 규정'이라 한다.

제 2 조 (목적) 이 규정은 한국목간학회 회칙 및 편집위원회 규정에 따른 연구윤리 등에 관한 세부사항을 규정하는 것을 목적으로 한다.

제 2 장 저자가 지켜야 할 연구윤리

제 3 조 (표절 금지) 저자는 자신이 행하지 않은 연구나 주장의 일부분을 자신의 연구 결과이거나 주장인 것처럼 논문이나 저술에 제시하지 않는다.

제 4 조 (업적 인정)
1. 저자는 자신이 실제로 행하거나 공헌한 연구에 대해서만 저자로서의 책임을 지며, 또한 업적으로 인정받는다.
2. 논문이나 기타 출판 업적의 저자나 역자가 여러 명일 때 그 순서는 상대적 지위에 관계없이 연구에 기여한 정도에 따라 정확하게 반영하여야 한다. 단순히 어떤 직책에 있다고 해서 저자가 되거나 제1저자로서의 업적을 인정받는 것은 정당화될 수 없다. 반면, 연구나 저술(번역)에 기여했음에도 공동저자(역자)나 공동연구자로 기록되지 않는 것 또한 정당화될 수 없다. 연구나 저술(번역)에 대한 작은 기여는 각주, 서문, 사의 등에서 적절하게 고마움을 표시한다.

제 5 조 (중복 게재 금지) 저자는 이전에 출판된 자신의 연구물(게재 예정이거나 심사 중인 연구물 포함)을 새로운 연구물인 것처럼 투고하지 말아야 한다.

제 6 조 (인용 및 참고 표시)
1. 공개된 학술 자료를 인용할 경우에는 정확하게 기술하도록 노력해야 하고, 상식에 속하는 자료

가 아닌 한 반드시 그 출처를 명확히 밝혀야 한다. 논문이나 연구계획서의 평가 시 또는 개인적인 접촉을 통해서 얻은 자료의 경우에는 그 정보를 제공한 연구자의 동의를 받은 후에만 인용할 수 있다.

2. 다른 사람의 글을 인용하거나 아이디어를 차용(참고)할 경우에는 반드시 註[각주(후주)]를 통해 인용 여부 및 참고 여부를 밝혀야 하며, 이러한 표기를 통해 어떤 부분이 선행연구의 결과이고 어떤 부분이 본인의 독창적인 생각·주장·해석인지를 독자가 알 수 있도록 해야 한다.

제 7 조 (논문의 수정) 저자는 논문의 평가 과정에서 제시된 편집위원과 심사위원의 의견을 가능한 한 수용하여 논문에 반영되도록 노력하여야 하고, 이들의 의견에 동의하지 않을 경우에는 그 근거와 이유를 상세하게 적어서 편집위원(회)에게 알려야 한다.

제 3 장 편집위원이 지켜야 할 연구윤리

제 8 조 (책임 범위) 편집위원은 투고된 논문의 게재 여부를 결정하는 모든 책임을 진다.

제 9 조 (논문에 대한 태도) 편집위원은 학술지 게재를 위해 투고된 논문을 저자의 성별, 나이, 소속기관은 물론이고 어떤 선입견이나 사적인 친분과도 무관하게 오로지 논문의 질적 수준과 투고 규정에 근거하여 공평하게 취급하여야 한다.

제 10 조 (심사 의뢰) 편집위원은 투고된 논문의 평가를 해당 분야의 전문적 지식과 공정한 판단 능력을 지닌 심사위원에게 의뢰해야 한다. 심사 의뢰 시에는 저자와 지나치게 친분이 있거나 지나치게 적대적인 심사위원을 피함으로써 가능한 한 객관적인 평가가 이루어질 수 있도록 노력한다. 단, 같은 논문에 대한 평가가 심사위원 간에 현저하게 차이가 날 경우에는 해당 분야 제3의 전문가에게 자문을 받을 수 있다.

제 11 조 (비밀 유지) 편집위원은 투고된 논문의 게재가 결정될 때까지는 심사자 이외의 사람에게 저자에 대한 사항이나 논문의 내용을 공개하면 안 된다.

제 4 장 심사위원이 지켜야 할 연구윤리

제 12조 (성실 심사) 심사위원은 학술지의 편집위원(회)이 의뢰하는 논문을 심사규정이 정한 기간 내에 성실하게 평가하고 평가 결과를 편집위원(회)에게 통보해 주어야 한다. 만약 자신이 논문의 내용을 평가하기에 적임자가 아니라고 판단될 경우에는 편집위원(회)에게 지체 없이 그 사실을 통보한다.

제 13 조 (공정 심사) 심사위원은 논문을 개인적인 학술적 신념이나 저자와의 사적인 친분 관계를 떠나 객관적 기준에 의해 공정하게 평가하여야 한다. 충분한 근거를 명시하지 않은 채 논문을 탈락시키거나, 심사자 본인의 관점이나 해석과 상충된다는 이유로 논문을 탈락시켜서는 안 되며, 심사 대상 논문을 제대로 읽지 않은 채 평가해서도 안 된다.

제 14 조 (평가근거의 명시) 심사위원은 전문 지식인으로서의 저자의 인격과 독립성을 존중하여야 한다. 평가 의견서에는 논문에 대한 자신의 판단을 밝히되, 보완이 필요하다고 생각되는 부분에 대해서는 그 이유도 함께 상세하게 설명해야 한다.

제 15 조 (비밀 유지) 심사위원은 심사 대상 논문에 대한 비밀을 지켜야 한다. 논문 평가를 위해 특별히 조언을 구하는 경우가 아니라면 논문을 다른 사람에게 보여주거나 논문 내용을 놓고 다른 사람과 논의하는 것도 바람직하지 않다. 또한 논문이 게재된 학술지가 출판되기 전에 저자의 동의 없이 논문의 내용을 인용해서는 안 된다.

제 5 장 윤리규정 시행 지침

제 16 조 (윤리규정 서약) 한국목간학회의 신규 회원은 본 윤리규정을 준수하기로 서약해야 한다. 기존 회원은 윤리규정의 발효 시 윤리규정을 준수하기로 서약한 것으로 간주한다.

제 17 조 (윤리규정 위반 보고) 회원은 다른 회원이 윤리규정을 위반한 것을 인지할 경우 그 회원으로 하여금 윤리규정을 환기시킴으로써 문제를 바로잡도록 노력해야 한다. 그러나 문제가 바로잡히지 않거나 명백한 윤리규정 위반 사례가 드러날 경우에는 학회 윤리위원회에 보고할 수 있다. 윤리위원회는 윤리규정 위반 문제를 학회에 보고한 회원의 신원을 외부에 공개해서는 안 된다.

제 18 조 (윤리위원회 구성) 윤리위원회는 회원 5인 이상으로 구성되며, 위원은 평의원회의 추천을 받아 회장이 임명한다.

제 19 조 (윤리위원회의 권한) 윤리위원회는 윤리규정 위반으로 보고된 사안에 대하여 제보자, 피조사자, 증인, 참고인 및 증거자료 등을 통하여 폭넓게 조사를 실시한 후, 윤리규정 위반이 사실로 판정된 경우에는 회장에게 적절한 제재조치를 건의할 수 있다.
단, 사안이 학회지 게재 논문의 표절 또는 중복 게재와 관련된 경우에는 '학회지 논문의 투고와 심사에 관한 규정'에 따라 편집위원회에 조사를 의뢰하고 사후 조치를 취한다.

제 20 조 (윤리위원회의 조사 및 심의)   윤리규정 위반으로 보고된 회원은 윤리위원회에서 행하는 조사에 협조해야 한다. 이 조사에 협조하지 않는 것은 그 자체로 윤리규정 위반이 된다.

제 21 조 (소명 기회의 보장)   윤리규정 위반으로 보고된 회원에게는 충분한 소명 기회를 주어야 한다.

제 22 조 (조사 대상자에 대한 비밀 보호)   윤리규정 위반에 대해 학회의 최종적인 징계 결정이 내려질 때까지 윤리위원은 해당 회원의 신원을 외부에 공개해서는 안 된다.

제 23 조 (징계의 절차 및 내용)   윤리위원회의 징계 건의가 있을 경우, 회장은 이사회를 소집하여 징계 여부 및 징계 내용을 최종적으로 결정한다. 윤리규정을 위반했다고 판정된 회원에 대해서는 경고, 회원자격정지 내지 박탈 등의 징계를 할 수 있으며, 이 조처를 다른 기관이나 개인에게 알릴 수 있다.

제 6 장 보칙

제 24 조 (규정의 개정)
   1. 편집위원장 또는 편집위원 3인 이상이 규정의 개정을 發議할 수 있다.
   2. 재적 편집위원 3분의 2 이상의 찬성으로 개정하며, 총회의 인준을 얻어야 효력이 발생한다.

제 25 조 (보칙)   이 규정에 정해지지 않은 사항은 학회의 관례에 따른다.

부칙
제1조(시행일자) 이 규정은 2007년 11월 24일부터 시행한다.

Wooden Documents and Inscriptions Studies No. 16.

June. 2016

[Contents]

The Korean Society for the Study of Wooden Documents

木蘭과 文字 연구 15

엮은이 | 한국목간학회
펴낸이 | 최병식
펴낸날 | 2016년 8월 25일
펴낸곳 | 주류성출판사
　　　　서울시 서초구 강남대로 435
　　　　전화 | 02-3481-1024 / 전송 | 02-3482-0656
　　　　www.juluesung.co.kr
　　　　e-mail | juluesung@daum.net

책　값 | 20,000원
ISBN　978-89-6246-287-6　94910
세트　978-89-6246-006-3　94910